高等教育应用型本科人才培养系列教材

U0868773

企业管理概论

主　编　李凤坤　杨　迦
副主编　任　洪

哈尔滨工程大学出版社
Harbin Engineering University Press

内容简介

本书是一本全面涵盖企业经营管理各个领域的指南,从企业战略管理到市场调查与预测,再到计划管理、质量管理、产品开发、市场营销、物流管理、企业文化、价值链管理、产权管理和竞争力理论等方面都有深入浅出的阐述。本书能够帮助读者了解企业经营管理的基本概念和原则,掌握企业战略规划、市场调研、计划制定、质量管理、产品开发、市场营销、物流管理、企业文化建设、价值链管理和产权管理等方面的实用技能。同时,本书还通过丰富的案例和分析,帮助读者更好地理解和应用所学知识,提高自身的决策能力和领导能力。无论是对企业管理专业的学生、初入职场的白领还是企业中高层管理者,本书都是一本非常有价值的参考书籍。

图书在版编目(CIP)数据

企业管理概论 / 李凤坤, 杨迦主编. — 哈尔滨 : 哈尔滨工程大学出版社, 2022. 6

ISBN 978-7-5661-3419-6

Ⅰ. ①企… Ⅱ. ①李… ②杨… Ⅲ. ①企业管理 Ⅳ. ①F272

中国版本图书馆 CIP 数据核字(2022)第 086518 号

企业管理概论
QIYE GUANLI GAILUN

选题策划 夏飞洋
责任编辑 夏飞洋
封面设计 刘长友

出版发行 哈尔滨工程大学出版社
社　　址 哈尔滨市南岗区南通大街 145 号
邮政编码 150001
发行电话 0451-82519328
传　　真 0451-82519699
经　　销 新华书店
印　　刷 哈尔滨午阳印刷有限公司
开　　本 787 mm×1 092 mm　1/16
印　　张 22. 75
字　　数 568 千字
版　　次 2022 年 6 月第 1 版
印　　次 2022 年 6 月第 1 次印刷
定　　价 65. 00 元

http://www. hrbeupress. com
E-mail:heupress@ hrbeu. edu. cn

前　言

目前,世界经济呈现出生产国际化、经济一体化、贸易全球化的发展趋势。经济的发展、科学技术的进步、信息技术的迅猛发展,将世界带入了前所未有的全球化时代,使企业的竞争环境发生了巨大的变化。在激烈的市场竞争面前,谁掌握了现代管理理论和方法、拥有独特的竞争资源,谁就会在市场竞争中比对手更好地满足消费者的需求,形成可持续的竞争优势,实现企业可持续发展。本书就是为了满足现代企业参与市场竞争,学习现代企业管理理论而编写的。

本书系统地介绍了企业管理的基本理论和方法,具体包括企业经营管理总论、企业战略管理、市场调查与预测、计划管理、企业管理决策、质量管理概论、产品成本管理、新产品开发、市场营销、物流管理、企业文化、企业价值链管理、产权管理和竞争力理论等内容。本书广泛借鉴了国内外有关国际经济理论的研究成果,密切结合我国国民经济发展实际,在注重对基本理论进行系统阐述的同时,努力同我国的实际情况相结合,突出对企业管理理论发展前沿的介绍。定性分析和定量分析相结合,理论和实践相结合是本书的显著特点。

本书由李凤坤、杨迦老师任主编,任洪任副主编,是作者结合多年的教学经验,并参阅了大量的国内外相关学者的文章,借鉴了现有的相关专业教学研究成果编写的。

由于作者水平所限,书中尚有不足之处,诚请读者批评指正。

编　者

2021 年 10 月

目　　录

第一章　企业经营管理总论

第一节　企业经营管理的概念与内容

一、企业经营管理的产生与发展

企业经营管理作为一门学科,在20世纪20年代就产生了。随着商品经济的发展,生产规模的日益扩大,科学技术日新月异、不断进步,经营管理也相应地得到发展和完善。经营管理的产生与发展,主要有三个因素。

第一,经营管理是商品生产发展的产物,是生产规模日益扩大的客观要求。

由马克思的社会再生产理论可知,在商品经济条件下,社会生产过程是商品直接生产与商品流通过程的统一。商品生产者不仅要通过生产过程把物质产品生产出来,形成商品的使用价值和价值,而且还要把产品投入市场,通过流通过程销售出去,实现商品的使用价值和价值。只有这样,商品生产者在生产过程中消耗的物化劳动和活劳动才能得到补偿,简单再生产过程才能够维持,扩大再生产才有可能性。因此,商品生产者一方面要进行产品直接生产过程的活动,用最有效的方法把产品生产出来;另一方面又要进行流通过程的活动,用最有利的条件和策略把商品销售出去,从而获得较高的经济效益。为了更好地完成上述两个方面的活动,商品生产者就要在事前进行市场调查和预测,了解和掌握社会需要什么样的产品,什么水平的产品,什么样的产品价格能使消费者接受,以及消费者的构成、购买动机如何,还有选取什么样的材料、设备、工具和加工方法,才能生产出消费者满意的产品来,用什么样的营销策略才能把商品顺利地推销出去。同时,还要了解同行的状况等。上述这些对市场需求的研究,对消费者的研究,对竞争者的研究,对营销策略的研究,对产品开发的研究,以及对产品价格的选择,对材料、设备、工具的选择等都属于经营管理的范畴。

特别是从20世纪30年代以来,生产和科学技术发展非常快,出现了一些现代化的大企业。所谓大企业,指的是规模庞大的联合企业,一般是由主体工厂→分厂→研究和发展部→销售部→技术服务部等五大部分组成,职工数以万计或几十万计。大企业的基本特点是:规模庞大,结构复杂,功能综合,因素众多。因此,管理这样大的企业,进行决策时,就要从战略到战术,从宏观到微观,从全局到局部,从经济价值到社会效果进行周密的方案论证,决定其经营方向、经营目标和经营方针。这时仅凭经验管理显然不合适了,这就需要从整体出发,进行系统分析,采用科学的预测、决策方法,正确地进行科学经营管理,才能使企业有较强的应变能力,保证获得较高的经济效益。

第二,科学技术发展快、更新快、老化快,促进了经营管理的发展。

首先,科学技术发展快主要反映在新产品开发上,新产品从发明到投产的间隔期越来越短。从国外产品发展来看,一种比较重大的、全新的产品,从构思、设计、试制到投入商品性的生产,它所经过的周期,正在跳跃性地缩短。例如,照相机从1727年发明到1839年投产,间隔长达112年;而技术复杂的激光器,从1960年发明到1961年出产品,仅仅用了1年。而且在新产品的开发中60%~80%是根据市场调查结果(来自消费者的建议)而设计的。

其次,机器设备和工业产品的更新周期也在大大缩短。据统计,最近十年来发展起来的工业新技术到现在有30%已经过时,而过时的电子产品已达50%。因此,世界上先进国家都非常重视产品的不断改进和更新。例如,美国的机电产品每四年更新20%;德国许多产品是五年换一半,十年换一轮,产品常新。

再次,当代科学技术的发展日新月异。有人估计,近三十年出现的科学技术成果远远超过了人类历史两千年的总和。

由上述可知,一个现代化的企业,如果不从战略上来考虑新产品的开发和有一定的技术储备,仍然按照常规生产老产品,那么企业的生存和发展就会受到严重的威胁。这是因为,一方面任何商品都有一定的生命周期,技术发展很快,竞争激烈,产品生命周期逐渐缩短,淘汰速度快,淘汰率高,现在畅销的商品转眼就会成为滞销商品,不考虑将来的需要和市场变动情况,将会使企业陷于被动。另一方面,在现代化大生产的背景下,任何一项重大的决策往往是投资大,周期长,几年后的事情,现在不予考虑,不做安排,就无法应付,就跟不上时代的发展。因此,客观上要求企业必须立足于长远,从战略上考虑问题,这就是经营管理的任务,经营就是为了"明天"。

第三,竞争国际化、激烈化,促使了经营管理的不断完善。

在资本主义市场经济的条件下,国际国内的商品交换,实际上是"商战",同军队打仗一样的残酷,一样的激烈。企业经营不善就要倒闭、破产。为了在激烈的竞争中获得生存和发展,攫取最大的利润,在客观上就迫使企业必须加强经营管理,建立一套科学的预测、决策方法,制定正确的经营思想、经营目标和经营策略。在社会主义市场经济的条件下,竞争也不可避免。现代企业为了在竞争中取得有利的地位,同样需要加强经营管理。

我国实行的是社会主义市场经济。社会主义企业是相对独立的商品生产者。因此,处在多变的竞争的经营环境之中的企业,同样存在着如何经营管理的问题。上述三个因素对社会主义企业也同样起作用。我国社会主义企业的经营管理是在党的十一届三中全会以后,随着经济体制的改革,逐步发展起来的。1979年,我国经济管理体制开始改革,实行计划经济为主,市场调节为辅的方针,同时,还提倡保护竞争,促进联合,扬长避短,发展社会主义商品生产,满足社会和人民的需要。与此相适应,企业的经营管理自主权扩大了。这些基本改革,就使企业的经济地位和管理工作发生了重大变化。首先,从分配领域开始,企业的利润留成可以由企业自行支配,使企业有了内在的经济动力。其次,在流通领域,企业有部分产品自行销售权。最后,在生产领域,企业可以通过市场调节制订间接计划来补充国家计划的不足。这样,由于扩大了企业管理的权限范围,企业就由过去的"生产型"管理转变为"经营型"管理了。在这种情况下,经营管理就作为一个特定的概念被提出来了。

党的十四大提出了我国经济体制改革的总目标,是建立社会主义市场经济体制。这一体制的基本特征,就是要使市场在社会主义国家宏观调控下对资源配置起基础性作用。党的十四届三中全会又提出了进一步转换国有企业经营机制的改革,建立适应市场经济要求的"产权清晰、权责明确、政企分开、管理科学"的现代企业制度。党的十五大指出:国有企业是我国国民经济的支柱,建立现代企业制度是国有企业改革的方向,对国有大中型企业实行规范的公司制改革,使企业成为适应市场的法人实体和竞争主体。现代企业制度从财产组织形式和内部治理结构来说，就是公司制。公司制改革，就是将传统的国有企业逐步改造为有限责任公司和股份有限公司。用公司这种财产组织形式，进一步明确出资人、企业法人、法人代表、管理层的权利和责任。国家作为出资人按投入企业的资本额享有所有者权益，对企业的债务承担有限责任；企业依法自主经营，自负盈亏。政府不能直接干预企业经营活动，企业也不能不受所有者约束，损害所有者权益。因此，随着企业转换经营机制的改革，国际国内的市场竞争将更加激烈。为了适应市场的需求及变化，必须搞好企业的经营管理，这是企业生存和发展的重要因素。

二、企业经营管理的概念

所谓经营管理，指在市场经济条件下，面向市场和用户，为实现企业经营目标，使企业的生产技术、经济活动与企业经营环境达成动态均衡的一系列有计划有组织的活动。其目的是争取企业的生存和发展，争取最大的经济效益。简言之，经营管理就是要解决企业经营目标、企业能力、经营环境这三者之间的动态平衡问题。

经营管理这一概念，体现了如下四个主要特点。

1. 方向性

方向性就是企业经营管理必须遵循党的政策和国家法令，坚持社会主义经营方向。

2. 循环性

循环性就是企业经营管理以满足消费者需要为出发点，以实现产品的使用价值和价值为归宿点，或者说，是以市场为导向，从事生产经营活动。从系统的观点来看，企业商品生产的全过程包括输入、转换和输出这三部分。输入的一端，联结着供方市场，购进原材料、半成品、设备和工具等生产要素；输出的一端，联结着需方市场，通过市场将商品（或劳务）传给用户，从而实现产品的使用价值和价值，达到企业的经营目标。因此，企业系统不断地与环境发生物质的、能量的和信息的变换，它是一个开放性的循环系统，如图 1-1 所示。

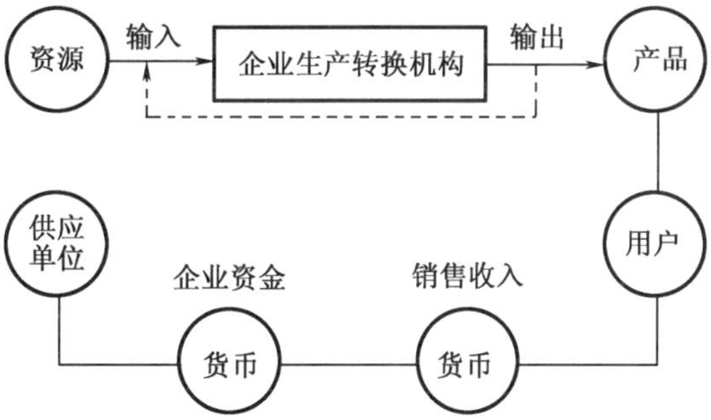

图 1-1 企业循环系统图

企业经营是一个不断循环的系统，它的发展是螺旋式上升的。从市场调查和市场预测开始，以取得的市场信息为依据，对企业生产经营的发展做出决策，通过产品开发、制造、销售和技术服务，满足社会需要；同时，通过市场、用户的反馈，调查研究新的需要，进一步改进产品设计，生产出适销对路的产品，投放市场。这样每一次循环都将促进企业生产技术和经营管理水平的提高，从而增强企业的竞争能力和应变能力。

3. 系统性

现代企业是一个结构复杂的严密分工和协作的有机体，是一个系统。用系统论的观点来研究企业的经营活动，是现代企业经营管理的重要特点。

在社会化大生产的条件下，企业系统都不是孤立存在的，它处于系统的层次之中。同时，系统的局部与全局又有着十分复杂的交叉效应，局部有利的事，并不一定对全局有利。所以，经营管理企业必须有全局的系统的观念，从战略高度去进行经营决策。

4. 动态平衡性

现代企业经营管理，主要是解决在一定的外部经营环境中和企业能力具备的条件下，如何确定企业经营目标的问题。因此，要搞好企业的经营管理，就必须将企业能力（人、财、物）、经营环境和经营目标能动地、有机地结合起来，进行系统的分析，做好这三者的动态平衡。企业经营管理的核心问题，就是要研究如何实现经营环境、企业能力和经营目标这三者之间的动态平衡。所谓动态平衡，是指企业生产经营的各种因素在实际运营中所体现的“运动中平衡”和“平衡中运动”的辩证过程。平衡（相对静止）是运动的条件，运动是为了确定平衡的一种努力。这种努力与企业经营者的经营精神、紧迫感有内在的关系。平衡是经营环境、企业能力和经营目标的动态平衡，如图 1-2 所示。

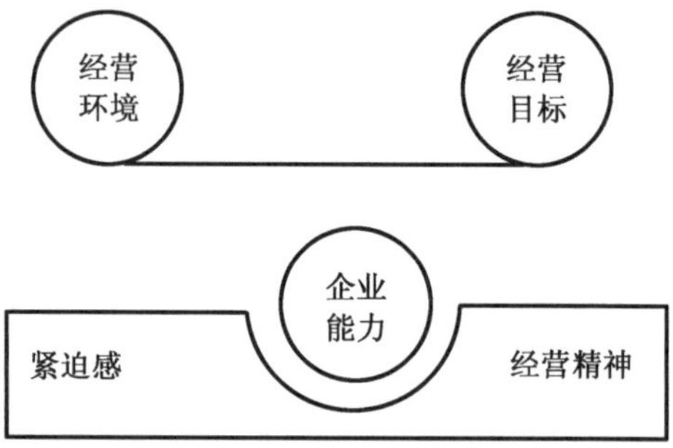

图 1-2　企业经营管理的动态平衡图

求得动态平衡是企业经营管理的经常性任务。因为平衡是相对的，不平衡是绝对的。企业经营管理与其他事物发展一样，总是从不平衡到平衡，又出现新的不平衡，再求得新的平衡。所以经营管理一个企业要有动态平衡观念。

动态平衡观念，要求企业经营管理要研究经营环境，适应经营环境。企业这个系统的所有经营活动总是在一定的社会环境中进行的，且必须主动适应环境的要求和变化。也就是说，任何一个企业的生存和发展，都离不开经营环境，客观环境的变化会对企业经营活动产生不同程度的影响。经营环境的变化有时对企业经营活动是有利的，这时企业经营者就应及时抓住机遇，善于利用机遇，发挥自己的长处，使企业顺利发展；经营环境的变化有时对企业经营活动是不利的，这时企业就应看准方向，改变经营战略，朝着自己目标方向发展。不然，经营环境早变了，企业经营还在墨守成规，不及时调整经营战略，就要失去平衡，造成企业经营不景气或停滞不前，甚至造成严重的经济损失。经营管理之所以要研究环境，其目的就是分析客观情况，为确定经营战略、进行经营决策提供正确的信息情报。正确的环境分析是关系到决策成功与否的重要一环。因此，确定经营战略，做出经营决策时必须详细地分析环境和预测环境。

动态平衡要求企业经营管理要强化企业能力。支撑经营环境、企业能力和经营目标这三者之间动态平衡的是企业能力。所谓企业能力，就是指企业经营活动所必须具备的一定的物质条件，包括企业生产能力、技术能力、销售能力和企业管理水平等。它是企业生产经营活动得以顺利进行的物质基础。研究企业能力，即了解企业内部物质条件的目的是分析生产经营活动适应环境变化、达到所确定的战略经营目标的可能性和可行性的程度。而构成企业内部条件的因素主要有：①厂房、设备、生产面积；②工人的技术水平、工程技术人员的数量和工艺技术条件；③奖金的来源与筹集；④原材料与能源的供应条件；⑤运输条件；⑥销售力量与条件；⑦劳动组织状况；⑧职工的生活条件与政治思想水平；⑨企业经营领导班子结构与管理水平等。这些条件完备健全，特别是有一个坚强的经营领导班子，又有一支好的职工队伍，企业素质就好，企业能力提高也就有了坚实的基础。因为企业能力的强弱与企业经营者的经营精神、紧迫感有很大关系。所谓经营精神，就是指企业经营者建设社会主义的事业心与责任感。所谓紧迫感，就是指企业经营者在社会主义商品生产的竞争中为企业求生存求发展的向上精神。如果每个企业的经营领导都有强烈的事业心、责任感和为企业命运日夜操劳的紧迫感，就能时刻注意发展企业的每一个有利机会，创造发展条件，实现经营环境、企业能力和经营目标这三者的动态平衡。

三、企业经营管理的内容

企业经营管理所包括的内容，是由它的机能所决定的。企业经营管理主要有以下几个方面的机能。

1. 预测环境的变化

随着经济体制改革的展开，企业自主权的扩大，企业经营管理的要求愈来愈高，变得日益复杂和变化多端。因此企业必须具备预测环境变化的机能，它包括市场变化的预测、需求变化的预测、技术发展趋势的预测等。企业只有及时准确地掌握上述变化的信息，才能正确制定自己的经营战略决策。

2. 适应环境的变化

企业这个系统，必须具有一定的应变能力，善于适应更高一级系统——环境的要求和变化，才能在变化中求得生存和发展。不如此，企业便没有竞争能力，也不可能把经营搞活。

3. 发现和利用机会

企业必须善于在内外环境的变化中发现和利用未来可能出现的机会和威胁，避开自己的短处，善于解决存在的问题。

4. 协调整个企业的经济活动

一个企业由许多部门和单位组成，只有这些部门、单位协调动作，才能适应环境的变化，把企业经济搞活，取得较好的经济效益。这对规模大、生产社会化程度高的企业尤为重要。企业经营管理的上述这些机能，决定了它具有以下的主要内容：

(1)确定企业的经营思想、经营目标、经营方针和经营策略；

(2)进行市场调查和市场预测，对重大经营战略问题进行决策；

(3)新产品开发和技术储备；

(4)制订企业长期计划和年度经营计划；

(5)市场营销；

(6)财务管理等。

四、企业经营管理的重要性

随着我国经济体制改革的深入，企业经营管理者对经营管理越来越重视了，并且认为管理的重点在经营，经营的中心是决策。因此，我国大多数企业已经或正在从“生产型”管理向“经营型”管理转变，甚至向“自主经营型”管理转变。这一转变有着深刻的客观必然性。

第一,我国社会主义企业之所以要进行经营管理,还与我国经济特点等因素有关。改革前,我国是在社会主义公有制基础上实行计划经济,国有企业是国民经济的基本单位。它们是相对独立的商品生产者,具有较多的决策权。同时,企业有了与它对国家承担的经济责任相适应的经济利益,这种责任和利益,是构成企业发挥经营积极性的外部压力和内在动力。这就在客观上要求企业必须要学会经营,进行科学决策,提高经济效益。社会主义计划经济的另一特点是指令性计划、指导性计划和市场调节相结合的计划管理形式,这也在客观上要求企业及时准确地掌握市场动态,根据市场和用户的需求,生产适销对路的产品,提高竞争能力和应变能力,把经营放在重要的地位。

第二,党的十一届三中全会以后,总结了正反经验,在理论上肯定了商品生产将在我国长期存在的必然,在实践上进行了经济管理体制的改革,提出了我国经济建设的新路子:实行对内搞活经济,对外经济开放的战略方针;实行计划经济为主,市场调节为辅的原则;逐步地扩大企业自主权,从主要依靠外延性扩大再生产转变为以内涵为主的扩大再生产;从主要抓产量、速度,转变为主要讲求全面经济效益,使经济效益与速度同步增长;对外经济开放,扩大国际贸易,引进必要的外资和先进技术等。国家经济管理体制的这些改革,必然要求企业内部体制有相应的改革,特别是党的十四大决定建立社会主义市场经济体制,这集中表现为要求企业从"生产型"管理向"经营型"管理转变,特别是向"自主经营型"管理的转变。总之,管理转型是我国经济发展的客观要求,是历史发展的必然趋势。

企业从"生产型"管理向"经营型"管理转变,不仅是必要的,而且花大力气搞好经营管理也是非常重要的。

经营管理是现代化大生产社会经济发展的客观要求。现代化大生产除了大规模地采用机器和机器体系进行生产之外,另一个显著的特点就是高度分工与协作劳动,生产关系社会化。由于这一特点的要求,现代化管理要求把企业作为社会的一个系统来考虑,把"人、财、物""供、产、销""品种、质量、数量""成本、价格、利润"等外界因素与内部因素看作构成企业活动的一个整体来进行系统管理,也就是对企业的生产经营活动全过程进行管理。如果仅就企业内部的生产进行管理,显然是陈旧了,落后了。也就是说,必须和社会市场联系起来进行经营管理。在现代社会经济高度发展过程中,没有高度的经营思维能力和决策能力,要把企业的"生意"做好、做"活"是不可能的。

经营管理是社会主义生产目的要求。社会主义生产,一方面要为社会提供所需要的产品,即满足人民群众所需要的使用价值;另一方面还要为整个社会提供剩余产品(盈利)。如果企业只提供使用价值,不提供剩余产品,那么,社会主义公有制需要扩大再生产的资金,就无法解决。讲经营管理,目的就是讲求经济效益,为社会主义生产和扩大再生产提供更多的积累。

经营管理是社会主义市场经济条件下竞争的客观要求。既然搞市场经济就得承认市场调节,承认价值规律与竞争必然发生作用,作为相对独立的商品生产者的企业,生产什么?生产多少?销售给谁?都要根据市场需求来确定。在需求已知的情况下,企业面临多少竞争对手?本企业产品在市场中的占有率多大?如何提高企业的竞争能力?这些都要求企业适时地做出正确的决策。实践证明,在商品生产的条件下,救"活"企业的一些药方,往往是来自对市场的深入研究、及时正确的决策和敏感变通的科学经营管理。所以,一切企业,应把经营管理当作企业生死荣衰的大问题摆到重要的位置上来。

随着我国新的经济发展时期的到来,社会生产力的不断发展,科学技术的日益进步和市场需求的变化,对企业领导者决策正确性的要求也就愈来愈高,需要企业领导者花更大的精力考虑经营问题。因为,在社会主义商品经济条件下,对企业发展来说,经营管理比“执行型”管理更重要。重视经营,就是要求企业把“社会需要”(用户需要)作为生产的出发点和归宿点,作为决策的前提和重要依据。一个善于经营的企业领导者就在于能够在千变万化的社会需要中具有灵活的反应能力,抓住“机会”迅速地占领市场,使企业永葆活力,取得最好的经济效益。

第二节 企业经营思想与经营目标

企业经营思想和经营目标是引导企业沿着社会主义方向进行经营活动,取得较高经济效益的行动纲领。企业要求得长期生存和发展,必须确立卓有远见的经营思想和正确的经营目标。

一、企业经营思想

企业目标、企业内部条件和企业外部环境,三者都是不断变化的,并且会出现许多矛盾。而经营管理就是要解决这三者之间出现的矛盾,做好它们之间的动态平衡。在处理矛盾平衡时,会涉及企业与各方面的关系,例如,企业与国家的关系、企业与用户的关系、企业与竞争者的关系、企业与本厂职工的关系等。经营好企业就必须正确处理这些关系,为此就需要确立卓有远见的正确的经营思想。

所谓企业经营思想,就是指企业处理与各方面的关系而确立的指导思想,也就是对经营活动过程中发生的各种关系的认识和态度的总和。它是经营管理企业的灵魂,贯穿于企业经营活动的全过程。企业经营思想如何确定?应当遵循的原则是:最大限度地满足社会和人民物质文化生活不断增长的需要,最大限度地提高企业的经济效益。在传统的计划经济体制下,作为具有相对独立性的商品生产者的企业,它的一切经济活动的基本目的,也是获得更多经济利益。在我国目前正在发展的社会主义市场经济中,企业的经营思想的基本原则应当体现社会主义经济原则与市场经济一般要求的统一。因此,企业在处理和其他经济单位往来的关系中,同样要谋求和维护自己的经济利益。但是,企业的社会主义性质又决定了它必须服从全社会的利益,切实保证职工群众的经济利益和民主权利。它的活动要有利于巩固和发展与各方面的社会主义关系。

企业在生产经营中应树立哪些正确的经营思想呢?

(一)现代企业处理与国家的关系,应坚持“国家第一”的经营思想

国家与企业在经济方面发生矛盾的时候,企业应当服从国家利益,坚决贯彻执行党和政府制定的各项政策、法规、计划以及上级机关的各种指示决定。在这个前提下,企业在自己的权责范围内,积极地发挥经营管理的主动性,把企业经营好。

(二)现代企业处理与用户的关系,应坚持“用户第一”的经营思想

社会主义企业的商品生产,实际上就是为用户服务,尽量满足用户的各种要求。企业树立“全心全意为人民服务”的经营思想,不仅体现了商品生产的原则,而且也体现了社会主义生产关系。

“用户第一”就是企业生产的产品使用户满意，服务到家，包括产品质量、数量、交货期限、价格、包装、购买方式、售前和售后服务等。

“用户第一”就是企业把为用户服务、满足用户要求作为一种长远的战略思想对待。企业和用户的关系，实际上是经济关系、利益关系；两者之间的矛盾，即买卖双方的矛盾，就是利益的矛盾。双方利益的矛盾很多，例如，用户往往从自己的利益考虑，希望能买到物美价廉的产品，希望供应批量小些、间隔期短些，所买的产品更符合自己的消费要求；生产企业则与此相反，总希望食欲高些、批量大些、品种单一和标准化些。买卖双方的要求又必然受到市场供求关系的影响。当供过于求时，生产企业一般能较好地接受用户的要求，为用户服务的思想比较容易树立和贯彻；当供不应求时，生产企业可能就“骄”起来，反而向用户提出要求，甚至以“皇帝女儿不愁嫁”的态度对待用户，更谈不上为用户服务。显然这是患了“近视病”，没有从长远战略上考虑问题。生产企业的产品眼前是短线产品，供不应求，正因其短，竞争者就容易一拥而上，短而变长，到那时受过你“白眼”的用户还乐意问津你的产品吗？岂不失去了用户？所以，应当把为用户服务，满足用户要求，作为一种长远的战略思想，而不能把它当作一个权宜之计。

（三）现代企业处理和竞争者的关系，应坚持经营“道德风格第一”的经营思想

市场经济体制下，由于存在着商品生产和商品交换，价值规律在生产和流通中仍然具有调节作用。所以，生产部门之间、企业之间，不可避免地存在着竞争，它是不以人们意志为转移的客观存在。既然存在竞争，就必然和竞争者的物质利益相联系，首先表现为商品价值量的较量。它要求企业把自己的生产成果中的物化劳动和活劳动的消耗水平与社会平均水平做比较。只有企业生产的效果好，消耗水平低于社会平均水平，企业才能获得盈利，否则，企业就要亏损，甚至被淘汰。因此，竞争对推动企业努力提高技术、改善经营管理、提高劳动生产率、改进产品质量、更好地为消费者服务，都会起积极的作用。所以，对一个企业来说，经营管理应立足于竞争，不断创新，并且要以提高质量求生存，以增加品种求发展。有竞争能力的产品才能赢得用户。而提高产品在市场上竞争能力的根本途径是提高质量，增加品种，改善服务。但这些又都取决于企业的创造力，企业的生命力就在于它的创造力。

（四）现代企业要坚持“人的因素第一”，重视人才开发的经营思想

一切事情都是人干的，人的素质高低对企业经营管理有直接影响。重要的是树立职工的主人翁思想，尊重他们当家做主的权利；对职工进行培训教育，不断提高他们的文化水平和技术水平，从中选拔人才和培养人才；全面关心职工的切身利益。只有这样才能充分地调动全体职工的积极性，使职工真正感到自己是企业的主人，把自己的命运和企业的命运进而与国家的命运结合起来，才能为实现企业的经营目标而忘我地奋斗。

同时，企业经营管理还应牢牢树立战略思想和不断提高企业素质的观念。所谓战略思想，就是企业要有立足于长远和发展的观点，经营是为了“明天”，为“明天”而工作。所谓企业素质的能力主要包括：①承担任务能力；②内涵扩大再生产能力；③技术开发创新能力；④市场竞争能力；⑤应变能力。通常地说，一个企业主要应该提高如下三方面的素质：①提高企业领导班子和职工队伍的政治素质和技术业务素质，使之适应现代化大生产进行科学管理的需要；②提高企业的技术素质，包括设计、工艺和工具设备等，使之适应开发新产品，

产品更新换代,满足提高产品质量的需要;③提高企业经营管理素质,不断地完善领导制度,提高决策能力,加强基础工作,改革组织机构等,使之适应外部环境条件变化的需要。企业素质是企业发展各种能力、实现经营目标、提高经济效益的物质基础。企业素质的优劣决定经营成果的大小。

二、企业经营目标

确定企业经营目标是企业经营管理的首要任务。因为,企业的一切生产经营活动最终都是为了达到一定的目标。所谓经营目标,是指生产经营活动在一定时期内预期达到的成果。任何一个企业都要有它的总体经营目标,而企业各部门各环节的生产经营活动也要有它自己的具体经营目标。

企业经营目标内容不同,不同的企业在不同时期的总体目标内容也不尽相同。企业的总体经营目标一般应包括如下基本内容。

1. 对社会的贡献目标

对社会的贡献目标就是指企业在一定时期内,为社会做出了哪些贡献。其贡献大小通常可用品种、产量、产值和上缴利税来表示。

2. 市场目标

市场目标就是指企业在一定时期内,占有市场的广度和深度,即市场面和市场占有率的大小。市场目标包括新市场的开发和传统市场的纵向渗透,也包括市场占有份额的增加。市场是企业的生存空间,企业应把不断地开辟国内国际新市场、提高竞争能力,列为一项重要的长期目标。

3. 发展目标

发展目标就是指企业在一定时期内,工厂规模、品种产量、技术水平的扩大和提高程度。企业的发展一般表现为企业的纵向、横向的联合,扩大生产规模;增加固定资产、流动资金,提高生产能力;增加品种、产量和销售额;机械化、自动化水平的提高等。

4. 利益目标

利益目标就是指企业在一定时期内,为本企业和全体职工创造多少物质利益。利益目标直接表现为利润总额、利润率和由此而决定的税后利润留成、奖励和福利基金多少。这一目标是企业经营活动的内在动力,它不仅关系到企业职工的切身利益,也决定着企业的发展。

企业的总体经营目标,一般通过编制企业经营计划具体体现出来,并且规定有一定的目标值。

企业的总体经营目标是要通过企业各个部门和各个环节的生产经营活动来实现的。因此,各个部门都应围绕企业的总体目标制订本部门的目标。总体经营目标按业务内容又划分为若干中间目标(如品种发展目标、质量目标等)。同时,总体经营目标按业务内容又划分为若干具体目标(如质量目标分为不同的工作质量目标、服务目标等)。这样就形成了一个目标体系(图1-3)。在目标体系中除了总体、中间、具体目标之间纵向联系外,它们之间还必须有横向的有机联系,以便使各部门、各单位的生产经营活动实现紧密的衔接配合。

确定正确的经营目标有着重要的作用:它能指明企业在一定时期的经营方向和奋斗目标,使企业的生产经营活动突出重点;它能使企业的各项经营活动达到最有效的协调,从而提高管理效率和经营效果;它能促使职工提高工作主动性和积极性,从而有利于开创“全员经营”的新局面。

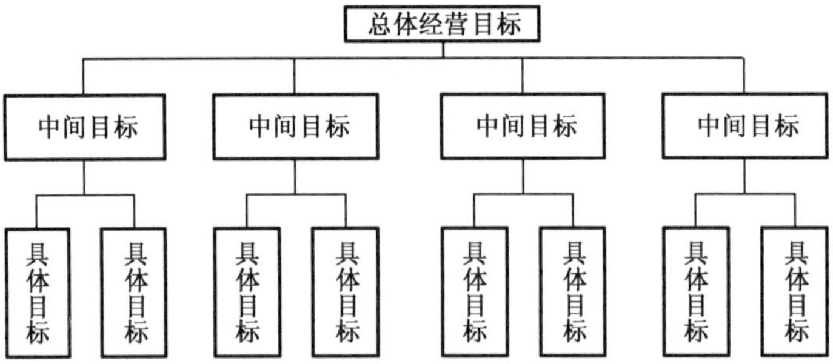

图 1-3　目标体系图

制定经营目标的基本原则是什么呢？一般地说，制定经营目标应遵循的基本原则如下。

1. 关键性原则

关键性原则就是要求企业对一定时期的决策目标，必须突出本企业经营的重要问题，是关系企业全局的、重大的经营战略问题。

2. 可行性原则

可行性原则就是总体目标的确定，必须是经济上合理，技术上可行，措施有保证，经过努力能够如期实现的。

3. 定量化原则

定量化原则就是总体目标的确定，必须能用数量或质量指标来表示，使目标有可行性，有可比性。

4. 一致性原则

一致性原则就是总体目标要同中间目标和具体目标协调一致，形成系统，而不能互相矛盾，互相脱节。

5. 激励性原则

激励性原则就是总体目标的确定，对调动全厂职工的积极性有强大的号召力和激发力。

6. 灵活性原则

灵活性原则就是企业的经营目标不是一成不变的，而是根据企业内部条件和外部环境的变化，及时调整与修正企业的经营目标。

第三节　企业经营方针与经营策略

一、企业经营方针

所谓企业经营方针，是指在一定的经营思想指导下，为实现经营目标而形成的处理各种经营管理问题的指南。一般地说，经营目标是体现经营思想的。它表明企业发展的意图；而经营方针比经营思想更具有现实性和针对性。它是针对某一时期经营管理所要解决的一定问题所采取的具体行动方针。经营方针也是企业经营思想的具体反映，最终也要体现在经营目标上,也就是方针的数量化。

企业的经营方针依据不同类型企业的经营特点、一定时期内外条件的不同、要解决的经营问题不同而各具特色。经营方针可以是单项性的,也可是多项性的,还可以是综合性的。但概括起来说,企业经营方针的内容主要包括两大类:一是企业的经营方向,即企业总的经营战略方针;二是企业各部门机能的经营方针。

经营方向的方针。经营方向,即服务方向,是指企业产品的发展方向。如企业生产哪些种类的产品,若是汽车厂,是生产载重汽车、大型客车、吉普车,还是生产小轿车;满足社会哪方面需要,产品是为基本建设服务,还是为老企业的挖潜、革新、改造服务,或者是为轻纺工业服务;满足国内需要,还是为出口服务等。这是基本的经营战略方针,把方向确定得正确了,企业经营管理就能搞活,就有生命力。例如,1985 年东北某继电器厂确定该厂"提高工业电器,发展家用电器,用户第一,全心全意为用户服务"的经营方针。在这个方针指引下,他们为葛洲坝电厂研制了操作、保护、检测、控制等成套装置,试制电流、电压、信号、中间继电器等新产品,产品达到国际 20 世纪 70 年代末 80 年代初的水平。在家用电器产品方面,工厂也发展了风扇定时器、洗衣机定时开关等产品,其性能可以和日本同类产品相媲美,取得了较好的经济效益。

企业各部门机能的经营方针。这主要是企业针对不同的经营重点,解决的问题有所侧重而提出某一方面的经营方针。例如,在技术开发上,企业可采取自行研制和自行改造的方针,也可以采取买进技术专利或从国外引进技术的方针;在为用户服务上,企业可以提出"以质量求生存,以品种求发展,以服务求信誉"的经营方针,做到用户需要什么就生产什么,产品卖到哪里就把服务网点设到哪里,把准时交货、准时服务、准时提供配件作为经营的重点;在市场销售上,企业可以提出"提高企业应变能力,扩大服务领域,开拓国内国际市场"的经营方针等。

根据我国一些企业的经验来看,企业一般采用综合性的经营方针,即有针对性地同时提出几条经营方针且长期坚持执行,取得了良好的效果。经营方针的提出,是企业一项重大的战略决策,既要积极,又要慎重。

二、企业经营策略

所谓企业经营策略,是指企业为了实现经营目标,对企业经营环境和竞争力量的变化趋势所做的反应与对策。经营策略正确与否,是决定企业经营成败的关键。而正确的经营策略主要来自对市场的调查研究和市场预测。然而,市场因素是多变的,在一些可变的因素中,企业自己能够影响和控制的因素主要有:企业产品销售场所(place),销售半径越大,说明产品的适应性越广,竞争能力越强;产品(product)的结构性、外观和消费者对产品的态度,这些是决定市场占有率的关键因素;产品价格(pirce),其高低对市场销售影响极大;销售推广(promotion),优质的产品,要辅之以好的推销方式,才能扩大销售量。以上四个因素因其英文第一个字母都是"P",通常称为"4P"(也称"4Ps")。企业经营策略必须围绕"4P"来研究确定,所以企业经营策略也主要包括这四个方面的内容。

(一)市场策略

市场策略归纳有如下几种。

1. 市场细分化策略

市场细分化就是把将一个市场按照消费者的明显差别再细分成一些子市场或市场面。市场细分化的目的在于便于企业确定目标市场，并且还有利于研究潜在需要，给发展新产品寻找机会，开拓新的市场。

2. 市场定位策略

市场定位就是确定企业的目标市场，即是本企业市场放在什么位置。一般地说，企业应该选择一个或几个潜在需求大、竞争者不多、能发挥企业优势的市场面作为目标市场。市场定位策略回答的问题是本企业产品可在哪些地区畅销，那里的竞争如何，有无发展前景，哪些地区是否退出或转移等。

3. 市场定时策略

市场定时就是确定产品进入市场的时间和进度，如确定有季节性的时令产品何时投入市场最有利。新产品一般应选择尚无竞争产品出现的有利时机投放市场；市场的放大，要有个进度，例如，新产品第一步在附近地区销售，第二步在全国销售，第三步打入国际市场。

4. 进入市场策略

进入市场就是选择产品投放市场的方式，也就是决定产品通过什么样的方式和途径进入市场。如对产品，企业可以通过设置门市部进行试销，进入某地区市场。特别是打入国际市场的产品，选择正确的进入市场策略，尤为重要。

5. 市场组合策略

市场组合，也称营销组合，就是把影响市场销售的可控制因素综合在一起，恰当组合开展销售活动，影响市场销售的可控制因素主要有产品、价格、销售渠道和销售推广等，即所谓的“4P”。这“4P”因素包括的内容如表 1-1 所示。把它们综合运用，就可构成不同的市场组合策略。有些产品可采取薄利多销策略，即把产品质量和价格、销售推广组合在一起，这样既保持一定的质量而又价格低廉，稍微做些宣传，就可以收到较好的销售效果。

表 1-1　市场组合策略 4P 因素综合分析

产品	价格	销售渠道	销售推广
质量 特征 商标 包装 保证 服务水平	水平 贴现和折扣 付款期限	分配范围 口岸位置 存货水平与位置转运	广告 派员推销 销售促进活动宣传

6. 市场开发策略

市场开发，就是把产品和市场这两个因素综合在一起考虑，就可构成不同的市场策略，如表 1-2 所示。

表 1–2 产品–市场两因素构成的不同策略

市场	产品	
	老产品	新产品
原有市场	①市场渗透型	②产品开发型
新辟市场	③市场开拓型	④多角型

市场策略有四种类型。

①市场渗透型。市场渗透型就是扩大老产品在原有市场上的销售量。其办法可通过广告宣传、改进服务、降低价格、赊销试用,促进老用户多买,争取新的用户,从而提高老产品在原有市场的占有率。

②产品开发型。产品开发型就是在原有市场上通过改进老产品,实现产品改型换代,满足原有市场需求,扩大销售量。

③市场开拓型。市场开拓型就是以老产品去开辟新的市场,这个新的市场既包括放大销售半径,使产品由产地卖到全国,或者由城市卖到乡村,由国内进入国际市场,也包括在原有市场上扩大新的销售对象。其办法包括改变产品外观、包装和加强广告宣传活动。

④多角(混合)型。多角型就是用新产品去开拓新市场,即把发展新产品同开拓新市场结合起来,双管齐下,用新产品去占领新市场。

(二)产品开发策略

新产品的开发,要根据市场需要和科学技术的发展趋势以及国家计划来考虑。从用户和科学技术发展趋势来看,新产品开发策略主要有以下几种。

1. 多能化

多能化是指增加产品的用途,就是一机多能,一物多用。如农民需要的小型农机,既能耕地,又能运输;既能脱粒,又能磨米。又如多种性能的机床等,因为其用途多,扩大了用户,所以具有强大的竞争力。

2. 低耗化、节能化

低耗化、节能化是指产品在使用的过程中所用的耗费较低。节能的机械工业产品将有广阔的发展前景。

3. 简化

简化就是减少产品的种类、形式,就是产品的系列化、零部件的标准化和通用化。简化不仅便于制造,而且也有利于使用、维修。产品的简化会使消耗和成本下降。

4. 多样化

多样化与简化相反,它标志着产品的种类、形式的增加。简化和多样化可以相结合,得到统一,使产品基础少(简化),而变型多(多样化)。一个企业要长期稳定地发展,就绝不能“单打一”,靠生产一种产品过日子。这不仅是因为产品本身有一个寿命周期,会发生衰退老化问题,而且还因为各种产品都有个饱和问题。即使产品在技术上并未老化,但市场相对饱和了,新市场又不可立即开拓,企业经营就会发生不景气。这时再考虑转产务新,往往为时已晚。因此,必须采取多样化的经营策略,当某种产品出现饱和发生滞销时,尚可“以丰补歉”。经营多样化,不仅具有适应场所变化的较大弹性、减少单一经营可能带来的风险,而且还有充分利用企业技术力量、生产能力、原料资源和原有市场等优点,从而给企业带来较好的效益。所以,一些企业常常采用经营多样化的策略。经营多样化往往有以下几种形式。

(1)水平多样化。水平多样化是指在同一技术或同一市场的基础上,发展更多的新产品。这是一种分散型的产品发展策略。它有两种形式:一种是技术相同,如电空调机厂兼营收音机、录音机、录像机、计算器等产品;另一种是市场相同,如农机厂兼营化肥、农药,这虽然在技术上没有相同之处,但是可以利用原有市场和企业信誉。

(2)垂直多样化,也称为纵向联合。垂直多样化是一种一体化的产品发展策略。可"向后"发展,即加工工业向原材料工业、零部件工业发展;也可"向前"发展,即制造业向流通领域发展,兼营销售商品,或原材料工业向加工工业发展。

(3)侧向多样化。侧向多样化是一种附属性或服务性的多样化策略,如汽车公司兼营汽车设计等。

(4)集合多样化。集合多样化就是发展的产品与本企业原有产品技术上毫无共同之处,如飞机公司兼营家用电器等。

(三)定价策略

产品价格的高低对销售量有很大的影响。制定价格,既要使生产者获得必要的收益,又要使消费者能够接受。随着企业自主权的扩大,产品自行定价范围越来越宽,这时企业应根据具体情况采取不同的定价策略。

1. 高价策略

高价策略适用于新产品。就是在新产品投入市场的初期,价格定得高一些,因而能够获得较高的利润。因为价格定得高于社会平均利润水平,所以,也叫撇脂定价策略。

2. 低价策略

低价策略就是采取低价的办法把产品投放市场。这种价格策略适用于市场需求弹性大的情况,降价能够明显地刺激潜在需求转变为有支付能力的需求,使消费者产生购买行动,从而扩大销售量。因为这种策略一般都是把产品成本降低到社会平均成本水平之下,利用廉价优势,扩大销售量,增加利润,所以也叫沉淀价格策略、渗透价格策略。

3. 均衡价格策略

均衡价格低于撇脂价格,而高于渗透价格。均衡价格取决于市场供给曲线和市场需求曲线,这两条曲线的交点就是均衡价格。它是企业在市场上供求相等时所采取的价格策略。均衡价格策略又称合理价格策略。

4. 分层定价策略

分层定价就是将同一产品通过造型的差别、外包装的差别或附带品的差别,确定不同型号,然后按不同型号分层次定价。

此外,还有尾数定价策略等。

(四)推销策略

优质的产品,还要辅之以好的推销方式,才能使产品很快地为消费者所了解和接受。产品的推销活动是以消费者为中心进行的。赢得用户是推销策略的出发点和归宿点。推销策略一般有如下几种。

1. 广告宣传

广告是生产者与消费者之间传播信息情报以达到销售商品目的的一种推销活动。它是向消费者介绍商品、报道服务内容的一种公开的宣传形式。广告是一种促进商品销售的工具,是沟通产需的媒介。常用的有广告牌或电视、广播、报纸、杂志广告等形式。

2. 派员推销

派员推销就是企业派推销员直接向用户推销商品(或劳务)。现在它仍然是市场销售中重要的推销手段。因为这种策略具有灵活性、选择性、全面性且具有多种功能,所以常常被企业所采用。

3. 销售促进活动

销售促进活动就是除了广告宣传、派员推销以外的鼓励消费者购买的活动。常见的销售促进活动的方法有:产品陈列、展销、表演、赠送样品手册、实行试用、赊销、分期付款、咨询、成套供应、技术代培和销售技术服务等。其中,销售技术服务占有重要的地位,特别是对工业产品的消费者尤为重要。对一些机电产品,如果技术服务工作跟不上,就不可能在国内、国际市场上打开销路,站稳脚跟。销售技术服务工作一般包括的内容有:用户咨询、现场服务、为用户提供零备件、为用户修理设备、为用户培训人员和提供特殊服务等。

第四节 企业经营环境

一、经营环境的含义及特征

企业经营环境是一个系统。但是,企业系统不是孤立存在的,而是从属于更大的更高一层次的系统,也就是系统的外界条件。这个企业系统的外界条件,就是企业环境。经营环境,是指存在于一个组织外部的影响组织业绩的各种力量和条件因素的总和。

经营环境具有如下的特征。

1. 客观性

系统存在于环境之中,环境是客观存在的。环境是自然规律和经济规律的体现。不适应环境、违背环境、破坏环境,必将受到环境的惩罚。

2. 复杂性

系统具有复杂性、开放性,而环境则具有更大的复杂性。企业相对于社会经济体系来说,是个小系统;而环绕企业系统的整个国民经济又是个更大的系统。因为整个国民经济这个大系统也就是包围企业系统的环境,且整个国民经济是复杂的,所以说环境具有复杂性。

3. 不可控性

环境是一个不可控制的因素。也就是说,企业这个小系统不能控制环绕它的更大的系统。企业系统只能调整内部因素来适应环境的变化。

4. 动态性

环境是不断地变化着的,而且变化的速度越来越快。概括起来说,企业经营是被科学技术、经营和社会人文三大环境所环绕的。因此,企业的生产经营活动必然要受到科学技术、经济和社会人文力量方面的影响和作用。而现代科学技术、经济以及社会人文方面的发展变化是非常迅速的。例如,现代科学技术从发明到应用的时间间隔愈来愈短(集成电路用三年)。许多发展中国家的经济都是高速发展的,工农业总产值一般都以4%~5%,甚至7.5%的速度向前发展。企业作为整个社会经济体系这个大系统的一个小分系统,必须使企业的生产经营活动适应整个社会经济、科学技术发展的要求和变化。

二、经营环境的分类

根据各种因素对组织业绩影响程度的不同,可以把经营环境分为一般环境和任务环境。任何组织都是整个社会大系统中的一个子系统,它不可能脱离整个社会而独立存在,而是总与社会方方面面有着千丝万缕的联系。一般环境是指可对该组织的活动产生影响的大环境,包括经济、技术、文化、政治、法律和国际关系等因素。这些因素一般都不是只涉及某一个具体的组织,因此,这些因素对某一特定组织有什么样的影响及有多大的影响都不会很清楚。一般环境因素对某一组织的影响虽不是直接的,但都有可能对组织产生某种重大的影响,因此管理者都必须认真分析和研究自己的组织所处的一般环境。

相对于一般环境而言,管理者往往更注重于对任务环境的研究与分析。所谓任务环境是指对某一具体组织的组织目标的实现有直接影响的环境。主要包括资源供应者、竞争对手、顾客、政府机构和各种利益集团等因素。对每一个组织而言,任务环境是唯一的,并且随构成因素的变化而变化,它将直接增加或减少组织的效益。

(一)一般环境因素

一般环境因素对一个组织的运转的影响尽管不那么直接,但却越来越大,各个组织的管理者必须充分考虑这些因素。

1. 经济因素

一个组织所处的经济环境,通常包括其所在国家的经济制度、经济结构、物质资源状况、经济发展水平、物价水平、国民消费水平等因素,也应包含国际经济环境中对组织产生影响的那一部分因素。

不同的经济制度,有不同的资源配置方式。在市场经济制度下很容易通过市场获得的某些资源在传统的计划经济制度下就可能很难获得。

经济结构不同,各类组织所选择的发展方向就不同。其原因是结构不同,供应、消费、价格等都不同。

物质资源状况制约着消耗资源大的组织的决策;经济发展水平决定着全社会的生产水平、供应水平、消费水平,任何组织的建立、定位以及发展都离不开这个大背景。

物价水平和国民消费水平会影响市场需求结构,进而影响各类组织的投入和产出;劳动力、原材料及其他项目成本的通货膨胀,既可能为一些组织的发展创造机会,也可能会导致一些组织走向破产。

进入21世纪,中国的经济环境发生了巨大变化。社会主义市场经济日臻成熟和完善,国内经济虽然遭遇全球经济危机,但仍保持平稳增长,人均GDP已达到1万美元以上。但是,中国经济所面临的环境更加复杂。长期以来,我国经济增长高度依赖国际市场,外贸依存度60%以上;中国人均资源、能源拥有量低于世界平均水平,但消耗量却远远高于世界平均水平;生态环境相当脆弱,且脆弱程度仍在加剧等。这些经济因素的变化,对各类组织,尤其是对企业将产生很大的影响。

2. 技术因素

技术在任何组织的经营环境中,都是一项关键的因素。技术环境通常由世界大环境下的技术水平、技术发展方向、技术创新速度以及组织所在国家或地区的技术政策、科研潜力等方面因素构成。在当今世界中,技术发展速度不断加快,技术更新周期大为缩短,作为科学技术载体的人才成为各个组织竞争的最重要资源。自动化技术、柔性制造系统、信息技术、激光技术、新材料、新能源、生物工程、海洋技术等从无到有,并且不断发展。在这样的背景下,任何组织欲求生存和发展,都必须在产品、服务、经营方式等方面保持技术的先进性,要用最先进的、最快的技术参与竞争。管理工作本身也要不断地增加技术含量,运用技术手段。也就是说,技术进步从劳动力、劳动资料、劳动对象等方面推动着生产力的发展,不同的技术条件和技术过程,又要求有不同的管理方式和方法,技术的发展也改变着管理活动的进行。在计划、决策、控制等职能方面,技术都占据着重要的位置,组织方式和领导方式也随着技术的发展而改变。

3. 社会文化因素

社会文化因素主要由组织所在国家或地区的人口、大气环境、文化教育、传统风俗习惯、道德、价值观等因素构成。这些因素的变化对劳动力的数量和质量、就业机会、生活方式、生产方式等有重大影响。企事业等组织在进行管理活动时必须要了解上述因素,并有意识地与之相适应,采取相应管理策略。中国近些年的主要社会文化环境发生了很大变化,如人口不断增多,就业压力日益加大,人口老龄化趋势明显,多民族、地域范围广和全球化趋势明显,使中国人民的生活方式趋向于多样化、价值观念不断更新等。同时,不同国家或地区的社会文化具有明显差异,如果企业等组织进行跨国经营、跨地区发展,就要充分了解并理解东道国的社会文化,否则,跨国经营中的管理活动就要出问题。

4. 政治和法律因素

政治和法律因素包括组织所在国家或地区的政治体制、政治形势、法律法规、国际关系等因素,这些都会对一个组织产生重大的间接影响。该环境因素主要表现在国家、地区的稳定性和政府对各类组织或活动的态度上。政治稳定与否是一个组织在制定其长期发展战略时必须考虑的,而政府对各类组织和活动的态度则决定了各个组织可以做什么,不可以做什么;国与国之间的国际关系较好,就有利于两国内部组织之间的合作,如在企业投资、人才培养、技术开发、文化交流等方面进行合作;组织所在国家或地区的法律法规对组织的生存和发展有着直接的影响,组织的什么行为是法律所提倡的,什么行为是法律所约束的、不允许的,法规条文对组织活动有何具体规定,这些都是管理者必须清楚的。

目前,中国政治稳定,法律法规进一步健全,国际关系也较好,组织的发展环境越来越好。

(二)任务环境因素

不同的组织有不同的任务环境,与一般环境相比,任务环境对组织的影响更为直接和具体,因此,绝大多数组织也都更为重视其任务环境因素。

1. 供应者

任何组织的正常运营都必须拥有一定的人力、物力、财力、技术和信息资源。供应者是指向组织提供各种资源的人或单位。对于大多数组织来说,金融部门、政府部门以及股东是其主要的资金供应者;学校、劳动人事部门、各类培训机构、劳动力市场、职业中介机构等是其主要的人力资源供应者;生产生产资料的企业是其主要的设备、原材料供应者;新闻媒体、情报信息中心、咨询服务机构、政府有关部门是主要的信息供应者；大专院校、科研院所、独立发明人等是技术的主要源泉。

总体来说，资源是有限的，尤其是非再生资源和高品位、高质量的资源，所以各个组织在此方面一定有越来越激烈的竞争。组织在资源供应方面得不到充分保证，就无法完成组织任务、实现组织目标。组织的管理者应寻求尽可能低的成本保证所需投入的持续和稳定的供应。

2. 竞争对手

一个组织的竞争对手是指与其争夺资源、服务对象的人或组织。任何组织，都不可避免地会有一个或多个竞争对手。这些竞争对手不是相互争夺资源，就是相互争夺服务对象。

基于资源的竞争一般发生在许多组织都需要同一有限资源的时候，常见的竞争有人才竞争、资金竞争、技术竞争和原材料竞争。竞争的资源越有限，该资源在市场上的价格就越会上扬，组织的运营成本就会上升。基于顾客的竞争一般发生在同一类型的组织之间，或者这些组织提供的产品或服务方式相同，或者提供的产品或服务虽然不同但可以互相替代，因为其服务对象是同一的，例如，民航与铁路、公路运输的竞争等。

现代社会组织之间的竞争范围越来越大，基本上都是广义的国际竞争，企业之间的竞争更为剧烈。组织的管理者必须知己知彼，根据竞争环境的特点、竞争对手的状况制定有效的组织发展战略，以期在激烈的竞争条件下立于不败之地。

3. 顾客(服务对象)

顾客或服务对象是指一个组织为其提供产品或劳务的人或单位，如企业的客户、商店的购物者、学校的学生、医院的病人等，都是相应组织的顾客。任何组织之所以能够存在，是因为有一批需要该组织产品或劳务的顾客存在，如果一个组织失去了其服务对象，该组织就失去了其自身存在的基础。

组织的顾客或服务对象是影响组织生存的主要因素，而任何一个组织的顾客对于组织来说又是一个潜在的不确定的因素。组织能否成功，关键在于是否能满足顾客的需要，使顾客满意。因此组织管理工作的重要方面就是要正确分析市场需求及其变化趋势，及时开发出满足顾客需要的产品和服务，形成广泛而稳定的顾客群体。

4. 政府机构

政府机构主要指政府的行政管理部门，包括国家和地方的行政管理部门，如工商管理部门、审计部门、卫生防疫部门、物价管理部门等。它们拥有特殊的官方权力，可制定一系列政策、法规，以约束各类组织的行为，对组织目标的实现有直接的影响。

政府机构的政策法规，一方面会增加组织的运行成本，另一方面则会限制管理者决策的选择余地，但从客观上却有利于整个社会的良性发展，各类组织理应服从和遵守。一切组织都应该在政府政策的指导下，在法律允许的范围内进行活动；而一旦政府的政策和法规发生了变化，组织的战略也要随之进行调整。

5. 利益集团

利益集团是指社会上代表某一部分人的特殊利益的群众组织，如工会、消费者协会、环境保护组织等。利益集团虽然没有政府机构那样的权力，但同样可以对各类组织施加相当大的影响。他们可以通过直接和政府部门反映情况，以各种宣传工具制造舆论，从而影响组织的管理活动。事实上，政府所制定的某些政策和法规，正是对某些利益集团要求的反应。组织在从事活动时一定要考虑这些利益集团的影响力，要服从公众利益，要有利于公众利益的保障和提高。这样，组织的生存发展空间才会不断扩大。

三、经营环境对企业系统的影响

经营环境对企业系统有很大的影响，主要表现在以下几方面。

1. 对企业系统输入的影响

系统存在于环境之中，环境给系统输入资源，经系统转换又输出给环境，可以说无环境就无系统。某个企业系统输入的资源（原材料、设备工具、劳动力等）都来自外界环境（通过国家计划和市场调节获得），经企业系统转换，输出某种产品给环境（通过市场，实现销售）。这样不断地循环往复进行着生产和再生产。企业系统要适应环境，环境才给企业系统以输入，而企业系统必须适应环境才能向环境输出（商品），经环境平衡，又给其他企业系统输入。也可以说，经营环境是企业系统生存和发展的源泉。

2. 对预测、决策的影响

企业系统为了更好地适应环境，提高适应能力，必须对企业所处的环境进行调查、分析，研究变化的规律性，预测它的未来发展趋向，使企业经营者做出正确的决策。

3. 对企业系统的结构和行为的影响

环境对企业系统有很大影响。例如，科学技术的发展动向，国家、用户和外贸的要求，同类型企业的动向，市场需求的变化等，都会对企业产生直接的和间接的影响，从而影响企业系统的生产结构、市场营销结构、组织结构等相应的变化以及企业进行采购和销售行为的变化。

企业经营环境包括哪些因素呢？总括企业系统所有的影响因素而言，企业经营环境因素主要包括自然环境因素、政治环境因素、经济环境因素、社会环境因素、技术环境因素、文化环境因素等。

上述六个环境因素，不是各自孤立互不联系的，而是相互交叉作用，密切相关的。因此，在分析研究企业环境时，就要全面思考，综合分析。只有这样，才能准确地找到企业系统的影响因素，企业经营者据此才能做出正确的决策。

四、企业经营环境研究的信息资料

所谓信息，一般是指经过加工整理的事实和数据，而所谓资料一般是指未经加工整理的事实和数据，所谓信息资料就是两者都兼有的意思，有时又将它称为情报资料。例如，一张发货单，它作为原始资料不能说明市场的情况，如果把大量的发货单进行汇总整理，就可以反映出总的销售量和不同地区的销售量。这样的资料就可以作为市场研究和决策的信息。

当今世界，信息资源被称为第三资源。在企业经营管理工作中，一刻也离不开可靠的信息资源。在实行计划经济和市场调节相结合以后，特别是社会主义市场经济体制逐步确立之后，一些企业看见市场上什么是热门货，就转去生产这种货，生产厂家多了而市场没有多大变化，即市场已经饱和了，“热门货”变成了“次门货”，造成产品积压，使企业的资金周转困难，甚至被迫停产。出现这样问题的原因，就是市场信息不灵。可见信息特别重要。经济越发展，就越要重视信息，要形成强大的信息流。人们常把信息称作市场经营的“晴雨表”，并将它视作经营决策的依据。

信息资料的主要来源有以下几个方面。

1. 企业内部的资料

企业内部资料包括:经营计划及统计方面的资料;生产技术和供应条件方面的资料;销售方面的资料;用户方面的资料;产品价格、成本和利润方面的资料;竞争方面的资料;销售渠道和销售推广方面的资料等。

2. 企业外部的资料

企业外部的资料,也称第二手资料。它包括:政府机关和上级主管部门的计划指标和有关文件;企业之间的情况交流和经验介绍;各种报纸杂志,内部通讯,经济参考,电台、电视台所刊登或广播的消息、论文、广告等;各类研究学会、研究所、高等院校的研究报告及学术论文等。

3. 实际调查的资料

实际调查,就是企业根据所要研究的问题和具体情况,拟订的调查计划,明确调查要达到的目的,确定调查方法,能以较少的时间和费用,取得较好的调查效果。实际调查能够取得第一手资料,是解决经营管理问题的一种常用方法。

复习思考题

1. 企业经营环境的特征是什么?
2. 企业市场策略的类型有哪些?
3. 企业总体经营目标的基本内容是什么?
4. 试述市场经济条件下研究经营环境的意义。
5. 研究企业经营环境的信息资料的主要来源有哪些?
6. 试述企业经营管理的内容。
7. 企业制定经营目标所遵循的基本原则有哪些?

第二章　企业战略管理

第一节　战略管理概述

一、战略管理的性质

在了解具体的战略管理内容之前，首先有必要弄清楚战略管理的本质是什么。具体包括：战略管理与其他管理理论如生产（运作）管理、市场营销管理等的区别与联系，战略管理的研究对象和目的是什么，谁来执行战略管理等问题。

（一）战略管理理论是整合性管理理论，是企业最高层次的管理理论

以往的管理理论，如生产管理理论、财务管理理论、市场营销管理理论等所谓的职能管理理论，都是从企业局部的角度来讨论管理问题的。应当承认这种解剖式的理论创建和发展方式，对管理理论的发展以及深入了解某一方面的管理提供了丰富的内容。但它带来的弊端是显而易见的，那就是被分解的管理理论如何解决企业整体性的管理问题。因为在实际的管理活动中，企业是不能分割的，是由具有不同功能的部分所组成的一个统一整体，在社会进步和经济发展中作为一个整体而发挥着作用。如何将企业的各个职能部分协调一致，有机地结合起来运作，就需要企业战略管理理论发挥作用，它从企业整体的、全局的角度出发，综合运用职能管理理论，处理涉及企业整体的和全面的管理问题，使企业的管理工作达到整体最优的水平。

从管理理论的层次来看，战略管理理论是最高层次的管理理论。自 20 世纪初温斯顿·泰罗创立科学管理理论以来，企业管理理论有了极大的发展。尤其是第二次世界大战后，管理理论的大发展使人们进入了“管理森林”时代，各种管理学说不断涌现。按照内容所涉及的范围和影响的程度，人们将管理理论分成下列三个不同的层次。

第一，管理基础。它是指管理中带有共性的基础理论、基本原则和基本技术，主要包括管理数学、管理经济学、管理心理学、管理原理和原则、管理组织学以及管理思想等。

第二，职能管理。它是指将管理基础与特定的管理职能相结合，以提高组织职能部门的效率管理，主要包括生产（运作）管理、市场营销管理、财务管理、人力资源管理、研究与开发管理等。

第三，战略管理。它是指管理理论中最高层次的管理。它不仅要以管理基础和职能管理为基础，还融合了政治学、法学、社会学、经济学等方面的知识。

从这种分类中可以看出，战略管理是管理理论中最高层次的和整合性的管理理论。只有掌握了战略管理理论，企业管理人员，尤其是高层管理人员，才有可能处理好涉及企业整体性的管理问题。

（二）战略管理是企业高层管理人员最重要的活动和技能

美国学者罗伯特·卡茨将企业管理工作对管理者能力的要求划分成三个方面，即技术能力（战术能力）、人际关系能力（社会能力）和思维能力（战略能力）。

第一，技术能力。这种能力是指操作能力。它与一个人所做的具体工作有关，是指一个人运用一定的技术来完成某项组织任务的能力，包括方法、程序和技术。

第二，人际关系能力。这种能力涉及管理人员和与之接触的人们之间的人际关系，是指一个人与他人共事、共同完成工作任务的工作能力，包括领导、激励、排解纠纷和培植协作精神等。

第三，思维能力。这种能力包括将企业看成一个整体，洞察企业与外界环境之间的关系，以及理解整个企业的各个部分应如何相互依靠来生产产品或提供服务的能力。

对处于企业中不同管理层次的管理人员的上述三种能力的要求是不相同的。从图 2-1 中可以看出，低层管理者所需要的能力主要是技术能力和人际关系能力；中层管理者的有效性主要依赖于人际关系能力和思维能力（或称战略能力），这是保证他们工作有效性的最重要的因素。因此，对于企业高层管理者来说，最重要的活动是制定战略和推进战略管理，以保证企业整体的有效性。

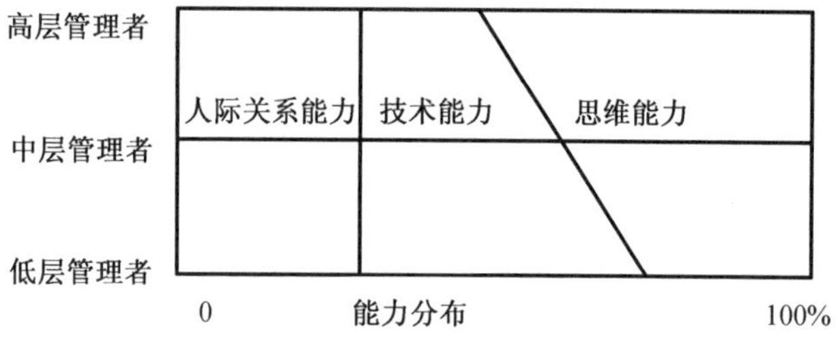

图 2-1　不同能力的分布图

（三）战略管理的目的是提高企业对外部环境的适应性，使企业做到可持续发展

企业组织是社会这个大系统中不可分割的和具有开放性的一个组成部分，它的存在和发展在很大程度上受其外部环境因素的影响。这些因素或影响力量有的间接地对企业起着作用，如政府、法律、经济、技术、社会、文化等；有的直接影响企业的活动，如供应商、借贷人、股东、竞争者、顾客及其他与企业利益相关的团体。在当今年代，企业的外部环境既复杂多样，又动荡多变，时刻发生着变化。如何在这种复杂多变的外部环境中生存并持续地发展下去，是战略管理的任务和目标。战略管理促使企业高层管理人员在制定、实施企业战略的各个阶段，都要清楚地了解有哪些外部因素影响企业以及影响的方向、性质和程度如何，以便制定新的战略或及时调整企业现行的战略以适应外部环境的变化，做到以变应变，不断提高企业的适应能力。

企业适应环境的过程，也要求企业战略必须是具有弹性的，应随着环境的变化而及时做出调整。这就像自然界中的一个有机体一样，根据周围环境中气候、温度、湿度、食物、同类种群或异类种群等因素的变化而调整自身的适应能力。因此，战略管理的目的是促使企业提高对外部环境的适应能力，使其能够生存和发展下去，并做到可持续发展。

二、战略管理的概念和特点

（一）战略管理的概念

企业战略管理一词最初是由安索夫在其1976年出版的《从战略规划到战略管理》一书中提出的。他认为，企业的战略管理是指将企业的日常业务决策同长期计划决策相结合而形成一系列经营管理业务。而斯坦纳在其1982年出版的《企业政策与战略》一书中则认为，企业战略管理是确定企业使命，根据企业外部环境和内部经营要素确定企业目标，保证目标正确落实，并使企业使命最终得以实现的一个动态过程。

战略管理的关键词不是“战略”而是“动态的管理”。它是一种崭新的管理思想和管理方式。这种管理方式的特点是：指导企业全部活动的核心是企业战略，全部管理活动的重点是制定战略和实施战略。而制定战略和实施战略的关键在于对企业外部环境的变化进行分析，对企业内部条件和素质进行审核，并以此为前提确定企业的战略目标。战略的管理任务，就在于通过战略制定、战略实施和日常管理，在保持这种动态平衡的条件下，实现企业的战略目标。

由此，可以将战略管理定义为企业确定其使命，根据组织外部环境和内部条件设定企业的战略目标，为保证目标的正确落实和实现进行谋划，并依靠企业内部能力将这种谋划和决策付诸实施，以及在实施过程中进行控制的一个动态管理过程。

这里有两点需要加以说明，第一，战略管理不仅涉及战略的制定和规划，而且也包含着对制定战略付诸实施的管理，因此是一个全过程的和全面的管理；第二，战略管理不是静态的、一次性的管理，而是一个循环的、往复性的动态管理过程，是根据外部环境的变化、企业内部条件的改变以及战略执行结果的反馈信息，重复进行的管理过程，是不间断的管理。

（二）战略管理的特点

以往的企业管理将企业的活动分成多种职能，如生产、财务、市场营销等，对不同的职能实行不同的管理，因而出现了企业的“职能管理”一词。由对企业进行“职能管理”走向对企业进行“战略管理”是现代企业管理的一次飞跃。战略管理是对企业最重要、最全面以及高层次的管理。与传统职能相比，战略管理具有如下特点。

1. 战略管理具有全局性

企业的战略管理是以企业的全局或总体为对象，根据企业总体发展的需要而制定的。它所管理的是企业的总体活动，所追求的是企业的总体成效。要想进行战略管理或影响战略的制定，管理者需要培养全局观念，不仅能够见到“树木”，更重要的是能够洞察到“森林”。虽然这种管理也包括企业的局部活动，但是这些局部活动是作为总体活动的有机组成部分在战略管理中出现的。具体地说，战略管理不是强调企业某一事业部门或某一职能部门的重要性，而是通过制定企业的使命、目标和战略来协调企业各部门的活动。在评价和控制过程中，战略管理重视的不是各个事业部门或职能部门自身的表现，而是它们对实现企业使命、目标、战略的贡献的大小。因此，战略管理具有综合性和系统性的特点。

2. 战略管理的主体是企业的高层管理人员

由于战略决策涉及企业活动的各个方面，虽然它也需要企业中、下层管理者和全体员工的参与和支持，但是企业的最高层管理人员亲自领导和参与战略决策是必须而且非常重要的。这不仅是由于他们能够统观全局，了解企业的全面情况，而且更重要的是他们有对战略实施所需的资源进行分配的权力。

3. 战略管理涉及企业大量资源的配置问题

企业的资源,包括人力资源、实体财产和资金,这些资源或者在企业内部进行调整,或者从企业外部筹集。在任何一种情况下,战略决策都需要在相当长的一段时间内致力于一系列的活动,而实施这些活动需要有充足的资源作为保证。这就需要为保证战略目标的实现,对企业的资源进行统筹规划,合理配置。

4. 战略管理从时间上来说具有长远性

战略管理中的战略决策是指在企业未来较长时期(五年以上)内,就企业的生存和发展等问题进行统筹规划。虽然这种决策以企业外部环境和内部条件的当前情况为出发点,并且对企业当前的生产经营活动具有指导、限制作用,但是这一切是为了更长远的发展,是长期发展的起步。从这一点上来说,战略管理也是面向未来的管理,战略决策要以经理人员所期望或预测将要发生的情况为基础。在迅速变化和激烈竞争的环境中,企业要取得成功就必须对未来的变化采取预应性的态势,这就需要企业做出长期性的统筹。

5. 战略管理实质上是使企业的资源和经营活动与其外部环境匹配协调,即寻求战略匹配性

战略匹配性是指识别出企业外部环境中存在的机会,对其配以相应的资源或能力以充分利用这些机会,并在此基础上制定出适宜的战略。在确定战略匹配时,企业正确地“定位”自己是很重要的。例如,公司能够在多大程度上满足目标市场的需要,小企业可能会竭尽全力在市场中寻找一个特定的有利可图的市场,而跨国公司则可能会倾向于把大部分资金投向已成功进行市场定位的业务,或投向一个已经被证明具有吸引力的市场。

6. 战略管理也是以企业的资源和能力为基础的,并对二者进行战略延伸,创造企业发展的机会或更充分地利用机会

所谓战略延伸,是指企业充分利用本身的资源和能力,主动去创造竞争优势,或创造出新的发展机会。例如,小企业有可能试图通过改变市场“游戏规则”来充分发挥自己的资源和能力优势。大型跨国公司则侧重于为那些有发展潜力的业务制定发展战略。进行战略延伸强调的不仅是在市场存在机会时拥有相应的资源以便从这些市场机会中受益,还包括识别能够在其基础上创造新的市场机会的现有资源和能力。例如,美国在线时代华纳公司的合并不只是增加了公司在音乐分销渠道这个现有业务领域的竞争力,更重要的是为客户提供包括电视、电影、电话及网络服务在内的全方位服务,具备了开发新业务进行竞争的能力,并借助这一客户群从广告商或者其他互补商品或服务的供应商那里赚取大量利润。

7. 战略管理需要考虑企业外部环境中的诸多因素

现今的企业都存在于一个开放的系统中,它们影响着这些因素,但更容易被这些不能由企业自身控制的因素所影响。因此在未来竞争性的环境中,企业要想占据有利地位并取得竞争优势,就必须考虑与其相关的因素,包括竞争者、顾客、资金供给者、政府等外部因素,以使企业的行为适应不断变化的外部力量,从而持续生存下去。

三、战略分析

战略分析是指对企业的战略环境进行分析、评价,并预测这些环境未来发展的趋势,以及这些趋势可能对企业造成的影响及影响方向。一般说来,战略分析包括企业外部环境分析和企业内部环境或条件分析两方面。企业外部环境一般包括下列因素或力量:政府-法

律因素、经济因素、技术因素、社会-人文因素以及企业所处行业的竞争情况。企业外部环境总是在不断地变化,而且不同的企业所处的外部环境也不尽相同,有些企业面临着比其他企业更为复杂的环境。分析企业外部环境的目的是适时地寻找和发现有利于企业发展的机会,以及所存在的威胁和挑战,做到"知彼",以便在制定和选择战略时能够利用外部条件所提供的机会避开对企业产生威胁的因素。分析外部环境对企业的影响,应考虑历史和环境对企业的影响以及环境中各种可变因素未来或潜在的变化趋势。

企业的内部环境是指企业本身的资源和能力,也就是企业所具备的素质,包括企业的有形资源和无形资源,企业的财务能力、营销能力、生产管理能力、组织效能、企业文化等企业能力,以及企业核心竞争能力等。分析企业内部的条件的目的是发现企业的优势或弱点,以便在制定和实施战略时扬长避短,发挥优势,有效地利用企业自身的各种资源,发挥出企业的核心竞争力和竞争优势。

企业的使命是企业作为一名成员,如何以人格化的形式为自己在社会活动中确立自己的生活哲学和目标要求,同时它还要回答诸如企业主要应该为谁服务、企业如何承担相应的社会责任等重大问题。利益相关各方的不同期望会影响使命的形成,并决定哪些由管理者提出的发展战略是可以接受的。

企业的战略目标就是企业在遵循自己的社会责任和使命时所要达到的长期特定地位,可以看作是企业经营活动在一定时期所要得到的结果。一般来说,企业的战略目标与企业外部环境和内部环境因素相关。从企业的外部环境因素来看,企业战略目标与企业在外部环境中的位置、形象、商誉相联系;从企业内部因素来看,企业战略目标与企业在追求的经营管理成果,即市场份额、增长速度、盈利水平、现金流量、投资收益、竞争能力、经营方向、多样化经营的程度等一系列指标相联系。

四、企业战略管理的重要性

企业战略连接着企业的现在与未来,决定着企业的兴衰与成败,具有特别重要的意义。

(一)战略管理可以为企业提出明确的发展方向和目标

企业管理者可以运用战略管理的理论和方法,确定企业经营的战略目标和发展方向,制订实施战略目标的战术计划,促使企业在全面了解预期的结果之后,采取准确的战术行动以确保在取得短期业绩的同时,实现企业原定的战略目标和发展方向。

(二)战略管理可以为企业迎接一切机遇和挑战创造良好的条件

现代企业面临的外部环境是变化无穷的,这种变化既给企业带来了压力,又给企业带来了机遇和挑战。战略管理理论和方法有助于企业高层管理者集中精力迎接这种机遇和挑战,分析和预测目前和将来的外部环境,采取积极行动,优化企业在环境中的处境,使企业有能力迅速抓住主机遇,减少与环境挑战有关的风险,更好地把握企业未来的命运。

(三)战略管理可以将企业的决策过程和外部环境联系起来,使决策更加科学化和规律化

现代企业面临的外部环境更加动荡不安。由于环境条件的复杂化,任何企业都将采取一定的措施来适应。非战略管理的企业,只能采取被动的防御决策,仅在环境发生变动之后才采取选择,显得十分被动,成效有限。而战略管理的企业则可采取进攻防御决策,通过预测未来的环境,避免可能发生的问题,使企业更好地适应外部环境的变化,更好地掌握自己的命运。

五、战略管理的步骤

企业战略管理既是一个由各种具有相对次序,并且相互联系的活动所形成的动态过程,又是一个相对稳定而又因势而异的管理过程。它包括战略分析、战略选择、战略实施与评价三个相互联系的基本步骤。

在这三个基本步骤中,公司战略的主要任务就是在考虑利益相关者期望的情况下,充分利用其所拥有的技术和资源,尽量避免环境方面的限制,去创造公司参与竞争的特异力,实现把握外部机会,避免外部威胁的目标。

(一)战略分析

战略分析是指一个组织通过对其所处的内外部环境进行扫描、综合分析和评估,以识别该组织对于其竞争对手所具有的优劣势以及所面对的外部机会和威胁的过程。它有利于战略管理人员对保证组织在现在和未来始终处于良好状态的那些关键性影响因素形成一个概念,并利用战略分析结果了解组织所处的战略地位。上述关键性影响因素主要包括如下几方面。

1. 环境

这里的环境是指企业所处的外部环境,了解这些环境对企业的影响对战略分析是至关重要的,它可以使战略管理人员识别企业所面临的机会和威胁,从而确定企业所处的战略地位。

2. 组织资源和战略能力

一般来说,它是指企业的内部资源。通过对它们的分析可以识别相对于其竞争对手所具有的优势和劣势。

3. 不同利益相关者的期望

组织会面对许多不同的利益相关者,组织资源的分配和能力的运用在一定程度上取决于这些利益相关者所拥有的权利,因此一个组织需要平衡这些利益相关者的期望。

4. 组织文化

在每个组织中都存在着各种信仰和假设条件,它们会干扰组织环境和资源的变化,从而影响战略管理的过程。

(二)战略选择

战略选择是指组织利用战略分析的结果,产生尽可能多的战略备选方案,通过对这些方案进行比较和评估,确定最终方案的过程。它是战略形成过程的一个重要组成部分,是

以战略分析为基础的,是战略分析结果在战略管理过程中的具体应用;它是战略实施的前提条件,为战略的成功运行奠定了良好的基础。它涉及了对战略行为的模拟、评价和选择,由此我们可以将战略选择过程划分为三个阶段。

1. 战略选择的产生

在形成、发展战略时,一种潜在的危险是:管理者不是把尽可能多的选择考虑在内,而是只考虑那些明显的选择。而最明显的不一定是最好的,所以在战略选择中形成尽可能多的战略方案是一项很有帮助的工作。

2. 战略方案的评估

在战略选择过程中可以对战略方案进行检验,分析、比较它们的相对优缺点。

3. 战略的选择

在这个过程中,也许只有一个或几个战略被选中。实际上,不可能有真正的"错误"或"正确"的选择,因为任何战略都会有自身的优势,也不可避免地存在着一些不足。

(三)战略实施

战略实施是指将战略计划转化为行动,使战略在企业经营活动中发挥作用的过程。它是战略管理过程的行动阶段,它将纸面上或人们头脑中的东西付诸实践。

战略实施不是一个简单的机械式的执行过程,而是在企业高层领导人员统一领导和指挥下进行,以使资源分配、组织机构的调整、企业文化的建设、信息的沟通及控制、激励制度的建立等各方面相互协调平衡,使企业为实现战略目标而卓有成效地运转。在战略执行中,事情的发展与原先的假设有所偏离是不可避免的,战略实施本身就是解决问题的过程,若企业内部环境发生重大变化,导致原定战略实施不可行,就需要对原定计划进行重大调整。总的来说,战略实施主要分为以下几个部分。

1. 资源规划

确定组织所拥有的战略资源和战略能力,并对它们进行有效的规划。

2. 组织结构设计

在战略管理的范围内对组织结构进行分析,以确定组织要建立的结构类型,并分析组织的控制系统是怎样对战略实施产生影响的。

3. 管理战略变革

这要求管理人员掌握管理战略变革过程的方法和技术,这些机制不仅与组织重新设计有关,而且还与变动组织文化和日常工作、克服变动的政治阻力等有关。

六、战略管理的基本思路

通常有两种类型的战略规划思路,即自发性战略规划和常规性战略规划。自发性战略规划通常出现在企业发展的初期阶段,企业会不断地去发现更多的机会,做出更多的尝试,最终从这些机会中选择最有前途、最适合公司发展的业务机会。常规性发展战略规划是企业经过较长时期的发展,现有业务已经较为成熟的情况下对外部环境和自身能力重新审视,按照惯常的战略思维对公司未来发展进行战略安排。

(一)自发性公司战略

自发性公司战略是指在制定公司战略时,组织的最终目标以及战略管理过程中所涉及的影响要素并不明确，两者是在战略实施过程中逐渐明朗的一种战略思想。该种战略思想认为，由于战略是不能够被事先定义的，它应该是随时间的发展而逐渐形成的，因此，自发性公司战略只具有有限的价值。

自发性公司战略观点指出，战略分析、战略制定和战略实施三个阶段实际上是交织在一起的，并且受彼此结果的影响，战略分析在时间上比另两方面更超前。由于制定公司战略通常包括反复试验的过程，因此，就不便划清战略制定阶段与战略实施阶段之间的界限。自发性公司战略的优势在于：

(1)在许多组织中，它更符合实际情况；

(2)它考虑到人的行为战略形成过程的影响，这使得常规性在某些情况下失去现实意义；

(3)它使得战略发展更多地关注内外部环境；

(4)快速响应环境变化，尤其是在快速变化的市场上。

(二)常规性公司战略

常规性公司战略是指在制定战略时可以预先定义公司目标，并且在实施战略之前就能够确定影响战略过程主要要素的一种战略思想。它被认为是一种富于逻辑、理性的以及能够真正洞察组织问题的方法。

该种战略思想认为，在进行战略管理时，公司战略是事先规定好的，战略的形成实质上就是一个直线式的、富有理性的过程，即战略分析、战略制定和战略实施是按次序联系在一起的。这就要求制定公司战略时，先进行战略分析，然后选定战略，最后实施战略。常规性战略思想的优势在于：

(1)可以从整体上把握组织战略；

(2)可以对组织资源需求进行预测；

(3)如果资源有限，可以对资源进行合理的配置；

(4)组织可以通过实施有效的战略控制，监督既定战略计划的执行情况。

七、职能战略

职能战略是指由职能部门制定的战略，它是企业内主要职能部门的短期战略计划，它使职能部门的管理人员可以更加清楚地认识到本职能部门在实施企业总体战略中的责任和要求，是公司战略在企业日常管理活动中的具体体现。它要求职能部门必须有效地运用研究开发、营销、生产、财务、人力资源等方面的经营职能，从而保证企业目标的实现。

同公司战略相比，职能战略具有以下几个特点。

1. 期限

职能战略用于确定和协调企业的短期经营活动，一般在一年左右。

2. 具体性

企业主要职能部门的战略要比企业总体战略更为具体。

3. 职权与参与

企业高层管理人员负责制定企业的长期目标和总体战略。这个部门的管理人员在总部的授权下，负责制定年度目标和部门战略。

从战略构成要素来看，协同效应和资源配置是影响职能战略制定与实施的关键因素，而经营范围的重要性较低。协同作用主要体现在单个的职能部门中协调各种日常管理活动,并将这些活动同其他部门的活动有机地联系起来。

第二节 战略环境分析

一、企业外部环境分析

(一)外部环境概述

外部环境因素对一个企业的影响程度是不同的。首先,对于一个特定的企业来说,它总是存在于某一产业(行业)环境之内的,这个产业环境直接影响企业的生产经营活动。所以第一类外部环境是产业环境,它是企业微观的外部环境。第二类外部环境因素间接地或潜在地对企业产生作用和影响,这一类外部环境被称为企业的宏观外部环境。一般来说,宏观外部环境包括下面一些因素或力量:政治-法律因素、经济因素、社会-人文因素和技术因素。产业环境和位于其内部的各个企业均要受到政治、经济、社会和技术等宏观环境的影响。当然,这些因素和力量都是相互联系、相互影响的。

(二)产业竞争性分析

产业竞争性分析属于外部环境分析中的微观环境分析,它的内容主要是分析本行业中的企业竞争格局以及本行业和其他行业的关系。行业的结构及竞争性决定着行业的竞争原则和企业采取的战略,因此产业竞争性分析是企业制定战略最主要的基础。

按照波特(M. E. Porter)的观点,一个行业中的竞争,远不止在原有竞争对手中进行,而是存在着五种基本的竞争力量,它们是潜在的行业新进入者的威胁、替代产品或服务的威胁、购买商讨价还价的能力、供应商讨价还价的能力、现有竞争者之间的竞争,如图 2-2 所示。

这五种基本竞争力量的状况及其综合强度,决定着行业的竞争激烈程度,从而决定着行业中获利的最终潜力。在竞争激烈的行业中,不会有一家企业能获得惊人的收益;在竞争相对缓和的行业中,各企业普遍可以获得较高的收益。行业中竞争的不断进行,会导致投资收益率下降,直至趋近于竞争的最低收益率。若投资收益率长期处于较低水平,则投资者将会把资本投入其他行业,甚至还会引起现有企业停止经营。在相反情况下,就会刺激资本流入和现有竞争者增加投资。所以,行业竞争力量的综合强度还决定资本向本行业的流入程度。这一切最终将决定企业保持高收益的能力。现将五种基本力量分述如下。

1. 行业新进入者的威胁

这种威胁一方面是由于新进入者刚进入该行业(如钢铁行业),会带来生产能力的扩大,带来对市场占有率的要求,这必然引起其与现有企业进行激烈竞争,使产品价格下跌;另一方面,新进入者要获得资源(如钢铁生产中的矿石和焦炭)进行生产,从而有可能使行业生产成本升高。这两方面都会导致行业的获利能力下降。

新进入者的威胁的状况取决于进入障碍和原有企业的反击程度。如果进入障碍大,原有企业激烈反击,潜在的进入者难以进入该行业,进入者的威胁就小。决定进入障碍大小的主要因素有以下几个方面。

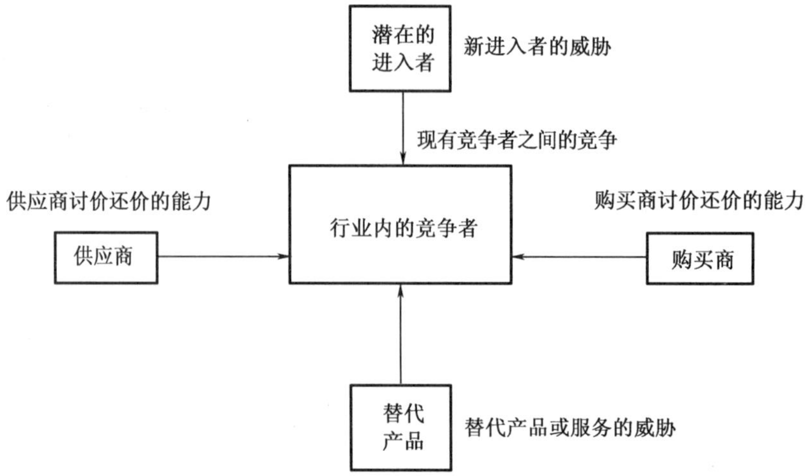

图 2-2　波特的五种竞争力模型图

(1)规模经济。规模经济是指生产单位产品的成本随生产规模的增加而降低。规模经济的作用是迫使行业新进入者必须以较大的生产规模进入,并承担现有企业强烈反击的风险;或者以较小的规模进入,但要长期忍受产品成本高的劣势。这两种情况都会使进入者望而却步。例如,钢铁行业就存在规模经济。大企业的生产成本要低于小企业的生产成本,这就有了进入障碍的客观条件。

规模经济形成的进入障碍表现在许多方面:①表现在企业的某项或几项职能上,如在生产、研究与开发、采购、市场营销等职能上的规模经济,都有可能是进入的主要障碍;②表现在某种或几种经营业务和活动上,如钢铁联合生产中高炉炼铁和炼钢生产中较大的规模经济;③表现为联合成本,即企业在生产主导产品的同时也能生产副产品,使主导产品成本降低,这就迫使新进入者也必须能生产副产品,不然就会处于不利地位,如钢铁联合生产中,炼焦能产生可以利用的煤气,高炉产生的高炉煤气以及煤渣都可以利用;④表现为纵向联合经营,如从矿山开采、烧结直至轧制成各种钢材的纵向一体化钢铁生产。这就迫使进入者联合进入(有时是难以做到的),若不联合进入,势必在价格上难以承受。

(2)产品差异优势。产品差异优势是指原有企业所具有产品商标信誉和用户的忠诚度。这种现象产生是由于企业过去所做的广告、用户的服务、产品差异或者仅仅是因为企业在该行业历史悠久。产品差异化形成的障碍,迫使新进入者要花很大的代价来树立自己的信誉和改变现有用户对原有产品的忠诚。这种努力通常是以亏损作为代价的,而且要花费很长时间才能达到目的。如果新进入者进入失败,那么在广告商标上的投资是收不回任何残值的,因此这种投资具有特殊的风险。

(3)资金需求。资金需求所形成的进入障碍,是指在行业中经营不仅需要大量资金,而且风险性大。进入者要在持有大量资金、冒很大的风险的情况下才能进入。形成需要大量资金的障碍的原因是多方面的,如购买生产设备、提供用户贷款、存货经营等。

(4)转换成本。转换成本是指购买者将一个供应商的产品转到另一个供应商的产品所支付的一次性成本,包括重新训练业务人员、增加新设备、检测新资源的费用以及产品的再设计等。如果转换成本高,那么新进入者必须为购买商在成本或服务上做出重大的改进,以便购买者可以接受。

(5)销售渠道。一个行业的正常销售渠道,已经为原有企业服务,新进入者必须通过广告合作、广告津贴等来说服这些销售渠道接受其产品,这样就会减少新进入者的利润。产品的销售渠道越有限,与现有企业的联系越密切,新进入者要进入该行业就越困难。

(6)与规模经济无关的成本优势。原有的企业常常在其他方面还具有独立于规模经济以外的成本优势,新进入者无论取得什么样的规模经济,都不可能与之相比。它们是专利产品技术、独占最优惠的资源、占据市场的有利位置、享受政府补贴、具有学习或经验曲线以及政府的某些限制政策等。

2. 现有竞争者之间的竞争

现有竞争者之间通常采用的竞争手段主要有价格战、广告战、引进产品以及增加对消费者的服务和保修等。竞争的产生是由于一个或多个竞争者感受到了竞争的压力,或看到了改善其地位的机会。如果一个企业的竞争行动对其对手有显著的影响,就会招致报复和抵制。如果竞争行动和反击行动逐步升级,则行业中所有企业都有可能遭受损失,使处境更糟。在下列情况下,现有企业之间的竞争会变得激烈化。

(1)有众多或势均力敌的竞争者。当行业中的企业为数众多时,必然会有一定数量的企业为了占有更大的市场份额和取得更高的利润,而突破本行业规定的一致行动的限制,采取打击、排斥其他企业的竞争行为。这势必在现有竞争者之间形成激烈的竞争。即便在企业为数不多的情况下,如果各企业实力相当,由于它们都有支持竞争和进行强烈反击的资源,也会使现有企业间的竞争激烈化。

(2)行业增长缓慢。在行业增长缓慢的情况下,企业为了寻求发展,便将力量放在争夺现有市场的占有率上,从而使现有企业的竞争激烈化。而在行业快速增长的情况下,行业内各企业可以与行业同步增长,而且企业还可以在增长的过程中充分利用自己的资金和资源,竞争就不会激烈。

(3)行业具有非常高的固定成本或库存成本。当行业固定成本较高时,企业为降低单位产品的固定成本势必会采取增加产量的措施,结果又往往导致价格迅速下跌。与固定成本高有关的一种情况是产品的库存问题。如果行业生产的产品保存起来非常困难或费用极高,那么企业就容易为尽快把产品销售出去而遭受降价的损失。

(4)行业的产品没有差别或没有行业转换成本。当产品或劳务缺乏差异时,购买者的选择是价格和服务,这就会使生产者在价格和服务上展开竞争,使现有企业之间的竞争激烈化。同样,转换成本低时,购买者有很大的选择自由,也会产生同样的作用。

(5)行业中的总体生产规模和能力大幅度提高。新的生产规模不断增加,就必然会经常打破行业的供需平衡,使行业产品供过于求,迫使企业不断降价销售,从而强化了现有企业之间的竞争。

(6)竞争者在战略、目标以及组织形式等方面千差万别。企业如果把市场当作解决生产能力过剩的出路,它就会采取倾销过剩产品的方法。开展多种经营的企业,若把某行业经营的产品视为厚利产品,它就会采取扩大或巩固销售量的策略,尽力促使该行业的稳定;小型企业为了保持经营的独立性,有可能情愿取得低于正常水平的收益来扩大自己的销路。所有这些都会引起竞争的激烈化。

(7)行业对企业的兴衰至关重要。如果行业中企业取得成功的可能性大,那么企业之间的竞争就会更加激烈而且反复无常。例如,一个开展多样化经营的公司有可能将成功的重点放在某一特定产业中，以推动公司整体战略的成功；一个外国公司为了树立全球声望或凸显技术上的优势，有可能会强烈地认为需要在某一外国市场上建立稳固的市场地位。在这样的情况下，这些公司的目标则有可能不仅多样化，而且更加带有突破性，因为它们只求扩张并含有牺牲其利润的潜在意向。

(8)退出行业的障碍很大。当退出障碍大时，经营不好的企业只得继续经营下去，这样就使现有企业间的竞争激烈化。退出障碍的主要来源有：具有高度专门化的资产，其清算价值低或转换成本高；退出的费用高，如较高的劳动合同费、安置费、设备备件费；战略的协同关系，如果企业某一经营单位退出，就会破坏这种协作力；感情障碍，如退出行业会影响职工的忠度，使其对个人事业前途充满畏惧；政府和社会的限制，政府考虑到失业问题、地区经济问题的影响，有时会出面反对或劝阻企业退出行业。

3. 替代产品的威胁

替代产品是指那些与本行业的产品有同样功能的其他产品。替代产品的价格如果比较低，那么它投入市场就会使本行业产品的价格上限只能处在较低的水平，这就限制了本行业的收益。替代产品的价格越有吸引力，这种限制作用也就越牢固，对本行业构成的压力也就越大。正因为如此，本行业与生产替代产品的其他行业进行的竞争，常常需要本行业所有企业采取一致措施和集体行动。下述的替代产品应引起该行业的注意：替代产品在价格和性能上优于该行业的产品；替代产品产自高收益率的行业。在后一种情况下，如果替代产品中某些发展变化加剧了该企业的竞争，从而引起价格下跌或其经营活动的改善，则会使替代产品立即崭露头角。

4. 购买商讨价还价的能力

购买商有可能要求降低购买价格，要求高质的产品和更多的优质服务，其结果是使得行业的竞争者们相互竞争，导致行业利润下降。在下列情况下，购买商有较强的讨价还价的能力。

(1)购买商相对集中并且大量购买。如果购买商集中程度高，由几家大公司控制，那么就会提高购买商的地位。如果销售者行业急需补充生产能力，那么大宗的购买商就更处于特别有利的竞争地位。

(2)购买的产品占购买商全部费用或全部购买量中很大的比例。这时，购买商愿意花费必要的资金购买，其讨价还价的能力就大。反之，如果购买的产品只占购买商全部费用的一小部分，那么购买商通常对价格不很敏感，无须讨价还价。

(3)从该行业购买的产品属标准化或无差别的产品。购买商在这种情况下确信自己总是能够找到可挑选的销售者，使销售者之间互相倾轧。

(4)购买商的行业转换成本低。较高的转换成本将购买商固定在特定的销售者身上。相反，如果转换成本低，购买商讨价还价的能力就大。

(5)购买商的利润很低。这样，他们就会千方百计地压低购买费用，要求降低购买价格。高盈利的购买商通常对价格不太敏感，同时他们还有可能从长计议，考虑维护与供应商的关系和利益。

(6)购买商有采用后向一体化对销售者构成威胁的倾向，他们宁愿自己生产而不去购买。

(7)销售者的产品对购买商购买的产品质量或售后服务无关紧要。如果销售者的产品质量影响很大，购买商一般在价格上不太敏感。

(8)购买商掌握供应商的充分信息。这样,购买商便会在交易中享有优惠价格,而且能够在受到供应商威胁时进行有力的反击。

5. 供应商讨价还价的能力

供应商的威胁手段:一是提高供应价格;二是降低供应产品或服务的质量,从而使下游行业利润下降。在下列情况下,供应商有较强的讨价还价能力。

(1)供应商由几家公司控制,其集中化程度高于购买商行业的集中程度。这样,供应商能够在价格、质量等条件上对购买商施加相当大的压力。

(2)供应商无须与替代产品进行竞争。如果存在着与替代产品的竞争,即使供应商再强大有力,他们的竞争能力也会受到限制。

(3)对供应商来说,所供应的行业无关紧要。在供应商向一些行业销售产品且每个行业在其销售额中不占很大比利时,供应商更易于应用他们讨价还价的能力。反之,如果某个行业是供应商的重要主顾,那么供应商就会为了自己的发展采用公道的定价、研究与开发、疏通渠道等援助活动来保护购买商的行业。

(4)对买主来说,供应商的产品是很重要的生产投入要素。这种投入对于买主的制造过程或产品质量有重要的影响,于是便增强了供应商讨价还价的能力。

(5)供应商的产品是有差别的,并且使购买者具有很高的转换成本。这样,购买者便不会设想"打供应商的牌"。

(6)供应商对买主行业来说构成很大的前向一体化的威胁。这样,购买商行业若想在购买条件上讨价还价,就会遇到困难。例如,矿石公司想要自己用铁矿石炼铁,则对炼铁公司构成很大的威胁。

二、企业内外部环境分析技术

内部分析过程就是认真把握影响经营管理的各种要素(通常是指人、财、物、技术、信息、管理六个方面,如管理活动分析、市场营销分析、财务比率分析、生产作业分析、研究与开发分析、互联网与计算机信息系统分析),运用内部因素分析矩阵,尽可能定量化地反映各职能的优势或弱点,为将来的战略决策做准备。企业战略决策者在企业内部战略环境中,列出对战略管理有具体而突出影响的关键因素,按照以下步骤建立 IFE 矩阵。

(1)列出在内部分析过程中确定的关键因素。采用 10~20 个内部因素,包括优势和弱点两方面的。首先列出优势,然后列出弱点。要尽可能具体,要采用百分比、比率和比较数字。

(2)赋予每个因素以权重,其数值范围由 0.0(不重要)到 1.0(非常重要)。权重标志着各因素对于企业在产业中成败影响的相对大小。无论是内部优势还是弱点,对企业绩效有较大影响的因素就应当得到较高的权重。所有权众之和等于 1.0。

(3)按照企业现行战略对各因素进行评分。1 分代表重要弱点,2 分代表次要弱点,3 分代表次要优势,4 分代表重要优势。评分以企业为基准,而权重则以产业为基准。

(4)把每个因素的权重乘以它的评分,即得到每个因素的加权分数。

(5)将所有因素的加权分数相加,即得到企业的总加权分数。

无论 IFE 矩阵包含多少因素,总加权分数的范围都是从最低的 1.0 到最高的 4.0,平均分为 2.5。总加权分数大大低于 2.5 的企业的内部状况处于弱势,而分数大大高于 2.5 的企业的内部状况则处于强势。可采用 Delphi 法排除一个重要性排序的结果,然后选出的几个主要的得分因素即为关键性因素,权重和评分也可采用类似的方法。外部因素评价矩阵一样,IFE 矩阵应包含 10~20 个关键因素。因素数不影响总加权分数的范围,因为权重总和永远等于 1。类似的技术和过程还可以对企业外部的机会和威胁进行分析,得到外部因素分析矩阵。

企业外部环境包含的内容十分广泛,一般把外部环境归纳为 PEST(political, economic, social, technological)四个方面,即政策与法律环境、经济环境、社会与文化环境、技术环境,如表 2-1 所示。但需说明的是,对某一具体企业来讲,PEST 分析并不需要考虑下表中的所有因素,过多的因素分析是没有益处的。PEST 分析中涉及因素的判别有赖于过去发生的事件和企业所拥有的经验,同时在这个分析过程中借助于对未来市场环境作出正确选择。

表 2-1　一般外部环境分析的主要内容

主要方面	主要内容
政策与法律环境(P)	环境保护、社会保障、反不正当竞争法以及国家的产业政策、外交状况、政府换届、立法情况、政党和地方、国家以及地区、区域联盟、政府与企业的关系等
经济环境(E)	GDP 增长率、政府收支、外贸收支及汇率、利率、通货膨胀率、消费者倾向与可支配收入、失业率、能源和运输成本等
社会与文化环境(S)	公民的价值观、环保意识、消费文化、就业观念、工作观念、生活方式、收入分配与差距、教育与健康等人口的地理分布、就业水平、收入水平、年龄、文化差别等
技术环境(T)	高新技术、新专利、工艺技术和基础研究的突破性进展和应用速度、企业竞争对手在研发方面的投资水平

三、环境不确定性分析

(一)环境不确定性的含义

有许多环境因素会对企业产生影响,其影响可能并不明显,企业面对这一现实并处理好环境不确定性,方能保持其高效率。不确定性指在没有获得足够的、有关环境因素的信息情况下必须做出决策,而决策人很难顾及外部环境变化。

显然,企业面临的环境不尽相同,不同环境所呈现出的不确定性也有高低之分,这些不确定性程度可以由下面两个特性来划分:

(1)环境简单或复杂程度;

(2)实践的稳定和不稳定(即动态)程度。

环境条件越多变和复杂,环境的不确定性越大。环境条件的多变性指变化的速度和频率。

1. 简单与复杂程度

简单与复杂程度是指那些与企业经营有关的外部因素的数量和不相同性。在一些复杂的环境情况下,许多种类不同的外部因素对企业产生牵制和影响。下面是我们选择的两家企业。

(1)简单环境——油漆商店。有一定实际重要性的外部环境因素,不过是一些竞争对手、供应商和客户,政府监管是极少的,风俗上的变化对油漆商店的影响也是微乎其微的。

(2)复杂环境——大学。大学往往横跨很多技术领域,是文化和价值交流的融汇点。大学与政府和赞助机构、专业和科研组织、校友会、家长基金会、公司等相互影响,形成了为数众多的外部因素和复杂的环境。

2. 稳定与不稳定程度

稳定与不稳定程度是指外部环境变化的速度。某些外部环境因素变化速度明显超过其他因素。

一般来说,计算机公司处在极不稳定或多变的环境中,而许多政府部门则处在比较稳定的环境中。

(二)两种程度组成的四种环境状况

1. 简单与稳定状况

简单与稳定状况下,不确定的程度很低。企业所面临的环境比较容易理解。例如,原材料供应商和大批量生产企业。在这类企业中,相关的外部因素较少,技术过程相比之下比较单一,在较长的时期内市场和竞争的数量可能有限。例如,软饮料制造厂、啤酒批发商、容器制造厂、食品加工厂以及律师事务所等。如果企业所处的环境简单且稳定,那么对过去环境影响的分析就有一定的实际意义。因为历史上出现过的规律性事件,有可能继续在未来出现。

2. 复杂与稳定状况

复杂与稳定环境表明不确定性有所增加。在外部审查过程中需要考虑众多的环境因素,为了提高企业的效益,必须要对这些因素进行分析。然而,这种环境下的外部因素变化不大,且往往在意料之中。例如,大学、电器制造厂和保险公司所处的环境复杂,但比较稳定。尽管外部因素较多,且在不断变化中,但是变化速度比较缓慢,而且可以预见。

3. 简单与不稳定状况

在简单与不稳定环境中,不确定性进一步增加。尽管企业的外部因素很少,然而,这些因素很难预测,往往与企业初衷相违背。面对这种环境的企业包括时装公司、个人计算机公司、玩具制造公司和声乐行业。这些企业面临的市场供求关系经常发生变动。

4. 复杂与不稳定状况

复杂与不稳定状况下,不确定程度最高,企业面临着众多的外部因素,且变化频繁,对企业的举措影响甚大,当几种因素同时变化时,环境会发生激烈动荡。电子公司和航空公司往往处在这种复杂与不稳定环境中。许多外部因素会同时发生变化。例如,在过去的几年中,出现了不少地区性航空公司,法规进一步放宽、价格战不断出现、燃料成本上升、局部战争爆发、机场拥挤不堪、顾客需求变化等都是航空公司面临的复杂与不稳定因素。除此之外,航天公司和电子通信公司也属于这类处在复杂与不稳定状况下的企业。

四、环境不稳定性处理

(一)内部战略

1. 范围选择

在面临不利的环境状况时,最彻底的对策是试图改变企业所处的经营环境(环境不确定性较低)。

2. 招聘

有些企业采用选择性招聘来减少环境的不确定性。

3. 环境审视

环境审视对可能会给企业业绩带来影响的具体环境因素进行评价，以确定各种变化。

4. 缓冲方法

企业处理环境不确定的传统方法是沿着主要生产活动范围建立缓冲部门，以便消除环境中的不确定性。

5. 调整方法

调整旨在调平企业所处环境中波动（尤其是需求波动）的影响。

6. 定量方法

针对需求过剩所引起的环境不确定性，企业主管人员应该考虑定量生产或服务环节（如按轻重缓急调配生产）。

7. 地区分布方法

环境不确定性往往因地区而异。有的企业在决定在何处设立时，可能会选择工会势力低的地区或国家。

（二）外部战略

1. 广告宣传

企业每年使用巨额费用宣传其产品和服务，其目的旨在减少环境中的不确定性。

2. 合同方法

企业为了保护自己，以免遭受原料或产品质量或价格波动的影响往往采用合同方法。

3. 招纳方法

企业往往吸纳那些威胁自己环境稳定的个人或企业，最为明显的是一些企业的董事会成员的挑选。

4. 联合方法

联合方法是指某一企业为了采取共同行动而与另外一个或数个企业进行联合。

5. 游说方法

企业使用游说方法，用自己的影响力来达到有利的结果，有效地处理好与环境的关系。

五、内部环境——SWOT 分析法

（一）SWOT 分析的一般方法

SWOT（superiority，weakness，opportunity，threat）分析是一种对企业的优势、劣势、机会和威胁的分析，在分析时，应把所有的内部因素（包括公司的优势和劣势）都集中在一起，然后用外部的力量来对这些因素进行评估。这些外部力量包括机会和威胁，它们是由于竞争力量或企业环境中的趋势所造成的。这些因素的平衡决定了公司应做什么以及什么时候去做。可按以下步骤完成这个 SWOT 分析表。

（1）把识别出的所有优势分成两组，分的时候应以这些原则为基础：看看它们是与行业中潜在的机会有关，还是与潜在的威胁有关。

（2）用同样的方法把所有劣势分成两组。一组与机会有关，另一组与威胁有关。

（3）建构一个表格，每个占 1/4。

（4）把公司的优势和劣势与机会或威胁配对，分别放在每个格子中。SWOT 表格表明公司内部的优势和劣势与外部机会和威胁的平衡（图 2-3）。

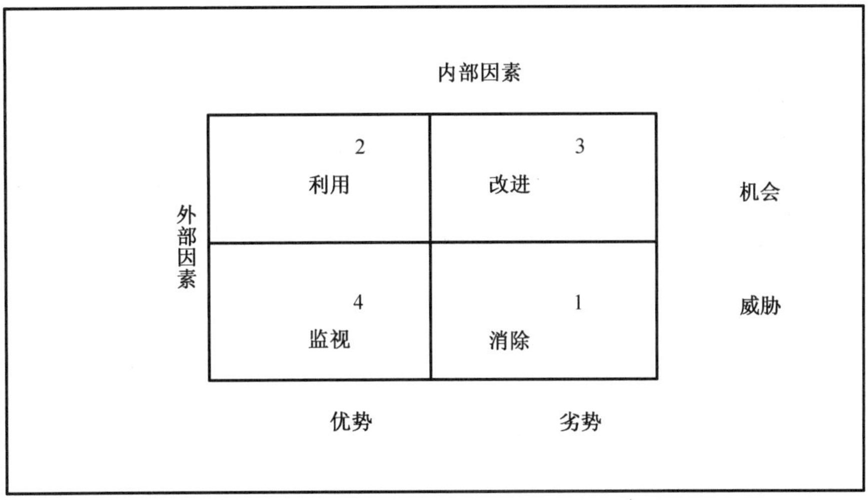

图 2-3 SWOT 分析图

在企业计划中，一定要把以下步骤都写出来：

(1)在某些领域内，公司可能面临来自竞争者的威胁或者在变化的环境中有一种不利的趋势，在这些领域或趋势中，公司会有些劣势，那么要把这些劣势消除掉；

(2)利用那些机会，这是公司真正的优势；

(3)某些领域中可能有潜在的机会，把这些领域中的劣势加以改进；

(4)对目前有优势的领域进行监控，以便在潜在的威胁出现的时候不感到吃惊。

(二)公司的优势和劣势

公司的优势是指在执行策略、完成计划以及达到确立的目标时可以利用的能力、资源以及技能。公司的劣势是指能力和资源方面的缺少或者缺陷。

在为将来做计划时，确定企业的能力和资源代表的是可利用的优势还是劣势，这一点是很重要的。成功的决定因素指的是那些公司成功所必须具备的能力和资源。

六、波士顿矩阵

波士顿矩阵是平衡一个组织产品组合的一种分析工具，它常被用来分析企业相关经营业务之间现金流量的平衡问题。利用该矩阵，企业可以发掘资源的最佳配置方式。

在该矩阵中，横轴表示相对的市场份额，它是指组织产品市场占有率与市场领导者市场占有率之比；纵轴表示市场增长率，它是指每种产品相邻两年销售额增长百分比，如图 2-4 所示。

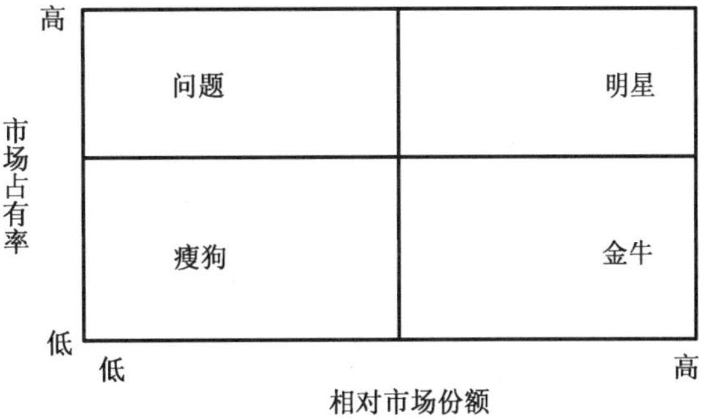

图 2-4 波士顿矩阵图

根据有关业务或产品的行业

增长率和企业相对市场份额标准,波士顿矩阵把企业全部的经营业务定位在以下四个区域中。

(一)明星类

明星类包括在高增长率上拥有高市场份额的那些产品。高增长率意味着它们需要进行规模较大的投资,因此它们是现金的需要者。然而,由于它们占有较大的市场份额,因此可以假定它们将会出现规模经济,以及在未来能够产生大量的现金。

(二)金牛类

金牛类包括那些占有较大市场份额却只处于较低增长率的市场产品。这说明该业务已经成熟,并且只需要较低水平的投资。在这种情况下,它通常会产生大量的现金和利润。这些利润可以用来支持明星类的业务。然而,这里存在的战略性危险是由于金牛类得不到支持而逐渐丧失其市场份额。

(三)问题类(问号类)

问题类包含了那些在高增长率市场上拥有低市场份额的产品。市场的高增长率意味着这类业务通常还需要数额较大的投资,较低的市场份额说明这类业务在产生大量现金方面存在困难。因此,从这种意义上说,这类业务通常是现金需求者,组织要根据其未来赢利能力决定是否对其进一步投资。

(四)瘦狗类

瘦狗类包括那些在低增长市场上拥有相对低市场份额的产品。这类产品需要较少的投资,并且它们通常不是利润上的主要创造者,在获取现金方面也存在不确定性。在实践中,为了保持它们的市场地位而需要进行投资,因此它们可能是现金利用者。在长期经营中,它们常常被看作是不具备吸引力的清算目标。

波士顿矩阵综合反映了产品相对市场份额和市场增长率,应当注意的是,“矩阵”这个词容易引起误解。在现实中,这个矩阵图表并不包含四个具有明显区别的区域,它们之间存在相互融合的关系。

总之,一般的战略应当是把从金牛类业务中获得的现金资助明星类业务,并且投资于未来新产品,这些新产品甚至并不包括在矩阵当中。还可以有选择地把现金投资于一些问题业务,把它们变成明星类,其他的问题类业务就可采取收获战略或者卖掉,以获取支持其他方面发展的资金。

七、柔性分析

柔性是指组织资源同不断变化的环境之间的适应能力,柔性分析是对组织所具有柔性同环境不确定性之间的差距进行分析,从而确定环境变化可能对组织发展产生的冲击。

组织所拥有的资源通常是有限的,而组织所处的外部环境是在不断变化着的,其变化趋势具有很大的不确定性,若想用有限的资源去适应不断变化的外部环境,显然是一件很困难的事情。管理人员的主要任务之一就是要不断地分析由组织资源决定的组织能力所具有的柔性,从而使组织资源能力与不断变化的外部环境之间保持动态平衡。

柔性分析需解决的一个重要问题就是要了解环境变化的不确定性，不同性质的环境会使组织采取不同的方法来保持一定的战略柔性。例如，面临着变化无常的原料市场的生产企业，会扩大其供应商的选择范围，虽然实践证明这样做成本很高。相反，如果它面临的是一个稳定的市场，它就会拥有一个极不灵活、柔性很差、大批量的生产系统，这个生产系统保证其具有很高竞争力的成本结构。离开了不确定性，单纯地提组织能力的柔性是毫无意义的。在进行柔性分析时，所要解决的另一个问题是确定组织资源应付不确定性的能力。如果能力不足，该组织就需要采取一定的方式来提高其柔性。只有当组织面临的主要的不确定性与其相关资源方面的柔性（灵活性）水平相匹配时，该组织才能更好地适应环境变化。

第三节　企业总体战略

一、企业战略类型

大多数学者认为，企业战略的构成要素包括以下三方面：

（1）经营范围，指企业从事生产经营活动的领域，它反映出企业目前与其外部环境相互作用的程度，也可以反映出企业计划与外部环境发生作用的要求。

（2）资源配置，指企业过去和目前资源和技能配置的水平和模式，资源配置的好坏极大地影响企业实现自己目标的程度，是企业现实生产经营活动的支持点。

（3）竞争优势，指企业通过其资源配置的模式与经营范围的决策所能寻求到的各种共同努力的效果，就是说分力之和大于各分力简单相加的结果。

综合上述观点，企业战略实质上是一个企业在清醒地认识和把握企业外部环境和内部资源的基础上，为求得企业生存和长期发展而做出的一系列根本的、全局性的、长远性的、指导性的谋划。一个完整的企业战略可以分为三个层次：企业总体战略、经营单位战略和职能战略（表 2-2）。

表 2-2　战略管理三个层次特点比较

比较内容	战略层次		
	企业总体战略	经营单位战略	职能战略
管理要素	产品与市场	领域成长方向	竞争优势协同效应
管理者	高层	中层	基层
性质	观念型	中间型	执行型
明确程度	抽象	中间	确切
可衡量程度	以判断评价为主	半定量化	通常可定量
频率	定期或不定期	定期或不定期	定期
所起作用	开创型	中等	改善增补性
与现状的差距	大	中	小
承担的风险	较大	中等	较小

（1）企业总体战略。决定和揭示企业的愿景、使命和目标，确定企业重大方针与计划，企业经营业务类型和企业组织类型，企业应对用户、职工和社会的贡献。企业总体战略还应包括发展战略、稳定战略和紧缩战略。

（2）经营单位战略。在总体战略的指导下，主要解决企业如何选择经营行业和如何选择在一个行业中的竞争地位问题。这一战略主要涉及企业在某一经营领域中如何竞争、在竞争中扮演什么样的角色、各经营单位如何有效地利用分配给的资源等问题。

（3）职能战略。为实现总体战略和经营单位战略，对企业内部的各项关键的职能活动做出的具体化统筹安排。职能战略包括财务战略、营销战略、人力资源战略、组织结构战略、研究开发战略、生产战略等。

在此基础上可以进一步定义，广义的企业战略管理就是运用战略对整个企业进行管理；而狭义的企业战略管理是指随企业战略的制定、实施、控制和修正进行的一个动态管理过程。目前，战略管理的主流学者大多持狭义定义，故本章也采用狭义战略管理的主张。根据目标、任务、重点、时间周期、适应的环境的不同，传统企业管理与企业战略管理的比较如表 2-3 所示。

表 2-3　传统企业管理与企业战略管理比较

比较内容	传统管理	战略管理
工作内容	更好地执行生产管理、销售管理、人事管理、财务管理等日常管理任务，达到操作要求和制度要求	制定战略展望，设置目标体系，实施战略，业绩评估，实施矫正措施，达到期望结果
管理目标	满意的财务业绩（销售收入、净利润、总资产、每股收益、股东红利等）	满意的战略业绩（发展方向明晰、市场地位提高、技术创新连续、客户满意度与品牌提升等）与满意的财务业绩（同左）
工作重心	通过提高企业规范化程度与经营效率，提高短期内的投入产出比，获取短期利润，实现更好地生存	通过增加企业核心竞争优势，提高长期的投入产出比，获取短期和长期利润，实现生存与可持续发展
管理时间跨度	一般为 1 年，关注眼前	一般为 3 到 5 年，关注未来，关注发展
环境变化适应性	适应于市场需求结构与竞争环境相对固定，适应性较差	适应市场需求结构与竞争复杂多变的环境，适应性较强
对管理者要求	专业能力	专业能力、创新能力和应变能力

在管理竞争实践中，重视战略管理的企业与不重视战略管理的企业实践证明，正是由于企业战略管理的这些作用使得许多重视战略管理的企业在激烈的市场竞争中脱颖而出。这些企业有的在专业领域内长期独领风骚，有的企业则在经过长期的、痛苦的市场考验等后获得了市场认可和丰厚回报，国内外许多企业的成功证明了这一点，比如，Intel 的技术创新战略、海尔先人一步的国际化战略等。

在企业的战略管理方式中，指导企业全部活动的是企业战略，全部管理活动的重点是制定和实施战略。战略管理最根本的利益是帮助企业通过采用更系统的逻辑和数理的方法选择战略而制定出更加适合自己企业的战略。

研究证明,一个使用了战略管理方法的企业比没有使用战略管理方法的企业获得的利益更多(包括经济利益和非经济利益)、更容易取得成功。例如,根据对美国 101 个零售、服务和机械行业制造企业在连续 3 年期间跟踪研究得出结论,由于业务管理上使用了战略管理,在产品的销售、利润和生产效益方面比没有系统规划活动的企业有重大的改善,而低效运作的企业由于未能有效地采用战略管理的手段,没有准确分析企业的内、外部优劣势,对外界变化没有予以足够的重视(例如,科技方法的改变,国内外竞争对手的出现),导致企业运作薄弱,难以控制各种事件。这些事实和研究成果不仅表明了企业战略的指导作用,也证实了企业战略管理增强了企业经营活动对外部环境的适应性、有利于充分利用企业的各种资源以及调动企业各级管理人员的积极性。美国管理学家彼得·德鲁克(Peter Drucker)在《管理实践》一书中指出战略管理呈现下列四方面的利益:①战略管理考虑了机会的鉴定,提供了一个管理问题的目标观点,构筑一个框架以改善活动的协调和控制;②战略管理使相反的条件和变化所产生的影响达到最小,主要决策更好地支持已建立的目标,促进机会选择以更有效地分配资源和时间,使用较少的资源和很少的时间专门用于纠正错误,或做出特别的决定;③战略管理创造一个在成员之间协调交流的框架,肯定每个人做出进入整体的努力,明确每一个企业成员的责任,鼓励管理决策人员超前思考;④战略管理以积极态度对待难题和机会,鼓励人们面对变化采取积极行动并有序地管理业务。

二、企业战略目标

战略管理决定了企业的发展,但战略管理要发挥其作用是基于企业的各级领导者(尤其是高级管理人员)具备一定的战略素质,包括:

(1)道德与社会责任感;

(2)眼睛向前的素养;

(3)随机应变的能力;

(4)开拓进取的品格;

(5)丰富的想象力;

(6)具有某种程度上偏激的形态。

成功的企业依靠绝妙复杂的战略规划就能实现其最佳的商业行为,这只是一个神话。有效的战略管理工作开始于对企业应该做什么和不应该做什么在脑海中形成的基本观念以及企业应该去向何方的愿景。20 世纪 90 年代,光辉国际咨询有限公司从事了一项比较详尽的调查,涵盖了 20 个不同的国家的 1 500 名高级管理人员,其中有 870 名首席执行官。当这些经理人被问及"首席执行官应该具备什么主要的特征或能力"时,选择频率最高的回答是"有传递愿景的能力"。98%的被调查者认为这是首席执行官最重要的一个特征。

所谓愿景即是由组织内部的成员所制定,通过团队讨论并获得知识的共识而形成的愿意共同全力以赴的未来方向。企业愿景大都具有前瞻性的计划或开创性的目标,是企业发展的指引方针。愿景形成后,企业高层应对内部成员做简明扼要的陈述以激发内部士气,并应落实为组织目标和行动方案以具体推动实施。通过愿景,企业能有效地培育与鼓舞组织内部的所有人,激发个人潜能,激励员工竭尽所能,增加组织生产力,达到顾客满意度的目标。在愿景的指引下,企业最高管理层、企业文化、企业组织结构和员工管理过程共同赋予了愿景真正的生命力,确保了战略方向的连贯性。

一个完整的企业目标体系还包括使命和目标。战略目标则是将企业使命具体化为可操作的指标。在战略管理理论中与“愿景”一词紧密相连的就是企业使命。使命是一个组织存在的理由,是对组织长期目标和发展宗旨的陈述,是企业在社会进步和社会经济发展中所应当承担的角色,使命不仅包括企业的目标,也包括企业竞争的基础和优势,为企业的目标确立与战略的制定提供依据。企业使命要明确表明企业的要求,将本企业与其他企业相区别。文字叙述要足够清楚以便在组织内被广泛理解,内容要窄到足以排除某些风险,要宽到足以使企业有创造性的增长。评价企业使命主要从用户、产品或服务、市场、技术、企业对生存或增长和赢利的关心、哲学、自我认知、企业对公众形象的关心、企业对雇员的关心等九个方面着手。

战略目标是企业为完成使命,在一定时期内需要达到的特定业绩目标。战略目标必须以定量的术语进行陈述,并且有实现的期限。企业的目标体系使命使企业的管理者做出承诺:在具体的时间框架内达到具体的业绩目标。由于战略目标是企业愿景和使命的具体化,一方面企业的战略目标是多元化的,既包括经济目标,又包括非经济目标;既包括定性目标,又包括定量目标。尽管如此,各个企业需要制定目标的领域却是相同的,德鲁克在《管理实践》一书中提出了八个关键领域的目标:

(1)市场方面的目标:表明本企业希望达到的市场占有率或在竞争中达到的地位;

(2)技术改进和发展方面的目标:对改进和发展新产品、提供新型服务内容的认知及措施;

(3)提高生产力方面的目标:有效地衡量原材料的利用,最大限度地提高产品的数量和质量;

(4)物资和金融在资源方面的目标:有效地衡量原材料的利用,最大限度地提高产品的数量和质量;

(5)利润方面的目标:用一个或几个经济目标表明希望达到的利润率;

(6)人力资源方面的目标:人力资源的获得、培训和发展,管理人员的培养及其才能的发挥;

(7)职工积极性发挥方面的目标:注意对企业产生的正面或负面的影响;

(8)社会责任方面的目标:注意企业对社会产生的影响。

由于企业战略执行时间一般都较长,不仅要制定企业的长期战略目标,还要制定相应的短期执行性目标。不仅企业高层制定总体战略,各经营单位或职能部门还需确立相应的经营单位战略和职能战略,于是战略目标制定过程通过企业组织结构层次一直向下继续分解落实下去,直到个人。为了监测目标体系运作过程并使其愿景能够实现,在每阶段末建立一套阶段指标对目标进行考核和控制。短期目标是长期目标的执行性目标,期限一般在1年以内。

三、企业多角化总体战略

多角化战略是指企业通过多种经营形式,进入本企业相关或不相关的行业或市场时所采取的一种整合战略。采用多角化战略意味着企业将进入一个与现有产品和市场不同的经营领域,这对企业来说存在着一定的风险,例如,将面对更多的竞争对手、将追加较大的投入等。但是,一旦企业运用好这种战略,就可以使企业的生产经营活动产生一定的附加价值,即在企业的某个或多个价值活动上实行低成本或差异化,并由此产生溢价,该地战略也可以使企业获得整合后各单位之间的协同效应,提高行业的进入壁垒,使企业更好地利用剩余战略能力,优化企业的投资组合,从而使企业建立起强大的竞争优势。一般来说,可供企业选择的多角化战略有如下两种。

（一）相关多角化

相关多角化是在现有市场和产品之外进行拓展，但仍然保留在与本企业原有产品和市场相关或相似的经营领域。例如，Unilever 是一个实行多角化战略的公司，但它的所有收益都来自消费品行业。因此，相关多角化是建立在以公司现有产品或市场形势发展起来的资产或活动的基础上的，它又可以分为下列两种形式。

1. 同心多角化战略

公司可以进入与本企业现有产品线的技术或营销有协同关系的新领域，以使这些领域中的产品能够吸引一群新的客户。

2. 水平多角化战略

对分处不同领域，但在技术等方面与本企业相似的多个企业或经营单位，在共同的经营主线支配下进行的整合。

（二）无关多角化

无关多角化是指脱离现在的行业，进入那些从表面上看与现在的产品和市场毫无关联的产品。这种战略可以采用两种实施类型。一种是紧密型，即企业的各个经营单位在共同经营主线的指引下形成一个统一的整体；另一种是松散型，即每个经营单位是相对独立和完全独立的经营实体。

四、企业一体化总体战略

一体化战略是指企业充分利用自己在产品、技术和市场上的优势，根据物流方向，使企业不断向深度和广度发展的一种战略。企业经过密集性成长阶段，市场占有率越来越大，企业实力越来越强，这时就需要考虑企业如何扩展、向何方向发展的问题。一体化战略是企业的一个非常重要的成长战略，它有利于深化专业分工协作，提高资源的利用深度和综合利用效率。一体化战略有两种主要类型：纵向一体化和横向一体化。我们将沿着物流反方向移动称为后向一体化；沿着物流方向移动称为前向一体化。前向一体化和后向一体化又统称为纵向一体化；对于性质相同的企业或产品组成的联合体称为横向一体化，横向一体化又称为水平一体化。采用一体化战略可以使企业获得规模与销售上的增长，可以提高企业的规模经济，可以分散经营与财务风险，同时也可以加强企业原有或核心事业的竞争优势。

（一）纵向一体化战略

纵向一体化战略是一体化战略的一种，是将生产与原材料供应或者生产与产品销售连接在一起的战略形式。依据一体化的方向划分，纵向一体化战略包括将企业经营范围扩展到原材料供应的后向一体化和扩展到产品销售的前向一体化两种形式。依据一体化的程度划分，纵向一体化战略又可分为全面纵向一体化，即企业参与原材料供应、产品生产直至将产品送到用户手中的全过程经营，以及部分纵向一体化，即企业的经营范围只限于从原材料供应到市场的一部分。

纵向一体化战略的目的在于巩固企业的市场地位，提高企业竞争优势，增强企业实力。具体地说，选择纵向一体化战略的动因是认识到它的潜在经济利益，包括赢利、以低成本进行产品生产、产品的差异化、销售的低成本优势等。

纵向一体化战略的实施可以通过企业内部壮大而进入新的经营领域,或者与别的经营领域的企业联合,或者兼并别的经营领域的企业这三种形式来实现,具体形式的选择视企业实力及所处经营环境等权变因素来决定。

(二)横向一体化战略

横向一体化战略是一体化战略的一种,是指某一企业与处于同一经营领域的其他企业或经营单位进行整合,从而促进企业实现更高程度的规模经济和迅速发展的一种战略。

实行横向一体化后,虽然企业的整个经营业务仍限制在原行业的范围内,但仍然可以实现规模经济、减少竞争对手、扩大生产能力的目标。其要点可以表述如下。

1. 规模经济

横向一体化通过收购同类企业达到规模扩张,这在规模经济性明显的产业中,可以使企业获取充分的规模经济,从而大大地降低成本,取得竞争优势。

2. 减少竞争对手

横向一体化是一种收购企业竞争对手的增长战略。通过实施横向一体化,可以减少竞争对手的数量,降低产业内企业相互竞争的程度,为企业的进一步发展创造一个良好的产业环境。

3. 较容易地扩大生产能力

横向一体化是企业生产能力扩张的一种形式,经过横向一体化,可以获得被整合企业的全部生产能力,这种扩张形式相对较为简单和迅速。

第四节　企业竞争战略

一、创新和企业竞争力的培育

自从1990年加里·哈默尔(Gary Hamel)和C. K. 普拉哈拉德(C. K. Prahalad)在《哈佛商业评论》发表了《企业核心竞争能力》一文以来,核心竞争力理论一直受到国际学术界和政策研究机构的重视;对于处于开放经济条件下的企业来说,企业的核心竞争能力的重要意义就在于通过某些独占机制可以有效地建立自己的竞争优势或打破竞争对手的竞争壁垒,因而是其获得持续的经济发展和提高在企业市场竞争中地位的关键。那什么是企业核心竞争能力呢?核心能力是一种扎根于企业组织内部的、能获得超额收益和能源、不断使自己立于竞争优势地位的一种能力,它实际上是一种企业的巨大战略资源。如果把企业竞争优势比喻成树,核心能力就是根。由能力之根生长出核心产品,再由核心产品到各经营单位和生产出各种最终产品。多种经营的企业就好比是一棵大树,树干和树枝是核心产品,较小的树枝是经营单位,而树叶、花、果实则是最终产品。树的根系则提供了大树所需的营养,大树的稳定性就是核心能力。各个企业在收益上的差异主要不是因为行业不同,而是因为其所拥有的资源和能力上的差异。一个企业之所以获得超额利润主要是因为它拥有同行业企业没有的核心竞争能力。

一种能力要想成为企业的核心竞争能力,必须是从客户的角度出发,是有价值并不可被取代的能力。核心竞争力要具有市场价值,必须能为消费者带来价值创造或价值附加。稀有能力是指那些极少数现有或潜在竞争对手能拥有的能力;难于模仿的能力是其他企业不能轻易建立的能力；不可替代的能力是指那些不具有战略对等资源的能力。

核心竞争能力的产生是组织各个不同部分有效组合的结果，是个体资源整合的结果。一般来说，核心竞争能力存在于企业的人的身上，而不是存在于企业资产本身。核心竞争能力深深植根于技巧、知识和个人的能力之中。核心竞争力能使企业长期或持续拥有某种竞争优势的能力，表现为企业经营中的累积性知识，尤其是关于如何协调不同生产技能和有机结合多种技术的知识。日本为了赶上欧美国家的企业，十分注重企业核心能力的培育和提升。20 世纪七八十年代，日本企业曾凭借它们的核心能力击败了称霸世界的美国企业，不仅抢占了美国在市场的份额，而且占领了美国本土的广大市场。例如，本田公司的核心能力主要在发动机传动系统方面的核心技术，它不但生产出独具竞争力的核心产品本田摩托车(省油、易发动、易加速、噪声小、成本低)，而且拓展到小汽车、外用发动机、扫雪车、轿车、田间耕作机、割草机、四轮车、节能车等；佳能公司利用其在光学镜片、成像技术和微处理器控制技术方面的核心能力，使其成功地进入了复印机、激光打印机、照相机、成像扫描仪、传真机等 20 多个领域。

迈克尔·波特于 1985 年提出来的价值链(value chain，VC)分析理论作为一种强有力的战略分析框架，可以用来作为分析企业核心竞争力的基本工具。企业每项生产经营活动都是其创造价值的经济活动，那么，企业所有的互不相同但又互相关联的生产经营活动，便构成了创造价值的一个动态过程，即价值链。企业的产品利润由企业一连串的增值活动(value-add activities)所产生，而企业的增值活动分为主要活动与支持活动。企业价值活动可以分为五种主要活动和四种辅助活动，如表 2-4 所示。

表 2-4 海洋地质勘探开发总公司价值链分析

<table>
<tr><td colspan="5">基层结构：组织机构采用事业部制组织机构；
控制系统采用技术规范式的间接控制系统；
企业文化以弘扬求实进取、保质诚信为宗旨</td><td rowspan="4">利润</td></tr>
<tr><td colspan="5">人力资源管理：人力资源设计、结构组织设计、人才招聘、薪酬考核、激励机制、员工培训、职业发展</td></tr>
<tr><td colspan="2">采购管理：广告策划、管理信息、系统设计、法律咨询</td><td colspan="2">市场预测、经营战略策划</td><td>中介机构服务物资供应和出差</td></tr>
<tr><td colspan="2">技术开发：新仪器设备设计、革新采集线路设计、采集方法改进、检测系统性能改进</td><td>现场采集、参数设计、采集系统开发</td><td>资料系统开发、资料解释系统改进</td><td>服务手册和程序说明书、技术改进和改良反馈</td></tr>
<tr><td>设备购置、部件检查、验收海上作业物资补给仪器设备安装</td><td>海上作业试航、海上地球物理资料收集、模拟数据现场分析、海底地质采样、导航定位、工程地质钻探及取样</td><td>室内地球物理资料处理、地质样品化验分析、地球物理资料解释、导航定位资料整理、相关图件绘制</td><td>广告、营销推广、项目建议书、业务投标、洽谈队伍、工程项目书出版</td><td>服务咨询
报告图件
跟踪咨询
工程咨询
技术咨询
建议、检测、指导应用</td><td>利润</td></tr>
<tr><td>内部物流</td><td>生产流程</td><td>外部物流</td><td>市场营销</td><td>服务内容</td><td></td></tr>
</table>

企业所创造的价值如果高于其成本，便有赢利；如果超过竞争对手的成本，便拥有竞争

优势。价值链上的每一项价值活动都会对企业最终能够实现多大的价值造成影响。进行价值链研究,就是要在深入行业价值链的基础上,对其影响的方面和影响程度进行深入的考察,充分权衡其中的利弊,以求得最佳的投资方案(最佳价值链结构)。企业的任何一种价值活动都是经营差异性的一个潜在来源。企业通过进行与其他企业不同的价值活动或是构造与其他企业不同的价值链来取得差异优势。真正重要的是,企业的经营差异战略必须为客户所认同。另外经营差异必须同时控制实现差异经营的成本,以便将差异性转化为显著的赢利能力。企业价值活动的独特性要求能够控制各种独特性驱动因素,控制价值链上有战略意义的关键环节。价值链分析应用于企业战略管理时,可以为企业发现并指出:用什么进攻?有什么地方防守?进攻对手如何?何处防止对手进攻?如何自我改进?如何调整资源分布?例如,美国西南航空公司曾长期穿梭于大机场,与众多大公司正面交锋,赢利状况不佳,后来另辟蹊径,在中小城市间提供短程廉价服务:停机到再起飞只要 15 分钟,以增加航班密度,这相当于延长航程;机上不设头等舱、不指定座位、不供餐,以降低票价;乘客可到登机口自动售票机购票,以节省佣金;全部投入新的波音飞机,以降低维修成本。这样再造了价值链,获得明显的成本优势。通常,企业核心竞争力可以从市场、技术和管理三个层面来评估。

(1)市场层面。主要包括核心业务和核心产品两个方面。衡量核心业务的指标有:企业是否有明确的主营业务;主营业务是否能为企业带来主要收益;主营业务是否具有稳定的市场前景;企业在主营业务中是否有稳固的市场地位。衡量核心产品的指标有:企业是否有明确的主要产品;主要产品是否有很高的市场占有率;主要产品是否有很强的差异性和品牌忠诚度;主要产品是否有很好的市场前景;主要产品延伸至其他市场领域的能力如何。

(2)技术层面。主要指核心技术或创造核心技术的能力。其指标主要有:企业是否有明确的优势技术和专长;优势技术和专长具有多大的独特性、难以模仿性和先进性;企业能否不断吸取新技术和信息,以巩固和发展优势技术和专长;优势技术和专长能否为企业带来明显的竞争优势;优势技术和专长是否得到了充分的发挥;企业能否基于核心技术不断推出新产品。

(3)管理层面。主要指企业发展核心竞争力的能力,即企业的成长能力。其指标主要有:高层领导是否关注核心竞争力的培育和发展;企业的技术开发能力如何;企业是否有充足的各类技术管理人才;企业对技术人才队伍的激励机制是否完善和有效;企业是否有追踪和处理新技术及相关信息的系统网络;企业是否有围绕强化核心竞争力的各层次培训体系;高层领导是否关注市场及其变化趋势;高层领导是否有不断学习与进取的精神;企业是否有明确的愿景;企业是否有有效的运行控制系统。

二、企业竞争战略的选择

制定战略的本质是应对竞争。波特在《竞争战略》和《竞争优势》中提出了企业的一般竞争战略或基本竞争战略理论。波特认为,战略是要创造一个唯一的、有价值的市场定位,企业在产业中创造高于平均经营业绩水平的三个基本战略是:成本领先战略、差异化战略和专一战略(表 2-5)。

表 2-5　三种基本竞争战略

	成本优势	特色优势
整个行业范围	成本领先战略	差异化战略
特定细分市场	专一战略	
	成本专一战略	差异专一战略

成本领先战略要求企业积极建立达到有效规模的生产设施，在经验的基础上全力以赴降低成本，抓紧成本与管理费用的控制，以及最大限度减少研究开发、服务、推销、广告等方面的成本费用。在这种战略指导下，企业为达到成本领先，要在管理方面加强成本控制，使成本低于竞争对手，获得同行业平均水平以上的利润。当市场中有大量对价格敏感的顾客、实现产品差异化的途径很少、购买者不重视品牌差别或存在大量讨价还价购买者时，企业应努力做低成本生产者。要通过使价格低于竞争者而提高市场份额和销售额，将一些竞争者驱逐出市场。由于企业集中大量投资于现有技术及现有设备，增大了退出障碍，因而对新技术的采用以及技术创新反应迟钝甚至采取排斥态度。技术变革会导致生产过程工艺和技术的突破，使企业过去大量投资和由此产生的高效率一下子丧失优势，并给企业竞争对手造成以更低成本进入的机会。

差异化战略，是指企业凭借自身的技术优势和管理优势，将所提供的产品或服务标新立异，形成被全行业和顾客都视为独特的产品和服务以及企业形象。差异化可以建立在产品本身的基础上，也可以以产品交货系统、营销方式及其他因素为基础。比如，生产在性能上、质量上优于市场上现有水平的产品或在销售上通过有特色的宣传活动、灵活的推销手段、周到的售后服务，在消费者心中树立起不同一般的良好形象。由于并非所有的顾客都愿意或能够支付差异化所造成的较高价格，实现差异化优势会与争取更大的市场份额相矛盾。

专一战略又称目标集聚战略，是指把经营战略的重点放在一个特定的目标市场上，为特定的地区或特定的购买者集团提供特殊的产品或服务。该战略有两种形式：一种是着眼于在其目标市场上取得成本优势的，叫作成本专一经营；而另一种是着眼于取得差别化形象的，叫作差别化专一经营。

成本领先和产品差异化战略在多个产业细分的广阔范围内寻求优势，而专一战略选择产业内一种或一组细分市场，提供满足特定用户需求的产品和服务，以寻求成本优势（成本专一）或差异化（差异化专一）。事实上，成本领先和专一经营不过是另一种差别化，所以差异化战略是企业产品市场战略的基本出发点。成功地实施三种基本战略需要不同的资源和技能，具体要求参见表 2-6。

表 2-6　三种基本竞争战略在架构上的差异

一般战略	需要的基本技能和资源	基本组织要求	战略风险
成本领先战略	持续的资本投资和良好的融资能力 工艺技能 对工人严格监督 设计产品易于制造 低成本的分销系统	结构分明的组织和责任 以严格定量目标为基础激励 经常详细的控制报告	技术上的变化不保护已有投资和经验 新加入者和追随者的模仿,用较低的成本进行学习 产品和市场变化的盲点 无法保持足够的价格差
差异化战略	强大的生产营销能力 产品加工 对创造性的鉴别能力 很强的基础研究能力 质量和技术领先 在产业中有悠久传统 从其他业务得到的独特技能的组合 销售渠道的高度合作	研发、产品开发和市场营销部门之间的密切合作 重视主观评价和激励 轻松愉快的气氛吸引高技能工人、科学家和创造性人才	成本差异过大,以致顾客转移买方需要的差异化下降 模仿使建立的差别缩小
专一战略	针对具体战略目标,由上述各项组合构成	针对具体战略目标,由上述各项组合构成	成本差异变大 战略目标市场与整体市场差距缩小 竞争对手找到更加细分的市场

战略推力模型设定和分析了五个变量:

(1)差异化。企业选择一种或数种对顾客有价值的需求,以自身优势的能力,单独满足这些需求,让其对手在顾客认知上产生差异。

(2)成本。提供相当利益给顾客,但价格较低,以降低成本为主要竞争手段。

(3)创新。开发新产品、服务或创新作业流程。

(4)成长。利用营业额、规模、市场、产品范围的扩大与提升来创造及维持其优势。

(5)联盟。企业双方(或多方)为达成策略目标而组成的长期、正式的伙伴关系。

由战略推力模型又衍生出战略选择产生器模型,如图 2-5 所示。

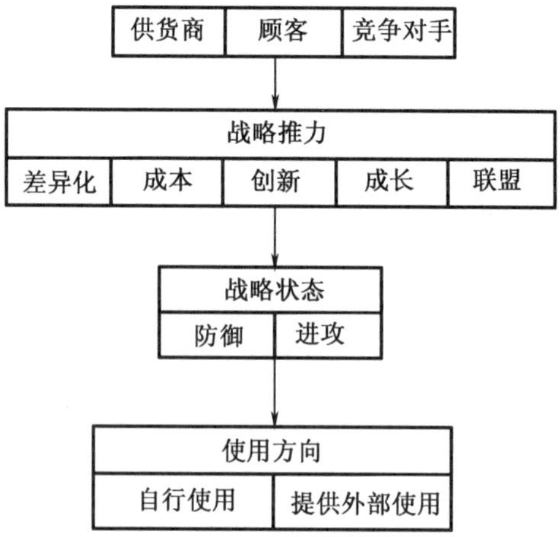

图 2-5　战略选择产生器模型图

三、企业竞争优势与劣势分析

企业竞争优势归根结底来源于企业为客户创造的超过其成本的价值。而超额价值产生于以低于竞争对手的价格提供同等的效益,或者通过为客户提供独特效益而采用高的价格,因而获得竞争优势有两种基本形式:总体成本领先和差异化。

企业选择基本竞争战略时,应当注意基本竞争战略概念的深层含义是基本竞争优势为几乎所有战略的核心所在。“事事领先,人人满意”的想法只会导致平庸的战略和低于平均水平的经营业绩,常常意味着企业根本没有任何竞争优势。

将企业作为一个整体来看,无法认识竞争优势。竞争优势来源于企业在设计、生产、营销、交货等过程及辅助过程中所进行的许多相互分离的活动。每一种活动都对于企业的相对成本地位有所贡献,并奠定了差异化的基础。例如,成本的优势来源于一些完全不同的资源,如低成本货物分销体系、高效率的组装过程,或者使用出色的销售队伍。差异化取决于类似的多种多样的因素,包括高质量原材料的采购、快速反应的订货系统、卓越的产品设计。

使用系统性方法来考察企业的所有活动及其相互作用,对于分析竞争优势的各种资源是十分必要的。常用的分析竞争优势的系统性方法有很多种,如价值工程、工业工程等,由迈克尔·波特提出的价值链方法是一种很实用的定性评价竞争优势的工具。为了认识成本行为与现有的和潜在的经营差异性的资源,价值链将一个企业分解为战略性相关的许多活动。企业正是通过比其竞争对手更廉价或更出色地开展这些重要的战略活动,来赢得竞争优势。

四、产品生命周期对竞争的影响

产品生命周期理论认为,产品都有一定的生命周期,利润是可以预测的。一个产品进入市场,进而发展、成熟,最后在市场上衰退。当一个新产品进入市场时,由于销量小,产品的开发、推销和促销成本高,利润很低,甚至会出现亏损。在这个阶段,企业必须让顾客了解这一新产品的存在,并试销这种新产品,因而促销开支相当高。这一阶段的显著特点是,产品价格高,且目标主要针对那些收入较高的消费阶层。价格之所以高是因为企业要尽快收回单位产品的毛利。如果新产品得到了市场的认可,销量会大幅度上升,早期买主继续购买,且更多的顾客将加入这一行列。销量和利润快速增长,生产成本不断下降,产品价格有所下跌(因为规模经济所导致的影响),如表2-7所示。

由于高额利润的吸引,竞争对手开始进入市场。企业增加促销投入以便对付竞争,并且改进其产品质量,寻找新的市场和推销渠道,降低产品售价,以吸引对价格弹性敏感的顾客。某段时间后,产品的销售速度下降,产品进入了比较成熟的阶段,在这个阶段,利润开始走下坡路。由于产品的生产能力过剩,竞争越来越激烈。一些竞争能力差的公司不得不退出市场。顾客倾向于名牌商标的产品,产品成本大幅度下跌,企业在市场上采取防御措施。例如,企业增加其产品的区分程度,目标更有针对性。在这种竞争激烈的情况下,企业将推行新的经营战略,以改进质量和产品的营销组合,以便重新刺激销售。最后,产品进入衰退阶段,无法避免销量和利润每况愈下。一些企业退出市场,留在市场的企业也减少了它们的推销渠道。产品价格和促销费用同时下跌,销售一个夕阳产品对企业是一个极大的负担,企业最终决定撤销该产品。至此,一个产品完成了它的生命周期。

表 2-7　产品生命周期对战略的影响

	阶段			
	开发	发展	成熟	衰退
市场发展	缓慢	迅速	下降	亏损
市场结构	零乱	竞争对手极少	几乎没有竞争对手，成为寡头	取决于衰退的性质，形成寡头垄断
产品系列	种类繁多 无标准化	种类减少，标准化程度增加	产品种类大幅度减少	产品区分度小
财务含义	启动成本高，回本无保障	带来利润但部分利润用于再投资	带来巨额利润，再投资减少，现成资金来源	采取适当的战略保持现金资源
现金使用或来源	大量使用现金	趋向保本	现成现金来源	现金来源（如果战略不适当可能需使用大量现金）
产品含义	一次性或未能流水生产或大批量生产	经验曲线上升，成本下降	强调降低成本 提高效率	行业生产能力下降
研究和开发含义	大量用于产品和生产过程	对产品的研究减少，继续生产过程研究	很少，只有必要时进行	除非生产过程或重振产品有此需要，否则无支出

五、战略地位和行动评估矩阵

战略地位和行动评估矩阵方法的用途在于确定企业的战略地位和其每一项业务的战略地位。

实际上，这种方法帮助企业确定其所处的行业的吸引力和企业在市场上的竞争能力。

在这一矩阵中，财务实力和竞争优势是企业战略地位的两个主要确定要素，而行业实力和环境稳定性要素代表了整个行业的战略地位。

（一）环境稳定要素（ES）

环境稳定要素包括：

（1）技术变化；

（2）通货膨胀率；

（3）需求变化；

（4）竞争产品的价格范围；

（5）打进市场的障碍；

（6）竞争压力；

（7）需求的价格弹性。

(二)行业实力要素(IS)

行业实力要素包括:
(1)发展潜力;
(2)利润潜力;
(3)财务的稳定性;
(4)技术;
(5)资源利用率;
(6)资本密集性;
(7)打进市场难易程度;
(8)生产率和生产能力的利用程度。

(三)竞争优势要素(CA)

竞争优势要素包括:
(1)市场份额;
(2)产品质量;
(3)产品生命周期;
(4)产品更换周期;
(5)顾客对产品的忠心程度;
(6)竞争对手的生产能力利用程度;
(7)技术;
(8)纵向联合。

(四)财务实力要素(FS)

财务实力要素包括:
(1)投资报酬;
(2)财务杠杆;
(3)偿债能力;
(4)资本需要量与可供性;
(5)现金流量;
(6)退出市场的难易程度;
(7)经营风险。

六、新7S架构理论

(一)新7S架构理论及其优势

企业赢得竞争优势的传统方式有4种:成本和质量、时间安排和技术诀窍、拳头产品以及雄厚实力。但这一切在企业间无情的斗智斗勇中已黯然失色,代之而起的是一种被称为"超强竞争"的全新方式。

超强竞争是在价格/质量基础上不断迅速升级的竞争状态,是一种创新技术诀窍、建立先机优势的竞争,是保护或掠夺现有产品或地域市场的竞争,是凭借雄厚实力和建立更具实力联盟的竞争。在超强竞争中,成功靠的是建立一系列新优势以打破现状,而不是固守传统的优势,此外还需要同试图打破竞争现状的其他企业进行新的较量。为此,需要一套新的原则,即新 7S 原则。

(二)新 7S 架构理论的实施

新架构理论包括以下内容:
(1)企业利益关系人的高满意度(stakeholder satisfaction);
(2)战略预见(strategic soothsaying);
(3)瞄准速度(speed)的定位策略;
(4)重在瞄准出其不意(surprise)的定位;
(5)使竞争规则不利于竞争对手(shifting the rules against the competition);
(6)表明战略意图(signaling strategic internet);
(7)同时发起系列的战略攻击(simultaneous and sequential strategic thrusts)。

新 7S 原则为分析企业的竞争优势、建立竞争战略提供了宝贵的工具,借助新的 7S 分析,企业得以掌握自己的长短处和发现新机遇,然后,企业就可以决定如何应用新 7S 原则发展新的技能。

七、企业的核心竞争力

企业核心能力即企业的核心竞争力。根据麦肯锡咨询公司的观点,所谓核心竞争力是指某一组织内部一系列互补的技能和知识相结合,它具有使一项或多项业务能够达到竞争领域一流水平的能力。企业对核心能力的关注和培育,能帮助企业在竞争中逐渐立于不败之地。

(一)企业核心能力的特征

1. 价值的优越性

核心能力是企业独特的竞争能力,应当有利于企业效率的提高,能够使企业在创造价值和降低成本方面比竞争对手更优秀。同时,它也给消费者带来独特的价值利益。

2. 异质性

一个企业拥有的核心能力应该是独一无二的,即其他企业所不具备的(至少暂时不具备),其他企业难以模仿,是企业成功的关键因素。核心能力的异质性决定了企业之间的异质性和效率差异性。

3. 不可交易性

核心能力与特定的企业相伴相生,虽然可以为人们感受到,但无法像其他生产要素一样通过市场交易进行买卖。

4. 不可替代性

由于核心能力具有难以模仿的特点,因而依靠这种能力生产出来的产品(包括服务)在市场上也不会轻易被其他产品替代。

培育并提升企业核心能力,逐渐为国内外许多著名企业所重视。核心能力是一个过程,能够把企业的许多创新构成一个新的有机结合整体。如今,核心能力受到企业重视,是因为企业核心能力已成为企业竞争的基本战略。

(二)更新经营理念

在研讨企业核心能力的过程中,管理界产生了一些经营理念的更新,介绍如下。

1. 关注点由市场份额转向市场价值

传统的经营目标都是集中力量扩大公司的市场份额,争做本行业的老大或老二,而新的经营观点要求企业重视市场价值的增值。

2. 由垂直一体化转向外部化

垂直一体化的优势是更好地控制、更快地响应,以求在各个环节上都能得到利润,因此适合于传统产业。但是,它无法使企业在各个不同环节上都具有优势。因此,企业转而强调研发与营销的内部化、生产的外部化,向适应核心能力发展方向转变。

3. 实行业务外包战略

把一些重要但非核心业务职能实行外包,就可以把多家公司最优秀的人才集中起来为己所用,组织形式也逐渐变为虚拟组织的方式。

4. 新的风险观念

每一个环节都搞经营,是扩大企业的风险而不是分散风险。实行业务外包战略,可使生产企业将生产、批发的风险转嫁于其他企业,实现真正的分散承担风险,增强企业抗风险能力。

5. 从生产规模转向服务、知识的规模

企业不再强调生产的规模,而是强调服务、知识的规模。同时,个性化定制、一对一营销、知识管理等全新的观念层出不穷,表明企业经营进入新的时代。

八、战略选择的方法

不同类型与规模的企业以及不同层次的管理人员,在战略形成过程中会采用不同的战略选择方法。在小企业中,所有者兼任管理人员,其战略一般都是非正式的,主要存在于管理人员的头脑之中,或者只存在于与主要下级达成的口头协议之中。而在大公司,战略是通过各层管理人员广泛地参与,经过详细繁杂的研究和谈论,有秩序、有规律形成的。

根据不同层次管理人员介入战略分析和战略选择的工作程度,可以将战略选择方法分为四种形式。

(一)自上而下的方法

这种方法事先由企业总部的高层管理人员制定企业的总体战略,然后由下属各部门根据自身的实际情况将企业的总体战略具体化。

(二)自下而上的方法

在制定战略时,企业最高管理层对下属部门不做具体的硬性规定,而要求各部门积极提交战略方案,企业最高管理层在各部门提交的战略方案基础上,加以协调和平衡,对各部门的战略方案进行必要的修改后加以确认。

(三)上下结合的方法

这种方法是在战略的制定过程中,企业最高管理层和下属各部门的管理人员共同参与,通过上下各级管理人员的沟通和磋商,制定出适宜的战略。

(四)战略小组的方法

这种方法是指企业的负责人与其他的高层管理人员组成一个战略制定小组,共同处理企业所面临的问题。

复习思考题

1. 简述企业战略管理的性质。
2. 简述企业战略管理的特点。
3. 简述企业战略管理的步骤。
4. 企业战略选择过程有哪些?
5. 简述企业三种基本竞争战略。
6. 简述企业核心能力的特征。
7. 简述企业战略选择的方法。

第三章　市场调查与预测

第一节　市场调查与预测概述

市场是企业生产经营的立足点，现代企业之间的竞争不仅表现在产品价格上，而且更多体现在研究新技术、开发新产品、提高产品质量、提供完善的服务等方面。对于企业来说，只有市场信息掌握得迅速、准确，对产品及时进行更新换代，生产计划安排得当、适销对路，才能在激烈的市场竞争中取得一定的竞争优势。在企业取得竞争优势的上述各要素中，掌握准确、及时的市场信息具有先导地位，因此，企业需要投入一定的力量进行市场调查与预测工作。

一、市场调查与市场预测的界定

市场调查与市场预测是指运用一定的分析方法与工具，借以了解市场、认识市场，分析并研究市场的变化规律，为企业的经营决策特别是市场营销决策提供依据。其中，市场调查又称市场调研，是指在一定的调查目的指导下，通过运用一定的分析方法与调查工具，对市场资料进行搜集、整理、分析，以反映市场状况及其发展规律的过程。市场预测是指根据市场过去和现在的表现，应用科学的预测方法对市场状态在未来一定时期内的发展、变化进行估计，为企业的决策提供依据。

二、市场调查与市场预测的关系

市场调查与市场预测有着密切的关系。首先，从时间的连续性来看，市场调查与市场预测作为一个整体，可以认为是市场分析工作的两个阶段，即一般来说先进行市场调查工作，在对市场资料搜集、整理、分析的基础上再进行市场预测工作。其次，从方法论的角度，市场调查为市场预测提供依据，市场预测又依赖于通过市场调查获得的资料。因此，只有在对市场信息及资料进行分析整理的基础上，去伪存真，去粗取精，运用科学、适当的方法，才能做出有效的市场预测。另外，在影响因素众多、市场状态变化较大或表现模糊的情况下，市场预测可以为市场调查提供指导和调查方向。市场信息以及市场状况常常是错综复杂的，影响因素也众多，在一定的市场前期调查工作和市场预测基础上进行市场调查才不至于导致盲目的市场调查、取得一些无用的资料、造成人员与物资等的浪费。

三、市场调查与市场预测的意义

市场调查与市场预测对企业了解市场信息、把握市场发展动态，从而做出相应的市场营销策略具有一定的帮助。另外，从社会化大生产的角度出发，生产适当适量的产品、满足社会需求，既达到了社会资源的有效利用，又满足了人民群众的物质需求，可谓好处众多。

（一）市场调查与市场预测为企业生产经营决策提供依据

面对巨大且变幻莫测的市场，企业有时会感到难以适应市场的变化，从而导致盲目决策、决策失误，甚至导致“一招不慎，满盘皆输”的局面。通过市场调查与市场预测，可以为企业搜集市场情报、了解市场信息、掌握市场发展的动态，可以使企业做出较为科学、合理的生产经营决策，避免经营失误，进而在合理的经营决策上为企业带来良好的经济效益及竞争优势。

（二）市场调查与市场预测对社会资源的合理配置起到积极的作用

企业是社会的经济细胞，众多企业的总体形成了社会经济。首先，通过市场调查与市场预测，企业可以用最小的投入获得最大的产出，从而使整个社会经济总体实现资源的最优化配置。其次，通过市场调查与市场预测，企业可以根据市场需求、消费者的需求组织生产，避免盲目生产，提高社会生产的合理化水平。

（三）市场调查与市场预测可以促进消费需求的满足

随着时代的进步、社会的发展，消费者的需求日益多样化。如今，在买方市场下的时代，消费者的需求越发难以捉摸。通过一定的市场调查与市场预测方法，例如，抽样调查、问卷调查、访问调查等，可以对消费者的需求进行一定的分析与预测，达到适销对路，甚至引导消费潮流的目标。

第二节　市场调查的内容

一、市场调查的类型

市场调查是应用科学的方法，准确、及时、系统、全面地搜集、整理、分析市场资料的过程，是有组织、有目的、有计划地对市场现象进行调查研究的活动。由于市场现象的复杂性和市场经营多方面的需要，市场调查不能只用单一的方法或只从市场的一个方面切入，而应该根据市场调查的目的、要求以及市场的实际情况综合运用各种市场调查方法。由此，市场调查可以从不同的角度区分为以下多种类型。

（一）按调查方式的不同划分

按调查的基本方式不同，市场调查可分为市场普查、市场典型调查、市场重点调查、市场个案调查。

1. 市场普查

市场普查又称市场全面调查或市场整体调查，是对市场调查对象总体的全部单位无一例外地逐个进行调查。其目的是了解市场的一些至关重要的基本情况，对市场状况做出全面、准确的描述。市场普查的准确性和标准化程度较高，但其费用较高，并且只对总体的基本特征进行研究，对总体的单个单位不做更多的具体分析。

2. 市场典型调查

市场典型调查是在对市场现象总体进行分析的基础上，从市场调查总体中选择具有代表性的部分单位作为典型，对其进行深入、系统的调查，并通过对典型单位的调查结果来认识同类市场现象的本质及其规律性。

3. 市场重点调查

市场重点调查是从市场调查对象的总体中选择少数重点单位进行调查，并用重点单位的调查结果反映市场总体的基本情况。这里的重点单位，是指调查对象单位数在总体中占有的比重不大，但其某一数量标志值在总体标志总量中所占比重较大，通过对这些重点单位的调查，可以了解总体某一数量的基本情况。

4. 市场个案调查

市场个案调查又称个别调查，是从总体中选择一个或几个单位进行深入研究，其作用主要在于深入了解某一个或几个单位的具体情况。

（二）按调查目的的不同划分

按照调查的目的不同，市场调查可以分为探索性调查、描述性调查、因果性调查和预测性调查。

1. 探索性调查

探索性调查是指当市场情况不十分明确时，为发现问题、找出问题症结所在，明确进一步深入调查的具体内容和重点而进行的非正式调查。它是为了使问题更明确而进行的小规模调查活动。这种调查特别有助于把一个大而模糊的问题表达为小而准确的子问题，并识别出需要进一步调研的信息。探索性调查对市场进行初步探索，其目的是初步了解市场的基本情况，或为了证实市场调查方案和工具的可行性，为描述性调查、因果性调查和预测性调查等三种正式调查的开展做好准备。

2. 描述性调查

描述性调查是指对所研究的市场现象的客观实际情况，搜集、整理、分析其资料，反映现象的表现，主要描述市场现象的各种数量表现和有关情况，为市场研究提供基础资料。描述性调查的设计通常比较正规，步骤细致，寻求对六大要素，即“谁”（who）、“什么事情”（what）、“什么时候”（when）、“什么地点”（where）、“为什么”（why）、“以何种方式”（how），即5W1H这样一些问题的回答。它可以描述不同消费者群体在需要、态度、行为等方面的差异。

3. 因果性调查

因果性调查又称相关性调查，是调查一个市场因素的改变是否引起另一个市场因素改变的研究活动，目的是探索有关市场现象或识别市场变量之间的因果关系。如预期价格、包装及广告费用等因素是否对销售额有影响。

4. 预测性调查

预测性调查是指为了预测市场供求变化趋势或企业生产经营前景而进行的具有推断性的调查。其要解决的问题是未来市场的前景问题，其目的是掌握市场未来的发展趋势，为市场管理决策和企业市场营销决策提供依据。

（三）按调查产品的不同划分

按调查产品的不同，市场调查可以划分为消费品市场调查、生产者市场调查、服务市场调查。

1. 消费品市场调查

消费品市场是指商品以满足个人生活需要为目的而形成的市场。商品购买者和使用者是商品的最终消费者。消费品市场调查的目的主要是了解消费者需求数量、需求结构及其变化。

2. 生产者市场调查

生产者市场又称产业市场、生产资料市场,是指为了满足加工制造等生产性活动需要而形成的市场。生产者市场的购买者主要是生产企业,购买的产品多为初级产品和中间产品,购销活动具有定期、购买量大、缺乏一定弹性的特点。

3. 服务市场调查

服务市场主要是指第三产业市场,服务市场调查主要是指对第三产业行业发展、市场竞争、服务项目及服务质量等方面的调查,包括服务内容、服务项目、服务形式、服务覆盖面、服务时间、服务手段、服务措施、服务效果等方面的内容。

(四)按调查间隔时间的不同划分

按调查间隔时间的不同,市场调查可以分为一次性调查、定期性调查、经常性调查。一次性调查又称临时性调查,是指对某一特殊问题进行的一次性的市场调查,如某企业推出新产品、开发新市场等,一般需要进行一次性的市场调查,以了解市场范围、市场需求、市场竞争等方面的情况。

(五)按调查空间范围的不同划分

按照调查空间范围的不同,市场调查可分为国际市场调查、全国性市场调查、区域性市场调查等。国际市场调查是面向国外市场展开调查,其范围可以是某个国家、地区,或者全球市场,是范围最广的市场调查;全国性市场调查是在全国范围内展开的市场调查,以了解不同地区、不同消费者之间的差异;区域性市场调查是在某一区域范围内展开的市场调查,以了解不同区域消费者之间的差异。

(六)按调查方法的不同划分

按照调查方法的不同,市场调查可以划分为邮寄问卷调查、面谈调查、文案调查、电话调查、网络调查等。

1. 邮寄问卷调查

邮寄问卷调查又称信函调查,是指采用邮寄的方法将设计、印制好的调查问卷邮寄给被选中的调查对象,由调查对象根据要求填写后寄回,从而收集市场信息的方法。

2. 面谈调查

面谈调查是指访问者(市场调查人员)通过面对面地询问和观察被访问者获取市场信息的方法。它是市场调查方法中比较灵活的一种方法,在访问中要事先设计好调查问卷或调查提纲,调查者可以依据问题的顺序提问,也可以围绕调查问题自由交谈,在谈话过程中做好记录,便于访问结束后整理分析。

3. 文案调查

文案调查又称二手资料调查或文献资料调查,是指通过查询与阅读可以获得的与研究项目有关的资料的一种调查方法。与其他调查方法相比较,文案调查获得的信息较多,费用较省,但所获得的市场信息一般是时间较久的。

4. 电话调查

电话调查是指通过电话询问的方式从被调查者处取得信息。

5. 网络调查

网络调查又称网上调查,是指利用互联网了解和掌握市场信息的调查方法,与传统的调查方法相比,网络调查法在组织实施、信息采集、信息处理、调查效果等方面具有明显的优势。

二、市场调查的原则

(一)时效性原则

时效性原则是指搜集、发送、接收、加工、传递和利用市场调查资料的时间间隔要短,即及时地提供市场情报。只有这样才能提高市场调查资料的价值,为市场调查客户利用信息、及时决策取得主动权。

(二)准确性原则

准确性原则又称真实性原则,是指市场调查资料必须真实、准确地反映和描述市场的客观实际。它要求市场调查资料必须是对调查对象完全客观的描述,没有人为主观的评价;市场调查资料所描述的内容与客观的市场、市场条件和有关影响因素必须真实可靠、不得虚构;各种市场调查数据必须准确,计量单位科学,语言表达清晰、明确,不能含糊其词。

(三)全面性原则

全面性原则又称系统性原则,是指市场调查必须全面、系统地搜集有关的市场信息资料。应用全面性原则可以充分认识调查对象的系统性特征,从大量的市场信息中认识事物发展的内在规律和发展趋势。全面性原则要求从多方面描述和反映调查对象自身的变化和特征;从多方面反映影响调查对象发展变化的各种内部、外部因素,尤其是关键的、本质的因素;市场调查活动应具有连续性,以便不断积累市场信息,对之进行系统的、全面的、动态的分析和利用。

(四)科学性原则

市场调查的科学性体现在选择调查方式、调查对象及拟定调查问卷等方面,同时市场调查过程中需要综合运用社会学、心理学、市场营销学、消费者行为学、统计学等方面的知识。市场调查需要运用一些数学模型和统计学知识对资料加以整理、分析,以保证资料来源的准确。

(五)经济性原则

市场调查工作必须要考虑到经济效果,即以尽可能少的费用获得相对满意的市场调查资料。在市场调查内容一定的情况下,采用不同的调查方式、方法,会形成不同的市场调查费用;在市场调查费用一定的条件下,采用不同的市场调查方式、方法,会取得不同的调查效果。因此,在进行市场调查时,要选择适当的调查方式、调查方法。在满足市场调查目的的前提下，尽量简化市场调查的内容与项目，采用比较节省的市场调查方式、方法；不要随意增加调查的内容及项目、加大调查的范围与规模，避免造成不必要的浪费。

三、市场调查的具体内容

市场调查涉及的内容比较广泛，市场环境调查、市场商品需求调查、市场营销活动调查、产品调查等都是市场调查的范围。实际市场调查工作中，各种市场调查研究人员从不同的调查目的和要求出发，侧重于调查某个方面的内容。同时，通过各种内容的市场调查，全面、系统地了解千变万化、错综复杂的市场。

（一）市场营销环境调查

市场活动受到多种因素的影响，政治、经济、社会、科技、文化等方面都对其产生直接的影响。市场营销环境调查包括的内容主要有以下三点。

1. 市场政治环境调查

市场政治环境主要是指国家政治方针、政策、法律法规等。市场政治环境调查主要是了解国家一定时期内方针、政策、法律法规的具体内容。这些具体的方针、政策和法律法规对市场活动有着直接的影响，是进行市场调查必须认真分析和了解的内容。

2. 市场经济环境调查

市场的经济环境主要是指市场所在的人口、人均收入水平、消费水平及消费结构、国民经济比例关系等。其中，人口是影响市场的重要因素，全国或地区的人口总数表明消费者的规模大小。调查居民的收入水平，从总量上可以从社会分配着手，了解居民购买力的高低。居民购买力是一定时期内，城乡居民用于购买生活消费品的货币支付能力，其总量计算公式为

$$\text{居民的购买力}=\text{居民的货币收入总额}-\text{居民的非商品支出}+\text{居民的储蓄变动额}+\text{居民的现金变动额} \tag{3-1}$$

除了通过居民总收入水平了解居民收入外，还应按不同地区、不同居民（如城市、乡村居民），不同文化、职业的居民等分别了解其收入水平。

消费结构是指居民消费支出中用于不同类别的商品形成的消费支出比重。我国居民消费支出的类别主要包括：食品类、衣着类、家庭设备及用品类、医疗保健品类、交通和通信工具类、娱乐教育类、文化用品类、居住类、服务项目类等。居民的消费结构一方面可以根据城市或农村住户抽样调查资料来取得，另一方面可以从社会商品零售总额的比例来加以观察。取得全国的、地区的、不同收入水平、不同性别、年龄、职业的居民的消费结构资料是研究居民消费状况和消费发展规律的重要条件，也是市场调查的重要内容之一。

国民经济比例关系是指各项基本经济结构，包括国民经济第一、第二、第三产业之间的比例关系，生产部门内部的比例关系，消费和积累的比例关系，国家交通运输，能源、通信的发展，金融、税务的政策等。国民经济基本结构的健全、合理、独立，为市场活动及其发展创造了良好的条件，同时对市场活动形成了一些制约。市场所处的经济环境是进行市场调查时需要花费较大力量才能了解的内容。

3. 市场社会文化环境调查

市场社会文化环境主要是指消费者的文化水平、社会教育水平、民族与宗教状况、社会价值观念及社会物质文化水平等。其中，消费者的文化水平、社会教育水平以及社会价值

观念是影响消费水平和消费结构的重要因素。一般来说,具有不同的文化水平、社会教育水平的消费者,其消费观念、消费结构不尽相同;随着社会教育水平和消费者文化水平的不断发展、进步,消费者对市场商品的鉴别能力有所提高,理性购买程度越来越高,消费结构日趋合理。社会价值观念也是影响消费观念、消费结构的重要因素,随着社会的发展、进步,社会价值观念在发生变化,对其加以了解是市场调查需要进行的内容。民族与宗教状况也是对市场具有重要影响的社会文化因素,每个民族有自己的传统民俗,具有相对集中的生活地域,具有独特的消费需求和不同的宗教信仰。社会物质文化水平一般是指一个国家或地区科学技术或经济发展的总体综合水平。一个国家或地区的科学技术先进,经济发展繁荣,具有较高的社会物质文化水平,其居民的购买力就比较强,对商品的种类、质量、性能等方面的要求就比较高,对商品的选择性也比较强,消费趋向于多样化。

(二)市场需求调查

市场需求调查是市场调查的核心内容,主要包括市场需求总量及其构成,各种商品的需求数量、品种、规格、包装,各种商品需求的满足程度等。市场需求总量及其构成表明全国或地区的市场需求量及其构成,是宏观上对市场需求的调查研究,由居民购买的实现和不同投向来反映。市场需求总量及其构成的调查由国家统计局和各地区统计局组织,有关经济管理部门也组织此项市场调查。

从微观研究的角度,各种商品的需求数量、品种、规格、包装以及其满足程度等是企业组织市场调查研究的主要内容,是企业进行生产经营决策的重要依据。从上述内容的影响因素入手,可以从人口构成、家庭状况、消费心理和购买行为、市场占有率等方面进行市场调查。

1. 人口构成调查

从市场需求的角度了解人口构成,主要是对人口的年龄、性别、民族、职业、文化程度、地区构成进行调查,以便分析、研究由此引起的商品需求的状况和变动规律。

2. 家庭状况调查

家庭是消费品的基本购买单位。全国或地区的家庭户数及其构成是影响消费需求的重要因素。市场调查需要对家庭的数量、人口构成及其对不同商品需求的影响进行调查。

3. 消费心理和购买行为调查

(1)消费心理是消费者在满足需求过程中产生的意愿或认识。消费心理对消费行为起着支配作用,每个消费者都具有一定的消费心理,主要由其生活方式、性别、追求目标决定。其表现多种多样,主要有求实、求名、求美、求异等几种心理特征,在每次购买过程中,并不一定仅仅受一种消费心理支配,许多商品也并不具有单一的功能,因此消费者的消费心理比较复杂。对消费者心理的调查,要特别注意消费心理的复杂性,以及消费市场的可引导性,从而提高企业的市场占有率。

(2)消费者购买行为是受消费心理支配而产生的购买商品的活动。消费者的购买行为主要由购买商品的具体样式、购买商品的种类、购买商品的品牌、购买商品的数量、购买商品的时间、购买商品的地点等几项内容组成。消费者购买行为的种类主要有习惯性购买、挑选购买、信誉购买、随机购买、执行购买、触发购买等,每一次消费行为一般都会经历购买酝酿、购买决定、购买评价三个阶段。其中,购买酝酿阶段是在做出购买决定之前,已经产生了购买要求;购买决定阶段是消费者对购买做出决定并进行交易;购买评价阶段是消费者购买商品后对购买商品的评价。购买行为的三个阶段是相互联系的，消费者的本次购买和下次购买也具有一定的联系，通过对消费者购买行为的市场调查，了解、掌握消费者的消费心理和购买行为，可以为企业进行市场营销策略（如产品策略、价格策略、销售渠道策略、广告策略等）的选择打好基础。

（3）市场占有率是指生产或销售企业的商品数量在同类市场商品总数量中所占的比例，是使用相对指标研究市场需求量。提高本企业的市场占有率是每个企业的愿望。通过搜集市场商品的销售资料、本企业的商品销售统计，核算市场占有率及其变化，可以了解企业在市场中的地位、掌握市场变化的趋势，以便采取相应的措施，提高企业经济效益。

（三）市场营销策略调查

企业的市场营销策略主要包括市场分析、产品策略、价格策略、销售渠道策略（通路策略）等。

1. 市场策略调查

市场策略调查主要包括市场需求总量及其构成的调研；各细分市场及目标市场的需求调研；市场份额及其变化情况调研。

2. 产品调查

产品调查主要包括：产品实体调查，即对产品的功能、种类、质量、档次等方面进行调查；产品形体调查，即对产品的外观、包装等进行调查；产品服务调查，即对产品的售后服务、销售过程中的服务内容等方面进行调查。

3. 产品价格调查

产品价格调查主要有产品成本及价格的调查、价格与供求关系的调查、定价效果的调查等。

4. 销售渠道调查

销售渠道调查包括企业现有销售渠道的调查、产品经销单位的调查、渠道调整的可行性分析。

5. 广告及促销状况调查

广告及促销状况调查包括广告及促销客体的调查、广告及促销主体的调查、广告及促销媒体的调查、广告及促销受众的调查、广告及促销效果的调查。

6. 企业形象调查

企业形象调查主要有企业理念形象的调查研究，即关于企业宗旨的调查研究；企业行为形象的调查研究，即对企业生产经营活动所表现出来的企业形象的调查研究；企业视觉传递形象的调查研究，即通过视觉传达设计表达的企业形象的调查研究。

四、市场调查的步骤

市场调查工作涉及面较广，对企业生产经营决策具有一定的指导意义，因此，市场调查对于企业而言具有很重要的价值。同时，由于市场环境较为复杂，影响因素较多，市场的表现错综复杂，千变万化，要想在纷繁复杂的表面现象中找到所需要的信息，发现事物之间的联系、甚至一定的规律性，除了付出一定的努力之外，更重要的是有正确的方法，市场调查工作的进行要遵循一定的原则和步骤。

（一）市场调查的准备

市场调查的准备包括确定市场调查任务、设计调查方案、组建调查队伍。确定市场调查任务是做好市场调查工作的前提，合理设计调查方案是市场调查取得较好效果的关键，组建调查队伍是做好市场调查的保障。

1. 确定市场调查任务

确定市场调查任务包括选择市场调查课题，进行初步市场调研。调查课题是市场调查工作所要解决或说明的问题，选择调查课题是确定市场调查任务的首要工作。在确定市场调查任务之后，设计市场调查方案之前，一般需要对所确定的市场调查课题进行初步的市场调研，即采用探索性市场调查方法，对所要了解的问题进行初步了解、分析，确定市场调查的方向和重点。

2. 设计调查方案

市场调查方案是整个市场调查工作的行动纲领，一般包括如下内容：明确调查目的，说明“为什么要进行这项调查”“想要知道什么”“知道以后怎么办”等问题；确定调查项目；选择调查方法；估算调查经费；安排调查日程。

3. 组建调查队伍

市场调查方案的实施需要有一定素质的调查人员队伍加以保障，市场调查工作的效果也与调查队伍的选择具有一定的关系。

（二）收集市场资料

收集市场资料的主要任务是采用一定的市场调查方法，按照市场调查方案的要求，收集有关的市场资料。在整个市场调查过程中，收集市场资料阶段是唯一的现场实施阶段，是取得第一手市场资料的关键阶段。在这一阶段，市场调查人员工作量较大、接触面较广，各方面的问题较多，市场调查的组织者必须做好内部、外部的协调工作，力求以最少的人力、物力、财力完成市场调查任务。

市场资料分为现有资料和原始资料两种。现有资料又称为第二手资料，是经过他人收集、记录和整理所积累起来的各种数据和文字资料。原始资料又称为第一手资料，是调查人员通过实地调查取得的资料。

（三）整理、分析所得资料

整理、分析所得资料是指对市场资料收集阶段取得的资料进行整理、鉴别、分析，并对整理后的市场资料进行统计分析和开展理论研究。其中，鉴别资料是对收集市场资料阶段取得的市场资料进行全面审核，消除资料中的虚假、错误、短缺等现象，保证原始资料的真实、准确、全面。整理资料是对鉴别后的市场资料进行初步加工，使之系统化、条理化，以简明的方式反映市场现象总体的特征，即应用分组、分类的方法对所取得的市场资料按照研究的需要和市场现象的本质特征做不同的分类。对整理后的市场资料进行统计分析是运用统计学的有关原理与方法，研究市场现象总体的数量特征和数量关系，揭示市场现象的市场规模、发展水平、总体结构和比例、发展趋势和速度等。对市场资料进行研究是根据调查目的，采用一定的统计分析方法，对市场现象的规律性及其本质加以研究和揭示。

（四）撰写市场调查报告

市场调查报告是对整个调查工作，包括市场调查的计划、实施、收集、整理等一系列过程的总结，是市场调查人员劳动与智慧的结晶，也是客户需要的重要的书面结果。它是一种沟通、交流形式，其目的是将调查结果、战略性的建议以及其他结果传递给管理人员或其他担任专门职务的人员。

五、市场调查的基本要求

（一）端正指导思想

要树立为解决实际问题而进行调查研究的思想，牢记“一切结论产生于调查的末尾”。注意防止那种为了某种特殊需要，根据内定的调子，带着事先想出的观点和结论，去寻找“合适”的素材来印证的虚假调查。

（二）如实反映情况

对调查来的情况要坚持客观真实的原则进行反映。

（三）选择有效方法

采用何种调查研究方法，一般应综合考虑市场调查的效果和人力、物力、财力的可能性以及时间限度等。对某些调查项目，往往需要同时采用多种不同的调查方法，如典型调查就需要交叉运用座谈会、访问法、观察法等多种方式。

（四）安排适当场合

安排调查的时间和地点时，要为被调查者着想，充分考虑被调查者是否方便，是否能引起被调查者的兴趣。

（五）注意控制误差

影响市场的因素十分复杂，调研过程难免产生误差，但是应将调查误差控制在最低限度，尽量保持调查结果的真实性。

（六）掌握谈话技巧

调研人员在调查访问时的口吻、语气和表情对调查结果有很直接的影响，因此谈话特别需要讲究技巧。

（七）注意仪表和举止

一般来讲，调查人员穿着整洁，举止端庄，平易近人，就容易与被调查者打成一片，取得较好的市场调查效果；反之，则会给被调查者以疏远的感觉，不愿与调查人员接近，甚至导致市场调查工作无法进行。

（八）遵守调查纪律

遵守调查纪律，包括遵纪守法、尊重被调查单位领导的意见、尊重人民群众的风俗习惯,在少数民族地区严格执行民族政策,注意保密和保管好市场调查所获得的资料等。

第三节 市场调查的方法

市场调查采用的方法与统计学、社会学、社会调查方法、概率论等学科联系紧密。从总体来说,市场调查方法按照获得信息的来源不同,可以分为直接市场调查方法和间接市场调查方法两大类。直接市场调查方法是通过具体的市场调查工作获得市场信息的现实资料的方法,而间接市场调查方法则是通过搜集现有的文献资料获得市场信息的方法。具体来说,市场调查方法可以分为市场抽样调查法、文案市场调查法、问卷调查法、观察法、访问调查法、测量量表法等。

一、市场抽样调查法

市场是由千差万别的个体组成的复杂总体,对市场情况进行了解、调查、研究,如果能够做到全面、普遍的调查,所得的资料当然能非常准确、可靠地反映总体特征。但是,由于市场总体往往数量巨大,个体之间的差异也比较多,进行全面的市场调查是非常困难的,往往耗费巨大而所得甚少。因此,市场调查一般采用一种科学合理的调查方法,即市场抽样调查法。

(一)市场抽样调查法的定义

市场抽样调查有广义和狭义之分,广义的市场抽样调查包括随机抽样调查和非随机抽样调查,狭义的市场抽样调查只包括随机抽样调查。其中,随机抽样调查是指从研究对象的总体中,按照随机原则抽取一部分单位作为样本进行调查,并用样本调查的结果来推断总体。随机原则是在调查过程中采取的原则,是指调查总体的每个单位都有同等被抽中或不被抽中的概率,样本的抽取是完全客观的,不能主观地、有意识地选择样本。广义的市场抽样调查还包括非随机抽样调查,即根据市场调查的目的和对市场调查对象的分析,主观地、有意识地从研究对象的总体中选择样本。在实际的市场调查活动中,人们采用的市场调查方法多以非随机市场调查方法为主。

(二)市场抽样调查法的特点

市场抽样调查是市场调查活动中应用最多的方法,具有较为突出的特点。

1. 在抽取样本上具有客观性

随机抽样调查按照随机原则抽取样本,从根本上排除了主观因素的干扰,保证了从样本推断总体的客观性,是抽样调查的科学性所在,是调查结果真实性和可靠性的基础。

2. 可以比较准确地推断市场总体

抽样调查的最终目的是从对样本调查计算的样本指标推断总体的相应指标,其抽样误差可以计算,可以根据市场调查目的的需要加以控制。在抽样推断过程中以概率论作为基础,保证了调查结果的准确性和可靠性。

3. 抽样调查费用较低

抽样调查是对调查总体中少数样本单位进行调查,人力、物力、财力消耗较少,市场调查费用较低。同时,市场抽样调查由于调查的单位较少,所需搜集、整理、分析的数据较少,能够在较短时间内完成市场调查工作,对于时效性要求较高的市场调查来说,这是一个极其重要的优点,便于市场信息的使用者及时利用,做出相应的决策。

4. 特别适用于研究市场现象的数量表现

市场调查的内容较多,市场抽样调查的适用范围广泛,既适用于不同企业单位的市场调查,也可用于不同地区、不同商品类别的市场调查。在这些市场调查活动中,市场抽样调查特别适合于研究市场现象数量问题,即通过市场调查获得数据,运用统计分析方法,从样本单位的数量表现上推断总体的特征,所得的数据具有一定的科学性、准确性、可靠性。

(三)市场抽样调查法的程序

1. 确定调查总体

确定调查总体,即根据市场调查的目的和要求,明确调查对象的内涵、外延及具体的单位数量,并对总体进行必要的分析。市场抽样调查是从抽样样本的特征推断总体的特征,如果总体不确定,那么无法确定抽样样本,无法从样本的特征推断出总体的特征,因此,要对总体的内涵(理论定义)、外延(实际操作定义)做出准确界定。在明确调查对象的内涵、外延及具体的单位数量后,还要对总体进行必要的分析,即对总体的层次性、类别等特征进行分析,便于市场抽样调查方法的使用。

2. 设计和抽取样本

设计样本包括两项:第一,确定样本数目的大小(或样本容量的多少),即确定样本所包含的总体单位的个数;第二,选择具体的抽样方式,根据市场调查目的和调查总体的情况选择适当的方式,样本设计完成后,进行实际抽样调查,选取样本进行调查。

3. 收集样本资料,计算样本指标

根据样本单位的实际情况,选择一种或一种以上的市场调查方法,对样本单位进行调查。样本资料收集完成后,要对资料进行整理分析,计算出样本的指标。

4. 用样本指标推断总体指标

统计推断是市场抽样调查的最后一步工作,是对总体的认识过程,也是市场抽样调查的目的。运用统计学的方法由样本指标推断总体指标时,要计算抽样误差,同时根据概率论的有关理论,对推断的可靠程度加以控制。

(四)随机抽样调查方法

随机抽样调查方法可以分为单纯随机抽样调查、等距随机抽样调查、类型随机抽样调查、整群随机抽样调查等方法。

1. 单纯随机抽样调查

单纯随机抽样调查又称纯随机抽样调查。它是最基本的抽样调查方法,即在抽样之前对总体单位不进行任何分组、排列等处理,完全按照随机原则从总体中抽取样本。具体抽样方法有三种,分别为直接抽取法,从市场调查总体中直接随机抽取样本进行调查,适合于对集中在某个较小空间内的总体进行抽样;抽签法,将总体各单位编上序号,并将号码写在外形相同的纸片上,掺和均匀后,从中随机抽取,被抽中的号码代表的单位即为随机样本,直到抽够规定的样本数目为止;随机数表法,先把总体各单位编号,根据编号的最大数确定使用随机数表中若干列或若干行数字,然后从任意行或任意列的第一个数字起,向任意方向数去,遇到属于总体单位编号范围内的号码就定为样本单位,直到抽够规定的样本单位为止。

单纯随机抽样是随机抽样最基本的方法,也是其他随机抽样法的基础。它完全符合随机原则,应用简便,但是在样本总体数目巨大、样本间差异明显等情况下,采用单纯随机抽样调查有些困难。

2. 等距随机抽样调查

等距随机抽样调查又称机械随机抽样调查或系统随机抽样调查,是将总体各单位按某一标志顺序排列,编上序号,然后用总体单位数除以样本单位数求得抽样间隔,并在第一个抽样间隔内随机抽取一个单位作为组成样本的单位,最后按计算的抽样间隔做等距抽样,直到抽够规定的单位。

3. 类型随机抽样调查

类型随机抽样调查又称分层随机抽样调查,是将总体按照一定标志分成各种类型(或称层),然后根据各类单位数占总体单位的比重,确定从各类型中抽取样本单位的数量,最后,按单纯随机抽样或等距随机抽样从各类型中抽取样本单位,组成调查总体的样本。类型随机抽样调查在对总体进行分类时,需要遵循分类方法的科学性,要使分类符合总体的实际情况。

4. 整群随机抽样调查

整群随机抽样调查是将总体按照一定标志划分成群或集体,以群或集体为单位按照随机的原则从总体中抽取若干群或集体,作为总体的样本,并对被抽中各群中的每一个单位都进行实际调查。整群随机抽样调查能使得样本单位比较集中,调查工作比较便利,适合于总体比较大,无明显类型的调查对象。

多阶段随机抽样调查方法,是把从市场调查总体中抽取样本的过程分为两个或两个以上的阶段进行随机抽样的方法,通常在总体层次较多或层次内单位数目较多时采用。多阶段随机抽样调查的步骤:首先,将所调查的总体各单位按一定标志分成若干集体,作为抽样调查的第一级单位;将第一级单位再分成若干小集体,作为抽样的第二级单位,以此类推,可按研究问题的需要和市场现象本身的特点,分出第三级单位、第四级单位等。其次,按随机原则在第一级单位中抽出若干单位作为第一级单位样本,然后在第一级被抽中的单位中再抽出第二级单位样本,以此类推,还可以抽出第三级单位样本、第四级单位样本。由此形成了两阶段随机抽样调查、三阶段随机抽样调查、四阶段随机抽样调查等。

(五)非随机抽样调查方法

非随机抽样调查方法又称立意抽样调查方法,是指在抽样调查中不依随机原则进行样本单位的选择,而是根据市场调查者的主观分析判断抽取样本。非随机抽样调查方法操作简便、省时省力,如果使用得当,能对市场调查对象总体有较好的理解。同时,由于非随机抽样调查方法没有使用随机原则作为抽取样本单位的原则,没有使每个单位都有被抽取的可能,市场调查者主观因素的印象也没有排除,从而使得样本推断总体时缺乏根据,易犯以偏概全的错误,所以使用时要特别慎重。

非随机抽样调查可以分为偶遇抽样调查、主观抽样调查、定额抽样调查等几种类型。偶遇抽样调查又称任意抽样、方便抽样,是市场调查者把在一定时间、一定环境所遇见的人作为市场调查对象选入样本的方法。主观抽样调查又称判断抽样调查、立意抽样调查,是指市场调查者根据主观判断选取样本的方法。在实际运用过程中,主观抽样调查可根据市场现象的情况和市场调查的目的,分为强调样本对总体的代表性的主观抽样调查、注重对总体中某类问题的研究的主观抽样调查。定额抽样调查又称配额抽样调查,是按市场调查对象总体单位的某种特征,将总体分为若干类单位,按一定比例在各类单位中分配样本单位数额,并按照各类数额任意或主观抽样。

二、文案市场调查法

(一)文案市场调查法的定义

文案市场调查法,又称间接调查法,是利用企业内部和外部现有的各种信息、情报资料,对调查内容进行分析研究的一种调查方法。文案市场调查法,以收集已经加工过的次级资料(二手资料)和文献性的信息(具体表现为各种文献资料)为主。文案市场调查法不受时间、空间的限制,既可以取得现实资料,又可以获得实地调查无法取得的历史资料;既可以在企业内部收集有关资料,又可以搜集企业外部市场环境的资料,特别是国际市场的资料。文案市场调查法可用于有关部门或企业进行经常性的市场调查,可以为直接市场调查(通过市场调查直接获得市场资料)创造条件。

在实际运用中,文案市场调查法主要用于:市场供求趋势分析,即收集各种市场动态资料并加以分析对比,以观察市场发展方向;市场现象之间的相关分析与回归分析,即利用一系列相互联系的现有资料进行相关分析和回归分析,研究市场现象之间相互影响的方向和深度,并可在此基础上进行预测;市场占有率分析,根据各方面的资料计算出本企业某种产品的销售量占该市场同类商品总销售量的份额,以了解市场需求和本企业所处的市场地位;市场覆盖率分析,以本企业某种商品的销售点总数与全国该种商品的市场销售点总数的比较,反映企业商品销售的广度和深度。

(二)文案市场调查法的种类

文案市场调查的方法主要有八种。

1. 查找法

查找法是获得第二手资料的基本方法。在实际操作过程中,应首先在企业内部查找,然后再到企业外部进行资料的搜集。常用的查找法有三种:一是查阅目录法,目录是一种题录性的检索工具,一般只列出文献的题目、作者、出处,是引导调查者查询资料的向导;二是参考文献查找法,利用有关著作正文后列举的参考文献目录,或者是正文中所提到的某些文献资料为线索,追踪、查找有关文献资料的方法;三是检索工具查找法,利用已有的检索工具逐个查找文献资料的方法。

2. 索取法

市场调查人员可以通过信函等方式直接向某些单位,如政府机构、科研院所、企业直接索取有关的市场资料。

3. 收听法

市场调查人员可以通过收听、录音、传真等方法,记录广播等媒体中传播的各种政策法规和经济信息。

4. 咨询法

市场调查人员在向有关机构查询资料时,应先了解其服务项目及类别。

5. 采集法

在大型会议场所可以收集到大量的市场信息，如企业介绍、产品信息等。

6. 互换法

与其他企业或事业单位来往较少时，可以通过互换资料的方法取得所需的市场信息。

7. 购买法

购买法是指可以从市场调查机构、咨询机构、信息中心、行业协会等机构购买所需的市场行情资料和市场调查报告等。

8. 委托法

企业可以委托有关的市场调查公司、市场调查机构等专业机构进行市场调查，提供所需的信息。

（三）文案市场调查法的原则

在应用文案市场调查法时需要遵循的原则主要有以下四个。

1. 广泛性原则

广泛性是指对现有资料的收集必须全面、系统，通过各种信息渠道、利用各种机会，采用各种方式搜集有关方面的资料。

2. 针对性原则

进行信息收集时要着重调查、收集与主体相关的市场资料，对一般资料进行摘录、整理、选择和传递，以得到具有参考价值的信息。

3. 时效性原则

收集资料时要考虑取得所收集资料的时间是否满足市场调查的需要。随着市场竞争的国际化，市场竞争日趋激烈，及时获得所需的市场资料是市场调查的关键所在。同时，市场状态的变化日趋复杂、迅速，只有反映最新情况的市场资料才具有最高价值。

4. 连续性原则

收集市场资料时应注意所收集的资料在时间上要保持连续，具有时间连续性的市场资料才能反映市场现象的变化，便于对其进行纵向比较，掌握其动态的、整体的特征。

（四）文案市场调查法的渠道

运用文案市场调查法收集所需的信息资料主要从企业内部和企业外部进行。

1. 企业内部资料的收集

企业内部资料的收集是指向企业的统计部门、财务部门、市场营销部门等查询有关的统计报表、财务报表、销售记录、存档资料等。其中，企业中的各种业务经营部门进行着企业的生产、销售等业务，通过收集其在业务往来中形成的销售资料、客户名录、订货记录等，可以了解本企业主要生产经营的情况，了解客户的需求及变化，是重要的信息来源；财务部门对企业的生产经营活动的数量关系进行记录，其在管理过程中形成的财会资料，可以对企业的经济效益和产品生产与经营状况加以了解；生产技术部门进行企业产品的技术开发、研究、设计、生产等职能，在其运作过程中保存的资料可以对企业的产品、技术的现状及未来发展做以了解和掌握。另外，企业积累的其他资料，如企业简报、市场调研报告、顾客意见等，也是资料的来源之一。

2. 企业外部资料的收集

企业外部资料是国家及地方统计部门和各级政府机关主管部门提供的公司资料。国家统计局和各地方统计局定期发布的统计公报、定期出版的各种统计年鉴，其内容有很多重要的市场信息，如人口状况、居民购买力水平、国民经济发展水平等。各类经济信息中心、市场调查专业机构、各行业协会、行业联合会等提供的市场信息和有关的行业情报，其信息资料较为系统全面，价值较高。各种国际组织、外国使馆、商会所提供的国际市场信息具有准确、可靠等优点，是国际市场信息的重要来源。国内、国外组织的各种博览会、展销会、交易会、订货会等以及各种专业性、学术性会议所发布的信息资料也是一条主要的信息来源。另外，还有国内、国外媒体所发布的信息，包括书籍、报纸、杂志、广播电台、电视台等提供的有关信息。

3. 文案市场调查体系的建立

除根据企业生产经营的需要，选择市场调查的目的进行文案市场调查、搜集所需信息以外，企业还应该建立文案市场调查体系，全面、系统地搜集市场信息，不断积累所需，掌握市场发展动态，及时获得有效信息，迅速做出正确的市场决策。文案市场调查体系的建立要注意以下两点：一是制订文案市场调查体系方案，制订文案市场调查的指标体系方案，建立市场信息的搜集、整理、分析、储存、传递等程序的操作流程，配备先进的现代化工具与手段，建立完整、有效、行动迅速的文案市场调查体系。二是配备专门的市场信息调查人员，以利于及时、有效地获取市场信息。

三、问卷调查法

（一）问卷调查法的定义

问卷调查法又可简称为问卷法，是市场调查人员运用统一设计的问卷，由被调查者填写答案，借以了解有关市场情况的信息搜集方法。其中，问卷是进行市场调查工作所使用的工具，是由市场调查人员精心设计的、可用来了解市场信息的、具有一定特点和结构的书面材料。

问卷调查法具有一些较为鲜明的特点。首先，问卷调查法一般是间接调查，进行问卷调查时，市场调查人员与被调查者一般不直接见面。其次，问卷调查法是标准化的市场调查。在问卷调查中，市场调查人员使用统一设计的、具有一定结构的标准化问卷进行调查，每个被调查者所接受的问卷是完全相同的，按照相同的规定进行回答。再次，问卷调查法是书面市场调查方式，市场调查人员通过问卷以书面形式提出问题，被调查者做出书面回答，因此，市场调查人员需要精心设计调查问卷，使之符合市场调查目的、市场调查任务的要求。

（二）问卷调查法的种类

在具体的市场调查活动中，由于调查问卷的传递过程可以采用不同的方法和不同的调查方式，因此可以分成不同的调查类型。

1. 根据问卷调查传递方式的不同划分

根据调查传递方式的不同，问卷调查可以分为报刊问卷、邮政问卷、送发问卷等。

（1）报刊问卷是把市场调查问卷刊登在报刊上，随着报刊的发行传递到被调查者手中，由报刊读者对问卷做出书面回答，在规定的时间内寄还给报刊编辑部或市场调查组织者。报刊问卷调查以读者为调查对象，具有稳定的传递渠道，涉及面较广，时间和调查费用比较节省，问卷回答的质量较高，可以保证匿名性。

(2)邮政问卷是市场调查人员通过邮局向被调查者寄发问卷，被调查者按照规定填写后，通过邮局将市场调查问卷寄还给调查者。邮政问卷调查可以加强对被调查者的选择性，提高问卷回答的质量，可以保持匿名性，人力和调查费用比较少，但是存在问卷回收率较低，无法全面控制问卷回答过程等问题。

(3)送发问卷调查又可称留置问卷调查，是市场调查人员将问卷送发给被调查者，被调查者按照规定填写后，由市场调查人员收回。这种调查方法的突出优点是问卷回收率高，可以及时收回调查问卷；缺点是调查费用、人员费用较高，无法控制问卷回答的全过程。

2. 根据问卷调查方式的不同划分

根据调查方式的不同，问卷调查可以分为自填问卷和访问问卷。

(1)自填问卷是指只由被调查者自己填写的市场调查问卷。上述的报刊问卷、邮政问卷、送发问卷都是自填问卷。

(2)访问问卷是指市场调查人员按照统一设计的市场调查问卷当面向被调查者提问，由市场调查人员根据被调查者的口头回答来填写问卷。

(三)调查问卷的基本结构

一份完整的调查问卷通常包括标题、问卷说明、调查内容、编码号、调查者情况等内容。

1. 问卷的标题

问卷的标题是概括说明调查研究的主题，使被调查者对所要回答什么方面的问题有一个大致的了解。确定标题应简明扼要，易于引起回答者的兴趣。

2. 问卷说明

问卷说明旨在向被调查者说明调查的目的和意义，一般放在问卷开头，通过它可以使被调查者了解调查目的，消除顾虑，并按一定的要求填写问卷。问卷说明既可采取比较简洁、开门见山的方式，也可在问卷说明中进行一定的宣传，以引起调查对象对问卷的重视。

3. 问题和答案

问题和答案是调查问卷的主要内容，它主要以提问的形式提供给被调查者，这部分内容设计的好坏直接影响整个调查的质量。其内容主要包括以下几个方面：对人们的行为进行调查，包括对被调查者本人行为进行了解或通过被调查者了解他人的行为；对人们的行为后果进行调查；对人们的态度、意见、感觉、喜好等进行调查。

4. 结束语

结束语一般放在调查问卷的最后，一方面向被调查者表示诚恳的谢意，另一方面还应该向被调查者征询对市场调查问卷设计的内容的意见和看法。

(四)调查问卷设计的原则

1. 目的性原则

问卷调查是通过向被调查者询问问题来进行调查的，因此询问的问题必须是与调查主题有密切关联的问题。这就要求在问卷设计时，重点突出，避免可有可无的问题，并把主题分解为更详细的细目，即把它分别做成具体的询问形式供被调查者回答。

2. 可接受性原则

调查表的设计应比较容易让被调查者接受。由于被调查者对是否参加调查有着绝对的自由,调查对他们来说是一种额外负担,他们既可以采取合作的态度来接受调查;也可以采取对抗行为来拒答。因此,请求合作就成为问卷设计中一个十分重要的问题。应在问卷说明词中,将调查目的明确告诉被调查者,让对方知道该项调查的意义和自身回答对整个调查结果的重要性。问卷说明部分要亲切、温和,提问部分要自然、有礼貌和有趣味,必要时可采用一些物质鼓励,并要为被调查者保密,以消除其某种心理压力,使被调查者自愿参与,认真填好问卷。此外,还应使用适合被调查者身份、水平的用语,尽量避免列入一些会使被调查者难堪或反感的问题。

3. 顺序性原则

顺序性是指在设计问卷时,要讲究问卷的排列顺序,使问卷内容明确,脉络清晰,以提高回答问题的效果。问卷中的问题一般可按下列顺序排列。

(1)容易回答的问题(如行为性问题)放在前面,较难回答的问题(如态度性问题)放在中间,敏感性问题(如动机性、涉及隐私等问题)放在后面,关于个人情况的事实性问题放在末尾。

(2)封闭性问题放在前面,开放性问题放在后面。这是由于封闭性问题已由设计者列出备选的全部答案,较易回答,而开放性问题需被调查者花费一些时间考虑,放在前面易使被调查者产生畏难情绪。要注意问题的逻辑顺序,如可按时间顺序、类别顺序等合理排列。

4. 简明性原则

简明性原则主要体现在四个方面:第一,调查内容要简明。没有价值或无关紧要的问题不要列入,同时要避免重复,力求以最少的项目设计必要的、完整的信息资料。第二,调查时间要简短,问题和整个问卷都不宜过长。设计问卷时,不能单纯从调查者的角度出发,而要为被调查者着想。调查内容过多,调查时间过长,都会招来被调查者的反感。通常调查的场合一般都在路上、店内或居民家中,被调查者往往行色匆匆,或不愿让调查者在家中久留等,而有些问卷多达几十页,让被调查者望而生畏,一时勉强作答也只有草率应付。根据经验,一般问卷回答时间应控制在30分钟左右。第三,调查问卷设计的形式要简明易懂。第四,调查问卷应该便于回收、整理和统计。

5. 匹配性原则

匹配性原则是指要使被调查者的回答便于进行检查、数据处理和分析。所提问题都应事先考虑到,能对问题结果做适当分类和解释,便于对所得资料做交叉分析。

(五)设计调查问卷的步骤

在实际的市场调查中,问卷调查的程序有以下四个步骤。

1. 准备阶段

问卷调查的准备阶段是根据调查问卷的需要,确定调查主题的范围及调查项目,将所需问卷资料一一列出,分析哪些是主要资料,哪些是次要资料,哪些是调查的必备资料,哪些是可要可不要的资料,并分析哪些资料需要通过问卷来取得等,对必要资料加以收集。同时要分析调查对象的各种特征,即分析了解各被调查对象的社会阶层、行为规范、社会环境等社会特征,文化程度、知识水平、理解能力等文化特征,需求动机、行为等心理特征,以此作为拟定问卷的基础。在此阶段,应充分征求各类有关人员的意见,以了解问卷中可能出现的问题。力求使问卷切合实际,能够充分满足各方面分析研究的需要。可以说,问卷设计的准备阶段是整个问卷设计的基础,是问卷调查能否成功的前提条件。

2. 调查问卷的初步设计

在问卷调查的准备工作基础上,市场调查人员根据收集到的资料,按照设计原则设计问卷初稿,主要是确定问卷结构,拟定并编排问题。在初步设计中,首先要标明每项资料需要采用何种方式提问,并尽量详尽地列出各种问题,然后对问题进行检查,筛选、编排、设计每个题目。对提出的每个问题,都要充分考虑是否有必要,能否得到答案。同时,要考虑问卷是否需要编码,或需要向被调查者说明调查目的、要求、基本注意事项等。这些都是设计调查问卷时十分重要的工作,必须精心研究,反复推敲。

3. 试答和修改

一般来说,设计出来的问卷初稿不可避免地会存在一些问题,因此,需要将初步设计出来的问卷,在小范围内进行试验性调查,以便弄清问卷在初稿中存在的问题,了解被调查者是否乐意回答和能够回答所有的问题,哪些语句不清、多余或遗漏,问题的顺序是否符合逻辑,回答的时间是否过长等。如果发现问题,应做必要的修改,使问卷更加完善。试验性调查与正式调查的目的是不一样的,它并非要获得完整的问卷,而是要求回答者对问卷各方面提出意见,以便于修改。

4. 形成正式的调查问卷

将最后定稿的调查问卷付印,按照调查工作的需要打印或复制,制成正式问卷。

(六)问卷调查的步骤

问卷调查法有以下四个步骤:

(1)设计调查问卷;

(2)选择和确定调查对象,根据问卷市场调查研究问题的需要和调查对象的特点选择并加以确定;

(3)发放市场调查问卷,调查问卷设计完成,市场调查对象选择、确定后,根据市场调查目的的要求和市场调查对象的特点选择调查问卷的传递方式,可通过报纸、杂志刊发,可通过邮局寄发,可派人专门送发,在条件允许的情况下,最好采用问卷回收率和回收有效率都比较高的送发问题;

(4)回收、审查、分析调查问卷,按照不同的问卷传递方式把调查问卷送到被调查者手中后,被调查者按照规定的时间和要求填答问卷并寄回(或由市场调查人员收回),市场调查人员对调查问卷进行审查,确定调查问卷的有效性,并进一步整理、分析、统计,作为市场调查资料。

四、观察法

对市场现象进行实地观察,是市场调查最基本的收集资料的方法之一。市场调查中的观察法是指市场调查人员(观察者)根据市场调查研究的目的,按照一定的计划,运用自身的感觉器官或科学的观察工具,直接搜集正在发生的、处于自然状态下的市场现象的有关资料的方法。观察法与日常生活中的观察和自然现象的观察有明显的区别:首先,它是为收集市场资料、研究一定的市场现象服务的;其次,对市场现象的观察是科学、全面、系统的;再次,观察者在利用自身的感觉器官的同时,还可以运用科学的观察工具,如照相机、摄像机、望远镜、显微镜、探测器等；最后，所观察的现象是市场现象，而且是观察现场正在发生的、处于自然状态下的市场现象。

观察法根据参与市场的程度、市场观察的内容是否有规定可以划分为参与观察、非参与观察；有结构观察、无结构观察。参与观察是指市场调查人员直接参与市场活动，并在参与市场活动时对之进行观察，又称局内观察。非参与观察是指市场调查人员以旁观者的身份对市场现象进行观察，又称局外观察。有结构观察是指在预先制订好的市场观察计划的指导下，严格按照规定的范围、内容、程序进行市场现象的观察。无结构观察是指对观察的内容、程序等方面实行并不严格的规定，观察者按照总的观察目的和原则或总的观察内容和范围，根据观察现场的实际情况，进行有选择的观察。

五、访问调查法

访问调查法又可称访问法或访谈法，即市场调查人员（访问者）使用口头交谈的方式向被访问者（被调查者）提出问题，由被调查者回答借以获得市场信息的方法。访问调查法的实施过程是市场调查人员与被调查者相互作用、相互影响的过程，市场调查人员的人际交往能力在访谈过程中具有重要的作用。

访问调查法在实际的市场调查过程中，可根据市场调查的研究目的和市场调查对象的特点分为不同的类型。根据对访问内容是否进行统一设计、是否有一定结构的访问问卷，可分为标准化访问和非标准化访问；根据访问者与被访问者的交流方式不同，可以分为直接访问（访问者与被访问者面对面地直接交谈）和间接访问（通过电话对被访问者进行访问）；根据访问对象的不同，可以分为一般性访问（对普通人民群众的访问）和特殊性访问（对一些知名人士、突发事件当事人的访问）；根据该访问调查一次访问人数的多少，可以分为个别访问（一次只访问一名被调查者）和集体访问（一次访问多个被调查者，又称座谈会或调查会）。

六、测量量表法

市场调查的重要内容之一是了解消费者的购买心理和购买行为，而消费者的购买心理和购买行为的具体表现如消费态度、消费观念、消费心理、购买行为、购买习惯等是难以量化的，为更准确地调查这些方面的内容，随着社会学调查方法、心理学调查方法、市场调查方法的完善和成熟，测量量表方法逐渐应用到市场调查活动中来。

量表是精确地调查消费者主观态度的测量工具，如类别量表、顺序量表、差距量表、等比量表等。测量量表法是市场调查人员根据研究问题的需要以及市场问题的特点设计量表，由被调查者进行填写回答，收集市场信息的方法。

第四节　市场调查报告

市场调查报告是整个市场调查与市场预测工作，包括计划、实施、收集、整理、分析等一系列过程的总结，是市场调查研究人员辛勤劳动与智慧的结晶，也是客户需要的最重要的书面结果之一。市场调查报告可以说是一种沟通、交流形式，其目的是将市场调查结果、战略性的建议以及其他结果传递给管理人员或其他担任专门职务的人员。因此，准确分析调查结果，认真撰写调查报告，明确给出调查结论，是市场调查与市场预测工作过程的最后一步。

一、市场调查报告的结构

一份市场调查报告的结构基本上可以分为四个部分:序言、调查结果和结论摘要、正文、附件。

(一)序言

序言用来简单介绍有关市场调查项目的基本情况,一般由以下几个部分组成。

1. 扉页

扉页用来点明报告的主题,通常单独列出,简洁工整地载明如下事项:委托客户的单位名称、市场调查的单位名称、市场调查人员的姓名和工作部门以及呈文、市场调查报告的具体日期。调查报告的题目应尽可能贴切,而又概括地表明调查项目的性质。

2. 目录

目录紧接在序言后面,较为完整地列出构成市场调查报告的主要章节、索引。各主要章节的题目、报告中的有关编号和页码应具体标明,以便查阅。

3. 简介

简介中要说明组织该次市场调查的时间背景和原因。另外,简要叙述原先确定需要进行实地考察的问题。随着市场调查工作的深入开展,原定要调查的问题有可能变更,应说明实际变更或调整的情况或原因。

(二)调查结果和结论摘要

调查结果和结论摘要是对整个市场调查报告的简要概括,包括以下几个部分:当地市场容量(不做详细分析),包括产品种类、市场规模等方面;市场可能具有的增长速度;简单列举当地主要工业部门的市场调查,并说明其重要性;说明各个企业在当地市场拥有的份额和主要竞争者;当地顾客对有关产品的意见(包括正反两方面的意见);某些具有可行性价值的结论和建议;市场调查研究采用的方法以及实施情况简介。

(三)正文

正文是整个报告的核心,是调查报告的主体部分。正文部分需要对市场调查进行全过程的介绍,必须正确阐明全部有关的论据,包括问题的提出、引起的结论、论证的全部过程、分析问题的研究方法等。市场调查报告正文主要包括以下五个部分。

1. 调查方法说明

调查方法说明是指在市场调查过程中采用的调查方法,包括整个市场调查的详细内容、调查使用方法、调查程序、调查结果。对调查方法的描述要阐明使用何种方法,并提供选择此种方法的原因。此外,还需要对计划采用的调查方法、根据实际情况采用的调查方法等加以叙述。

2. 当地市场一般背景的介绍

此部分包括地理位置、气候条件、社会经济的发展状况、政治法律环境、人文环境、当地产业结构(或行业结构)等。

3. 商品市场具体情况的说明

这部分内容要阐明调查所涉及的商品市场的具体情况。其包括产品种类,产品的市场容量,市场变化趋势和预测,市场结构和细分,销售渠道和分销方式,目前竞争的厂家及商家和各自的份额,主要竞争对手,竞争产品及其与本公司产品进行比较的评估,本公司产品在当地实效的反应,当地具有发展潜力的客户对产品的需求、购买习惯、购买行为、态度,定价原则,现行采用的及建议采用的广告和促销推广的方法等。

4. 论述部分

论述部分必须准确阐明全部有关的论据,以便建议有关部门根据预测所得的结论采取相应的措施解决问题。论述部分主要包括基本情况部分和分析部分。其中,基本情况部分包括对调查数据资料及背景做出客观说明、提出问题,分析部分包括原因分析、利弊分析、预测分析等。

5. 结论和建议

在结论与建议部分应该采用简明扼要、准确的语言概括全文、提出建议。一般此部分有三项内容:概括全文,经过分析所得的数据综合说明市场调查报告的主要观点;形成结论,在对真实资料进行深入细致的科学分析的基础上,得出报告的结论;提出看法和建议,根据采用一定的方法分析所得的数据,提出建议和可行性方案。结论和建议中包含的内容:代理商选择、是否采用广告和推广措施、采用何种分销渠道、采用何种价格水平、采用何种方法应付竞争效果最好。总之,结论和建议应根据调查结果总结,并结合企业或客户情况提出其所面临的优势与困难,提出具有可行性的解决方法,即建议。在正文中相当一部分内容应是数字、表格,以及对这些数字、表格的解释、分析,要使用准确、恰当的语句对分析做出描述,结构要严谨,推理要有一定的逻辑性。在正文部分,一般必不可少地要对在调查中出现的不足之处说明清楚,不能含糊其词。必要的情况下,还需将不足之处对调查报告的准确性有多大程度的影响分析清楚,以提高整个市场调查活动的可信度。

(四)附件

附件通常包括一些过于复杂、专业的内容,在市场调查报告正文部分中包含不了或没有提及,但必须附加说明的部分,是正文的补充或详细说明。附件部分将调查问卷、抽样名单、地址表、地图、统计检验计算结果、表格、制图等作为其内容,每一项内容均需编号,以便查寻。具体内容包括:在正文中已略有提及的各种统计图表;提供资料人员的名单,标明作为文案调查和实地调查资料来源的单位及个人的名单;实地调查问卷的样本,并加序号说明该份问卷要达到的目标;介绍被选为调查样本而实地走访对象的详细情况;现场走访人员约访时间表的抄本或日记,以便有必要与之联系时参考的人员走访的谈话记录;今后可能需要保持联系的机构名单,如销售代理商、广告商等;市场调查过程中已获得且归档备查的文件及其内容提要。

二、市场调查报告的写作方法及注意事项

市场调查报告是对整个市场调查工作的总结与综合分析,是一项严谨的工作,其质量的好坏涉及多方面的关系,尤其是对于企业的生产经营具有战略意义的内容。在市场调查报告的写作过程中需要运用一定的方法与技巧,保证市场调查报告的顺利完成。

（一）市场调查报告的写作方法

1. 起草市场调查报告初稿

一份好的市场调查报告不是一蹴而就的，在写作过程中需要经过起草初稿、反复修改、最后定稿几个步骤。在起草市场调查报告初稿的过程中需要的步骤如下：制备有关图表和附件，确定写作思路，草拟初稿，通读、修改。

2. 恰当使用图表

一份好的图表可以使需要说明的问题易于理解、便于明确，尤其是图形的使用，可以起到画龙点睛的作用。但是，表格在其中的作用也不可忽视，在某些情况下，表格比图形更具有说服力。

3. 叙述的技巧

在市场调查报告中运用的技巧主要包括：概括叙述，即将调查过程和情况概略陈述，不需对事件的细枝末节详加介绍；按时间顺序叙述，在交代调查的目的、对象、经过时，需要按时间顺序叙述，次序井然，前后连贯；叙述主体省略，市场调查报告的叙述主体是撰写报告的单位，叙述中用第一人称“我们”。为行文简便，叙述主体一般在开头部分出现后，在后面的各个部分可以省略，并不会因此令人误解。

4. 说明的技巧

市场调查报告中常用的说明技巧有数字说明、分类说明、对比说明、比较说明等。首先，市场运作离不开数字，反映市场发展变化情况的市场调查报告，需要运用大量数据，以增强市场调查报告的精确性和可信度。其次，市场调查中所得的材料杂乱无章，根据市场调查报告主旨表达的需要，可将材料按一定标准分为几类，分别说明。再次，市场调查报告中有关情况、数字的说明，往往采用对比形式，以便全面深入地反映市场变化情况。在对比时要清楚事物之间的可比性，在同标准的前提下，做切合实际的比较。最后，为说明市场发展变化情况，需要举出具体、典型事例，这是常用的方法。具体在市场调查中，需要从遇到的大量事例中，选取具有代表性的例子。

5. 议论的技巧

市场调查报告常用的议论技巧有归纳论证和局部论证。市场调查报告是在占有大量材料之后，进行分析研究，得出结论，所得结论是从具体事实中归纳出来的。另外，市场调查报告不同于议论文，不可能形成全篇议论，只是在情况分析、对未来进行预测中做局部论证。

6. 语言运用的技巧

语言运用的技巧表现在以下几方面。首先，用词方面。市场调查过程中很多问题要用数字才能说明，市场调查报告中数字用得较多。因此，市场调查报告中介词用得较多，主要用于交代调查目的、对象、根据等方面，如“为、对、根据、从、在”；另外，市场调查报告中专业词用得较多，如“市场竞争、行业结构、销售策略、广告策略”等。其次，句式方面。市场调查报告多用陈述句，叙述市场调查过程以及调查到的市场状况，表示肯定或否定判断。祈使句多用在提议部分，表示某种期望。提议部分并不一定都用祈使句，也可用陈述句。

（二）市场调查报告写作的注意事项

撰写市场调查报告时，应注意以下几个方面的问题。

1. 注意读者的要求及特点

市场调查报告是为特定的读者撰写的，可能是企业领导、管理部门的决策者，也可能是一般的用户。撰写市场调查报告要考虑这些读者的技术水平、对调查项目的兴趣,考虑其阅读市场调查报告的环境,如何使用该市场调查报告。有时,市场调查报告的读者具有不同的技术水平或对项目有不同的兴趣,为此可将调查报告分成几个不同的部分或为每一类读者单独撰写一份市场调查报告。

2. 内容要简明扼要

市场调查报告的内容应该是精练的,任何不必要的东西都应省略。不过,也不能为了达到简洁而牺牲其完整性。

3. 行文流畅,简洁易懂

市场调查报告中的材料要组织得具有逻辑性,使读者能够很容易理清报告各个部分的内在联系。使用简短的、直接的、清楚的句子把事情说清楚,要比用“正确”但含糊难懂的词语来表达要好得多。

4. 内容客观

市场调查报告的突出特点是用事实说话,应以客观的态度来撰写市场调查报告。行文时,应以向读者报告的语气撰写,不要表现出力图说服读者同意某种观点或看法的语气。同时,报告应当准确地给出项目的研究方法和调查结果的结论,不能有任何迎合用户或管理决策部门期望的倾向。

5. 统计资料与数据要准确,适当采用不同类型的图表

图形清晰明了,有助于问题的理解,但在精确地说明问题时,应该采用表格。报告中引用他人的资料,应加以详细注释。通过注释指出资料的来源,以供读者查证,同时也是对他人研究成果的尊重。

6. 报告中每个问题的篇幅应与问题的重要程度一致

撰写市场调查报告时切忌重点不突出,使次要问题占据过多篇幅,从而造成主次不清,影响市场调查报告的质量。

7. 打印为正式文稿,字体整齐,方便阅读

最后呈交的市场调查报告应是专业化的,要使用质量较好的纸张,打印和装订要符合规范。印刷格式是否有变化,字体大小的使用,空白位置的应用,市场调查报告的外观都对市场调查报告的可读性有很大的影响。

第五节　市场预测的内容

一、市场预测的概念

预测是针对某一目前尚不明确的事物,根据其过去和现在的已知情况,估计和推测未来可能出现的趋势。市场预测是指在科学、合理的方法指导下,通过市场调查取得第一手或第二手资料,运用定性分析和定量分析的方法,对市场今后的发展变化做出质的描述和量的估计,为企业的决策提供依据。

市场预测与市场调查的区别在于,前者是人们对市场的未来的认识,后者是人们对市场的过去和现在的认识。市场预测能帮助经营者掌握市场的发展趋势,制订适应市场的计划方案,使自己在市场竞争中处于主动地位。

二、市场预测的类型

市场预测按其时间长短、空间范围、商品内容、预测方法的不同，可分为不同的类型。

(一)按市场预测时间的长短划分

按照市场预测时间的长短，市场预测可分为短期市场预测、近期市场预测、中期市场预测和长期市场预测。其中，短期市场预测一般是以周、旬为时间单位的预测，根据市场变化的观察期资料，结合市场当前和未来变化的实际情况，对市场未来一个季度内的发展变化情况做出估计；近期市场预测一般是以月为时间单位，对市场未来1年内的发展变化情况做出估计；中期市场预测一般是指3~5年之内的市场预测；长期市场预测一般是指5年以上的市场预测，是为制定社会和国民经济发展的长期规划专门进行的预测。

(二)按市场预测的空间范围划分

按照市场预测的空间范围不同，市场预测可分为宏观市场预测、中观市场预测、微观市场预测。其中，宏观市场预测是从整体观察市场需求的发展变化趋势，其内容涉及国民经济全局的市场预测，其空间范围是全国；中观市场预测涉及国民经济各行业的市场预测，是以省、直辖市、自治区或经济区为总体的市场预测；微观市场预测一般是指企业所进行的市场预测，为当地市场或企业产品所涉及地区市场的预测。

(三)按市场预测的商品内容划分

按照市场预测的商品内容不同，市场预测可分为单项商品预测、分类别商品预测、商品总量预测。其中，单项商品预测是指对某种具体商品生产量或需求量的预测，甚至对该种商品的具体规格、质量的生产量或需求量进行预测；分类别商品预测是按照商品类别预测其需求量或生产量；商品总量预测是对生产总量或消费需求总量所做的市场预测，常常表现为一定时间、地点、条件下的购买力总量预测等。

(四)按市场预测的方法划分

按照市场预测的方法不同，市场预测可分为定性市场预测和定量市场预测。其中，定性市场预测是应用定性的预测方法进行的市场预测，是预测者依据对有关市场情况的了解与分析，结合对市场发展变化的估计，由预测者根据实践经验和主观判断做出的市场预测；定量市场预测是指根据定量预测方法进行的市场预测，是以大量的历史观察值为主要依据，建立适当的数学模型并且以所建立的数学模型为预测模型，推断或估计市场未来的供给量和需求量等。

三、市场预测的步骤

为有效地完成市场预测，市场调查人员需要对预测的过程进行严密组织，按照市场预测的规律，有计划地完成市场预测任务。市场预测的步骤一般分为以下几步。

(一)确定市场预测的目的

确定市场预测的目的是进行市场预测的首要问题，即明确市场预测所要解决的问题。

在市场预测工作中，只有明确了市场预测的目的，才能进一步落实预测的对象及预测内容，选择适当的预测方法，搜集相应的资料，完成市场预测任务。

（二）调查、搜集、整理、分析市场预测所需的资料

市场预测必须以充分的历史和现实资料为依据，因此，市场预测过程能否顺利完成，市场预测准确程度的高低，市场预测是否符合市场现象的实际表现等，在很大程度上取决于是否占有充分、可靠的市场资料。调查、搜集、整理市场预测所需的资料是市场预测工作的一个重要步骤。

市场预测所需的市场资料主要有历史资料和现实资料两大类。其中，历史资料是指预测期以前各观察期的各种有关的市场资料，是反映市场或影响市场的各种重要因素的历史状况和发展变化规律的资料；现实资料是指进行市场预测时或预测期内市场及各种影响因素的资料，一般是预测者根据需要对市场进行调查的结果，也可以是各种调查机构的已有资料。

在取得市场预测所需的市场资料后，必须对这些资料进行加工整理，即根据预测的目的以及市场现象自身的特点，进行分类和分组，使之系统化、条理化，成为反映市场现象总体特征的资料。

市场预测所需的市场资料经过整理、加工后，还需要进行周密的分析，主要不仅要对市场现象之间的关系、市场现象的影响因素与市场现象之间的关系进行分析，对是否存在相关关系、相关的紧密程度、形式等进行分析，还要对市场现象及其影响因素的发展变化规律和特点进行分析。

（三）选择适当的预测方法，建立市场预测模型

通过对市场预测所需的市场资料进行调查、搜集、整理、分析后，需要根据市场预测的目的及要求选择适当的预测方法，建立预测模型进行预测。需要注意的是，应用预测方法、预测模型进行预测时除了依据数学运算以外，还要结合预测者对未来市场的估计，不能机械地运用数学模型。其次，进行预测不可避免地会产生一定的预测误差，即预测值与实际值之间的差别。预测值是一种估计值，不是实际观察的结果，出现一定的误差是必然的，如果预测误差超出研究问题所允许的误差范围，则预测结果不能被采纳；如果预测误差在研究问题所允许的误差范围，则可采纳市场预测值或在一定区间内估计预测值。

（四）检测预测结果，修订预测值

市场现象及其影响因素随着时间、地点、相应条件的变化而发生改变，市场预测者必须根据市场现实情况的变化，适当对市场预测值加以修正，使之符合市场现实情况及其变化。

四、市场预测的内容

市场预测的主要内容是对市场需求量进行预测。

（一）社会生产发展及其变化趋势预测

社会生产发展是形成市场供应量，实现市场需求的物质基础，社会生产的方式、水平及其发展变化，对社会分配和消费起到决定性作用。对生产进行预测，主要是对生产的数量、

品种及其发展变化趋势进行预测。

（二）市场需求量预测

市场需求量又称市场容量，是指一定时期、一定地区、一定购买者在市场上具有货币支付能力的需求。市场需求量根据需求产品的用途不同，可以分为生产资料的市场需求量和生活资料的市场需求量。这两类需求不仅在商品性质上有所不同，而且在需求者、需求数量、购买行为、购买过程上都有明显不同的特点。因此，对这两类商品市场进行预测时，需要紧密结合我国市场的实际，结合消费者的特点进行。

（三）市场商品价格预测

市场预测中的价格预测，主要是从形成和影响商品价格的各种因素入手，预测各种影响因素的变动，包括商品生产中劳动生产率的水平、产品成本、利润等。

（四）消费需求变化预测

随着我国市场经济的发展，城乡居民的物质文化水平不断提高，人民的消费水平、消费需求发生了巨大的变化。消费需求变化预测主要从消费需求数量的变化及消费需求结构的变化进行预测。

（五）市场占有率预测

市场占有率是指生产或销售企业的商品数量在同类市场商品总数量中所占的比例，是使用相对指标研究市场需求量对其进行预测，能够促进企业提高经营管理水平，提高生产产品的质量，增加产品的样式、品种等。

第六节　市场预测的方法——定性预测法

定性市场预测法又称判断分析市场预测法，主要是根据有关专家对市场情况的了解和对未来市场发展状况的估计，依据专家的经验及主观判断能力，对市场未来的状况从数量上做出预测。定性市场预测法应用起来比较灵活，花费的人力、财力、物力资源较少，所需时间较短，时效性较强，尤其适合缺少历史资料的市场现象、未来发展具有较强不确定性的事物的预测。其常用的主要方法有集合意见预测法、专家意见预测法和互相影响分析法。

一、集合意见预测法

所谓集合意见法，就是集合经营管理人员判断意见的预测方法。经营管理人员处于生产经营的第一线，比较熟悉市场需求的情况及其动向，他们的判断，较能反映市场需求的客观实际，因而是企业短期、近期预测的常用方法。常用的具体方法有如下两种。

（一）企业经理（厂长）判断预测法

企业经理（厂长）判断预测法，一般是由专管市场营销的经理（厂长）召集计划、销售、生产、财务等各方面的负责人和有关业务人员开会研究讨论。而各部门的负责人和有关业务人员根据已掌握的资料数据，对市场的现状和发展前景充分发表意见。然后，由参加会议的经理(厂长)和副经理(副厂长),综合大家的意见,分别发表各自的预测方案。其具体预测过程如下。

第一,为了预测准确,综合地反映问题,要进行如下三个方面的工作。

(1)进行定性分析。主要内容有:

①本企业的历史销售情况,目前的市场状态,消费者的心理动态变化;

②同行业各生产厂家的产品适销对路情况,商品资源流通渠道及供应情况的变化,新产品投入市场的可能性;

③流动资金来源和运用情况,商品库存情况及对完成利润任务的要求;

④改善经营管理的措施及其可能达到的水平;

⑤劳动组织、业务人员和销售水平情况。

通过以上的定性分析,估计市场未来的发展趋势。

(2)在定性分析的基础上,确定三个定量数据:一是可能出现的自然状态,即根据定性分析,判断市场未来可能出现的销售情况;二是在各种自然状态下的销售估计值;三是在各种自然状态下的概率。

(3)以上述三个定量数据为依据,计算每个人的预测方案的期望值,并以期望值为基础确定综合预测值。

【例 3.1】 某企业的几位厂长,他们根据个人的能力和经验,综合大家的意见,进行分析判断,分别给出的数据如表 3-1 所示。

表 3-1 厂长定性预测表

厂长	销路好		销路中等		销路差		期望值/万元
	销售估计值/万元	概率	销售估计值/万元	概率	销售估计值/万元	概率	
甲	140	0.2	100	0.7	40	0.1	140×0.2+100×0.7+40×0.1=102
乙	120	0.1	98	0.7	50	0.2	120×0.1+98×0.7+50×0.2=90.6
丙	130	0.1	95	0.8	30	0.1	130×0.1+95×0.8+30×0.1=92

表 3-1 中的每个厂长的个人方案,一般应运用加权平均法,综合成为厂长的统一方案,其权数应根据各位厂长在企业的地位、作用和责任而定。假设厂长甲是主管市场营销业务的,其预测方案应有较大的权威性,所以给予较大的权数(如为 1.5),厂长乙、丙预测的方案可给予较小的权数(如均为 1),则厂长方面的统一预测方案为

$$\frac{102\times1.5+90.6\times1+92\times1}{1.5+1+1}\approx95.89(\text{万元})$$

各部分的负责人以及有关业务人员所预测的方案,也可按上述方法加以综合。

第二,确定企业的综合预测值。综合预测值是厂长、各部门负责人和有关业务人员三个方面预测方案的加权平均值。其权数,应根据每个人在企业工作中的地位和作用而定。厂长是企业经营管理的指挥者,一般来说其预测方案统观全局,应给予较大的权数;各部门的负责人是企业的基层管理者,其预测值的大小关系到所承担的责任,所以一般偏保守,可给予较小的权数;对于有关业务人员,因他们是市场营销的直接组织者,比较熟悉市场,因

而预测方案的权数应高于各部门的负责人。假设厂长方面的统一预测方案为 95.89 万元，各部分负责人方面的统一预测方案为 91.4 万元，有关业务人员方面的统一预测方案为 88.2 万元，他们的权数分别为 3:1:2，则企业的综合预测值为

$$\frac{95.89\times3+91.4\times1+88.2\times2}{3+1+2}\approx92.58(\text{万元})$$

第三，确定企业的最后预测方案。企业的综合预测值(92.58 万元)还不是最后的预测方案。还需要进一步对影响市场需求的各种因素以及企业的主观条件进行综合分析、推理、判断，并召开会议，集思广益，做必要的调整。这种经过调查的预测值，才是最后确定企业的预测方案。

(二)销售人员预测法

销售人员预测法，就是以销售人员的判断意见为基础提出企业的预测方案。由于销售业务人员直接接触市场，熟悉用户，了解竞争情况，请他们对市场需求的未来发展趋势进行预测是比较客观的。但是由于每个销售人员只接触某一个地区，不了解全面，个人的看法就有局限性。为了克服这一缺点，也可以采取企业经理(厂长)判断预测方法的过程，求出综合的预测值作为最后预测方案。

二、专家意见预测法

专家意见预测法，主要通过向有关预测对象的专家调查，利用专家的知识和经验，对未来的发展趋势做出个人判断的一种预测方法。这种方法一般适用于新产品的预测，应用简便，有一定的准确性。

(一)专家会议法

专家会议法就是根据预测的目的和要求，邀请有相关方面的专家，如产品设计专家、经济专家、企业管理专家等，通过会议的形式，对产品的结构、性能、质量、市场动态、产品使用情况、适应经济技术发展的程度等问题，展开讨论分析，做出判断，最后综合专家们的意见，做出预测。这种方法的优点：通过座谈讨论，能互相启发、集思广益、取长补短，能较全面地集中各方面的意见，得出预测结论。但也有缺点：参加的人数有限，代表性往往不充分；容易受到技术权威或政治权威的影响，与会议者不能真正地做到畅所欲言，往往形成“一边倒”，即使权威者的意见不正确，也能左右其他人的意见；由于受到个人自尊心的影响，往往不能及时修正原来的意见。因此，专家会议的方式，有时也会做出错误的预测。

(二)个别征求专家意见法(德尔菲法)

德尔菲(Delphi)法是美国兰德公司在 20 世纪 40 年代末创建的。德尔菲(Delphi)是古希腊的城市名称，相传因阿波罗神殿而出名，有所谓“阿波罗神”的誉称。后人用德尔菲(Delphi)比喻高超的预测能力。美国的兰德公司以德尔菲作为预测方法的名字，也表示有高超的能力预测未来之意。

个别征求专家意见法的工作程序如下。

1. 拟定预测提纲

拟定预测提纲就是要首先确定预测目标和设计出专家们应该回答的调查表。对回答

的要求表名概率大小；对问题做出肯定回答“是”或“不是”；对判断的依据和判断的影响程度做出说明；对预测问题的熟悉程度做出估计。

2. 专家的选择

这是德尔菲预测的关键。所选择的专家一般是指有名望的或从事该项工作一二十年的专家。选择专家的人数一般 10～50 人为宜。人数太少限制学科的代表性，并缺乏权威性，同时影响预测精度；人数太多，又难于组织。但一些重大问题的预测可选择 100 人以上。

3. 提出预测

发函或请人个别谈，要求每位专家提出自己的预测意见和依据，并说明是否需要补充资料。

4. 修改预测

预测的组织者将第一次预测的结果及资料进行综合整理，归纳出条理，再反馈给有关专家，据此提出修改意见和提出一些新的要求。这一预测的修改，一般可进行 3～5 轮，一般 3 轮为宜。

5. 确定预测结果

确定预测结果就是在专家前几次反复修改预测的基础上，根据全部资料，确定出专家趋于一致的预测意见。

在个别征求专家意见法的工作程序 3、4 中，可采用统计的方法，将专家意见绘成分布图，如图 3-1 所示。从图上可以找出多数人意见的所在位置为 b 点，以及小于四分之一的 a 点和 c 点。将统计结果告诉每位专家，并告诉他们各自的意见在图中的位置以及与自己意见相同的有多少人。其中，对于意见处在 a 点以左和 c 点以右的专家们要特别注意详细地询问他们提出不同意见的原因，再请他们做第二次预测。如此反复，意见会集中到一个较好的预测结果上。

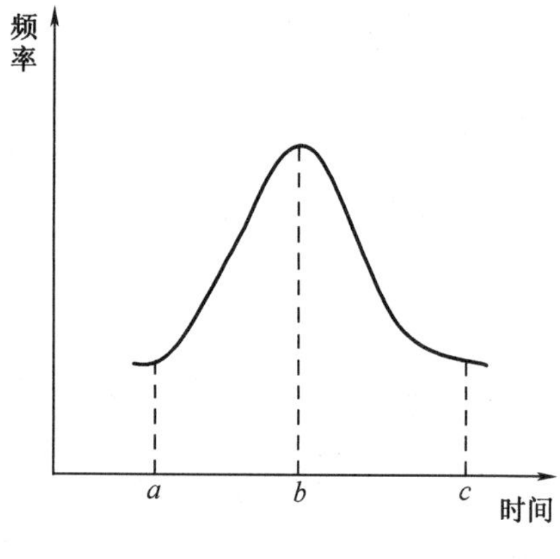

图 3-1　专家意见分布图

德尔菲预测法有三个优点：

第一，匿名性。即应邀参加预测的专家，彼此不知是谁，这就消除了“权威者”的影响。同时参加预测的成员，可以参考第一轮的预测结果，可以不公开地改变自己的意见，而无损专家本人的威望，并且能够比较真实地反映专家们的意见。

第二，有价值性。由于参加预测的专家领域不同，各有专长，考虑问题的出发点不同，因此会提出很多事先没有考虑到的问题和有价值的意见。由于利用第一轮的预测结果，沟通情况，构成了匿名的相互影响，所以提出的问题比较全面，最后意见比较趋于一致。

第三，预测结果的统计性。为了对预测进行定量估计，采用统计的方法对预测结果进行处理，最后得到的是综合的统计评定结果。

近几年来，我国也采用了德尔菲法进行了技术、销售的预测。例如，上海内燃机研究所运用德尔菲法对柴油机的“三化”（系列化、通用化、标准化）问题进行了预测，广泛征询国内有关行业专家的意见，发出了 250 封信，收到了 190 封回信，回信占发信总数的 80%。通过调查，初步摸清了当前国内柴油机行业的专家们对柴油机“三化”的基本态度和认识。

(三)专家预测结果的处理方法

向专家调查所得到的信息都是定性的意见。为了综合定量得出预测结果,一般要对专家意见进行数量化,“数量化”的方法有如下两种。

1. 中位数上下四分点法

中位数上下四分点法就是指在汇总专家们预测意见进行统计处理时,用中位数代表专家们预测的结果,用上下四分点代表专家们意见的分散程度。专家们的预测结果,按时间顺序排列,并分成四等分,则中间的分点值称为中位数,表示专家中有一半人估计的时间早于它,另一半人估计的时间晚于它。先于中分点的四分点为下四分点,后于中分点的四分点为上四分点。这种方法一般是对被预测对象所完成的时间顺序的结果进行处理时采用。

【例 3.2】 2011 年由 13 位专家参加对“数控机床和小型计算机控制机床的产值,到哪一年将达到机床总产值的 50%”的预测。

其预测结果按时间顺序排列如下:

2016	2017	2018	2018	2018	2019	2020	2020	2021	2025	2025	2027	2028
		↑				↑				↑		
		下四分点				中分数				上四分点		

在这一预测结果中,中位数为 2020 年,下四分点为 2018 年,上四分点为 2025 年。

预测学家杨奇根据大量的数据统计,得到一个根据中位数推算上下四分点的经验公式,即

$$\text{下四分点} = \text{组织预测的年份} + \frac{2}{3}X \tag{3-2}$$

$$\text{上四分点} = \text{组织预测的年份} + \frac{5}{3}X \tag{3-3}$$

式中,X 表示中位数年份距组织预测的年份之差。

【例 3.3】 2009 年进行了一项预测,测得中位数为 2021 年,则 $X = 2021 - 2009 = 12$(年),组织预测的年份是 2011 年。则根据四分点的经验公式得

$$\text{下四分点} = 2011 + \frac{2}{3} \times 12 = 2019\ \text{年}$$

$$\text{上四分点} = 2011 + \frac{5}{3} \times 12 = 2031\ \text{年}$$

2. 主观概率法

首先由预测人员(专家)对预测事件发生的概率做出主观的估计,然后算出它们的平均值,作为对事件预测的结论。这个主观概率也可以由分析人员根据专家对预测事件发生可能性大小的意见而加以确定,其计算公式为

$$\bar{P} = \frac{\sum_{i=1}^{N} P_i}{N} \tag{3-4}$$

式中,$\bar{P}$ 表示事件预测概率的平均值,P_i 表示每一位专家预测的主观概率,N 表示专家人数。

【例 3.4】 某企业试制一种新型汽车,需要对这种产品在未来三年内投入市场能否获得成功进行预测。

首先选择 14 名专家,请他们发表预测意见。专家们反馈回的预测意见很不一致。有 5 人认为由于新型汽车每百公里[①]的油耗与竞争产品相比并没有显著改善,目前能源紧张的经济形势三年内不会有根本好转,而新车成本和售价均较高。因此,他们认为未来三年内生产该种新车型投放市场获得成功的可能性很小。但有 7 人认为新型车动力性能好,车厢容积大,车厢高度低,稳定性好,装卸货方便,适合广大城市和农村的需要,技术性能比竞争产品优越得多,虽然由于国民经济调整,经济增长率降低,但工农业货运量仍在增加,运输能力不足是国民经济的薄弱环节,正应当在调整中予以加强。因此,他们认为未来三年内生产新型汽车投入市场获得成功的可能性很大。还有 2 人没有明确发表意见。问如何做出综合性的预测结论?

可用主观概率将专家对成功可能性的估计进行量化,如表 3-2 所示。

表 3-2　专家预测成功的可能性概率人数分布

成功的可能性(概率)	0.1	0.2	0.3	0.4	0.5	0.6	0.7	0.8	0.9	1.0
人数	—	2	1	2	2	3	3	1	—	—

从表 3-2 可知,认为成功可能性很小的只有 5 人,其中有 2 人认为(主观概率)是 0.2,1 人认为是 0.3,还有 2 人认为是 0.4;认为成功可能性很大的有 7 人,其中有 3 人认为是 0.6,3 人认为是 0.7,还有 1 人认为是 0.8;其他 2 人没有明确表态,主观概率定位为 0.5。则

$$\text{主观概率的加权平均值}=\frac{0.2\times2+0.3\times1+0.4\times2+0.5\times2+0.6\times3+0.7\times3+0.8\times1}{14}$$

$$\approx0.514$$

计算表明,新型汽车投入市场成功的可能性(概率)约为 0.514,这就是预测的结论。

三、相互影响分析法

专家意见预测法所得的信息只能说明某一事件的现状、发生的概率和发展的趋势,而不能说明有关事件之间的相互关系。而实际上,未来事件总是在相互联系和相互影响中发展变化的。因此,用相互影响分析法进行预测就更切合实际些。

所谓相互影响分析法,就是从分析各个事件由于相互影响引起发生概率变化的情况,研究各个事件在未来发生可能性的一种预测方法。

这种方法预测的过程如下所述。

首先,通过专家意见调查法或调查者主观判断确定各事件发生的概率。

然后,用矩阵的形式描述各事件相互间的逻辑关系,用概率的变化表示各事件相互影响的强度,要分析各事件相互影响作用的时间,有的可能立即产生影响,有的可能滞后一段时间才产生作用。

最后,根据各事件相互影响的结果,修正各事件的发生概率,做出预测。

【例 3.5】　某汽车齿轮厂通过市场调查,获知未来五年对本厂齿轮的需求量将比 1992 年增加 30%。满足市场需求的方案有以下三种。

一是进行扩建,关键工序采用高效率的自动化设备;

① 1 公里 = 1 千米

二是改进劳动组织，提高工人的技术熟练程度，采用新的奖励制度等提高劳动生产率；

三是增加工人，普遍开设两班，关键工序开设三班。

要求预测这三种方案在未来五年哪一种发生的可能性大。

设 x_1,x_2,x_3 表示三种方案；$P(x_1),P(x_2),P(x_3)$ 表示三种方案发生的概率；y_1,y_2,y_3 表示三种方案相互影响发生的时间。根据各方案间的相互逻辑关系和已知条件，列出各事件相互影响关系如表 3-3 所示。

表 3-3　各事件相互影响关系表

未来事件	发生概率	各事件间的相互影响								
		x_1			x_2			x_3		
		x_1	$P(x_1)$	y_1	x_2	$P(x_2)$	y_2	x_3	$P(x_3)$	y_3
x_1	0.3	—	0	0	↑	+0.3	1	↓	+0.5	1
x_2	0.5	↑	+0.2	0	—	0	0	↓	0.1	1
x_3	0.8	↓	0.3	0	↓	+0.2	0	—	0	0

在分析相互影响之前，原定三种方案发生的概率分别为 $P(x_1)=0.3$，$P(x_2)=0.5$，$P(x_3)=0.8$，即根据最近和未来五年的经济形势及劳动力状况，认为进行扩建、购置自动化设备的可能性最小；认为用提高劳动生产率的办法提高产品产量没有把握，只有 0.5 的可能；最切合实际的是增加工人，其发生的概率为 0.8。

在分析相互影响后，发现若采用购置自动规划设备的方案，对提高劳动生产率有正的影响（↑）；而对增加工人则有负的影响（↓）。这种影响在时间上要滞后一年才可能发生。

若采用提高劳动生产率的方案，对购置自动化设备可能有正的影响（↑）；而对增加工人则有负影响（↓），但影响的强度不大，只有 0.1 的影响，即在提高劳动生产率的同时，仍有可能增加工人。

若采用增加工人的方案，对自动化设备有负的影响（↓），其影响强度将使采用自动化设备的概率降到 0，即完全没有可能；在一定时期内，采用增加工人的方案对提高劳动生产率也有负的影响（↓）。

根据各方案之间的相互影响，修正后的概率为

$$P(x_1)=0.3+0.5\times0.2+0.8\times(-0.3)=0.16$$

$$P(x_2)=0.5+0.3\times0.3+0.8\times(-0.2)=0.43$$

$$P(x_3)=0.8+0.3\times(-0.5)+0.5\times(-0.1)=0.6$$

根据上述计算，三种方案在未来五年发生的可能性的预测是：采用进行扩建、购置自动化设备的方案的可能性很小，其概率只有 0.16；采用提高劳动生产率的方案有一定的可能性，其概率为 0.43，说明把握性不大；采用增加工人、多开班次的方案可能性最大，其概率为 0.6。根据我国劳动力资源较为丰富的特点，在制定长远规划时，应当考虑这种方案有实现的可能。

第七节　市场预测的方法——时间序列预测法

时间序列预测方法，可分为确定型时间序列法和随机型时间序列法。前者不涉及时间序列的随机来源，而后者则要讨论由随机过程所产生的单序列。本节只讨论确定型时间序列的预测方法。

所谓时间序列，就是指一组按时间顺序排列的统计观察值（市场销售量），通常是按一定的时间间隔（如按天、周、年）进行观察统计。

什么是时间序列预测方法呢？时间序列预测方法就是指将预测对象（因变量）的历史资料按照时间的顺序排列起来，然后运用一定的数学模型，分析它随时间变化的趋势，从而外推（延伸）出市场变化的未来值，即市场预测值。

一、时间序列预测法的特点

在时间序列的模型中，自变量为时间 x_t，因变量为预测对象 y_t。确定型时间序列模型一般形式为

$$y_t = f(x_t) \tag{3-5}$$

若有 n 个随时间排列的数据资料，则应有 $y_t = f(x_t)(t=1,2,\cdots,n)$，而 $x_1<x_2<\cdots<x_n$，越接近预测期，下标数越大。

从市场预测的角度来说，就是根据市场变化，预测未来的发展趋势。预测的前提是，假定事物的过去会同样延续到未来。因为事物的现实是历史发展的结果，而事物的未来又是现实的延伸，事物的过去和未来是有内在联系的。市场预测的时间序列分析法，正是根据客观事物发展的这种规律性，运用过去的历史数据，通过统计分析，进一步推测市场未来的发展趋势。但同时市场的未来发展变化会受到多种环境因素的影响，而各种影响因素也在不断地发展变化。因此，市场的未来发展也不可能是过去历史的简单重复。这就决定了在一般情况下，时间序列分析法对于短、近期预测可以做出有成效的预见，但延伸到更远的未来，如用于中、长期预测，则有很大的局限性。

时间序列数据具有不规律性。市场的时间序列观察值实际上是各种市场环境因子共同发生作用的结果。其符合形式的时间序列模型为

$$Y = T \cdot S \cdot C \cdot I \tag{3-6}$$

即从各种市场环境因子作用的效果来看，有四个分量在影响：

T 表示趋向分量，即长期趋势因子，如工农业生产的发展，国民收入分配的比例关系变化，城市职工和农民的收入及其他收入的变动，消费需求的变化和物价的调整等，使市场或某种商品的时间序列数据呈现上升趋势，或者下降趋势，或者平稳发展趋势。

S 表示季节变动因子，如气候的变化，地理环境的不同，人们生理需要的变化，生活习惯及风俗的差异等。形成市场时间序列数据的季节性变动，即以一年为周期重复发生的变动，主要是由于季节性特点而引起的。

C 表示周期循环分量，即循环变动因子，如经济周期中的经济繁荣和经济危机。社会主义国家不存在这种周期性的经济危机现象，在研究我国有关经济方面的时间序列时，可以不考虑这一分量。但是由于气象的影响，农业生产会出现丰收年、平收年和歉收年所造成的市场供求波浪式的变动。这种情况也要加以考虑，农业丰收、歉收会影响到工业市场。

I 表示随机变动分量,如天灾等偶然因素引起的随机变动(不规则变动)。

在上述各种市场环境因子的作用下,使历史的时间序列数据的变化有的形成规律性,有的形成不规律性。即使形成规律性的变动,也会由于消费者的爱好、习惯、心理变化,使市场需求在年、月、旬、周之间有着明显的不规律性。因此,时间序列分析法,就是运用数学的方法,消除偶然的不规律因素的影响,做出市场未来发展趋势的预测。

时间序列分析法,是撇开市场发展的因果关系来分析市场的过去和未来的变化趋势,因而,在一般情况下,所求出的预测值只是过去历史发展结果的反映。为了求得反映市场未来发展趋势的预测值,应当在充分研究影响市场变化的各种环境因素的基础上,将时间序列法的定量分析与定性分析相结合起来,最后确定出反映未来市场实际的预测值。

二、时间序列预测常用方法

时间序列分析法包括的具体方法有很多,常用的方法主要有简单平均法、加权平均法、移动平均法、指数平滑法和趋势外延法等。下面分别加以介绍。

(一)简单平均法

简单平均法,就是用统计数据的平均数作为预测值。也就是根据某一产品过去实际的销售量(观察值)进行简单的算术平均,求得平均值,然后把得到的这个平均值延伸到未来,作为下一期的预测值。

这种方法简单易行,适用于某种生产较稳定,过去的实际观测值没有明显变动的短期预测。其缺点是在以前各期数据起伏不定的情况下就不能很好地反映近期的需求动态和发展趋势。其计算公式为

$$y_{n+1} = \frac{\sum_{t=1}^{n} x_t}{n} \tag{3-7}$$

式中,y_{n+1} 为下一期的预测值;n 为观察值的期数;x_t 为第 t 期的实际观察值($t=1,2,\cdots,n$)。

【例 3.6】 已知企业 1~6 月份某产品的实际销售量统计资料如表 3-4 所示,预测 7 月份的销售量。

表 3-4 实际销售资料统计表

月份	1	2	3	4	5	6	7
实际销售量 x_t/千件	650	600	680	700	714	820	?

将数据代入式(3-7),得 7 月份预测的销售量为

$$y_{n+1} = \frac{\sum_{t=1}^{n} x_t}{n} = \frac{650+600+680+700+714+820}{6} = 694(\text{千件})$$

(二)加权平均法

如果在短期内,实际销售量有明显的增长或下降的趋势,就采用加权平均法。

所谓加权平均法,就是指逐步加大近期实际销售量在平均值中的权数,然后予以平均,

确定下一期的预测值。加权平均法有两种计算公式。

第一种为

$$y_{n+1} = \frac{\sum_{t=1}^{n} a_t x_t}{\sum_{t=1}^{n} a_t} \tag{3-8}$$

式中，y_{n+1} 为下一期的预测值；x_t 为第 t 期的观察值（$t=1,2,\cdots,n$）；a_t 为第 t 期观察值的“权”值；n 表示观察值的期数。

第二种为

$$y_{n+1} = \sum_{t=1}^{n} a_t x_t \tag{3-9}$$

【例 3.7】 已知企业 1~5 月份的实际销售量如表 3-5 所示，预测 6 月份的销售量。

表 3-5　实际销售资料统计表

月份	1	2	3	4	5	6
实际销售量 x_t/千件	100	90	110	125	140	?
权值 a_t	1	2	3	4	5	—

将数据代入式(3-8)，得 6 月份预测的销售量为

$$y_{n+1} = \frac{\sum_{t=1}^{n} a_t x_t}{\sum_{t=1}^{n} a_t} = \frac{100 \times 1 + 90 \times 2 + 110 \times 3 + 125 \times 4 + 140 \times 5}{1+2+3+4+5} = 120.67(\text{千件})$$

将最近三期的总权数定为 1，则有 $a_1+a_2+a_3=1$。

若取 $a_1=0.25$，$a_2=0.25$，$a_3=0.5$，仍用上例，假定前 1 月、2 月不计，将数据代入式(3-9)，得 6 月份预测得销售量为

$$y_{n+1} = \sum_{t=1}^{n} a_t x_t = 110 \times 0.25 + 125 \times 0.25 + 140 \times 0.5 = 128.75(\text{千件})$$

由此可见，加权平均法计算也比较简单，而且能消除简单平均法的部分缺点，但是其缺点仍是不能很好地反映生产的发展趋势，偏向于保守。

以上两种平均法均不能反映出发展的过程和趋势。因为各期销售量的顺序改变了，而平均预测值仍然不变，但实际上，销售是有严格的时间顺序的，所以要考虑时间顺序计算平均值，这就需要采用移动平均法。

（三）移动平均法

移动平均法假定预测值同预测期相邻的若干观察期的数据有密切关系。

所谓移动平均法，就是根据某一产品过去的实际销售数值（观察值），按时间顺序排列，由远而近地按一定的跨越期数据逐一求得移动平均值，将接近预测期的最后一个移动平均值作为确定预测值的基础。

移动平均法主要适用于具有长期趋势变动和季节性变动的预测。

1. 一次移动平均法

一次移动平均法，就是采取算数移动平均，是以相同的权数对各期销售值，按一定的跨越期求其移动平均值，并以最后一个移动平均值为基础，确定预测值。其公式为

$$y_t^{(1)} = \frac{y_t + y_{t-1} + \cdots + y_{t-N+1}}{N} \tag{3-10}$$

式中，$y_t^{(1)}$ 为在 t 时段的移动平均值，上角标(1)表示一次移动；t 为资料期数($t=1,2,\cdots,n$)；y_t 为第 t 期数据；N 为一次移动平均所取的跨越期(即分段内数据点数)。

当 $N=1$ 时，$y_t^{(1)}=y_t$，没有平均的意义。

当 N 等于数据点的总数，即 $N=n$ 时，$y_t^{(1)} = \bar{y} = \frac{\sum_{t=1}^{n} y}{n}$ 是总平均值。

跨越期数 N 如何确定呢？一般地说，数据的波动较大时，N 应取大一点；反之，数据的波动较小时，N 可取较小一点。

式(3-10)可以改写为

$$\begin{aligned} y_t^{(1)} &= \frac{y_t+y_{t-1}+\cdots+y_{t-N+1}+y_{t-N}-y_{t-N}}{N} \\ &= \frac{y_{t-1}+y_{t-2}+\cdots+y_{t-N+1}+y_{t-N}}{N}+\frac{y_t-y_{t-N}}{N} \\ &= y_{t-1}^{(1)}+\frac{y_t-y_{t-N}}{N} \end{aligned} \tag{3-11}$$

【例 3.8】 已知某企业过去 24 个月实际销售额的统计数据如表 3-6 所示。当取一次移动的跨越期数 $N=5$ 和 $N=10$ 时，求一次移动平均值(即预测值)。

表 3-6　移动平均预测计算表

资料期/个月	销售额/万元	(a)$N=5$ 共 5 个月跨越期		(b)$N=10$ 共 10 个月跨越期		二次移动平均 $N=5$	
t	y_t	平均值 $y_t^{(1)}$/万元	趋势值	平均值 $y_t^{(1)}$/万元	趋势值	平均值 $y_t^{(2)}$/万元	趋势值
1	52	—	—	—	—	—	—
2	47	—	—	—	—	—	—
3	62	—	—	—	—	—	—
4	54	—	—	—	—	—	—
5	45	52	—	—	—	—	—
6	53	52.2	0.2	—	—	—	—
7	62	55.2	3.0	—	—	—	—
8	45	51.8	-3.4	—	—	—	—
9	59	52.8	1.0	—	—	52.8	—
10	42	52.2	-0.6	52.1	—	52.84	0.04
11	58	53.2	1.0	52.7	0.6	83.04	0.2

表 3-6(续)

资料期/个月	销售额/万元	(a)N=5 共 5 个月跨越期		(b)N=10 共 10 个月跨越期		二次移动平均 N=5	
t	y_t	平均值 $y_t^{(1)}$/万元	趋势值	平均值 $y_t^{(1)}$/万元	趋势值	平均值 $y_t^{(2)}$/万元	趋势值
12	89	58.6	5.4	56.9	4.2	53.72	0.68
13	51	59.8	1.2	55.8	-1.1	55.32	1.60
14	45	57.0	-2.8	54.9	-0.9	56.16	0.84
15	54	59.4	2.4	55.8	0.9	57.60	1.44
16	87	65.2	5.8	59.2	3.4	60.66	2.40
17	100	67.4	2.2	63.0	3.8	61.76	1.76
18	92	75.6	8.2	67.7	4.7	64.92	3.16
19	99	86.4	10.8	71.7	4.0	70.80	5.88
20	88	93.2	6.8	76.3	4.6	77.56	6.76
21	93	94.4	1.2	79.8	3.5	83.40	5.84
22	85	91.4	-3.0	79.4	-0.4	88.20	4.80
23	99	92.8	1.4	84.2	4.8	91.64	3.44
24	88	90.6	-2.2	88.5	4.3	92.48	1.84

①按式(3-10),求出

$$y_5^{(1)}=\frac{y_5+y_4+y_3+y_2+y_1}{5}=\frac{45+54+62+47+52}{5}=52(\text{万元})$$

②按式(3-11),求出

$$y_6^{(1)}=y_5^{(1)}+\frac{y_6-y_1}{5}=52+\frac{53-52}{5}=52.2(\text{万元})$$

③同理计算 $y_7^{(1)}, y_8^{(1)}, \cdots, y_{24}^{(1)}$,将全部数据记入表 3-6 中的第三列。

当 $N=5$ 时,预测值是 90.6 万元。

④同理用上述式(3-10)、式(3-11),计算出 $N=10$ 时的全部 $y_t^{(1)}$ 的数据,记入表 3-6 中第五列。

当 $N=10$ 时,预测值是 88.5 万元。

预测结果表明,观察值(实际销售额)经过移动平均的修匀,消除了季节性因素、不规律因素和偶然因素的影响,其平均值的变动趋势愈接近后期(预测期)就愈渐平滑。$N=10$ 的方案其变动趋势更平滑一些。

预测结果表明,由于观察值具有明显的长期趋势变动和一定的季节性变动,而且各月之间的变动频率不同,其平均值却采用了相同的权数,因而从发展趋势来看,$N=5$ 方案的预测值可能要快于实际发展速度;$N=10$ 方案的预测值可能落后于实际发展速度,即两种方案都有误差。因此,还需要对市场发展趋势进行定性的分析、判断,对预测值做适当调整,才能做出较正确的最终预测。

为了反映近期观察值对预测值的影响,可以采用加权移动平均法。其计算原理同上,只不过是加入一个"权数"。

2. 二次移动平均法

若时间序列各项观测值经过一次移动平均以后,仍不能充分反映时间序列的趋势时,可以在一次移动平均的基础上再求第二次(或多次)移动平均数。其计算公式为

$$y_t^{(2)} = \frac{y_t^{(1)} + y_{t-1}^{(1)} + \cdots + y_{t-N+1}^{(1)}}{N} \tag{3-12}$$

$$y_t^{(2)} = y_{t-1}^{(2)} + \frac{y_t^{(1)} - y_{t-N}^{(1)}}{N} \tag{3-13}$$

【例 3.9】 在表 3-6 数据的基础上,求二次移动平均值(取 $N=5$)。

根据表 3-6 中的 $N=5$,求 $y_t^{(1)}$ 的数据,用式(3-12)和式(3-13)计算出二次移动平均值 $y_t^{(2)}$,列在表 3-6 的第七列。

从计算结果可以看出,二次移动平均值比一次移动平均值平滑得多,比较真实地反映出了实际销售趋势。

3. 趋势修正移动平均法

在一次移动平均、二次移动平均中计算出的 t 期的移动平均值,就原封不动地当作 $(t+1)$ 期的预测值使用。但是,如果当数据出现线性趋势(增加或减少)时,预测值将会出现滞后于实际数据的情况(图 3-2),形成一个偏差。为了消除这种滞后现象,校正偏差,就需要对一次、二次移动平均法加以修正。

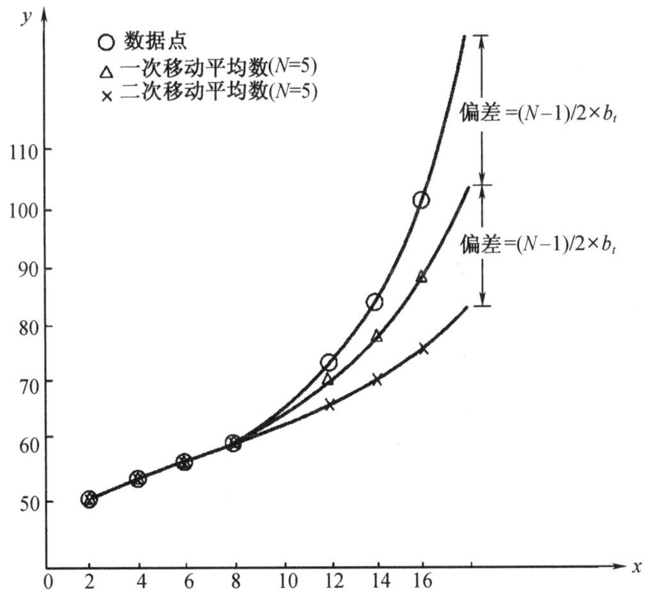

图 3-2 移动平均预测描点图

趋势修正移动平均法应用的前提,就是时间顺序列的数据必须具有线性趋势。当一次移动平均值在 n 项内还有较大的波动时,不可能得到精确结果,就应用二次或三次移动平均值,只有当线性趋势较为明显时,趋势修正才能精确。

如何进行修正呢?

修正的方法是将时间序列中最后几项数据视作直线求出变化趋势,然后用这个趋势来修正移动平均值,就可得出所需的预测值。

若把时间顺序的最后几项视作直线,且未来时期的数据亦按该直线趋势变化,则该直线方程为

$$y_{t+T} = a_t + b_t T \tag{3-14}$$

式中,t 表示目前的时期数;T 表示由 t 算起的到预测期的周期数(时);y_{t+T} 表示第($t+T$)期的预测值;a_t 表示截距,即预测的起始数据;b_t 表示斜率,即直线的趋势。

如果我们根据移动平均值,求出系数 a_t 和 b_t,则直线方程 $y_{t+T}=a_t+b_tT$ 就容易求解了。

$$a_t = y_t = 2y_t^{(1)} - y_t^{(2)} \tag{3-15}$$

$$b_t = \frac{2}{N-1}(y_t^{(1)} - y_t^{(2)}) \tag{3-16}$$

这里需要注意:在式(3-15)和式(3-16)的推导中,我们是把时间序列的最后 N 个数据严格当成直线的。但是,实际上数据不可能完全是这样的,只能是表现为某种直线趋势。

【例 3.10】 某企业某产品的销售额如表 3-7 所示。从第 6 期开始呈现线性趋势增大,试求第 22 期销售额的预测值。

表 3-7 移动平均预测表

资料期数 T	销售额万元 y_t/万元	一次移动平均值 $N=5$ $y_t^{(1)}$/万元	二次移动平均值 $N=5$ $y_t^{(2)}$/万元
(1)	(2)	(3)	(4)
1	45	—	—
2	52	—	—
3	60	—	—
4	48	—	—
5	52	51.4	—
6	55	53.4	—
7	58	54.6	—
8	62	55	—
9	64	58.2	54.52
10	67	61.2	56.48
11	69	64	58.60
12	73	67	61.08
13	75	69.6	64
14	80	72.8	66.92
15	82	75.8	69.84
16	84	78.8	72.8

取 $N=5$，分别求出一次移动平均值 $y_t^{(1)}$ 和二次移动平均值 $y_t^{(2)}$，并列入表3-7中的第3列和第4列。

根据式(3-15)、式(3-16)计算可得

$$a_{16}=2y_{16}^{(1)}-y_{16}^{(2)}=2\times78.8-72.8=84.8(\text{万元})$$

$$b_{16}=\frac{2}{N-1}(y_{16}^{(1)}-y_{16}^{(2)})=\frac{2}{5-1}(78.8-72.8)=3$$

第22期的销售额的预测值为

$$y_{16+6}=84.8+3\times6=102.8(\text{万元})$$

移动平均法的优点是比较简单易行，用较长时间的移动平均值，可以消除偶然性因素和季节性因素，突出发展趋势。但是缺点是数据储存量大，用于短期(月、季)的预测较为适合。

(四)指数平滑法

指数平滑法是由移动平均法发展而来的，它实质是一种特殊的加权移动平均法。

所谓指数平滑法，就是以本期预测值为基础，并计算出本期实际销售数与预测数值的差额，再用这个差额的一定份额去调查本期预测数值，以此作为下一期的预测数值。

指数平滑法主要适用于短期的销售预测，且观察值具有长期趋势变动。它可有一次指数平滑、二次指数平滑。

1. 一次指数平滑法

一次指数平滑法的计算公式为

$$\begin{aligned}S_t^{(1)}&=S_{t-1}^{(1)}+a(y_t-S_{t-1}^{(1)})\\&=ay_t+(1-a)S_{t-1}^{(1)}\end{aligned}\tag{3-17}$$

式中，$S_t^{(1)}$ 表示$(t+1)$期的预测值(即下一期预测值)，上角标(1)表示一次平滑；$S_{t-1}^{(1)}$ 表示时段 t 期所做的一次指数平滑预测值(即本期的预测值)；a 表示平滑系数(常量)且 $0\leqslant a\leqslant1$；y_t 表示第 t 期的实际观察值(即本期实际销售额)。

这就是指数平滑法的基本公式。实际上，预测值等于新数据与原始估算值的不同比例之和，即

$$\text{预测值}=a\times(\text{新数据})+(1-a)\times(\text{原始估算值})$$

式中，平滑系数 a 实际上是一个加权系数，它是新旧数据的分配比值，就是说，a 的大小规定了在 $S_t^{(1)}$ 中 y_t 和 $S_{t-1}^{(1)}$ 所占比例。a 值越小，$S_t^{(1)}$ 中的旧数据 $S_{t-1}^{(1)}$ 所占的比例越大，所得的预测值就越平滑而稳定；a 值越大，$S_t^{(1)}$ 中的新数据 y_t 所占的比例就越大，预测值对新趋势的反映就越快。

当 $a=1$ 时，预测值等于新数据，即 $S_t^{(1)}=y_t$；当 $a=0$ 时，预测值等于原始预测值，即 $S_t^{(1)}=S_{t-1}^{(1)}$，为常数。

【例3.11】 某企业某产品的销售额如表3-8所示。由表3-8中时间序列数据可知，y_t 有不规则变动，但从第10期开始有明显的向上增长的线性趋势。其长期趋势变动较缓慢，故可取 $a=0.3$，初始值 $S_0^{(1)}=y_1=100$，则用公式(3-17)计算一次指数平滑值，得

$$S_1^{(1)}=0.3\times100+(1-0.3)\times100=100$$

$$S_2^{(1)}=0.3\times104+(1-0.3)\times100=101.2$$

$$S_3^{(1)}=0.3\times94+(1-0.3)\times101.2=99.04$$
$$S_4^{(1)}=0.3\times102+(1-0.3)\times99.04=99.93$$
$$\vdots$$
$$S_{20}^{(1)}=0.3\times160+(1-0.3)\times139.87=145.91$$

表 3-8　指数平滑预测计算表

资料期 t	实际销售额 y_t/万元	一次指数平滑值($a=0.3$) $S_t^{(1)}$/万元	二次指数平滑值($a=0.3$) $S_t^{(2)}$/万元
0	—	100	100
1	100	100	100
2	104	101.2	100.36
3	94	99.04	99.96
4	102	99.03	99.95
5	98	99.35	99.77
6	96	98.36	99.35
7	102	99.45	99.38
8	80	93.61	97.65
9	96	94.33	96.15
10	104	97.23	96.82
11	102	98.66	97.37
12	118	104.46	99.50
13	114	107.32	101.85
14	128	113.52	105.35
15	136	120.26	109.82
16	134	124.38	114.19
17	138	128.47	118.47
18	152	135.53	123.59
19	150	139.81	128.47
20	160	145.91	133.70

把计算出的指数平滑值记入表 3-8 中第三列内,并绘出图 3-3。从图中可以看出指数平滑法与移动平均法相类似,当时间序列具有明显的线性趋势时,用一次指数平滑法做预测将出现较大的滞后偏差,因此,必须根据趋势加以修正。而当一次指数平滑线还有较大波动时不够平滑,就不能作为直线来求趋势,应做二次指数平滑处理。

2. 二次指数平滑法

二次指数平滑法,是根据一次指数平滑的数据,再做一次指数平滑处理,其计算公式为

$$S_t^{(2)}=aS_t^{(1)}+(1-a)S_{t-1}^{(2)} \tag{3-18}$$

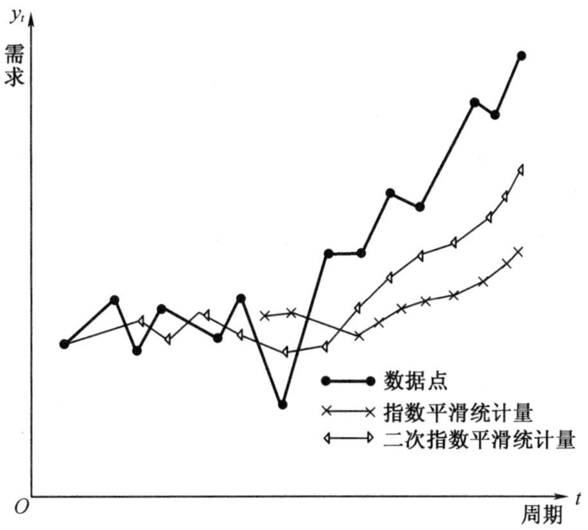

图 3-3 指数平滑预测描点图

【例 3.12】 对表 3-8 中的数据做二次指数平滑处理，$a=0.3$，$S_0^{(2)}=S_0^{(1)}$。计算结果记入表 3-8 中的第四列，并在图 3-3 中绘出二次指数平滑曲线，其二次指数平滑计算得

$$S_1^{(2)}=0.3\times100+(1-0.3)\times100=100$$

$$S_2^{(2)}=0.3\times101.2+(1-0.3)\times100=100.36$$

$$S_3^{(2)}=0.3\times99.04+(1-0.3)\times100=99.96$$

$$S_4^{(2)}=0.3\times99.93+(1-0.3)\times99.96=99.95$$

$$\vdots$$

$$S_{20}^{(2)}=0.3\times145.91+(1-0.3)\times128.47=133.70$$

计算结果表明，该组数据从第 12 期起就具有明显的线性趋势，就可以用线性方程 $y_{t+T}=a_t+b_tT$ 求出任意周期的预测，a_t、b_t 的表达式分别为

$$a_t=2S_t^{(1)}-S_t^{(2)} \tag{3-19}$$

$$b_t=\frac{a}{1-a}(S_t^{(1)}-S_t^{(2)}) \tag{3-20}$$

这两个公式证明比较麻烦，要用较多的数学推导，在此就不讨论了。

【例 3.13】 根据表 3-8 中的数据，求第 25 期销售额的预测值 y_{25}。

由式(3-19)和式(3-20)计算得

$$a_{20}=2\times145.91-133.70=158.12(\text{万元})$$

$$b_{20}=\frac{0.3}{1-0.3}\times(145.91-133.70)=5.23$$

故第 25 期销售额的预测值为

$$y_5=158.12+5.23\times5=184.27(\text{万元})$$

(五)趋势外延法

所谓趋势外延法，就是根据时间序列的数据，以 y 代表各期的观察值，x 代表时间，且 y

是 x 的函数，$y=f(x)$。用最小二乘法求出一条趋势变动直线，并使这个趋势变动直线向外延伸来预测未来的发展趋势。

趋势外延法不仅可以用于短期预测，如果预测期内市场环境因素没有超出观察期的特殊变化，也可以用于中期预测。

待哪个时间序列的资料数据（观察值）呈现近似直线上升或下降时，可以运用一次直线法求出趋势变动直线，并以这条直线的延伸来确定预测。

根据数理统计原理可知，有若干期的实际销售量的数据，它的分布比较离散，不完全在一条直线上，是一个随机变量。但是我们可以根据该时间序列的数据（观察值）找出一个有倾向性的趋势直线 $y=a+bx$。如图 3-4 所示，在直线上的点 $(x_1,\hat{y}_1)$，$(x_1,\hat{y}_2)$，…到实际销售量数据（观察值）线上的点 (x_1,y_1)，(x_2,y_2)，…的对应点，两者之间的距离 $(y_i-\hat{y}_i)$ 为最小，但各点偏离直线的情况有正有负，相加后就会正负抵消，难以看出实际偏差情况。因此要用偏差的平方和解决这个问题，即应该是偏差的平方和最小。其表达式为

$$S=\sum_{i=1}^{n}(y_i-\hat{y})^2=\min \tag{3-21}$$

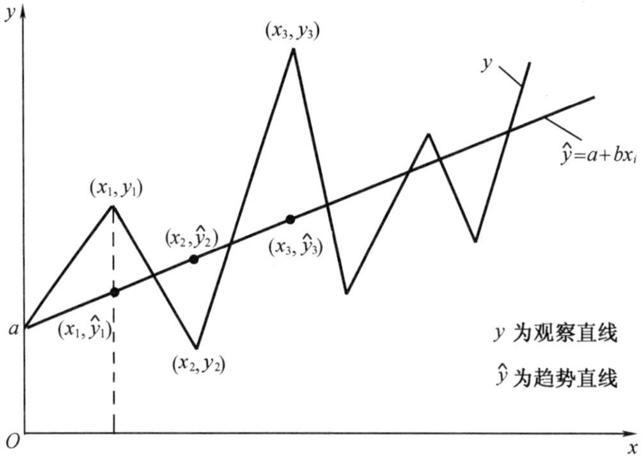

图 3-4 趋势直线

此时的直线 $y=a+bx_i$ 最能代表实际销售量的变动趋势，因而可作为预测的根据，即延伸此趋势线可以预测出下一期的销售量。

因此，一次直线趋势方程式应为

$$\hat{y}=a+bx_i \tag{3-22}$$

式中，$\hat{y}$ 表示因变量，是对于选定的 x 值相应的变量 y 的估计值；a 表示趋势直线与在纵坐标轴的截距，即 $x=0$ 时，y 的估计值；b 表示趋势直线的斜率；x_i 表示为自变量。

现有 n 期销售量的资料，令 i 期的实际销售量为 y_i，则

$$a=\frac{\sum_{i=1}^{n}y_i}{n}=\bar{y} \tag{3-23}$$

$$b=\frac{\sum_{i=1}^{n}x_iy_i}{\sum_{i=1}^{n}x_i^2} \tag{3-24}$$

系数 a、b 求出之后,便可以用直线趋势方程 $\hat{y}=a+bx_i$ 求出下一期的预测值。

【例 3.14】 某企业某产品前 7 个月的销售额资料如表 3-9 所示,预测 8 月份的销售额。

表 3-9 趋势外延预测计算表

资料期 n	销售额 y_i/万元	x_i	x_iy_i	x_i^2
1	85	-3	-225	9
2	118	-2	-236	4
3	106	-1	-106	1
4	150	0	0	0
5	120	1	120	1
6	165	2	330	4
7	162	3	486	9
$n=7$	$\sum_{i=1}^{n}y_i=906$	$\sum_{i=1}^{n}x_i=0$	$\sum_{i=1}^{n}x_iy_i=339$	$\sum_{i=1}^{n}x_i^2=28$

第一步,由表 3-9 分别计算出 n、$\sum_{i=1}^{n}y_i$、$\sum_{i=1}^{n}x_i$、$\sum_{i=1}^{n}x_iy_i$、$\sum_{i=1}^{n}x_i^2$ 的数值。

第二步,计算系数 a、b。

$$a=\frac{\sum_{i=1}^{n}y_i}{n}=\frac{906}{7}=129.4(\text{万元})$$

$$b=\frac{\sum_{i=1}^{n}x_iy_i}{\sum_{i=1}^{n}x_i^2}=\frac{339}{28}=12.11$$

第三步,求出趋势变动方程。

$$\hat{y}=a+bx_i=129.4+12.11x_i$$

第四步,计算 8 月份的销售预测值。由于预测 8 月份距坐标原点($x=0$)的期数为 4,故 $x_i=4$,则有

$$\hat{y}=129.4+12.11\times4=117.84(\text{万元})$$

【例 3.15】 某企业某产品 2006 年到 2011 年的实际销售额资料如表 3-10 所示,求 2012 年的销售预测值。

表 3-10 趋势外延预测计算表

资料期 n	销售额 y_i/万元	x_i	x_iy_i	x_i^2
2006	220	-5	-1 000	25
2007	225	-3	-675	9
2008	250	-1	-250	1
2009	225	1	225	1
2010	275	3	825	9
2011	300	5	1 500	25
$n = 6$	$\sum_{i=1}^{n} y_i = 1\ 475$	$\sum_{i=1}^{n} x_i = 0$	$\sum_{i=1}^{n} x_iy_i = 625$	$\sum_{i=1}^{n} x_i^2 = 70$

计算步骤同例 3.14,其计算结果记入表 3-10 中第 3,4,5 列。

$$a = \frac{\sum_{i=1}^{n} y_i}{n} = \frac{1\ 475}{6} = 245.833(\text{万元})$$

$$b = \frac{\sum_{i=1}^{n} x_iy_i}{\sum_{i=1}^{n} x_i^2} = \frac{625}{70} = 8.928$$

$$\hat{y}_{2012} = 245.833 + 8.928 \times 7 = 308.329(\text{万元})$$

第八节　市场预测的方法——因果关系预测法

市场的变化发展是受许多因素影响的,如国民经济各部门的发展,人口的增长和劳动就业情况,居民收入和消费结构的变化,人们的物质文化需要和购买动机的心理变化等都会影响市场的变化。企业在市场营销活动中,就有各种不同的经济变量,如用户数、销售量、利润、价格、产量、成本等,而这些经济变量之间往往是相互依存、相互联系的,一个变量的变化,会引起另一个变量的变化,这就是因果关系。这种经济现象变量之间的相互关系,可以分为两大类。

一类是确定性关系。假定产品的价格不变,则销售金额可由销售量完全确定,其关系为

$$\text{销售金额} = \text{产品单价} \times \text{销售数量} \tag{3-25}$$

这种变量之间的确定关系,也就是函数关系。

另一类是非确定关系。例如,某种商品的销售数量与当地居民人口有关。一般地说,人口越多,销售量就越大,但很难建立确定性的关系,因为即使两个地区的人口相等,销售量也不一定相等。又例如,机床工业越发展,需要的机床就越多,但是很难建立一个确定性

的关系。这些与函数关系不同,我们不能从一个变量的确定值,求出另一个变量的确定值。

那么,非确定性关系是否就完全不能捉摸、无规律可循了呢?不是的。我们可以通过大量的观测试验,利用数理统计的方法,发现变量之间相互关系的统计规律性,找到变量之间的相关关系(或称回归关系)。在市场预测中,非确定性关系,即回归关系是大量的。所以市场预测的因果分析法,主要是运用回归分析法。

回归分析法是研究两个以上变量之间相关关系的一种数量统计方法。和函数关系一样,相关关系也可以把变量分为自变量和因变量,这个变量就是我们要预测的对象;而自变量可以是一个,也可以是多个,一个自变量的称为一元回归,多个自变量的称为多元回归。若变量之间相关关系的统计规律性呈线性关系,则称为线性回归,否则称为非线性回归。

一、回归方程

一元线性回归分析法,是运用一个自变量进行市场预测的方法。其基本公式为

$$\hat{y} = a + bx \tag{3-26}$$

式中,$\hat{y}$ 为因变量,即 t 期的预测值;x 为自变量,即引起市场变化的某影响因素;a、b 为回归系数,a 是截距,b 是斜率。

式(3-26)称为回归直线方程。在市场预测中,回归分析则是通过实际资料数据(观察值)来确定回归系数 a、b 的值,求出一元线性回归直线方程式。推断 a、b 的基本原理是用最小二乘法,与趋势直线法不同的是,自变量 x 不是时间本身,而是其他相关的某影响因素。

(1)求 a、b 值的第一种方法,根据下列联立方程式求解得

$$\begin{cases} \sum_{i=1}^{n} y_i = na + b\sum_{i=1}^{n} x_i \\ \sum_{i=1}^{n} x_i y_i = a\sum_{i=1}^{n} x_i + b\sum_{i=1}^{n} x_i^2 \end{cases} \tag{3-27}$$

(2)求 a,b 值的第二种方法,可用下列公式直接解得

$$a = \bar{y} - b\bar{x} \tag{3-28}$$

$$b = \frac{\sum_{i=1}^{n} x_i y_i - \bar{x}\sum_{i=1}^{n} y_i}{\sum_{i=1}^{n} x_i^2 - \bar{x}\sum_{i=1}^{n} x_i} \tag{3-29}$$

式中,$\bar{x} = \dfrac{\sum_{i=1}^{n} x_i}{n}$;$\bar{y} = \dfrac{\sum_{i=1}^{n} y_i}{n}$。

回归直线方程或 $\hat{y}=a+bx$ 只是一种近似的经验公式,回归直线通过的点都是实际资料数据的平均值。所以现在用 $\bar{x}$、$\bar{y}$ 来表示。

【例 3.16】 2002—2011 年汽车生产的总产值与汽车配件生产的产值如表 3-11 所示。试用回归分析法求出汽车配件与汽车生产之间的回归直线方程,作为预测的依据。

表 3-11　一元线性回归预测计算表

年份	汽车配件生产值 y_i/百万元①	汽车生产工业总产值 x_i/百万元	x_i^2	x_iy_i	y_i^2
2002	16.7	49.2	2 420.64	821.64	278.89
2003	17.0	50	2 500.00	850.00	289.00
2004	16.8	49.3	2 430.49	828.24	282.24
2005	16.6	49	2 401.00	813.40	275.56
2006	16.7	49	2 401.00	818.30	278.89
2007	16.8	49.5	2 450.25	831.60	282.24
2008	16.9	49.8	2 480.04	841.62	285.61
2009	17.0	49.9	2 490.01	848.30	289.00
2010	17.0	50	2 500.00	850.00	289.00
2011	17.0	50.2	2 520.04	853.40	289.00
$n=10$	$\sum_{i=1}^{n} y_i = 168.5$	$\sum_{i=1}^{n} x_i = 495.9$	$\sum_{i=1}^{n} x_i^2 = 24\ 613.51$	$\sum_{i=1}^{n} x_iy_i = 8\ 356.50$	$\sum_{i=1}^{n} y_i^2 = 2\ 839.43$

首先,计算出解方程式所需要的数据 n、$\sum_{i=1}^{n} x_i$、$\sum_{i=1}^{n} y_i$、$\sum_{i=1}^{n} x_i^2$、$\sum_{i=1}^{n} x_iy_i$、$\bar{x}$ 和 $\bar{y}$。将计算结果记入表 3-11 中的第 4,5,6 列。

$$\bar{x} = \frac{\sum_{i=1}^{n} x_i}{n} = \frac{495.9}{10} = 49.59(\text{百万元})$$

$$\bar{y} = \frac{\sum_{i=1}^{n} y_i}{n} = \frac{168.5}{10} = 16.85(\text{百万元})$$

其次,求回归系数 a,b 的值,建立回归直线方程式(预测模型)。

$$b = \frac{\sum_{i=1}^{n} x_iy_i - \bar{x}\sum_{i=1}^{n} y_i}{\sum_{i=1}^{n} x_i^2 - \bar{x}\sum_{i=1}^{n} x_i} = \frac{8\ 356.50 - 49.59 \times 168.5}{24\ 613.51 - 49.59 \times 495.9} \approx 0.027$$

$$a = \bar{y} - b\bar{x} = 16.85 - 0.027 \times 49.59 \approx 15.511(\text{百万元})$$

据此,求出的回归直线方程式为

$$\bar{y} = 15.511 + 0.027x$$

这个回归直线方程式(预测模型)表明,a 是个常数,当 $x=0$ 时,a 值是 15.511(百万元);b 是 x(自变量)的系数,x 每增加一个单位(百万元),y 值(因变量)要增加 0.027 个单位(百万元);y 是随着 x 的变化而变化的。

① 本书为了方便计算采用"百万元"为单位,1 百万元=100 万元。

二、相关性检验与计算相关系数

从计算回归系数 a、b 值的过程中可以看到,对任何一组数据($x_i y_i$)都可以由式(3-28)和式(3-29)计算出回归系数 a、b 值,从而可建立回归直线方程 $\hat{y}=a+bx$。但是,究竟 y 与 x 是否真的有近似的线性关系呢?这就需要进行判定。我们把这种判定就叫作相关性检验。

相关性检验的方法,是根据已知的数据,求出相关系数 r。

$$r=\frac{L_{xy}}{\sqrt{L_{xx}L_{yy}}} \tag{3-30}$$

式中,$L_{xy}=\sum_{i=1}^{n}x_i y_i-\frac{\sum_{i=1}^{n}x_i\sum_{i=1}^{n}y_i}{n}$,$L_{xx}=\sum_{i=1}^{n}x_i^2-\frac{(\sum_{i=1}^{n}x_i)^2}{n}$,$L_{yy}=\sum_{i=1}^{n}y_i^2-\frac{(\sum_{i=1}^{n}y_i)^2}{n}$。

或

$$r=\frac{n\sum_{i=1}^{n}x_i y_i-\sum_{i=1}^{n}x_i\sum_{i=1}^{n}y_i}{\sqrt{\left[n\sum_{i=1}^{n}x_i^2-\left(\sum_{i=1}^{n}x_i\right)^2\right]\left[n\sum_{i=1}^{n}y_i^2-\left(\sum_{i=1}^{n}y_i\right)^2\right]}} \tag{3-31}$$

然后根据 r 的大小来判定 y 与 x 的相关程度。可以证明:

$$S=(1-r^2)\sum_{i=1}^{n}(y_i-\bar{y})^2$$

因为 $S\geqslant 0$,所以 $|r|\leqslant 1$。

而且当 $|r|$ 愈接近于 1 时,偏差 S 愈接近于 0,表明 y 与 x 的关系愈近似线性;反之,$|r|$ 愈接近于 0,则偏差 S 值就愈大,y 与 x 的关系就不紧密,与线性关系就相差愈远,二者的关系就不能用线性关系来描述。$r<0$ 称为负相关,$r>0$ 称为正相关。

求例 3.16 的相关系数可根据式(3-31)计算,得

$$r=\frac{10\times 8\,356.50-495.9\times 168.5}{\sqrt{[10\times 24\,613.51-(495.9)^2][10\times 2\,839.43-(168.5)^2]}}$$

$$\approx\frac{5.85}{\sqrt{218.29\times 2.05}}\approx 21.15$$

计算结果表明,$r>0$,因此例 3.16 的变量 x 与 y 之间是正相关关系。用求得的回归直线方程 $\hat{y}=15.511+0.027x$ 来近似地描述汽车配件的销售量与汽车的拥有量之间的相关关系是可信的。

三、预测及其置信区间

【例 3.17】 根据求出的回归直线方程式 $\hat{y}=15.511+0.027x$ 就可以预测 2012 年、2013 年汽车生产的年产值。

当 $x=51$(百万元)时,则有

$$\hat{y}_{2012}=15.511+0.027\times 51\approx 16.9\text{(百万元)}$$

当 $x=52$(百万元)时,则有

$$\hat{y}_{2013}=15.511+0.027\times 52\approx 16.9\text{(百万元)}$$

这样求出来的 y 是对应于 x 单点的预测估计值。由于回归直线是实际资料数据的一种

近似描述,因此,将回归直线上的值 $\hat{y}$ 当成实际的预测值,当然也是一种近似的描述,而 $\bar{y}$ 值仅仅是实际值 y_i 的平均值。那么,实际 y_i 值离估计 $\hat{y}$ 可能有多远呢？也就是回归线预测的准确度如何呢？这就需要计算出标准偏差,通过测定的标准偏差来确定预测值 $\hat{y}$ 的上下限幅度,即预测值的置信区间。

标准偏差的计算公式为

$$S = \sqrt{\frac{\sum_{i=1}^{n}(y_i - \bar{y})^2}{n - k}} \tag{3-32}$$

为了简化计算,可利用推断 a、b 值所计算出的数据,将式(3-32)变成式(3-33),即

$$S = \sqrt{\frac{L_{yy} + L_{xy}b}{n - k}} = \sqrt{\frac{(1 - r^2)L_{yy}}{n - k}} \tag{3-33}$$

式中,n 表示资料期数据的个数;k 表示变量的个数,$n-k$ 称为统计量的自由度。

在上例中

$$L_{yy} = \sum_{i=1}^{n} y_i^2 - \frac{(\sum_{i=1}^{n} y_i)^2}{n} = 2\ 839.43 - \frac{(168.5)^2}{10} = 0.205$$

$$L_{xy} = \sum_{i=1}^{n} x_i y_i - \frac{\sum_{i=1}^{n} x_i \sum_{i=1}^{n} y_i}{n} = 8\ 356.50 - \frac{495.9 \times 168.5}{10} = 0.585$$

$$S = \sqrt{\frac{0.205 - 0.585 \times 0.027}{10 - 2}} \approx 0.154$$

由数理统计原理可知,数据点落在以均值为中点的±2S 范围内的概率是 95.4%。对于某个自变量 x_0,因变量 y 的预测值是 $\hat{y}=a+bx_0$,即数据点落在 $\hat{y}$±2S 的概率是 95.4%。这个结论对于每个数据点都是适用的。

复习思考题

1. 简述市场调查与市场预测的关系。
2. 简述市场调查与市场预测的意义。
3. 市场调查的类型有哪些?
4. 简述市场调查的原则。
5. 市场调查的具体内容有哪些?
6. 简述市场调查的步骤。
7. 简述市场调查的基本要求。
8. 简述市场调查的方法。
9. 简述市场调查报告的结构。
10. 简述市场预测的类型。
11. 简述市场预测的步骤。
12. 简述市场预测的内容。

13. 定性市场预测法有哪些?
14. 时间序列预测法的特点有哪些?
15. 简述时间序列预测常用的方法。
16. 简述移动平均预测法的基本原理。
17. 简述指数平滑预测法的基本原理。
18. 简述因果关系预测法的基本原理。

第四章　计 划 管 理

作为一项管理的基本职能,计划普遍存在于组织的每一层面、每个部门,它是为了保障组织目标能够得以实现而制定的行动纲领,在管理的各职能中起着主导作用。计划为组织提供了未来的行动远景,并且这一远景可以根据组织环境和条件的变化来调整,从而使组织更好地实现其目标。因此,管理者只有掌握好有关计划的基本原理和技术,才能更好地开展管理工作。

第一节　计划的类型及其制订

一、计划的含义、作用及特点

(一)计划的含义

"计划"一词的词性既可能是动词,也可能是名词。作为动词,计划是指制定目标并预先安排一系列行动方案的过程,包括从时间和空间上将组织的目标分解成各部门、各人的分目标并对计划实施进行控制;作为名词,计划是指一系列用以描述企业在未来行动的目标和方式的文件。

作为管理的一项职能,已有许多学者对计划的含义进行了研究。

孔茨(Koontz)认为"计划工作是一座桥梁,连接起现在和将来要达到的目的,并使得本来不会发生的事,现在可能发生"。

阿考夫(Ackoff)把计划定义为"对所追求的目标及实现该目标的有效途径进行设计"。

摩尔(Moore)认为计划就是为我们所做的事情指定规则,避免迷惑与匆忙行事,充分利用资源并且减少浪费。

还有一些定义认为计划是预先制订的行动方案。这种定义的基本要素有目标、行动、认知或因果关系,亦即实行计划的组织或个人。

综合以上定义的共同之处,本书认为计划是指为了实现所追求的目标,预先进行的合理的行动安排。

(二)计划的作用

除了少数的常规活动外,任何组织和管理活动都需要计划。为什么管理者需要进行计划工作?这是因为计划工作在管理工作中有以下重要的作用。

1. 指明方向和目标,协调组织活动

当组织置身于复杂多变和充满不确定性因素的环境中时,计划能使组织始终把其主要的注意力集中在一定的目标上,使组织内所有成员的行动保持一致,以避免缺乏计划导致组织成员力量的内耗,有利于组织目标的有效实现。

2. 预测未来变化，发现机会与威胁

计划是面向未来的，而未来充满了变化。计划的前瞻性，使组织通过周密细致的预测能及时预见机会与威胁，早做准备，从而变被动为主动，变不利为有利，消除和降低未来的不确定性，将其缩小到最低限度。

3. 高效率地使用资源，减少浪费

组织在实现目标的过程中，各项活动有时会出现前后不协调、相互脱节的现象。良好的计划能通过技术经济论证和可行性分析，从多条实现目标的途径中选择尽可能好的方法，以最低的费用或最高的效率实现预定的目标。

4. 设立工作标准，为控制提供依据

组织在实现目标的过程中离不开控制，而计划则是控制的基础。如果没有既定的目标和规划作为衡量的依据，管理人员就无法检查组织目标的实现情况，也就无法实施控制。控制中几乎所有的标准都来自计划。

任何经营型组织的主要目的都是获利。一般来说，正式的计划是和组织的较高利润、良好的财务状况相联系的。高质量的行动计划和对计划的良好执行能产生较好的组织绩效。计划是一种持续的活动，它不会降低管理工作的灵活性，而是让管理者对各种变化和风险进行预估，并对它们做出有效的反应。

（三）计划的特点

计划工作的特点可以概括为五个主要方面，即目的性、首要性、普遍性、效率性和创新性。

1. 目的性

计划是实现目标的方法和手段。任何组织和个人制订计划都是为了有效地达到某种目标。在计划工作的最初阶段，确定具体明确的目标是其首要任务，其后的所有工作都是围绕目标进行的。计划工作有利于组织根据所要实现的目标，将人们的集体活动形成一种彼此协调、相互支持、始终如一的结构，避免混乱和无序。可以说，没有计划或计划不周的行动将是盲目的行动，而盲目的行动是难以实现目标的。

2. 首要性

计划活动在各项管理职能中处于首要地位。管理的组织、领导和控制职能都是为了促使和保证目标的实现，而旨在确定目标和实现目标途径的计划职能就理所当然地成为必须首先实施的职能。也就是说，为了有效地将各项管理工作做好，首先必须进行计划活动。对于控制工作，计划的首要性就更为突出。未经计划的活动是无法控制的，因为控制就是纠正脱离计划的偏差，没有计划就没有控制的标准。

3. 普遍性

无论是什么组织，也无论是组织中哪个层次的管理者，要想实施有效管理，就必须要做好计划工作。计划活动是各级管理者的一个共同的职能，但由于所处的位置和所拥有的职权不同，他们所从事的计划活动会有不同的特点和范围。一般来说，高层主管主要负责对组织活动制订长期性和结构性的计划，即致力于那些战略性的计划，而中层或基层主管则主要致力于那些具体的战术性的或执行性的计划。

4. 效率性

计划工作的任务，不仅是要确保实现目标，而且是要从众多的方案中选择最优的资源配置方案,以求得合理利用资源和提高效率。所谓计划的效率,是指实现目标所获得的收益与执行计划过程中所有损耗之和的比率,亦即制订计划与执行计划时所有的产出与所有的投入之比。如果一个计划能够达到目标,但它需要付出的代价太大,这个计划的效率就很低,因此不是一份好的计划。此外,还要考虑非经济方面的利益以及对职工心理所造成的影响,如果一个计划提高了产量,但却造成了职工的恐惧、不满和士气低落,这一计划的效率也不会很高。

5. 创新性

由于计划是面向未来的,所以它常常要面临变化的新环境和出现的新问题。计划必须根据对未来情况的预测和分析,不断进行创新。具体表现为,计划工作总是需要针对未来可能发生的新变化、新机会和新问题而做出新决定。因此,类似于对一项产品或者工程的设计,计划是对未来管理活动的设计,是一个创新性的管理过程。正如一种新产品的成功在于创新一样,成功的计划也依赖于创新。

二、计划的类型

计划是对所需完成的任务进行预先的安排,以便将任务具体落实到组织中的不同部门和个人。计划是多种多样的,它可以依据不同的标准进行分类。

(一)战略计划和战术计划

按照计划的广度可将其分为战略计划和战术计划。

战略计划是指应用于组织整体的、为组织未来较长时期设立总体目标和寻求组织在环境中的地位的计划。战略计划由组织的高层来制订。战略计划显著的特点是具有长期性与整体性。所谓长期性是指战略计划涉及未来的较长时期,可以决定长期内大量资源的运动方向;而整体性是指战略计划是基于组织整体而制订的,强调组织整体的协调。

战术计划是指规定总体目标如何实现的细节性计划,它需要确定的是组织的具体部门在未来各个较短时期内的行动方案。战术计划是实现战略计划的手段,一般由中层管理人员制订,时间跨度较短,也较为具体。

(二)长期计划、中期计划和短期计划

按照计划的时间跨度可将其分为长期计划、中期计划和短期计划。

长期计划的时间跨度至少在5年以上。这些计划描述了组织在较长时期内从事某种活动应达到的目标和要求,绘制了组织长期发展的蓝图。有些组织规模很大,面临的问题比较复杂,其长期计划的时间跨度就更大。长期计划从属于组织战略,是长期战略计划的一个组成部分。战略计划在于从总的方面去阐述一个组织应如何去完成自己的目标,而长期计划则是这些长远的重大战略决策的具体化,并通过长期计划的执行和检查来保证其实现。

中期计划的时间跨度一般在1~5年。中期计划是长期计划的一个组成部分,与组织的中层和基层管理人员的工作有更多的直接关系,一般都比较稳定,实施中变化较小。由于长期计划的时间跨度长,容易受环境因素变化的影响,因而许多组织往往把制订计划的重点放在中期计划方面。

短期计划的时间跨度通常在1年及1年以下,包括季度和月度计划。这些计划是组织

日常活动的指南。短期计划依据中、长期计划提出的目标和要求,结合计划期内的实际情况而制订,是中、长期计划的具体落实。与中、长期计划相比,短期计划对管理人员的日常工作有更大的影响,特别是在外部环境发生动荡和快速变化的形势下,人们往往会把更大的注意力集中在短期计划上。

应该说明的是,长、中、短期计划的时间跨度并不是固定的,可以根据组织的寿命和实际需要有所改变。

(三)业务计划、财务计划和人事计划

按照计划的组织职能可将其分为业务计划、财务计划和人事计划。

业务计划是组织的主要计划。组织的业务计划包括产品开发、物资采购、仓储后勤、生产作业以及销售促进等内容。长期业务计划主要涉及业务方面的调整或业务规模的发展,短期业务计划则主要涉及业务活动的具体安排。

财务计划与人事计划是为业务计划服务的,也是围绕着业务计划而展开的。

财务计划主要研究如何从资本的提供和利用上促进业务活动的有效进行。它为决策和控制提供一个量化的基础。财务数据告诉管理人员经营的好坏程度、所需要的流动资金的数量、是否需要扩大生产经营及资金来源等方面的信息。

人事计划分析如何为业务规模的维持或扩大提供人力资源的保证。它包括用系统的方法确定长期计划和短期计划中所需要的各类人员,在适当的时候能够招聘到不同素质和数量的人员等内容。为了实现这些目标,必须对劳动力市场的供求状况进行预测。

(四)程序性计划和非程序性计划

按照计划的例行化程度可将其分为程序性计划和非程序性计划。

组织的活动可以分为两类:一类是例行活动,指一些重复出现的工作,如订货、材料的出入库等;另一类是非例行活动,不重复出现,比如新产品的开发、生产规模的扩大等。

程序性计划是为重复性行为制订的计划,是在一段时期内可以重复多次地使用的计划,其内容包括组织政策、标准操作程序、规章制度等。这些计划是管理活动的指南,它可以提高管理的效率。因为一旦做出决策之后,每当类似情况出现时,没有必要进行深思熟虑,程序性计划保持有效。

非程序性计划是为处理一次性的、非重复性的问题而制订的计划,是从事某项任务的具体计划。其内容包括为独特的情况专门设计的方案、进程表和项目计划等。其特点是当目标实现后,该计划就不复存在。

(五)指导性计划和具体计划

按照计划的明确性程度可将其分为指导性计划和具体计划。

指导性计划是规定一般的方针和行动原则,它确定最终的目标,但不确定具体的目标和具体的活动方案,给予了执行者较大的自由处置权。比如,某公司利润增长的指导性计划可以表示为:在未来的一年里,利润要增加5%~9%。可见,指导性计划具有内在的灵活性。

具体计划则具有明确规定的目标,内容明确,它以指导性计划的目标为最终目标,它具有明确的可衡量的具体目标以及一套可操作的行动方案。比如,某公司利润增长的具体计

划可以表示为：在未来的一年里，成本要降低6%，销售额要增加10%。可见，具体计划规定了为实现目标而进行的各项活动及其进度安排。

（六）综合计划和专项计划

按照计划的对象可将其分为综合计划和专项计划。

综合计划是对企业生产经营过程所做出的整体安排，具有多个目标和多方面的内容。习惯上把预算年度的计划称为综合计划，如企业年度生产经营计划，它主要包括销售计划、生产计划、物资供应计划、财务计划等，这些计划都有各自的内容，但它们又相互联系、相互影响、相互制约，形成一个有机整体。

专项计划又叫专题计划，是指为完成某一特定任务而拟订的计划。它是在综合计划的基础上制订的，包括各种职能部门制订的职能计划，如技术改造计划、设备维修计划等。

综合计划和专项计划是整体与局部的关系，专项计划是综合计划中某些项目的特殊安排，以便制订实施方案。

（七）计划的层次体系

按照计划的表现形式可将其分为宗旨、目标、战略、政策、程序、规则、规划和预算等类型（图4-1）。

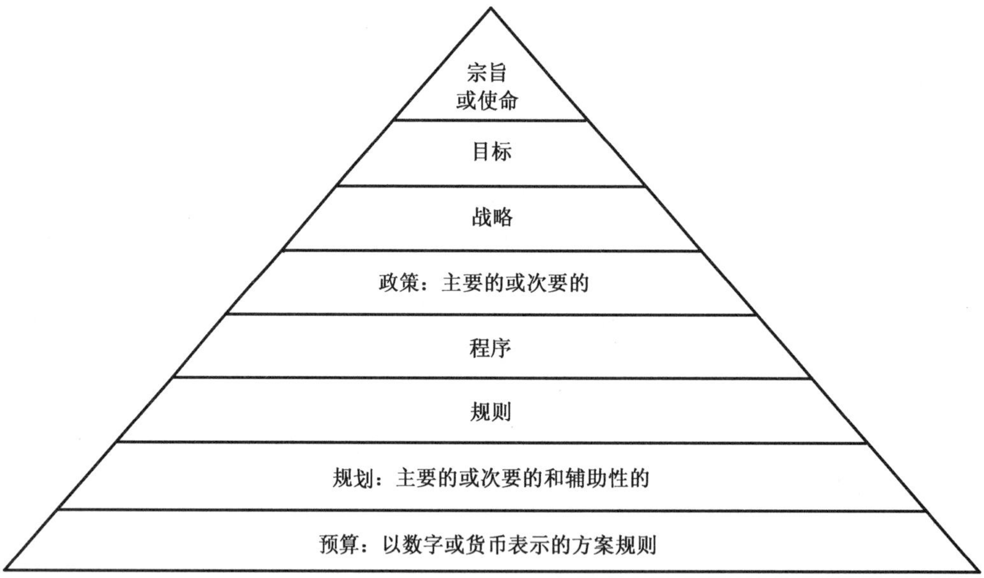

图4-1　计划表现形式的层次体系图

1. 宗旨（或使命）

宗旨表明一个组织、现代机构及其任意部分的基本职能或任务。它指明一定的组织机构在社会上应起的作用，所处的地位；它决定组织的性质，决定此组织区别于彼组织的标志。任何一类有组织的经营活动，如果要想使其有意义，都应该有自己的宗旨或使命。在每一个社会体系中，组织具有社会赋予它们的基本职能或任务。比如，医院的宗旨是治病救人，学校的宗旨是教书育人，法院的宗旨是解释和应用法律，企业的基本宗旨通常是生产、经销商品和服务。

2. 目标(或目的)

目标是在宗旨的指导下提出的,它具体规定了组织及其各个部门的经营管理活动在一定时期要达到的成果。目标不仅是计划工作的终点,也是组织工作、人事工作、领导工作和控制活动所要达到的结果。组织的总目标是最基本的计划,组织的各个部门也各有其目标。部门的目标应当有助于组织目标的实现,但这两种目标可以完全不同。例如,一个组织的目标可能是通过生产某一家庭健身设施来获取利润,而生产部门的目标可能是按照规定的设计和成本来生产所需数量的拉力器。当然,无论是总目标,还是各种具体目标,它们都是计划的形式之一。

3. 战略

战略的原意是指根据敌人可能或不可能采取的行动而制订的宏大计划。在管理上战略是指为了达到组织目标而采取的行动和利用资源的总计划,其目的是通过一系列的主要目标和政策去决定和传达一个组织期望自己成为什么样的组织。制定战略就是规划组织的前景,例如,某组织的战略可以是几年内成为大型的跨国公司。战略为组织的经营活动指明了方向,但它并不是确切地说明组织应当如何去实现其目标,而是对组织的经营思想和行动起到指导的作用。战略实际上是一种复合性的计划形式,一项战略往往是目标、政策和各种方案的综合。

4. 政策

政策是组织用来指导和沟通决策思想的全面的陈述或理解。政策是管理人员决策的指南,它规定了行动的方向和界限。政策是组织活动中必不可少的,它使各级管理人员在决策时有一个明确的思考范围,同时也有利于统一和协调组织成员之间的思想和行动。政策允许管理人员有斟酌裁量的自由,它是一种鼓励自由处置问题和进取精神的手段,当然其自由处置的权限有一定的限定。任何一个组织为了确保其目标的实现,都应当尽量保证其政策具有一贯性和完整性。

5. 程序

程序是制定处理未来活动的一种必需方法的计划,是按时间顺序对必要的活动进行的排列,它规定了如何处置那些重复发生的例行问题的标准做法。因此,程序也是一种工作步骤。比如,秘书给总经理安排的会议日程就是一个程序,制定程序的目的是减轻主管人员的决策负担,明确各个工作岗位的职责,提高管理活动的效率和质量。此外,程序通常还是一种经过优化的计划,它是对大量日常工作过程及方法的提炼和规范。程序是多种多样的,几乎可以这样讲,组织中所有发生的管理活动都应当有程序。

6. 规则

规则是对具体场合具体情况下,允许或不允许采取某种特定行动的规定。规则像其他计划一样是从若干个供选择的方案中选出的,因此也是一种计划,只不过是一种最简单的计划。规则常常与政策和程序相混淆,所以要特别注意区分。规则与政策的区别在于规则在应用中不具有自由处置权,而政策在决策时则有一定的自由处置权(虽然这种处置权在多数情况下,往往是狭窄的);规则与程序的区别在于规则不规定时间顺序,因此可以把程序看成是一系列规则的总和。

7. 规划

规划是一种综合性的计划，它包括目标、政策、程序、规则、任务分配要采取的步骤、要使用的资源以及为完成既定行动方针所需的其他因素。规划有大有小，多种多样，在实践中既有像航空公司开辟新航线那样的大型规划方案，也存在着诸如某组织生产部主任为了提高工人士气而编制的一般规划方案。一个主要规划的实施可能要有许多的支持计划。各种计划之间必须相互配合、彼此协调，否则会因为任何一部分的差错而导致主要规划的延误和挫折，造成时间和金钱上的损失。

8. 预算

预算是用数字来表示预期结果的一种计划。它既可以用货币来表示，也可以用诸如工时、机时、产品单位或任何能用数字计量的其他指标来表示。虽说预算也是一种控制手段，但预算的制订显然属于计划工作的内容。预算可以迫使组织对预期的现金周转量、费用和收入等指标进行数字上的整理。其主要优点就在于它促使人们去进行计划，同时，由于预算必须要用数字来表示，所以它又有利于促使计划工作做得很仔细和切实。

值得指出的是，以上这些分类方法所划分出的计划类型很难彼此独立。比如，长期与短期就不存在定量的数值标准，例行化程度更难用某一统一的定量标准区分其高低。另外，虽然理论研究将计划按一定标准进行分类，但现实中的计划往往是综合的，比如，长期财务计划与短期财务计划、战略性人事计划与战术性人事计划等。计划工作必须追求时间、空间、明确性、例行化程度等方面的平衡。

三、计划的内容和制订

（一）计划的内容

计划的内容常用“5W1H”来表示，即计划必须清楚地确定和描述下述内容：

（1）做什么（what），即明确所要进行的活动内容及其要求。例如，工业组织生产计划主要是确定生产产品的品种、数量、生产进度，在保证按期、按质和按量完成订货合同的前提下，使生产能力得到尽可能充分的利用。

（2）为什么做（why），即明确计划工作的原因和目的，并论证可行性。只有把“要我做”变为“我要做”，才能充分发挥下级的主动性和创造性，实现预期目标。

（3）何时做（when），即规定计划中各项工作的开始和完成时间，以便进行有效的控制和对能力、资源进行平衡。

（4）何地做（where），即规定计划的实施地点或场所，了解计划实施的环境条件和限制，以便合理安排计划实施的空间。

（5）谁去做（who），即规定由哪些部门和人员负责实施计划。例如，在一项新产品开发计划中，要明确规定每个阶段由哪个部门负主要责任、哪些部门协作，各阶段交接时，由哪些部门和哪些人员参加鉴定和审核。

（6）怎么做（how），即制定实现计划的措施、相应的政策和规则，对资源进行合理分配和集中使用，对生产能力进行平衡，对各种派生计划进行综合平衡等。

实际上，一个完整的计划还应包括控制标准和考核指标的制定，也就是告诉实施计划的部门和人员，达到什么标准才算完成计划。

（二）计划的制订

计划活动是一个由若干互相衔接的步骤所组成的连续的过程。为了保证制订的计划合理有效，能实现决策的组织落实，计划的制订必须采用科学的方法。虽然可以用不同的标准把计划分成不同类型，计划的形式也多种多样，但管理人员在制订任何完整的计划时，实质上都遵循相同的程序和步骤。

具体步骤说明如下。

1. 估量机会

机会的估量在计划工作开始之前就进行了，因而从表面上看，它不是计划工作的一个组成部分，但从实质上看，了解外部环境和组织内部的机会却是计划工作的一个真正起点。

在计划过程中，一个组织首先必须实事求是地评估自己的优势和劣势。因为如果对自身的弱点认识不足，将会导致整个计划的失败。但是，当一个组织集中注意自己弱点的时候，还必须看到自己的优势，以便根据自己的优势制定适宜的战略。对自身拥有的资源如财务状况、现有技术、有形设备、原材料等进行评估将是一个很好的起点，这些项目的库存将表明组织实现其目标的能力。

评估外部环境主要的工作包括：进行对市场的历史分析和现状研究，以明确顾客购买产品的原因，分辨潜在的顾客以及他们的需求；了解行业内主要的竞争对手及他们的优势和劣势，确定竞争性质及战胜竞争对手的策略；还必须考虑技术的发展，否则开发出的新产品可能还未面世就已经过时了。同时，了解经济状况也是一个重要的方面，计划人员通常都需要进行经济趋势分析，因为如果经济状况恶化将导致企业产品的销售和利润下降。此外，在进行外部环境分析时，根据组织和行业的性质，还需进行其他方面的估算。

通常认为，计划导向成功，但是要想获得成功，必须寻求新的机会，抓住新的机会将导致组织的扩张和多样化。而分析外部环境和组织自身条件的一个重要目的正是寻求和分辨新机会，这意味着此项工作要收集大量的数据。也就是说，如果没有丰富的数据和可靠的信息，就不能采取任何行动。

2. 确定目标

计划职能首先要选定将来的成果，即确定目标。严格来说，这才是真正意义上的计划工作的第一步。按照管理的目标原则，任何管理活动都必须始于目标。因此，组织的计划工作同样要从明确和确定目标开始。这有两层含义：首先是要确定目标的优先次序，其次要把目标分解为组织中各个部门和各个环节的目标。

确定目标的优先次序是指在一定时期内，实现某个目标相对来说比其他目标更为重要。目标的优先次序的确定，有利于合理地分配组织有限的资源。确定目标及其优先次序常常是一种价值性判断，因而是一项困难的工作。

把目标分解为组织中各个部门和各个环节的目标，就可以形成目标网络体系。在建立目标网络系统时需要仔细平衡组织内部不同部门之间和不同组织层次之间的目标，以预防出现目标矛盾和次优化问题。

确定目标是计划工作的第一步骤，而目标本身又是计划的一种表现形式，所以确定目标本身就是一项计划工作。它同样要经历计划工作过程的所有步骤，因而可以把它看成是一个大循环中的小循环。

3. 明确前提条件

所谓计划的前提条件是指组织在未来计划期间所估计的各种内外环境条件。它是组织编制计划的基本出发点,或者说是计划工作的假设条件。因此,组织在编制计划时,要对可能影响未来计划实施的各种内外环境因素进行预测和确定,然后再在此基础上确定组织未来的行动方案。

就组织编制计划的时点来说,未来的环境因素是多变的、不定的;而对于组织实施计划的时点来说,实际出现的环境因素却是固定的、唯一的。如果组织在编制计划时所估计的环境条件与实际发生的环境条件之间产生偏差,就会给计划的实施造成困难。这就要求组织提高对未来环境变化的预测能力,以确定切实可靠的计划的前提条件。

确定计划的前提条件包括选择合适的前提条件,通过预测对未来环境关键性因素进行估计,保持计划前提条件的协调一致,为前提条件的变化准备应变计划等。

4. 拟订备选方案

计划的第四步骤是寻求可供选择的行动方案,特别是那些不能马上看得清的行动方案。编制计划时没有可供选择的合理方案的情况是不多见的,但人们常常发现一个不引人注目的方案,效果却是最佳的。

从理论上说,拟订可行方案应做到既不重复又不遗漏。因为如果所拟订出来的各个可行方案之间在执行时会互相重叠交叉的话,就很难对各个方案的优劣进行独立的评价。而如果不能找出所有的可行方案,就可能会遗漏某些好的计划方案,从而影响所确定的计划方案的质量。但实际上由于认识能力、时间、经验和费用等原因,管理者不可能找到所有的可行方案,而只能是拟出若干个比较有利于预期目标的可行方案。

5. 评价备选方案

在找出了各种可供选择的方案后,下一步就是根据前提和目标,权衡它们的轻重,对方案进行评估。比如,一个方案看起来可能是最有利可图的,但是需要投入大量现金,而回收资金很慢;另一个方案看起来可能获利较少,但是风险较小;第三个方案可能更适合公司的长远目标。

如果组织唯一的目标是要在某项业务里取得最大限度的当前利润,如果将来不是不确定的,如果无须为现金和资本的可用性焦虑,如果大多数因素可以分解成确定数据,这样条件下的评估将是相对容易的。但是,由于计划工作者通常都面对很多不确定因素、资本短缺问题以及各种各样的无形因素,评估工作通常是很困难的,为此常需借助于运筹学、数学方法和计算机技术等各种手段来进行方案评价。

6. 选择方案

选择方案就是在备选方案中做出选择,选出最优的或最令人满意的方案。当然,在选择最优方案时应以组织的资源、优势、弱点和环境的不确定因素作为指南。如果组织没有更多的人力、物力、财力资源,而备选方案建议增加另一条生产线或者对目前生产再增加轮班,那么选择这样的方案是毫无意义的。

选择方案极可能遇到的情况是,在分析和评价方案时会发现两个或多个可取方案。在这种情况下,管理人员可能会决定采取几个方案,而不仅仅是一个最优方案。

7. 拟订派生计划

在选定一个基本的计划方案后,还必须围绕基本计划制订一系列派生计划来辅助基本计划的实施。例如,某大企业在做出新建一个分厂的决策后,这个决策就成为制订一系列派生计划的前提,各种派生计划都要围绕它来进行。如人员的招聘和培训计划、材料和设备的采购计划、广告宣传计划、资金筹措计划等。

8. 通过预算使计划数量化

一旦选择了最优的或令人满意的方案,计划工作的下一步就是制定具体任务、定额以及分配资源。资源的分配必须以量化的方式表示。这一阶段的计划可称之为预算。

预算是用收益和费用来表示的计划,是对资金分配的描述,是对支出的许可。当实际情况发生偏差时,预算为采取纠偏措施提供信息。从这方面来讲,预算是计划和控制的有效工具。当既定的目标和方案发生偏差时,必须采取纠正措施,此时预算则被作为控制工具来使用。

第二节　计划的方法

一、滚动计划法

(一)滚动计划法的含义与适用范围

滚动计划法就是一种根据情况变化定期修订未来计划的方法。对于中长期计划而言,由于环境的不断变化,在制订计划时存在着众多的不确定因素,因而在计划实施一段时间之后,就可能出现与实际不符的情况。这时如果仍然按照原计划实施下去,就可能导致巨大的错误和损失。滚动计划法综合考虑了计划的执行情况、外界环境的改变情况以及组织的方针政策的变化,采用近细远粗的方式对实施中的计划进行定期的修订,并逐期向前推移,从而使短期计划、中期计划和长期计划有机地结合起来,不断地随时间推移而更新。

从时期上看,滚动计划法适用于长期计划的编制,因为计划工作的不确定性,所以很难被预测出来。因此,企业经营的经济、政治、文化、技术、产业、顾客等的各种变化因素存在着很大的不确定性,而且随着计划期的延长,这种不确定性就越来越大。从内容上看,滚动计划法主要适用于产品品种比较稳定的生产与销售计划以及物资供应计划的编制。因为这些计划都具有一定的连续性,便于按期进行不断的滚动。

(二)滚动计划法的特点和编制步骤

滚动计划法的特点是:

(1)计划期分为若干个执行期,近期计划内容制订得详细、具体,是计划的具体实施部分,具有指令性;远期的内容较粗略笼统,是计划的准备实施部分,具有指导性。

(2)计划执行一定时期,就要根据实际情况和客观条件的变化对以后各期的计划内容进行适当的修改、调整,并向前延续一个新的执行期。

滚动计划法的编制步骤是:

(1)通过调查和预测,掌握有关情况,然后按照近细远粗的原则,制订一定时期的计划;

(2)在一个滚动时期终了时,分析计划的执行结果,找出差距,了解存在的问题;

(3)根据企业内、外部条件的变化,及上一个滚动期计划的执行情况,对原订的计划进行必要的调整和修订;

(4)根据修改和调整的结果,继续按照近细远粗的原则,将计划期向后滚动一个时期,制订出第二个计划期的计划。

滚动计划的编制就是上述过程的不断重复。图 4-2 所示的便是一个周期为五年的滚动计划方法。

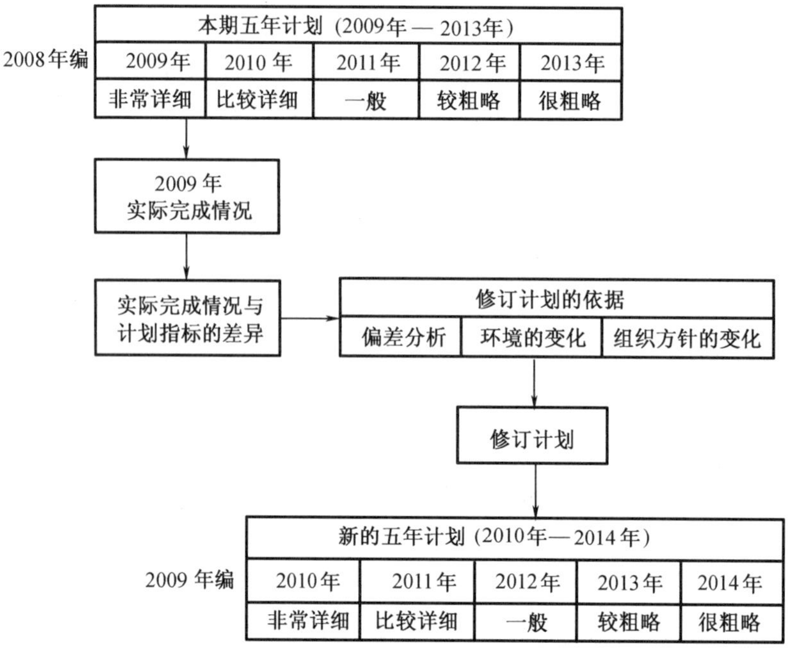

图 4-2　滚动计划法示意图

由图 4-2 可以看出,某组织在 2008 年年底制订了 2009 年至 2013 年的五年计划。采用滚动计划法,到 2009 年底,就要根据 2009 年计划的实际完成情况和客观条件的变化,对原定的五年计划进行必要的调整和修订,在此基础上编制 2010 年至 2014 年的五年计划,其后依此类推。

(三)滚动计划法的评价

滚动计划法虽然使得计划编制和实施工作的任务量加大,但在计算机普遍应用的今天,其优点十分明显。首先,采用滚动计划法有利于在外界环境不断变化的情况下,使计划更加符合实际,更好地保证计划的指导作用,从而提高计划工作的准确性和可操作性;其次,滚动计划法使长期计划、中期计划与短期计划相互衔接,短期计划内部各阶段相互衔接。这就保证了即使由于环境变化出现某些不平衡时,也能及时地进行调节,使各期计划基本保持一致。再次,滚动计划法大大加强了计划的弹性,这在环境剧烈变化的时代尤为重要,它可以提高组织的应变能力。

二、网络计划法

网络计划方法是 20 世纪 50 年代以来出现的一些计划控制方法,如关键路线法、计划评审技术、组合网络法等,它们都是以网络为基础的。1958 年,美国海军首次将计划评审技术应用于北极星武器系统的计划和控制工作,并取得了巨大的成功。以后,网络计划方法被逐渐引入民用项目,并在组织管理活动中得到了越来越广泛的应用。

(一)网络计划法的基本原理

网络计划方法是运用网络图的形式来组织生产和进行计划管理的一种科学方法。它的基本原理是利用网络图表示计划任务的进度安排,并反映出组成计划任务的各项活动(或各道工序)之间的相互关系;在此基础上进行网络分析,计算网络时间,确定关键工序和关键路线;利用时差,不断改善网络计划,求得工期、资源与成本的综合优化方案。在计划执行过程中,通过信息反馈进行监督和控制,以保证预定计划目标的实现。

网络计划方法适用于单件小批生产类型,特别适用于一次性的生产或工程项目,如新产品研制、设备维修、建设工程、油田开发、管道施工等。其优点是能缩短工期,降低成本,提高经济效益。

(二)网络图的构成要素

网络图由活动、事项和路线三部分组成。

1. 活动(作业、工序)

活动是指一项作业或一道工序。活动通常用一条箭线"→"表示,箭杆上方标明活动名称,下方标明该项活动所需时间,箭尾表示该项活动的开始,箭头表示该项活动的结束,从箭尾到箭头则表示该项活动的作业时间。

2. 事项(结点、网点、时点)

事项是指一项活动的开始或结束的一瞬间,它不消耗资源和时间,一般用"○"表示。在网络图中有始点事项、中间事项和终点事项之分,如图 4-3 所示。图 4-3 中,事项②既表示 A 项活动的结束,又表示 B 项活动的开始。对中间事项②来说,A 为其紧前工序,B 为其紧后工序。

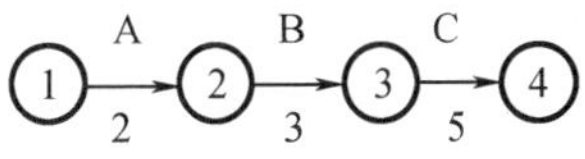

图 4-3 网络图(一)

3. 路线

路线是指从网络始点事项开始,顺着箭线方向连续不断地到达网络终点事项为止的一条通道。在一个网络图中均有多条路线,其中作业时间之和最长的那一条路线称为关键路线,可用粗实线或双线表示。

(三)绘制网络图的规则

绘制网络图一般应遵循以下规则:①有向性,各种活动顺序排列,从左到右,不能反向;②无回路,箭线不能从一个事项出发,又回到原来的事项上;③箭线首尾都必须有结点,不允许从一条箭线中间引出另一条箭线;④二点一线,指两个结点之间只允许画一条箭线,若出现几项活动平行或交叉作业时,应引进虚箭线"…→"表示;⑤事项编号,从小到大,从左到右,不能重复;⑥每个网络图中,只能有一个始点事项和一个终点事项。如果出现几道工序同时开始或结束,可用虚箭线同网络始点事项或终点事项联结起来。

(四)网络时间的计算

1. 作业时间($T_E^{i,j}$)

作业时间是指完成某一项工作或工序所需要的时间。作业时间有确定时间和不确定时间之分。不确定时间可用三点估计法计算。具体是将作业时间按三种情况进行估计:a为最乐观的完成时间,是最顺利条件下的最短时间;b为最保守的完成时间,是困难条件下的最长时间;m为最可能的完成时间,是正常条件下的时间。然后按下述公式求出作业时间的平均值为

$$T_E^{i,j}=\frac{a+4m+b}{6} \tag{4-1}$$

一项计划,只要画出了网络图,又确定了各项活动的作业时间 $T_E^{i,j}$,就可以计算其余的网络时间。

2. 结点时间的计算

结点本身不占用时间,它只表示某项活动应在某一时刻开始或结束。因此,结点时间有最早开始时间和最迟结束时间。

(1)结点最早开始时间(T_E^j)是指从始点事项到该结点的最长路程的时间,用 T_E^j表示。其数值记入"□"内,并标在网络图上。网络始点事项的最早开始时间一般设为零,即 $T_E^i=0$(i为始点事项);网络中间事项的最早开始时间按下式计算:

$$T_E^j=\max_{i<j}\{T_E^i+T_E^{i,j}\} \tag{4-2}$$

式中,T_E^i,T_E^j分别为结点 i 和 j 的最早开始时间;$T_E^{i,j}$为作业时间;max 表示取括号中各和数的最大值。

如果到达结点 j 的箭线不止一条,T_E^i的数值就不止一个,加上相应工序的 $T_E^{i,j}$,应从中选取最大值作为 T_E^j的数值。因为从 j 点开始的后续作业,必须等它前面延续时间最长的先行作业完工之后,才能开始工作,所以必须选取最大值。

(2)结点最迟结束时间(T_L^i)是指以本结点为结束的各项活动最迟必须完成的时间,用 T_L^i表示。其数值记入"△"内,并标在网络图上。

由于网络终点事项没有后续工序,所以网络终点事项的最迟结束时间也就是它的最早开始时间,即 $T_L^j=T_E^j$(j为终点事项)。网络中间事项的最迟结束时间按下式计算:

$$T_L^i=\min_{i<j}\{T_L^j-T_E^{i,j}\} \tag{4-3}$$

式中,T_L^i,T_L^j分别为结点 i 和结点 j 的最迟结束时间;$T_E^{i,j}$为作业时间;min 表示取括号中各差数的最小值。

如果从结点 i 出发的箭线不止一条,T_L^i的数值也就不止一个,减去相应工序的 $T_E^{i,j}$,应从中选取最小值作为 T_L^i的数值。因为这样才能保证从结点 i 应最先开始的工序能按时开工,所以,必须选取最小值。

3. 工序时间的计算

工序时间包括:工序最早开始时间($T_{ES}^{i,j}$)、工序最早结束时间($T_{EF}^{i,j}$)、工序最迟开始时间($T_{LS}^{i,j}$)、工序最迟结束时间($T_{LF}^{i,j}$)。有了结点的时间参数,工序时间参数的计算就很简单了。

工序时间的计算步骤如下:

(1)工序最早开始时间等于代表该工序的箭尾所触结点的最早开始时间;

(2)工序最早结束时间等于该工序最早开始时间加上该工序的作业时间之和;

(3)工序最迟结束时间等于该工序箭头结点最迟结束时间;

(4)工序最迟开始时间等于该工序最迟结束时间减该工序的作业时间之差。

计算工序最早开始与最早结束时间,应从网络始点事项开始,自左向右,前进加法取大值。计算工序最迟开始与最迟结束时间,应从网络终点事项开始,自右向左,后退减法取小值。

工序时间的计算公式如下:

$$\begin{cases} T_{ES}^{i,j}=T_{E}^{i} \\ T_{LF}^{i,j}=T_{L}^{j} \\ T_{EF}^{i,j}=T_{ES}^{i,j}+T_{E}^{i,j} \\ T_{LS}^{i,j}=T_{LF}^{i,j}-T_{E}^{i,j} \end{cases} \tag{4-4}$$

式中,T_E^i为结点 i 的最早开始时间;T_L^j为结点 j 的最迟结束时间;$T_E^{i,j}$为作业时间。

4. 时差

时差是指某道工序的最迟开始时间与最早开始时间的差数。时差表明某道工序可利用的机动时间的多少,时差的计算公式如下:

$$S_{总}^{i,j}=T_{LF}^{i,j}-T_{ES}^{i,j}-T_{E}^{i,j}=T_{LS}^{i,j}-T_{ES}^{i,j}=T_{LF}^{i,j}-T_{EF}^{i,j} \tag{4-5}$$

式中,$S_{总}^{i,j}$ 为工序 i 到 j 的总时差,其他符号代表见前工序时间的说明。计算结果,如果 $S_{总}^{i,j}>0$,表明这道工序的现有机动时间;如果 $S_{总}^{i,j}=0$,说明这道工序是关键工序,没有一点机动时间;如果 $S_{总}^{i,j}<0$,表明这道工序的现有能力不能保证计划工期的要求,应采取措施,使得 $S_{总}^{i,j}\geqslant 0$。

(五)关键路线

在网络图中,由总时差为零的关键工序连接起来的路线为关键路线。关键路线的确定有两种方法:时差法和破圈法。

1. 时差法

先计算出各工序的总时差,将工序总时差为零的工序,即关键工序用色线或粗线标出,即可确定出该网络图的关键路线。

2. 破圈法

从网络图的某个结点到另一个结点之间,如果存在两条不同的路线,便形成了一个封闭的环,称之为圈。

如果形成圈的两条路线的作业时间不等,可将其中作业时间较短的一条路线删除(或画上剪除符号),保留下来的是作业时间较长的一条路线。破圈时,要从网络始点事项开始,顺着箭线方向找出每一个圈,依次破圈,直至终点事项。最后留下来的就是关键路线。

(六)实例应用

【例 4.1】 已知某项工程的作业程序及作业时间如表 4-1 所示,绘制网络图,并根据关键路线确定工程周期,进行工序时差计算。

表 4-1　某项工程的作业程序及作业时间表

作业名称（代号）	结点编号		作业时间 $T_E^{i,j}$/天	先行作业
	i	j		
A	1	2	4	—
B	1	3	5	—
C	2	4	5	A
D	3	4	8	B
E	3	5	5	B
F	4	5	7	C,D
G	4	6	5	C,D
H	5	7	4	E,F
I	6	7	5	G

第一步，根据工程顺序绘制网络图，如图 4-4 所示。

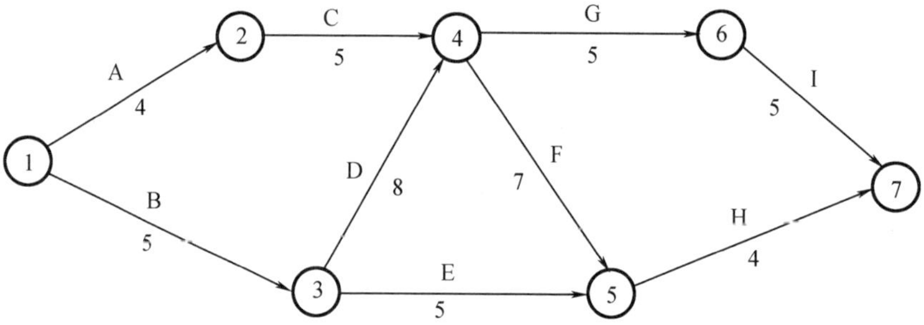

图 4-4　网络图(二)

第二步，计算事项的最早开始和最迟结束时间，标在网络图上，如图 4-5 所示。

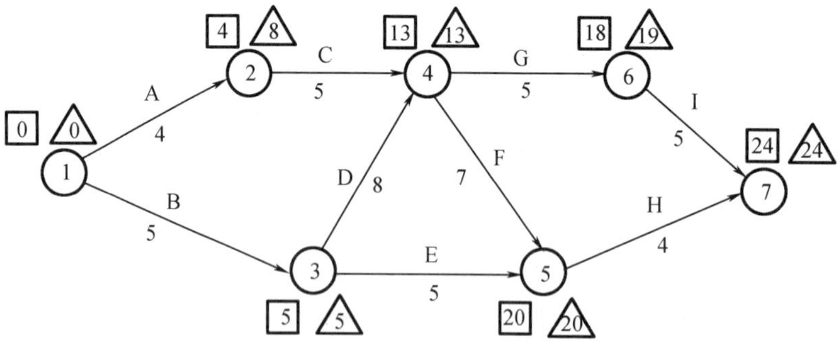

图 4-5　网络图(三)

各结点的最早开始时间计算如下：

$T_E^1=0$

$T_E^2=T_E^1+T_E^{1,2}=0+4=4$

$T_E^3=T_E^1+T_E^{1,3}=0+5=5$

$T_E^4=\max\{(T_E^2+T_E^{2,4});(T_E^3+T_E^{3,4})\}=\max\{(4+5);(5+8)\}=13$

$T_E^5=\max\{(T_E^3+T_E^{3,5});(T_E^4+T_E^{4,5})\}=\max\{(5+5);(13+7)\}=20$

$T_E^6=T_E^4+T_E^{4,6}=13+5=18$

$T_E^7=\max\{(T_E^6+T_E^{6,7});(T_E^5+T_E^{5,7})\}=\max\{(18+5);(20+4)\}=24$

各结点的最迟结束时间计算如下：

$T_L^7=T_E^7=24$

$T_L^6=T_L^7-T_E^{6,7}=24-5=19$

$T_L^5=T_L^7-T_E^{5,7}=24-4=20$

$T_L^4=\min\{(T_L^6-T_E^{4,6});(T_L^5-T_E^{4,5})\}=\min\{(19-5);(20-7)\}=13$

$T_L^3=\min\{(T_L^5-T_E^{3,5});(T_L^4-T_E^{3,4})\}=\min\{(20-5);(13-8)\}=5$

$T_L^2=T_L^4-T_E^{2,4}=13-5=8$

$T_L^1=\min\{(T_L^2-T_E^{1,2});(T_L^3-T_E^{1,3})\}=\min\{(8-4);(5-5)\}=0$

第三步，计算工序时差，见表 4-2。

表 4-2 工序时间和时差计算表

作业名称	结点编号		作业时间	最早开始时间	最早结束时间	最迟开始时间	最迟结束时间	时差	关键路线
	i	j							
A	1	2	4	0	4	4	8	4	
B	1	3	5	0	5	0	5	0	V
C	2	4	5	4	9	8	13	4	
D	3	4	8	5	13	5	13	0	V
E	3	5	5	5	10	15	20	10	
F	4	5	7	13	20	13	20	0	V
G	4	6	5	13	18	14	19	1	
H	5	7	4	20	24	20	24	0	V
I	6	7	5	18	23	19	24	1	

第四步，确定关键路线。①用时差法来确定该网络图的关键路线。从表 4-2 可看出，作业 B，D，F 和 H 的总时差都为零，所以它们是关键作业，将这些关键作业连接起来，即为该网络图的关键路线。②用破圈法确定关键路线。破圈法是确定关键路线的一种简便方法。下面仍以图 4-4 所示的网络图为例，来说明用破圈法确定关键路线的方法步骤。

从图 4-4 中可以看出，从结点①到结点④有两条路线，一条是①→②→④，作业时间为 9 天；另一条是①→③→④，作业时间为 13 天。这两条路线形成一个可破圈，破除作业时间较短的①→②→④路线，保留①→③→④路线。破圈后如图 4-6(a)所示。

图 4-6(a)中，从结点③到结点⑤，也有两条路线。一条是③→④→⑤，作业时间为 15 天；另一条是③→⑤，作业时间为 5 天。这两条路线形成一个可破圈，破除作业时间较短的

③→⑤路线,保留③→④→⑤路线。破圈后如图 4-6(b)所示。

在图 4-6(b)中,从结点④到结点⑦,也有两条路线。一条是④→⑥→⑦,作业时间为 10 天;另一条是④→⑤→⑦,作业时间为 11 天。这两条路线又形成一个可破圈,破除作业时间较短的④→⑥→⑦路线,保留④→⑤→⑦路线。破圈后如图 4-6(c)所示。

这样就可以看出,从网络始点事项到网络终点事项之间,现在只存在一条完整的通道,即①→③→④→⑤→⑦路线。这条路线,也就是作业 B,D,F,H 路线,就是关键路线。它同上面用时差法计算的结果是一致的。

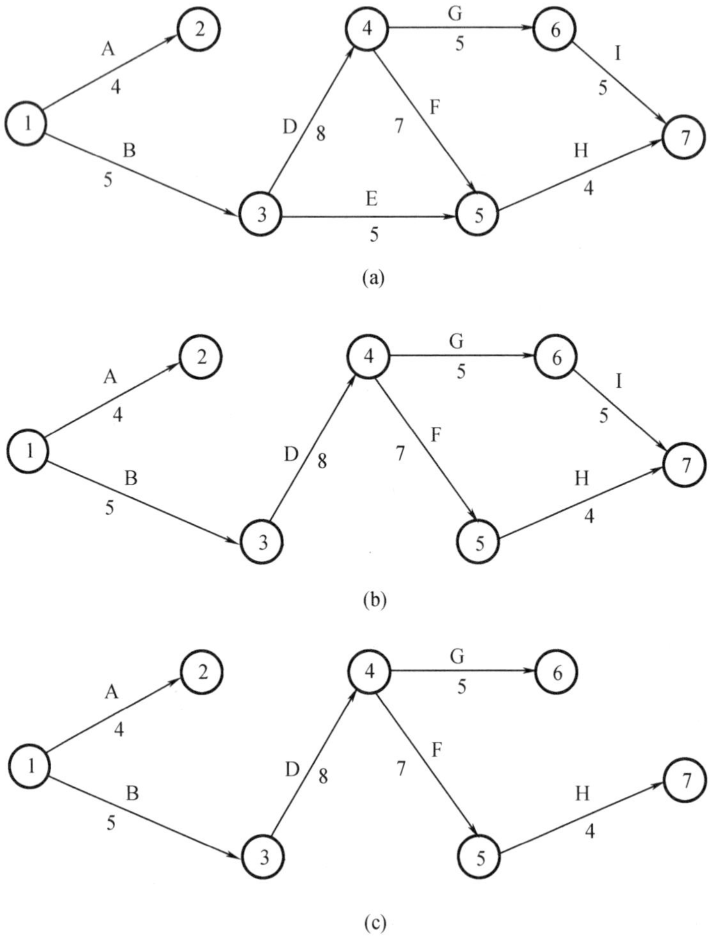

图 4-6 用破圈法确定关键路线图

掌握和控制关键路线是网络计划方法的精华。关键路线,决定着一项计划的工期。在关键路线上各工序的作业时间如果提前或延迟一天,整个工期就提前或延迟一天。因此,要缩短工期或生产周期,提高经济效益,就必须从缩短关键路线的延续时间入手。掌握住关键路线,就抓住了重点,抓住了主要矛盾。在组织和指挥生产时,应充分利用时差,可抽调非关键路线上的人力、物力资源等,来支援关键路线,保证关键路线不误工期或提前完工。

三、标杆瞄准法

（一）标杆瞄准法的基本原理

标杆瞄准法是自20世纪80年代以来，被西方发达国家理论界以及实践部门日益重视的一种新的计划方法。标杆瞄准法是以最强的竞争企业或同行业中领先的、最有名望的企业为基准，将本企业产品、服务和管理措施等方面的实际状况与基准进行定量化评价和比较，分析基准企业的绩效达到优秀水平的原因，在此基础上选择改进的最优策略，制订企业计划，以改进和提高企业绩效的一种管理方法。标杆瞄准法应用的范围十分广泛，企业可以全方位、全过程、多层面地进行标杆管理，也可以就企业的某一项经济活动进行标杆管理。

标杆瞄准法的基本构成可以概括为两部分：最佳实践和度量标准。所谓最佳实践是指行业中的领先企业，它们在经营管理中所推行的最有效的措施和方法。所谓度量标准是指能真实、客观反映管理绩效的一套指标体系以及与之相应的作为标杆用的一套基准数据，如顾客满意度、单位成本、周转时间及资产计量指标等。标杆瞄准法的意义在于为企业提供了一种可信的、可行的奋斗目标以及追求不断改进的思路。

（二）标杆瞄准法的类型

目前，标杆瞄准法主要有以下三种类型。

1. 战略与战术的标杆瞄准法

战略标杆瞄准是指企业长远整体的一些发展问题，如发展方向、目标和竞争策略的标杆瞄准活动，它主要为企业的总体战略决策提供依据，包括总体战略瞄准、市场营销战略瞄准、研究与开发战略瞄准、生产战略瞄准、人力资源战略瞄准以及财务战略瞄准等。战术标杆瞄准是在战略瞄准的指导下，以企业短期的、局部的、某些具体任务为目标的一种标杆瞄准法，包括企业日常的运行过程、技术、生产工艺以及产品等多种内容。

2. 管理职能的标杆瞄准法

职能瞄准就是学习、赶超先进的相似职能部门的运行过程。

3. 跨职能标杆瞄准法

大部分管理活动的成功都必须有多个职能部门的参与，所以大多数标杆瞄准也都是跨职能的，如顾客瞄准、成本瞄准、研究与开发瞄准等。这些内容的瞄准的共同特点是需要多个部门甚至企业所有部门都积极参与才能成功。

（三）标杆瞄准的基本程序

开展标杆瞄准活动应该包括以下三个基本程序：

（1）分析掌握本企业经营管理活动中需要解决和改进的问题，制定工作措施和步骤，建立绩效度量指标；

（2）调查这些领先企业或竞争企业的绩效水平，掌握它们的优势所在；

（3）调查这些领先企业的最佳实践，即了解掌握领先企业获得优秀绩效的原因，进而确定目标，综合最好的，努力仿效最佳的并超越它们。

需要注意的是，能否成功地开展标杆瞄准活动，关键是要在组织内形成一种要求改变现状的共识和一致行动目标。这就需要组织成员之间有充分的沟通以及其他管理措施的支持。

第三节 现代企业长期经营计划

一、企业长期经营计划的必要性

所谓长期经营计划,是指五年以上的较长时期的计划,它是确定企业未来发展方向和奋斗目标的战略计划,它是以国家长远规划为指导,根据科学的市场预测进行编制的是一个纲领性计划。

长期经营计划主要是对企业一些重大的长远问题做战略性安排,它能够使企业在经常变化的环境中掌握方向,生存壮大;使企业的生产经营活动具有预见性和科学性;使企业有奋斗目标,鼓舞群众,调动广大职工群众的积极性,从而推动企业生产不断地向前发展。

长期经营计划是一个战略性计划,也是一个为达到长期经营目标所制订的总计划。因此,它同传统的计划思想相比具有不同特点。

(1)它是一个预先的决策过程,就是事先科学地系统地分析企业未来发展的机会和风险,为企业的"明天"更好更顺利地发展而做的经营决策。

(2)它注重计划的研究性和创造性,就是企业不仅要保持现有的用户,而且要不断地满足潜在用户的需要,要有能吸引新用户的新产品。为此,企业必须致力于新产品开发性的研究和创造性地进行经营管理工作,只有这样,今天的企业经营活动才能适应"明天"环境的变化,才能不断地增强企业适应外部环境的能力。它强调计划的连续性和现实性。企业编制五年计划,不是静止地五年编一次,而是滚动式的,执行一年,进行修正再加一年,以保持其连续性。这样的计划切合生产实际,具有现实的指导性。

那么,为什么要制订企业长期经营计划呢？原因有三:

(1)现代经济具有两个显著特点,一是与市场广泛联系,经济国际化;二是技术更新的速度加快了。一般地说,商品都有一定的生产周期,机电行业技术发展很快,竞争激烈;产品生产周期逐渐缩短,淘汰速度快,淘汰率高,眼前畅销的产品,转眼就变成滞销产品,考虑到企业长期的需要和市场变动情况,要想使企业生产的产品在国内、国际市场上有较强的竞争能力,跟上技术更新的发展,就必须有一个长期计划。

(2)企业要不断地增强适应外部环境的能力,提高竞争力,就必须加强科学研究、开发新产品,进行企业改造、设备更新和人员培训等,这些都是企业长期的战略任务。在大生产条件下,任何一项重大决策往往都是投资大,周期长,都不是在短时期所能完成的,几年后的事情现在不考虑,不做安排,就无法应付未来。因此,企业经营要适应环境变化,立足于长远发展,调整变革经营结构,就必须有一个长期计划。

(3)市场经济体制下,企业面对市场,独立经营,以利改税、自负盈亏,这时企业需要有一个长远发展目标,以统一全体职工的行动,调动全体职工的积极性,为达到经营目标而奋斗。同时,为了适应国家长期计划的需要,企业也需要制订相应的长期计划。

总之,社会主义市场经济,客观要求企业制订长期计划,否则,就无法掌握企业的发展命运。所以,企业制订长期经营计划势在必行,应予以高度重视。在发达的西方国家的企业里,也有越来越重视长期经济计划的趋势。据美国在1973年对400家公司的调查统计,有86%的公司制订了3~5年的中长期计划,少数公司还制订了超过10年的长期计划;据日本企业经营协会在1971年对248家公司的调查统计,有227家公司制订了长期计划,占总的调查公司的91.5%。这种趋势是20世纪60年代和70年代发展起来的。这主要是由于经济国际化、竞争激烈化和技术更新速度加快这一新的经济形势所决定,它要求企业经营要有较长时间的预见性,否则,在世界范围内激烈的竞争中有可能"吃败仗",被淘汰掉。

二、企业长期经营计划的主要内容

长期经营计划的内容,一般都是有关企业生产经营发展的重大问题和战略问题,主要包括以下几个方面。

1. 产品的发展

如产品品种的发展,新产品的发展,老产品的整顿,产品质量的改进与提高等。

2. 生产规模的发展

如企业改造与扩建任务,生产能力的扩大,职工人数的增加,产品产量的增加,企业的协作与联合等。

3. 生产技术的发展

如机械化、自动化水平的提高,新技术、新工艺的采用推广,重大科研项目的安排等。

4. 主要技术经济指标的发展

如设备利用率的提高,劳动生产率的增长,材料利用率的提高,可比产品成本的降低,利润额的增加,资金利润的提高,流动资金周转速度的加快等。

5. 市场营销的发展

如市场预测的改进与发展,销售量的增加,市场的扩大,市场占有率的提高,销售渠道的选择和发展等。

6. 经营组织结构的发展

如企业经营管理体制的调整和变化,生产组织、劳动组织的改进和完善,规章制度的重大改革等。

7. 职工的培训和生活福利的提高

如职工文化技术教育和福利设施的建造,全厂职工平均技术等级和平均工资的增长等。

8. 环境和污染的治理

如工厂环境的美化,"三废"(废水、废气、废渣)污染的治理和综合利用,劳动保护和安全生产等。

以上各方面内容,可以分别制订专题的项目计划,确定赶超国内外先进水平的具体指标、期限和措施。

三、企业长期经营计划的编制和调整

长期经营计划是根据国民经济的发展或国家的长远规划、国内外市场的需要、当代科学技术发展的最新成就和本企业生产条件,由企业各部门具体编制的。编制长期经营计划主要分以下三个阶段。

第一阶段,预备分析。

在这一阶段,主要是分析企业经营环境、企业能力和企业的业绩。

经营环境的分析，首先是在预测环境变化的基础上，分析环境变化的直接原因和间接原因，探索将来的制约条件和发展机会；其次是研究环境的变化对企业经营活动产生的影响和企业应当采取怎样的对策。

企业能力的分析，主要是评价和确定企业的长处和短处，把克服薄弱环节作为战略课题，从而增强企业适应环境变化的能力。

企业的业绩分析，为确立经营思想、经营目标和经营战略多种具体课题的提出奠定了基础，也是编制长期经营计划的科学依据。

第二阶段，提出经营战略课题，确定计划目标。

经营战略课题的提出，既是经营计划预备分析的结果，又是经营计划编制的依据。经营战略课题，就是企业多种长期经营计划的主要计划项目内容。对提出的经营战略课题，要进行反复分析评价，经过筛选，将留下的课题作为长期经营计划中专题的项目计划。经营战略课题的评价标准是：

适应性——就是对未来环境的适应性如何。

收益性——就是经济效果大小。

必要性——从战略上看，有无必要。

风险性——就是从资金等方面会带来什么问题和危险。

可能性——就是实现计划的可能性。

确定长期经营计划的总目标，是对企业将来事业发展的总设想，制定经营战略。计划总目标的提出，是在选定的经营业务范围内来考虑。

长期经营计划的总目标，主要有以下几个方面。

(1)利润。只有确定企业在一定时间内达到多少目标利润，才能保证国家、企业和职工获得多少收益。

(2)销售额。只有确定企业销售多少产品量(要在临界产量以上)，才能保证获得一定的目标利润。

(3)提高企业的经营管理程度，扩大市场面，增加用户，提高市场占有率等。

(4)企业和职工的收益水平。

第三阶段，制订长期经营计划。

企业经营战略的全部课题和计划总目标确定之后，就可以进行长期经营计划的编制工作。首先是按课题编制长期的项目计划，并按年编制出进度计划。其次是对各种长期项目计划进行综合平衡，对紧急的项目计划先行安排，并对各种长期计划项目计划进行调整修订，在此基础上制订出企业综合的长期经营计划并制定具体的保证措施和执行计划。

长期经营计划的具体内容如下。

(1)经营目标。

(2)基本方针。就是为了达到经营目标，对企业的人、财、物使用的重点和如何安排。

(3)执行方案，它包括：

①方案名称及编号；

②本方案的目标；

③工作内容、方法；

④进行的步骤及工作顺序；

⑤时间进度、人力分配、经济责任、奖惩办法、负责人；

⑥对资金、人力、设备、原材料等的需要和安排；
⑦经济预算；
⑧目标成本；
⑨预期成果；
⑩经济效益。

企业长期经营计划，由于时间较长，其未来的影响因素极为复杂，有某些因素往往又难以准确地预测，如国际政治经济的变化、市场环境的变化和发展等。因此，长期经营计划不可能一下子制订得十分周密，需要在执行过程中不断地进行调整修改，才能保证它的科学性和现实性，对年度经营计划真正起到指导作用。

第四节　现代企业年度经营计划

企业年度经营计划，也叫年度综合经营计划，过去我国工业企业的习惯叫法是年度生产技术财务计划。年度综合经营计划和年度生产技术财务计划这两者之间既有区别，又有内在联系，前者是在后者基础上进一步发展来的，后者是前者的基础。也就是在经济体制改革后，生产技术财务计划就要逐步发展为经营计划。

年度经营计划是企业长期经营计划的具体化和补充，又是实现长期计划的保证，它是指导企业全体职工在计划年度内生产经营活动的纲领。

一、年度经营计划的内容

年度经营计划的内容，在不同的行业、不同规模和不同生产类型的企业是不尽相同的。根据企业现有的计划内容和经济管理的发展，企业年度经营计划除了包括生产技术财务计划之外，还应视企业的具体情况，对原生产技术财务计划做相应的调整和增加。

（一）企业年度生产技术财务计划的组成

企业年度生产技术财务计划的组成内容主要有以下方面。

1. 生产计划

它是企业年度生产技术财务计划的主体核心部分，它主要规定企业在计划年度内应当生产的品种、产量、质量、产值和生产进度等指标。生产计划是编制其他计划，如劳动工资计划、物资供应等计划的主要依据，也是搞好产、供、销平衡的依据。它通常是由计划部门来编制。

2. 生产技术准备计划

它是企业在计划年度内有关新产品试制和老产品改进的计划，其内容包括合理安排产品设计、工艺设计、工艺装备制造、新产品试制以及试验鉴定等项目与进度，以配合生产计划保证产品的及时投产。它是根据企业的长期计划、国家下达的新产品试制任务、用户订货合同来编制的。它通常由技术部门来编制。

3. 劳动工资计划

它是反映生产活动中劳动消耗和效率的计划。它主要规定企业为完成生产计划任务所需的各类人员的数量、工资总额、平均工资和劳动生产率应达到的水平。它是根据生产计划来制订，又是编制成本计划的依据。通常它由劳动工资部门来编制。

4. 物资供应计划

它是反映生产过程中物资消耗和物资利用率的计划。它主要具体规定企业为完成生产计划任务和其他计划所需的各种物资,包括原材料、燃料、动力、外协件、外购件、外购工资和设备等需要量、储备量和来源以及供应的单位、供应的期限等。它是根据生产计划、生产技术准备计划、设备维护计划、技术组织措施计划等所需的物资数量、品种、规格来编制的,同时它又是计算产品成本和企业流动资金需要量的依据之一。通常它由物资部门来编制。

5. 辅助生产计划

它是为基本生产服务而编制的计划,它是根据生产计划来编制的。其内容主要包括企业的自制工具、工艺装备和各种动力(如电力、压缩空气等)的生产计划。通常它由工具、模具、动力等部门编制的,它是编制成本计划的依据。

6. 设备维修计划

此项计划按其性质也应属于辅助生产计划的范围,但因为在机械制造企业里机器设备数量较多,因此,设备维修计划尤其重要,所以对它的维修要单列计划,使设备经常处在良好的状态下运转,充分发挥其效能,保证生产顺利进行。它主要规定在计划年度内机器设备的维修保养和大修理的台数、期限、工作数量及备件的制造任务等。通常它由设备动力部门来编制。

7. 技术组织措施计划

它是从技术上、组织上为完全生产计划和其他各项计划提供各种保证措施。其内容包括在计划年度内革新技术和改进生产组织工作的措施、项目、效果、实现期限、负责执行者及经费来源预算等。通常它由技术部门组织编制。

8. 成本计划

它是反映企业生产经营活动的经济效益的计划。它规定企业为完成生产任务所需要支出的全部生产费用,其内容具体包括:主要产品单位成本计划,全部商品产品成本计划,可比产品成本降低计划等。成本计划与其他各项计划有着密切的联系,它是生产、劳动、物资、技改、新产品试制、大修理等项计划的综合反映,它是确定奖金定额和利润计划的主要依据。通常它由成本财务部门来编制。

9. 财务计划

它是以货币形式反映企业全部生产经营活动的动态和成果计划。它具体规定企业在计划年度内的财务收入、财务支出、流动资金定额以及利润总额等。通常它由成本财务部来编制。

以上计划是企业最基本的经济活动计划,是企业生产技术财务计划的主要组成部分。除了上述计划以外,根据不同行业和企业规模的大小还要编制其他计划,如运输计划、基建计划等。

(二)企业年度经营计划的调整

随着科学技术的进步,生产的发展和适应经济体制改革的需要,对原来的计划内容必须做相应的调整。在生产技术财务计划的基础上,逐步转变为年度经营计划。

那么,如何调整、实现转变呢?可从如下两个方面进行。

1. 在原生产技术财务计划中，还没有独立成为一个计划部分，但根据市场经济体制和生产发展的需要，应把它独立出来

应当独立出来的计划主要有以下几种。

(1)产品质量计划。社会主义企业生产的目的是为了满足社会需要，它不仅从数量上来满足，而且更主要的是从质量上来满足。因此企业生产的产品应从好制造、好用、好修、美观、耐用出发，把产品使用价值放在第一位。同时在市场竞争中，产品质量是主要竞争内容，产品质量与产品的竞争能力成正比。应把提高产品质量作为增强产品竞争能力的主要手段。所以把原来包括在生产计划内的质量计划独立出来，单独编制，是极为重要的，以便有计划地、不断地提高产品质量。产品质量计划内容主要包括：质量目标、质量指标、质量改进措施等计划。

(2)利润计划，也称综合利润计划。利润是反映企业生产经营活动经济效益的综合性的经济指标。在实行以税收代利以后，在税后利润的分配、运用方面也应编制相应的计划。所以，应把原来包括在财务计划中的利润计划单独列出，以便以利润为中心，提高企业的经济效益。利润计划，主要是确定计划年度内的利润目标、税后利润的分配和使用等。

(3)设备能力利用计划。此项计划原来包括在生产计划中，现在在经济体制改革企业自主权扩大后，设备可以出租和转让，这就需要单独编制一个计划，它主要规定设备的报废、更新、租售、处理、添置等内容。

(4)人员培训与使用计划。经济体制改革中，企业要整顿，要执行定编定员定岗，下来的闲置人员要学习，这就加重培训的任务。过去由于培训与使用紧密衔接不够，不利于调动职工学习和工作的积极性。因此，要把原来包括在劳动工资计划中的培训计划独立出来，并补充使用计划内容，编制一个培训使用计划。

(5)外贸出口计划。有出口任务的企业，由于外贸量逐渐增加，又要求严格地按合同规定的品种、数量、质量、期限交货。否则，非但政治上影响不好，经济上也要受到损失。所以，把原来包括在生产计划中的出口任务独立出来，单独地编制一个外贸出口计划。

2. 在原生产技术财务计划中没有列入计划的，根据需要，应当逐步增加

至于每个企业应增加什么内容，先增加什么，后增加什么，由企业视具体情况而定。从当前来看，增加的计划内容主要有以下几种。

(1)品种发展和科学研究计划。它是关系到企业改善产品质量、产品升级换代的重要计划，它不仅关系到企业当前的生存，而且也关系到企业将来的发展。它除了应编制长期战略计划外，还应编制年度战术计划，以保证长期计划的实现。它主要规定在计划年度内新产品试制和老产品整顿的任务以及科研项目的阶段任务。

(2)企业改造及设备投资计划。此项计划是长期战略计划外，也应编制年度执行计划，保证企业改造的逐步实现。它的内容主要包括：改造目标、重点、步骤、措施、资金、物资、设备的来源及费用预算等。

(3)市场营销计划。在市场经济体制下，价值规律在流通领域中通过供求关系起着重要的调节作用。在这种情况下，企业只有把生产出的产品顺利地销售出去，产品所包含的价值才能得以实现，才能获得一定的盈利，才能有足够的资金重新购置生产资料维持简单再生产或进行扩大再生产。因此，企业必须注重市场营销，关心产品能否卖得出去的问题。所以企业就必须编制市场营销计划，以便打开产品销路，提高市场占有率，获得较好的经营成果。

市场营销计划主要包括:市场调查预测计划、市场营销组合策略计划、销售推广计划等。

(4)产品销售计划。它是根据企业的利润目标和与用户签订的合同,确定产品的销售数量、销售收入和交货期限等。它保证产销衔接,保证利润目标的完成。它是编制企业生产计划的基础。

(5)能源管理计划。随着生产规模的扩大和发展,能源不足的矛盾越来越突出。为此,企业必须加强能源管理,千方百计地节约能源,以保证生产的需要,所以要编制能源管理计划。它主要包括能源使用管理、节能措施以及对耗能较大的设备和产品结构进行技术改造等。

总之,企业年度综合经营计划是企业系统中的一个分系统,它是由上述各种具有相互作用、相互制约和内在联系的各种专业计划所组成,并且以反映企业经济效益——利润计划为中心,销售——生产计划为先导,技术组织措施计划为保证,构成一个统一的有机整体的计划体系。

(三)企业年度经营计划与企业生产财务计划的联系与区别

从上述内容我们可以看出,企业年度经济计划与原来的生产技术财务计划相比,无论是从计划的出发点,还是从计划组成的内容上,以及与外部环境的关系上都是不相同的。这二者的主要区别在于:

(1)年度经营计划与生产技术财务计划在其组成部分的相互关系上有明显差别。如图4-7和图4-8所示。

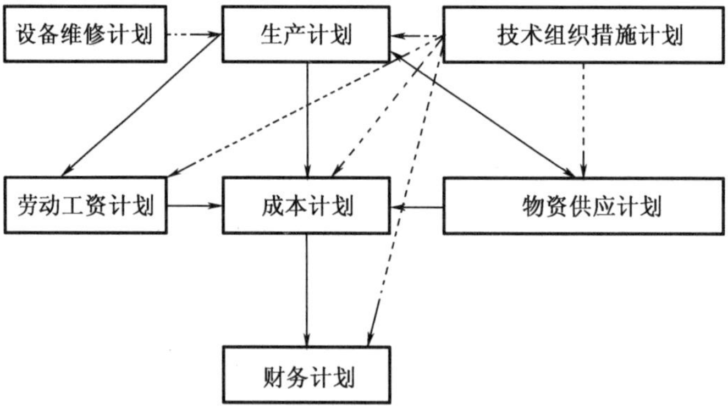

图4-7　生产技术财务计划主要组成部分相互关系图

从图4-7和图4-8可以看出,生产技术财务计划是以生产计划为中心,其他计划都是根据生产计划来编制并保证它的完成,不大讲究经济效益;年度经营计划,它是以提高企业经济效益和社会经济效益为中心,注重企业的生产与外部环境相适应,以需定产。而其他计划都要从满足用户的需要为出发点进行制订。

(2)生产技术财务计划与市场不发生直接联系,企业只根据上级下达的计划,安排生产进度计划,是以产定销;年度经营计划则不然,是以适应市场环境为出发点,利润目标、产品销售是根据市场预测来确定的,是以销定产,然后再制订其余的计划。

(3)从独立出来和增加的内容来看,年度经营计划无不与企业长远的生存与发展有关,因此，仅仅制订年度经营计划是不够的，企业必须要制订长远发展的战略计划，并且企业计划工作的重点要转为长期计划；生产技术财务计划与企业长远的生存与发展的关系就不那么十分突出。

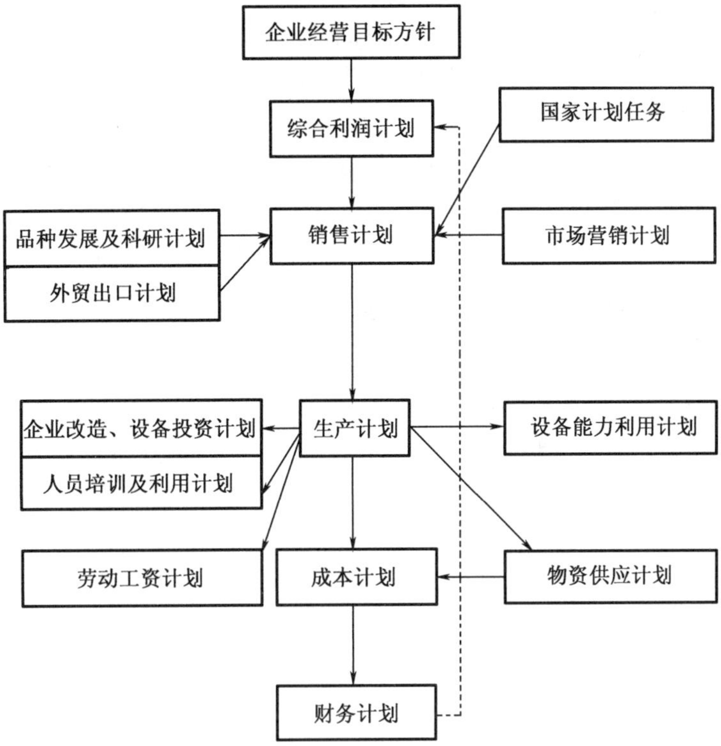

图 4-8 年度经营计划主要组成部分相互关系图

二、计划指标和指标体系

（一）指标的概念

企业经营计划中所规定的各项计划任务，都是用一定的计划指标来表示的。指标是计划的基本表现形式，表示经济活动达到的目标。所谓指标，就是企业在计划期内，在具体的技术组织条件下，企业生产经营活动预期所要达到的目标和水平。它由指标名称和数值所组成，如汽车 6 万辆，汽车是指标名称，6 万辆是指标数值。

企业经营计划指标的作用：①它是企业全体职工在计划期内的奋斗目标，为企业生产技术经济活动指明了方向；②它是组织、指挥、控制和协调企业生产经营活动的依据；③它是衡量评价企业在计划期内经济效果好坏的尺度。

（二）指标的分类

企业经营计划指标是多种多样的，可按不同的标志分类如下。

按指标的性质可分为数量指标和质量指标。所谓数量指标，是指企业在计划期内生产经营活动在数量上达到的目标。它通常用绝对量来表示。例如，产品产量、总产值、职工人数、销售产值、工资总额、物资需要量、总成本、流动资金需要量。所谓质量指标，是指企业计划期内生产经营工作达到的质量水平,它通常用相对值表示,即比例、比值、百分比等。例如,一级品率、优等品率、生产能力利用率、平均工资、原材料利用率、废品率、可比产品成本降低率、单位产品成本、流动资金周转天数、百天产值流动资金占用量、资金利润率等。

按指标的作用可分为收益指标、消耗指标和经济效果指标。所谓收益指标,是指企业在生产技术经济活动过程中所获得的有用成果,它表明为社会创造了多少物质财富。例如,总产值、产品销售产值、商品产值、净产值、主要产品品种和产量、产品质量、生产能力、利总额等都属于收益指标。所谓消耗指标,是指在企业生产技术经济活动过程中,对人力、物力和财力的消耗。例如,劳动工时定额、工资额、物资消耗定额、固定资产、流动资金、生产费用等都属于消耗指标。所谓经济效果指标,是指企业在生产经营过程中输入的劳动消耗和输出的劳动成果之间的比值。也就是收益指标与消耗指标的比值。它是表明企业生产技术经济活动的各项工作的质量好坏和组织管理水平高低的。例如,劳动生产率、单位投资产值、单设备产值、成本利润率、流动资金利润率、单位投资利润率等都属于这类指标。

按指标发生的时间可分为预计指标和结算指标。所谓预计指标,就是事先估计的指标,但这个估计指标是有科学根据的。企业长期经营计划、年度经营计划以及作业计划中的各项指标,都属于没有经过实践活动事先估计的指标。企业在采用某项技术方案(如发展新产品、采用新设备等)之前,要对该项技术方案进行经济效果的评价,这时所计划的指标都属于预计指标。预计指标的计算,一般都不能采用精确的计算方法,只能采用“估算法”“统计分析法”“类推比较法”“概略比例法”等,它所得的数值也是近似的,也不可能完全符合实际。所谓结算指标,是指企业根据生产技术经济活动实际情况,用统计核算、会计核算和业务核算的方法计算出来的指标。它表明企业在一定时期内生产技术经济活动的结果。

计划指标,可采用三种计量单位,即实物计量单位、劳动计量单位和价值计量单位。

(三)指标体系

企业经营计划的各个指标之间是相互联系、相互制约的。为了科学地组织生产经营活动,保证企业生产的比例性和连续性,只采用一个或一类指标是不够的。从一个指标来看都有它的局限性,这需要有一个指标体系。用一系列独立而又相互联系的计划指标来综合反映企业的生产经营活动,就构成了企业计划指标体系。

建立计划指标体系应当遵循的原则是:

(1)反映企业(车间、班组)的经济效益,特别要注意反映最终成果,即实际用途的最终产品指标;

(2)反映质量和效率,即要有反映产品质量、人财物多种资源利用效果指标;

(3)要采用定额指标,即不仅要规定消耗定额,而且要规定经济分配定额,如利润分配定额等;

(4)要采用限额指标,就是对有限的经济资源规定一个限额,不得超过这个限额,如基建投资限额、职工人数限额、短缺物资消耗限额等。

通常国家都有一套计划指标体系作为对企业的考核指标。过去国家考核企业是8项指标,即产量、品种、质量、主要原材料燃料消耗、劳动生产率、成本、资金和利润。扩大企业经营管理自主权以后,国家对企业主要考核产品、产量、利润和合同履约率等4项指标。对有出口产品的企业还要考核2项指标,即履约率和收汇率。

企业为了全面实现预定的经济效益，可根据具体情况的需要，确定企业内部若干个考核指标与检查指标，如品种、质量、销售总额、劳动生产率、流动资金周转率、成本、消耗费用等。同时企业还要将国家下达的指标和企业自己确定的内部考核指标和检查指标进行了解，然后向车间、各部门分别下达并检查考核。各车间再将车间确定的考核指标分解并落实到班组和个人，明确每个单位每个人应完成指标的责任。企业考核生产车间的主要指标有：品种、产量、质量(废品率)、总工时、材料消耗等。班组考核工人的主要指标有：产量、质量(废品个数)、定额工时等。

对一个企业和企业对车间等所属部门来说，列入指标体系的考核指标不宜过多，因为一多，使计划难以衔接平衡，又束缚人们的积极性，因此，总的来说，考核指标应当少一些，综合一些，有利于调动基层的积极性。所以，对指标体系的研究以及在实践中不断调整，就成为国家对企业和企业对其所属的部门、车间等单位进行计划管理的一个重要内容。

三、年度经营计划的编制、执行和控制

计划的编制是企业经营计划管理工作的重要组成部分。科学的计划编制方法，对提高计划管理工作的质量具有重要意义。

制定企业的正确的经营目标、经营思想和经营方针是企业经营计划工作的首要问题，这已在前边章节叙述过了，在这个前提指导下进行经营计划的编制工作。

(一)编制年度经营计划的依据，使编制出来的计划能起到指导经营实践的作用

编制年度经营计划的依据主要有：

(1)国家长远规划和有关发展国民经济的方针、政策；

(2)企业的长期经营计划及有关资料；

(3)上级主管机关对企业年度经营计划下达的指令性指标和指导性指标以及编制生产计划的指示；

(4)市场预测和与用户签订订货合同等；

(5)企业上一年度计划执行情况的分析、总结；

(6)编制计划所需要的各种技术经济资料。

(二)编制经营计划的程序

编制经营计划的具体步骤说明如下。

1. 经营计划的估量机会

机会的估量在计划工作开始之前就进行了，因而从表面上看，它不是计划工作的一个组成部分，但从实质上看，了解外部环境和组织内部的机会却是计划工作的一个真正起点。

在计划过程中，一个组织首先必须实事求是地评估自己的优势和劣势。因为如果对自身的弱点认识不足，将会导致整个计划的失败。但是，当一个组织集中注意自己弱点的时候，还必须看到自己的优势，以便根据自己的优势制定适宜的战略。对自身拥有的资源如财务状况、现有技术、有形设备、原材料等进行评估将是一个很好的起点，这些项目的库存将表明组织实现其目标的能力。

评估外部环境主要的工作包括:进行对市场的历史分析和现状研究,以明确顾客购买产品的原因,分辨潜在的顾客以及他们的需求;了解行业内主要的竞争对手及他们的优势和劣势,确定竞争性质及战胜竞争对手的策略;还必须考虑技术的发展,否则开发出的新产品可能还未面世就已经过时了。同时,了解经济状况也是一个重要的方面,计划人员通常都需要进行经济趋势分析,因为如果经济状况恶化将导致企业产品的销售和利润下降。此外,在进行外部环境分析时,根据组织和行业的性质,还需进行其他方面的估算。

通常认为,计划导向成功,但是要想获得成功,必须寻求新的机会,抓住新的机会将导致组织的扩张和多样化。而分析外部环境和组织自身条件的一个重要目的正是寻求和分辨新机会,这意味着此项工作要收集大量的数据。也就是说,如果没有丰富的数据和可靠的信息,就不能采取任何行动。

2. 经营计划的确定目标

计划职能首先要选定将来的成果,即确定目标。严格来说,这才是真正意义上的计划工作的第一步。按照管理的目标原则,任何管理活动都必须始于目标。因此,组织的计划工作同样要从明确和确定目标开始。这有两层含义:首先是要确定目标的优先次序,其次要把目标分解为组织中各个部门和各个环节的目标。

确定目标的优先次序是指在一定时期内,实现某个目标相对来说比其他目标更为重要。目标的优先次序的确定,有利于合理地分配组织有限的资源。确定目标及其优先次序常常是一种价值性判断,因而是一项困难的工作。

把目标分解为组织中各个部门和各个环节的目标,就可以形成目标网络体系。在建立目标网络系统时需要仔细平衡组织内部不同部门之间和不同组织层次之间的目标,以预防出现目标矛盾和次优化问题。

确定目标是计划工作的第一步骤,而目标本身又是计划的一种表现形式,所以确定目标本身就是一项计划工作。它同样要经历计划工作过程的所有步骤,因而可以把它看成是一个大循环中的小循环。

3. 经营计划的明确前提条件

所谓计划的前提条件是指组织在未来计划期间所估计的各种内外环境条件。它是组织编制计划的基本出发点,或者说是计划工作的假设条件。因此,组织在编制计划时,要对可能影响未来计划实施的各种内外环境因素进行预测和确定,然后再在此基础上确定组织未来的行动方案。

就组织编制计划的时点来说,未来的环境因素是多变的、不定的;而对于组织实施计划的时点来说,实际出现的环境因素却是固定的、唯一的。如果组织在编制计划时所估计的环境条件与实际发生的环境条件之间产生偏差,就会给计划的实施造成困难。这就要求组织提高对未来环境变化的预测能力,以确定切实可靠的计划的前提条件。

确定计划的前提条件包括选择合适的前提条件,通过预测对未来环境关键性因素进行估计,保持计划前提条件的协调一致,为前提条件的变化准备应变计划等。

4. 经营计划的拟订备选方案

计划的第四步骤是寻求可供选择的行动方案,特别是那些不能马上看得清的行动方案。编制计划时没有可供选择的合理方案的情况是不多见的,但人们常常发现一个不引人注目的方案,效果却是最佳的。

从理论上说,拟订可行方案应做到既不重复又不遗漏。因为如果所拟订出来的各个可行方案之间在执行时会互相重叠交叉的话，就很难对各个方案的优劣进行独立的评价。而如果不能找出所有的可行方案，就可能会遗漏某些好的计划方案，从而影响所确定的计划方案的质量。但实际上由于认识能力、时间、经验和费用等原因，管理者并不可能找到所有的可行方案，而只能是拟出若干个比较有利于预期目标的可行方案。

5. 经营计划的评价备选方案

在找出了各种可供选择的方案后，下一步就是根据前提和目标，权衡它们的轻重，对方案进行评估。比如，一个方案看起来可能是最有利可图的，但是需要投入大量现金，而回收资金很慢；另一个方案看起来可能获利较少，但是风险较小；第三个方案可能更适合公司的长远目标。

如果组织唯一的目标是要在某项业务里取得最大限度的当前利润，如果将来不是不确定的，如果无须为现金和资本的可用性焦虑，如果大多数因素可以分解成确定数据，这样条件下的评估将是相对容易的。但是，由于计划工作者通常都面对很多不确定因素、资本短缺问题以及各种各样的无形因素，评估工作通常是很困难的，为此常需借助于运筹学、数学方法和计算机技术等各种手段来进行方案评价。

6. 经营计划的选择方案

选择方案就是在备选方案中做出选择，选出最优的或最令人满意的方案。当然，在选择最优方案时应以组织的资源、优势、弱点和环境的不确定因素作为指南。如果组织没有更多的人力、物力、财力资源，而备选方案建议增加另一条生产线或者对目前生产再增加轮班，那么选择这样的方案是毫无意义的。

选择方案极可能遇到的情况是，在分析和评价方案时会发现两个或多个可取方案。在这种情况下，管理人员可能会决定采取几个方案，而不仅仅是一个最优方案。

7. 经营计划的拟订派生计划

在选定一个基本的计划方案后，还必须围绕基本计划制订一系列派生计划来辅助基本计划的实施。例如，某大企业在做出新建一个分厂的决策后，这个决策就成为制订一系列派生计划的前提，各种派生计划都要围绕它来进行。如人员的招聘和培训计划、材料和设备的采购计划、广告宣传计划、资金筹措计划等。

8. 经营计划的预算

一旦选择了最优的或令人满意的方案，计划工作的下一步就是制定具体任务、定额以及分配资源。资源的分配必须以量化的方式表示。这一阶段的计划可称之为预算。

预算是用收益和费用来表示的计划，是对资金分配的描述，是对支出的许可。当实际情况发生偏差时，预算为采取纠偏措施提供信息。从这方面来讲，预算是计划和控制的有效工具。当既定的目标和方案发生偏差时，必须采取纠正措施，此时预算则被用作控制工具。

（三）年度经营计划的执行

计划的编制仅仅是计划工作的开始，更重要的大量的工作是贯彻执行计划，积极地、努力地组织计划的实现。

对执行计划的主要要求是：全面地、均衡地完成计划。所谓全面地完成计划，是指要完成各项计划指标，不是片面地抓进一项或几项计划指标，而忽视另一些指标。所谓均衡地完成计划，是指要组织好均衡生产，不仅要按年、按季、按月地完成计划，而且要按日甚至按小时完成计划任务,消除前松后紧,期末突击的现象。按照这个要求执行计划,对企业资源有效利用,改善产品质量,安全生产,文明生产和获得好的经济效果等都有很大意义。怎样达到上述要求,执行好计划呢?我国工业企业多年来,在执行中创造了不少的宝贵经验,概括地说,就是实行科学管理。所谓科学管理,就是必须按照现代化大生产的客观规律的要求去贯彻执行计划。要把计划贯彻执行好,组织计划按期实现,具体地说要抓好以下几点:

(1)要建立健全经营管理的一系列工作保证体系。例如,建立经营工作体系、生产指挥体系、质量保证体系、信息系统管理体系和成本财务管理体系等。这样才能使计划的贯彻执行从组织上、制度上有所保证。

(2)要搞好作业计划和调度工作。作业计划是经营计划的具体化和补充。是贯彻执行经营计划的行动准则。有了作业计划才能使经营计划落实到单位和个人,落实到月、旬、周、日,这样计划才能实现。调度工作是保证作业计划完成的有力工具。

(3)要做好日常生产经营活动的各项准备工作。日常生产准备工作抓早抓紧,是现代化大生产连续性的客观要求,也是为全面地均衡地执行计划提供条件的必然要求。日常准备工作包括图纸、工艺等技术文件、工艺装备、原材料、半成品、外协件、备品配件、燃料、动力等物资供应,以及运输装卸、设备维修、劳动组织调整人员培训与配备等各项工作。

(4)运用经济的办法,调动职工的积极性,促进计划实现。运用经济办法有两个原则,一是按照全面经济核算制的要求严格实行经济责任制,通过厂内经济合同、厂内价格、成本、利润等经济杠杆,把企业各个单位和个人的责、权、利结合起来,推动职工执行计划和完成计划;二是坚持物质利益的原则,实行奖惩制度,调动职工的积极性,认真地执行计划。

(四)经营计划的控制

控制是保证按量完成计划,使企业获得一定经济效果的一个重要环节。所谓控制,就是对计划执行结果进行检查,对计划中发现的偏差做出反馈,采取措施,予以纠正。计划的控制与计划的编制和执行是企业计划管理系统不可分割的整体,三者之间有密切的关系。

1. 控制一定的程序

计划控制一般有以下几个程序:

(1)确立标准。判断计划执行结果是否同计划目标一致,计划是否完成了,必须有一客观的评价标准。这个标准就是计划指标、定额、技术标准、工作标准等。

(2)对计划执行结果进行评价。对计划执行结果进行评价就是把计划执行情况与规定的标准进行比较,达到标准的完成计划,没有达到标准的即没有完成计划。超过标准的要做具体分析。例如,超过产量指标的,如果是国家和市场急需的奇缺产品,则应当予以好评;如果是长线产品,超产就意味着积压,就应予以纠正。进行这种评价的目的在于要找出产生偏差的原因。评价的要求是实事求是,要用数据和事实说话。

(3)反馈,采取措施,纠正偏差。根据反馈采取措施,纠正偏差是计划控制的最终目的。采取的措施要对症下药。对于执行者主观工作上有缺陷的,则应批评,帮助指导;如果是由于客观条件有变化或计划订得不切实际,则应进行调整和修改计划。在实际工作中执行计划总会出现一些偏差,这是正常的现象。如果对每一个偏差都要进行反馈,工作量将会很大,不合算,也不必要。因为细小偏差对计划执行不会有多大的影响,解决的办法是规定一个允许的范围,在范围内的偏差可以不必反馈或处理。

2. 监督检查、及时控制

控制生产过程中计划执行情况，是通过监督检查进行的。检查计划，就是检查企业各部门单位和个人是否正确地执行计划规定的内容。检查计划的进度和在执行过程中存在什么问题。检查计划的方式很多，按检查时间分，有日常检查和定期检查；按检查内容和范围分，有全面检查和专题检查；按检查方式分，有听取汇报、参加会议、深入现场、运用统计和会计报表等。以上这些方式方法可以结合起来运用，形成固定制度，坚持下去。同时，检查应当和解决问题结合起来，表彰先进，推动劳动竞赛的蓬勃开展，促进计划的完成。

对于检查发现的问题和偏差，一方面要追究责任、严肃处理；另一方面，要及时采取措施加以纠正，及时控制。控制的关键在于及时，如果发现偏差晚，采取措施慢，纠正偏差拖拉，就等于没有控制。在现代化企业中，采用先进的管理设备如电子计算机进行控制，不仅反馈快，而且采取措施纠正偏差也快，因此，有条件的企业应逐步用电子计算机进行控制和管理，使企业管理现代化。

第五节 现代企业年度经营计划的综合平衡

一、计划综合平衡的概念和必要性

综合平衡是编制计划的一项主要原则和基本方法。

为什么要进行计划综合平衡呢？这是由于企业内部各个生产环节(车向、工段、班组及各部门)和各项专业计划指标之间，客观地存在着内在的相互联系、相互制约的关系。这些关系在一定的生产组织技术条件下，在数量、质量、时间等方面形成一定的比例，且保持其相对的平衡，才能使企业的生产经营活动协调地顺利进行。进行综合平衡，求得需要与可能，人财物、供产销，不同计划指标之间的平衡和统一。

所谓计划综合平衡，就是以经济规律、市场需要为依据，从企业内外条件出发，对经营计划和各项指标进行全面的核算研究和对比分析，采取有效措施，克服薄弱环节，挖掘生产潜力，最有效地利用企业人力、物力和财力，正确处理安排企业中生产、技术、经济各方面的比例关系，建立各种相应的暂时的平衡，并选择最优方案，取得最佳的经济效益。

计划的综合平衡，是根据企业外部条件和内部条件通过反复对比分析和核算进行的。企业的外部条件，主要是指企业所处的环境，企业内部条件主要是指厂房、机器设备的数量和状况、职工人数及各工种的比例关系、生产技术力量和水平、运输条件、销售条件、职工生产生活条件、生产组织、劳动组织与管理组织等及上期各项计划指标完成情况、职工的精神面貌等。

企业年度计划综合平衡的决策原则是什么呢？企业年度经营计划综合平衡到什么程度，确定什么样的比例关系，选择哪一种方案，取得怎样的经济效果，应从选优性、综合性、效用性三项原则来决策。

所谓选优性，就是指在综合平衡时，从企业的实际出发，进行积极平衡，选择最优的比例关系，取得最大的经济效果，最好地满足社会需要。

所谓综合性，就是把企业的全部生产经营活动视为一个整体，一个系统，包括企业各个生产环节、各部门、各项工作、各种计划指标都纳入统一的经济目标，并达到彼此相互衔接、协调一致。计划综合平衡既是来自单项计划平衡，又应指导单项计划平衡，还应高于单项计划平衡。要贯彻综合性，首先，应当正确地确定计划指标体系，用它来反映企业这一总系统的发展规模水平、速泼和主要比例关系，平衡的重点应抓利润、销售额(或商品产值)、成本等指标，其他计划要保证利润、销售、生产计划任务的完成。其次，对企业进行系统分析、统筹兼顾、全面安排。

所谓效用性，就是指经过需要与可能等方面的平衡，所取得的经济效果是最佳的。

总之，计划综合平衡，应该是科学的有实效的平衡。要尽力消除计划中的缺口。做到层层落实任务，落实进度并留有余地，使计划建立在现实可靠的基础上。

二、计划综合平衡的主要内容

综合平衡的内容是多方面的，主要有：销售与利润、生产与销售、生产与设备能力、生产与劳动力、生产与原材料、能源、生产与资金、生产与技术准备、基本生产与辅助生产、生产与生活以及生产技术财务计划各项指标之间的平衡等。以上这些平衡，不是平分秋色，同等对待，应该有重点地进行。

其平衡的重点内容如下。

(一)销售额与目标利润的综合平衡

为了保证企业获得一定的经济效果，必须进行销售与利润目标的平衡。在既定的目标销售量下，再与各种消耗进行平衡。其平衡的方法按以下步骤进行。

1. 确定目标销售额

为了保证目标利润，根据盈亏平衡点的原理，确定目标利润销售额可按下式计算：

$$S=\frac{F+P}{m}$$

式中 S——销售收入总额，即目标销售额；

F——固定成本总额；

P——目标利润；

m——边际收益率。

2. 销售额与目标利润进行平衡

平衡时，假若已知的数据如表 4-3 所示。

表 4-3 销售额与目标利润平衡表 单位：万元

边际收益率	销售收入	销售收入累计	边际收益	边际收益累计	固定费用	损益累计
(1)	(2)	(3)	(4)=(1)×(2)	(5)	(6)	(7)=(5)-(6)
50%	600	600	300	300		-200
40%	400	1 000	180	480		-20
40%	500	1 500	200	680		+180
30%	500	2 000	150	830	500	+330
20%	300	2 300	75	905		+ 405

在这种生产多种产品的条件下，如果有各种产品预测的销售额，就看最后损益累计数

(表5-3第7栏)能否达到目标利润;如果没有各种产品的预测销售额,则根据目标利润的大小,调整销售额,使销售额能达到目标利润的要求。由于各种产品的边际收益率不同,究竟调整哪种产品合适,要视情况而定。假定将目标利润定在420万元,而5种产品的累计利润只有405万元,那就要增加15万元(420-405)的利润。如果靠调整D产品获得此项利润,则销售额需要增加30万元(15/0.5)。目标销售额增加为2 330万元;如果靠调整A产品,则销售额需要增加60万元(15/0.25),目标销售额增为2 360万元。究竟调整哪种产品合适,要从实际出发,根据内外条件而定。

(二)生产任务与生产能力的综合平衡

计划年度的生产任务与现有生产能力的平衡方法如下(以机械加工车间设备生产能力为例)。

(1)根据计划产量计算出任务台时数(简称任务台时),即

$$\text{任务台时数}=\text{任务产量}\times\text{单位产品计划台时定额}=\frac{\text{计划产量}}{1-\text{计划废品率}}\times\text{单位产品计划台时定额}$$

(2)计划出用台时表示的现有设备组的生产能力(简称能力台时),F 有效,即

$$\text{能力台时数}=\text{现有设备组的设备台数}\times\text{单位产品全年有效工作时间}=\text{现有设备组的设备台数}\times\text{单位设备全年制度工作时间(小时)}\times(1-\text{设备计划修理停工率})$$

3. 机组能力台时与计划任务所需台时进行比较。若绝对值得负数,说明生产能力不足,应采取措施,加以提高生产能力;若绝对值得正数,说明生产能力有余。平衡格式如下表4-4所示。

表4-4　机加车间××2段生产能力平衡表

机组名称	机床台数	每台机床年有效台时数	机组生产能力(台时)	产品计划需要台时数	生产能力不足(-)多余(+)	设备负荷系数
	(1)	(2)	(3)=(1)×(2)	(4)	(5)=(3)-(4)	(6)=(4)/(3)
普通车床	15	4 800	72 000	60 000	+12 000	0.83
六角车床	4	4 800	19 200	19 000	+200	0.90
铣床	3	4 800	14 400	16 000	-1 600	1.11
刨床	5	4 800	24 000	32 000	- 8 000	1.33

也可以用设备负荷系数表明生产任务与生产能力的平衡程度,即

$$\text{设备负荷系数}=\frac{\text{计划任务}}{\text{设备组能力}}=\frac{\text{为完成计划任务所需台时数}}{\text{设备组现有有效台时数}}$$

生产任务与生产能力的平衡是按各工段和每组机器设备依照上述方法进行平衡的。在实际工作中,为了减少核算平衡的工作量,一些企业只对主要的关键设备组进行核算

平衡。

(三)生产任务与劳动力的平衡

工业产品的生产过程,也是人们的劳动过程。企业一切经营活动都是通过人的劳动实现的。因此,劳动力是实现生产经营活动的主要因素之一。在实现生产过程中,生产任务与企业现有劳动力之间会出现不平衡的矛盾。这种矛盾表现为完成生产计划任务所需的劳动力超过企业现有的劳动力,即出现劳动力不足的情况;或出现某些工种劳动力不足,而另一些工种劳动力多余的情况。进行生产与劳动力之间的平衡,就是要对企业各部门、各环节的劳动力需要量进行全面测算。其主要内容包括:根据生产计划任务和劳动定额水平以及提高劳动生产率的要求,计算基本生产工人和辅助生产工人的需要量;根据岗位定员和企业机构设置情况计算工人、工程技术人员、职工能员的需要量;根据统计资料计算和核对各类人员的实有数、出勤率,确定各类人员的不足额和多余额,并提出相应的解决措施等。

企业生产任务与劳动力的平衡,是以车间为单位进行的;车间又以工种(或班组)为单位进行的。现将以工时表示的基本生产工人的能力和生产任务平衡的方法介绍如下。

(1)求为完成生产计划任务所需的工时(任务工时),按下式计算:

为完成生产计划任务所需工时数=某工种人数×单位产品工时定额×(1+考虑补废的工时损失数)

(2)求某工种现有人员的有效工时数(能力工时),按下式计算:

某种一年内有效工时数=某工种人数×每1名工人1年内有效工时数×定额完成系数

每1名工人1年内有效工时数=计划期制度工时日数×轮班工作小时数×出勤率×作业率

$$\text{定额完成系数}=\frac{\text{工时定额}}{\text{单位产品实耗工时}}=\frac{\text{单位时间实际产量}}{\text{产量定额}}$$

(3)求余缺工时,按下式计算:

$$\text{余缺工时}=\text{能力工时}-\text{任务工时}$$

(4)求余缺人数,按下式计算:

$$\text{余缺人数}=\frac{\text{余缺工时}}{\text{每一名工人在计划期内有效工时时数}}$$

(四)生产任务与企业的资金平衡

资金是完成企业生产计划任务不可缺少的必要条件。有合理足够的资金能够保证企业生产任务顺利完成。由于企业取得所需资金的途径不同,需要按资金的内容分别测算平衡。

【例4.2】 现仅以销售收入(表示生产任务)和流动资金平衡为例,假设某一企业在计划期的定额流动资金为1 000万元,周转天数为72天,全年日历天数按360天计算,试问生产5 500万元的销售收入任务流动资金够不够?

销售收入与流动资金可成下式关系:

$$\text{销售收入}=\text{定额流动资金}\times\frac{360}{\text{流动资金占用天数}}$$

根据上例的资料,则

$$销售收入=1\ 000\times\frac{36}{72}=5\ 000(万元)$$

在流动资金周转数一定的情况下，要保证达到5 500万元的销售收入，显然只有1 000万元的流动资金的现额是不够的，尚缺100万元。要使销售收入和流动资金平衡，必须再筹集（或者由银行贷款）100万元的流动资金，或者是改善经营管理，缩短流动资金的周转天数，由72天压缩到65天。

在财务收支平衡中，资金平衡是核心的问题。企业生产所需的资金既包括流动资金，也包括固定资金。在长期经营计划中主要是所筹资金与所需的投资平衡；在年度经营计划中，主要是流动资金与目标销售量所需资金的平衡。平衡的目的是为了判断企业经营活动财务资金上的保证程度。

（五）生产与经济效果的平衡

企业的生产经营既要满足国家计划要求和市场的需要，又要讲求经济效果，获得最大的盈利。但有时生产与盈利之间会发生矛盾。如在有限的资源条件下，增加产品品种，提高产品质量，则产量的提高和成本的降低就会受影响，从而影响利润的增加。又如在市场都有销路的情况下，有的产品费工少、成本低、利润大，但市场需要量不大；有的产品费工多、成本高、利润小，但市场需要量大。在保证产品质量的前提下，如何合理地安排产品生产，保证取得最大的利润，这就涉及原材料、资金、设备、人员、时间等各种因素，这就需要正确处理它们之间的平衡。

生产和经济效果之间的平衡，往往应用线性规划的方法来解决。

三、计划综合平衡法

年度经营计划综合平衡，由于各企业的性质、规模、特点和经营管理水平不一样，因此计划综合平衡所运用的具体方法也不尽相同。这里仅概括地说明计划综合平衡常用的一般方法。

1. 数字核算平衡法

数字核算平衡法主要是采用列表式，把各种已知的数据列在表格上，然后根据这些数据进行核算平衡。例如，生产任务与生产能力的核算平衡、财务收支平衡等。

2. 进度衔接法，也可采用列表式

例如，产、销之间，生产进度与生产技术准备进度、外协进度、配套进度之间平衡等。

3. 文字分析法

文字分析法就是用文字说明各有关项目之间平衡，例如，工人的技术等级与生产需要之间的平衡等。

4. 线性规划法

线性规划法是一种综合求解复杂方案的数学方法。它是在一组约束条件下，寻求一个函数的最大（或最小）目标值的方法。在综合平衡时，涉及各种复杂影响因素，用一般的核算分析法无法揭示各种因素之间的实质，就要用定量的数学方法，来求最优解。

四、计划综合平衡工作中应注意的问题

1. 计划指标要积极可靠

所谓积极可靠就指在既定的生产技术组织条件下和一定的人力、物力及财力的条件

下,经过努力可以达到指标。就是在平衡工作中要正确处理客观可能性与主观能动性的关系问题。在平衡时要反对脱离客观实际不可能达到的高指标。确定指标要把量力而行和尽力而为结合起来,既不保守,又不冒进,这样的平衡既是积极的又是可靠的。

2. 要留有余地

所谓留有余地,就是不把计划订得满满的,而要留有余地,使计划保持一定的弹性。因为企业生产经营活动是错综复杂的,往往会遇到一些预料不到的问题。只有留有余地,使计划保持一定的弹性,才能应付由于考虑不周或者是外部环境变化而出现的问题。

3. 年度经营计划必须与中、长期经营计划相结合

没有科学的中、长期经营计划的指导,年度经营计划就不能有明确的发展方向和目标。有了符合客观实际情况的年度经营计划,才能保证中、长期经营计划逐步实现。特别是随着科学技术的迅速发展、生产规模日益扩大和市场经济的开展,加强中、长期计划与年度计划的结合就更加重要了。

第六节 目标管理

一、目标的定义及性质

社会生活的各种部门和各个单位,如医院、学校、工厂、社会团体等,都有各自的存在目的和任务,都有相应的管理目标。管理目标既是他们活动的起点,又是他们活动的终点。组织的各种管理活动都要以管理目标为依据,有序、有效地展开。管理活动的终结又要以管理目标为标准,进行合理、有效的评估。目标不仅是一个组织的基本特征,还表明一个组织存在的意义。

目标是组织在一定时期内通过努力争取达到的理想状态或期望获得的成果,它包括组织的目的、任务、具体的目标项目和指标,以及指标的时限。

(一)目标的性质

目标具有以下几方面的性质。

1. 层次性

组织目标形成一个有层次的体系,范围从广泛的组织战略性目标到特定的个人目标。这个体系的顶层是组织的远景和使命陈述。第二层次是组织的任务。在任何情况下,组织的使命和任务都必须要转化为组织总目标和战略,总目标和战略更多地指向组织较远的未来,它们必须要进一步地细化为更多具体的行动目标和行动方案,这样,在目标体系的基层,有分公司的目标、部门和单位的目标、个人目标等。

不同层次的主管人员参与不同类型目标的建立。董事会和最高层主管人员主要参与确定组织的使命和任务目标,并且也参与在关键成果领域中更多的具体的总目标。中层主管人员如副总经理、营销经理或生产经理,主要是建立关键成果领域的目标、分公司和部门的目标。基层主管人员主要关心的是部门和单位的目标以及他们的下级人员目标的制定。对于组织任何层次的人员来说,都应该有个人目标,包括业绩和个人发展目标。

2. 网络性

如果说目标体系是从整个组织的整体来考察组织目标的,那么,目标网络则是从某一

具体目标实施规划的整体协调方面来进行考察的。假如各种目标不互相关联、不互相协调而且也不互相支持,则组织成员往往会出于自利而采取对本部门看似有利而对整个公司却不利的途径。

目标网络的内涵表现为以下四点:第一,目标和计划很少是线性的,即并非当一个目标实现后接着去实现另一个目标。目标和规划形成一个互相联系着的网络。第二,主管人员必须确保目标网络中的每个组成部分相互协调,不仅执行各种规划要协调,而且完成这些规划在时间上也要协调。第三,组织中的各个部门在制定自己部门的目标时,必须要与其他部门相协调。第四,组织制定各种目标时,必须要与许多约束因素相协调。

3. 多样性

从组织目标的分类和不同内容上看,目标是多种多样的。有大目标和小目标、主要目标和次要目标、定性目标和定量目标、明确目标和模糊目标等。总之,凡是与组织生存发展有关的活动,都要通过各种各样的目标来组织实施和监控。但是如果追求的目标数目过多,其中无论哪一个都没有受到足够的重视,则计划工作是无效的。因此,在考虑追求多个目标时,必须对各目标的相对重要程度进行区分。了解目标的多样性,有助于主管人员正确地确定目标和充分发挥目标的作用。

4. 时间性

目标是一定时期内所要达到的预期成果,如果没有"一定时期"的时间约束条件,目标就失去了存在的意义。所以,任何目标都有时间性。从时间的长短标准来考察目标,目标分长期目标和短期目标。这里的长和短是相对的。一般来说,短期目标是长期目标的基础。

一个组织在一段时间内可以有很多目标,而一个目标只能对应一段时间。计划目标的时间一般来说应该是稳定的。在计划时期内,依据客观条件的变化,对计划目标可以做必要的修正。

5. 可考核性

目标是可以被考核的。要想目标可以考核,一个途径是将目标定量化。在计划目标中大多数目标是定量目标。因此,对执行者的业绩考察是比较容易的。但是,在组织的活动中定性目标也是不可缺少的。这些目标是不易用数量表示的。因此,硬性地把一些定性的目标数量化、简单化对管理工作都是不足取的。尽管确定可考核的定性目标是十分困难的,但任何定性目标都与其他的定量目标有一定的联系。因此,从全局上、整体上、宏观上对定性目标也是可以考核的。

6. 可接受性

根据美国管理心理学家维克多·弗洛姆(Victor Vroom)的期望理论,人们在工作中的积极性或努力程度是效价和期望值的乘积。其中效价指一个人对某项工作及其结果能够给自己带来的满足程度的评价,即对工作目标有用性(价值)的评价;期望值指人们对自己能够顺利完成这项工作可能性的估计,即对工作目标能够实现的概率的估计。因此,如果一个目标对其接受者要产生激励作用的话,这个目标必须是其可接受的,可以完成的。对一个目标完成者来说,如果目标超过其能力所及的范围,则该目标对其没有激励作用。

7. 挑战性

根据弗洛姆的期望理论,如果完成一项工作所达到的目标对接受者没有多大可能的话,接受者没有动力去完成该项工作;而如果一项工作很容易完成,对接受者来说,是件轻而易举的事情，那么接受者也没有动力去完成该项工作。教育学中有一条原则叫做“跳一跳，摘桃子”，说的就是这个道理。

目标的可接受性和目标的挑战性存在着对立统一的关系，但在实际工作中，管理者必须把它们统一起来。

8. 伴随信息反馈性

信息反馈是把目标管理过程中目标的设置、目标实施情况不断地反馈给目标设置和实施的参与者，让他们时时知道组织对自己的要求以及自己的贡献情况。如果建立了目标再加以反馈，就能更进一步改进员工的工作表现。

综上所述，设置目标的数量不宜太多，应包括工作的主要特征，并尽可能地说明必须完成什么和何时完成。如有可能，也应明示所期望的质量和为实现目标的计划成本。此外，目标应能促进个人和职业上的成长和发展，使员工能够接受，并具有一定的挑战性。

（二）目标的确定原则

在确定目标的具体问题上，由于组织的各部门职能不同，不同时期、不同条件的目标不同，其目标的确定肯定是各有千秋，不过从总体考察，要使目标合理有效，还必须遵循以下基本原则。

1. 统一性

任何一个组织最重要的是确定组织的总目标。总目标必须体现组织的目的和任务，明确规定组织全部活动的方向。组织的全体员工必须为实现总目标而努力奋斗。因此，组织内的各部门、各层次、各方面、各员工的目标都必须服从于总目标，维护总目标的统一性、权威性，以充分发挥整体的优势。

2. 系统性

组织内各层次、各方面、多时间跨度的目标要形成一个协调一致的目标系统。所谓协调一致，就是各目标之间不能互相矛盾、互相脱节；要区分轻重缓急，确定目标的优先次序，以合理地分配组织资源，注意系统优化。目标的上、下、左、右的关系要符合客观的内在联系，如利润目标同产量目标、品种目标、质量目标、成本目标等都有关联，其中哪个目标不协调都会使利润目标受影响。从目标的层次上看，下一层次的目标是上一层次目标的细分化和具体化，是实现上一层次目标的保证。

3. 预见性

目标是组织希望达到的预期效果。目标是预先确定的。目标的确定要认真估计组织外部环境和组织内部条件的发展变化情况，尽量做到目标同将来事物的发展状态相吻合，特别在制定长期目标时，尤其要重视战略上的预见性，防止由于缺乏预见性而造成长期目标在实施 2~3 年后就失去任何意义。

4. 科学性

目标必须在对象、要求和时限上是明确的和单义的。目标必须尽可能量化，而且要进行科学的计算。目标要保持先进、合理和切实可行，要具有激励作用，高度要适当，是经过努力可以实现的。同时，要具有目标实现的可衡量性，要有明确的考核指标和考核标准。

5. 应变性

组织的外部环境和内部条件都是在不断发展变化的，组织的目标应当随着情况的变化而相应地调整或作出必要的修改。这里指的调整和修改不是为了保证计划的完成而人为地调整、修改,使计划目标被动地适应实际情况,而是组织的实际环境和条件因某些特殊原因,如天灾、人祸等不可抗拒的情况发生等,致使原计划目标失去了预见性和科学性,所以必须对目标进行必要的调整和修改,使其能继续起到对工作的引导作用。

二、目标管理的含义、特征及优越性

目标管理(Management by Objectives,简称 MBO)是 20 世纪 50 年代在美国出现的一种新的管理制度。目标管理的基本概念是由美国著名的管理学家彼得·德鲁克(Peter F. Drucker)首先提出来的,1954 年他在《管理的实践》一书中用通用汽车公司联邦分权制的实例,对目标管理进行了具体的介绍。他认为,凡是组织的生存和发展依赖于员工的工作绩效和工作成果的场合,都必须采用目标管理,对主管人员的评价应当依据他对实现组织目标的贡献来进行。由于目标管理被认为更适合于对管理人员的激励和评价,所以常常被人们称为"对管理者的管理"。

德鲁克提出目标管理的基本思想后,将其理论具体展开的是美国著名的经营顾问谢勒,其著作主要有《根据结果的管理》。从此目标管理在应用研究中不断发展,日趋完善。

目标管理先为欧洲和日本以及其他国家的企业界所接受,20 世纪 80 年代传入我国,受到我国企业界、政府机关和各种社会组织的广泛关注。

(一)目标管理的含义

目标管理是依据外部环境和内部条件的综合平衡,确定组织在一定时期内预期达到的成果,从而制定出目标,并为实现该目标而进行组织、激励、控制和检查工作的管理方法。此方法包含了以下几方面的含义。

1. 目标管理追求工作效果

目标管理建立在工作目的的基础上,充分发挥工作者的主观能动性,在明确工作范围和工作业务的前提下,自己和组织共同制定出某时期内要完成的工作成果和措施,自始至终围绕实现目标而尽心竭力,它所追求的是工作效果。目标管理是调动人们努力工作并达到目标的科学管理方法。为此,组织的目标应是一个系统,它不仅包括利润、销售、生产、质量、消耗、成本等内容,还应有提高组织经营稳定程度、安全程度和改善职工物质文化生活水平等方面的目标。

2. 目标管理是一种综合的科学管理方法

目标管理把"以作业为中心"的管理理论和方法同"以人为中心"的管理理论和方法综合起来,使人们认识到自己工作的价值,产生工作兴趣,自我控制去实现目标,取得成果后能享受工作欲望的满足感。同时个人的分目标的实现也保证了组织的总体目标的完成,这种全面的管理使"作业"和"人性"两个方面得到较好的统一和综合。

3. 目标管理是一种立体的多维的管理体制

目标管理以预定优化的最终成果为目标,通过横向协调和综合平衡,把目标层层展开,逐级落实。它使各级部门、每个职工都明确其在实现组织目标的总体活动中,在每一阶段担负何种任务、何时完成,它是职责在时间上、空间上的明确化和具体化。它还体现了"责、权、利"的密切结合,从而形成了一种立体的、多维的、新的经济责任制体系,使组织的各项活动都围绕目标的实现而统筹运动。

4. 目标管理与传统的责任制有区别又有联系

传统的责任制以静态的岗位为对象，规定的条文一般要几年才能修改一次，并不与管理目标相联系。责任制多强调分工，但是"分工"越细，"扯皮"的问题也就越多。而目标管理是针对组织现实制定出一定时期的具体目标，密切联系总体目标而采取对策措施，层层展开落实到每个岗位，越到基层，其目标和措施越具体，所承担的责任也就越明确。

总之，目标管理是组织在一定时期内确定目标、制定方针、分解目标、落实措施、安排进度、具体实施、取得效益、严格考核的组织内部自我控制达到目标的一种科学管理方法。

（二）目标管理的基本特征

目标管理与其他管理方法相比较，具有以下几个方面的特征。

1. 具有目标体系，是一种总体的管理

实现目标要通过一定的宗旨，确立组织某一时期特定的战略目标，以此为重点，把组织的工作目的和任务转化为全体职工的明确目标。通过发动群众自下而上、自上而下地制定目标，在组织内部建立起一个纵横交错、相互联系的目标体系。这和以往的管理方法相比较，有着鲜明的科学性、系统性和完整性。目标体系把全体职工有机地组织起来，使人们产生整体观念和团结欲望，有利于发挥集体的力量。因而目标管理能够发挥组织各部门和全体职工的积极性，是一种全方位的管理，可以取得全面的管理效果。

2. 实行参与管理，是一种民主的管理

目标管理实际上也是一种参与管理制度。在目标管理的实施过程中，它让全体职工参与管理，实行组织管理民主化。例如，个人目标的制定主要依靠执行者本人，这和以往的管理由上而下摊派工作任务的做法截然不同。在制定目标时，尽量尊重目标制定者的愿望，使人们增强责任感和提高工作兴趣。这是一个很重要的特色。目标管理重视协商、讨论和意见交流，而不是命令、指示、独断专行，是一种体现民主的管理。

3. 实行自我控制，是一种自觉的管理

目标管理是一种"主动"的管理方式，使人们自觉地努力追求目标的实现，以积极的行动代替空洞的言论，以自我要求代替被动从属，以自我控制代替被人把持，这也是目标管理的特征之一。目标管理注重人性，以目标激励人们，使人们把隐藏的潜力尽量地发挥出来，并以自我控制实现组织和个人的目标。这种主动自觉的管理比以往的管理方法更能适应现代化工业的发展，更能使企业在激烈的竞争中立于不败之地。

4. 注重管理实效，是一种成果管理

目标管理非常强调成果，注重目标的实现，重视目标的评定，因此也叫做"根据成果进行组织管理的方法"。这是目标管理的又一个重要特征。目标管理对目标的实现和成果的评定，都规定得比较明确、具体、客观、公平。对成果评定的结果，不仅给予相应的奖励和表彰，还把个人成果反映到人事考核上，作为晋级、提升的依据。这种把组织的业绩提高和职工个人晋升等个人利益结合起来的做法，必然会激励职工积极争取更好的成果。

5. 实行权力下放，是一种分权的管理

集权和分权的矛盾是组织的基本矛盾之一，推行目标管理则有助于协调这一对矛盾。目标管理促使管理者下放权力，上级提出明确的目标和达到目标所必需的方针，在实施过程中，具体的选择决策权是在下级的手中。通过权力的下放，有助于在保持有效管理的情况下，最大限度地调动员工的积极性；有助于在保持有效控制的前提下，把局面搞得更加有生气。

（三）目标管理的优越性

实行目标管理的优越性可以归纳为以下几点。

1. 目标管理可以极大地改善管理工作

目标管理的所有优点可以总结为一句话：它有利于组织全面提高管理水平。现实可行的目标依赖于计划工作的保证，同样计划也必须以最终目标为依据才有意义。这就迫使管理人员为实现最终目标而进行计划，同时也促使他们考虑为实现目标所采用的手段，考虑与这些目标相适应的组织机构和人员，而一套精心设计的分目标体系则提供了最好的控制标准。

2. 目标管理有利于改善组织结构

为了将目标落实到岗位上，组织的管理人员必须了解现有组织结构的状况，从而有利于发现组织结构设计中所存在的缺陷，并根据组织预期的结果对组织结构进行改善。因此，目标管理的另一个主要优点是它能够迫使管理人员分清组织的作用和结构，尽可能地围绕关键结果来设置职位。

3. 目标管理可以鼓励员工勇于承诺和自我实现

目标管理的一个最大的优点是鼓励员工对其目标承担义务。因此，目标管理有利于激励员工的主动精神，诱发他们的责任感。通过实施目标管理，每一个职工都参加了为自己拟定目标的工作，他们不再是被动的接受者，而是有着明确目标的、能够掌握自己命运的主动的追求者。当员工掌握了自己的命运之后，他们在工作中就会充满热情。

4. 目标管理有利于形成有效的控制

目标管理不仅提高了计划工作的有效性，而且有助于形成有效的控制。控制就是对进行着的业务活动加以衡量，发现计划实施过程中所发生的偏离并采取措施加以纠正，从而保证既定目标的实现。对业务活动的衡量取决于所使用的标准，而一套明确的、可考核的目标，将是最好的控制标准。

三、目标管理的步骤

孔茨认为，目标管理是一个全面的管理系统，它用系统的方法，使许多关键的管理活动结合起来，并且有意识地使管理活动能够有效地和高效率地实现组织目标和个人目标。

在理想的情况下，这个过程开始于组织的最高层，并且有总经理的积极支持和指导。但是目标设置并非一定开始于最高层，它可以从分公司一级开始，也可以在职能部门这一级甚至更低层次开始。例如，某一公司的目标管理首先开始在一个分公司建立，随后逐级建立到管理的最底层而形成一个互相联系、互相支持的目标网络。在分公司经理的领导和指导下，无论在获利性、成本降低、改善经营等方面都取得了成功。不久，其他一些分公司经理和公司总经理也产生了兴趣并力图实行类似的目标管理计划。

下面介绍一下目标管理的具体步骤。

（一）确定目标

目标管理认为，一切活动的开始首先要确定目标，活动的进行以目标为指针，活动的结果以完成目标的程度来评价。

对于一个组织来说，成功的经验表明，正确地制定组织目标要满足四个要求：

(1)方向明确。根据组织的目的和使命,要明确产品方向和市场方向。

(2)总分结合。要有总目标和分目标,形成上下结合、左右协调的目标系统。

(3)具体定量。凡目标能量化的要全部量化,保证目标的科学性。

(4)分台阶上。正确划定目标的时间跨度,充分注意在长期目标导向下短期目标的阶段性和连续性,有效地把握长期目标和短期目标的相互关系;做到战略上的预见性和战术上的现实性相结合。

组织的目标是多重的、多方面的,从目标的具体内容及其相互关系分析,可以把组织的目标分为总目标、中间目标和具体目标三类。总目标是组织一切活动的立足点和出发点,决定着长期的发展方向、规模和速度。总目标可以划分为若干个中间目标。中间目标是实现总目标的措施和手段,是为实现总目标服务的。中间目标又可以进一步划分为若干具体目标。具体目标是实现中间目标的手段,是为实现中间目标服务的。

总目标、中间目标、具体目标形成如下树状目标体系,如图4-9所示。

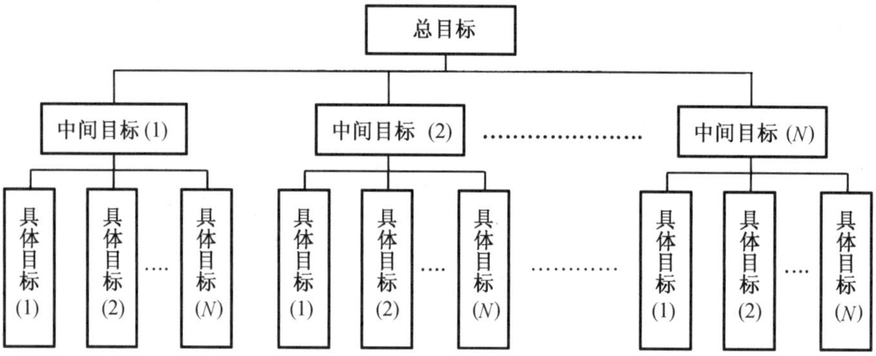

图4-9 组织目标的内容结构图

具体来讲,目标的设置可细分为五个步骤。

1. 最高管理部门提出组织的预定目标

最理想的目标体系是从组织的最高管理部门开始的,这使目标的实现容易得到最高管理部门的支持。但是,由最高管理部门确定的目标只能是初步的和暂定的。所以,目标管理也可由下级和职工提出,上级批准。但是,不管是哪种形式,首先,必须共同商量决定;其次,领导必须根据组织的长远规划,面临的客观环境,对应该和能够完成的任务目标有一个清醒的估计,对应当确立的目标数量和目标标准心中有数。

2. 进行有关组织人事决策

进行有关组织人事决策,即根据主要目标和次要目标的要求,对组织与人事进行分析,建立或调整组织机构和人员配置,以便使每个目标都有人明确责任。尽可能做到某个目标只属于一个主管、一个部门。对需要跨部门配合的目标也应明确谁主谁从。

3. 确定下属目标

确定下属目标,即根据组织的总目标要求,组织下属部门和人员进行学习和讨论,并依此设定下级自己的目标,进而把组织的总目标分解成具体的工作目标,层层落实到科室、车间、班组和每个职工身上。此外,在商定具体目标时还要注意:目标必须具体化、定量化,以便于测量;目标要有“挑战性”,既要有现实的可能性,又要留有余地。

4. 目标的平衡和调整

目标必须有重点有顺序,不能太多,5~6 项即可,多则容易顾此失彼。上级和下级要就实现各项目标所需要的条件以及实现目标后的奖惩事宜达成协议,并授予下级相应的支配人、财、物和对外交涉等权力。

5. 目标体系的整理和确立

上级和下级商妥后,由下级写成书面协议,编制目标记录卡片,当整个组织汇总所有资料后,就可绘制出目标图。

(二)实施目标

组织目标一经制定和展开,组织从上到下都要紧紧围绕确定的目标、赋予的责任、授予的权力,结合各自的特点,运用固有的技术和专业知识,为实现目标寻找最有效的途径。为保证目标的顺利实现,在实施阶段要着重抓好以下两方面的工作。

1. 权限下放和自我控制

目标管理强调重视成果的思想和权限与目标一致的原则。在目标制定过程中,上级必须明确提出达到目标所必须的方针;而在目标实施过程中,上级关心的应是下级是否根据方针达到目标,取得最终成果,至于下级采用什么方法和手段,通过什么途径来达到目标,则完全可由下级自主选择决定。因此,在实施过程中,上级尽可能要下放权限,给下级以自由处理的余地。在权限下放的同时,也要强调下级的执行责任和报告义务。下级在实施过程中,一面要对照自己的目标检查行动,一面要依靠自己的判断充分行使下放给自己的权限,努力达到目标,这就是自我控制。实行权限下放为下级在自我控制下独立进行工作创造了条件。有了目标和权限,下级就会产生强烈的责任感,就能发挥自己的判断能力、决断能力和创造能力,就能针对自己的不足之处主动积极地进行自我提高,进而力争达到自己的目标。

2. 实施过程的检查和控制

目标的实施如果没有检查,就会变成放任自流。检查可以促进各部门和个人认真地实现目标。目标实施过程的检查一般实行下级自查报告和上级巡视指导相结合。要使下级明确报告工作的义务,定期自查并向上级报告。报告内容包括目标实施进展状况、自己所做的主要工作、遇到的问题、希望得到的帮助等。自查报告要制度化。

上级必须经常掌握下级业务的进展情况。除接受下级报告外,还需经常与下级进行意见交流,以加强对目标实施过程的管理。上级可在巡视检查中向下级就工作的掌握方法和进行方法等进行实质性的询问,提出问题,鼓励下级主动地、创造性地钻研问题,以积极进取的态度解决问题。对于下级在工作中无权处理而请求上级给予帮助的问题则应及时给予适当的启发和指示。上级的检查应尽量不干扰下级的自我控制。

在对实施过程检查的基础上,将目标实施的各项进展状况、存在的问题等用一定的图表和文字反映出来,对目标值和实际值进行比较分析,实行目标实施的动态控制。通过检查,对需要调整的目标,要经过规定的程序进行调整。

(三)总结评估

对目标成果进行总结和评估,是目标管理过程的最后阶段。在达到预定的期限之后,由下级提出书面报告,上下级在一起对目标完成情况进行考核,决定奖惩、工资和职务的提升和降免,并同时讨论下一轮的目标,开始新循环。如果目标没有完成,应分析原因,总结教训,但最忌相互指责。上级应主动承担应承担的责任,并启发下级作自我批评,以维持相互信任的气氛,为下一循环打好基础。

复习思考题

1. 简述计划的含义及其作用。
2. 简述企业计划的类型及其基本内容。
3. 简述计划的层次体系及其基本内容。
4. 简述计划的 5W1H 的基本内容。
5. 简述计划编制的具体步骤。
6. 简述滚动式计划法的含义与适用范围。
7. 简述滚动式计划法的特点。
8. 简述网络计划法的基本原理。
9. 简述企业长期经营计划的必要性。
10. 简述企业长期经营计划的主要内容。
11. 简述企业长期经营计划编制的主要阶段。
12. 简述企业年度经营计划的内容。
13. 简述企业年度经营计划与生产财务计划的区别与联系。
14. 简述企业年度经营计划指标的分类。
15. 简述企业年度经营计划编制的程序。
16. 简述企业年度经营计划综合平衡的内容。

第五章　企业管理决策

在日常生活和工作中,人人都可能是决策者。人们总要在行动之前对行动目标与手段进行探索、判断和选择。决策是普遍存在的,而且至关重要。无论个人还是组织,几乎每时每刻都在做出决策。

第一节　企业管理决策概论

一、决策及其特征

(一)决策的定义

韦伯思特词典对决策的定义是:决策就是从两个或多个的一组行为备选方案中有意识地选择其中一个行为方案。

赫伯特·西蒙(Herbert Simon)对决策过程的定义是:决策就是找出要求制定决策的条件;寻找、拟订和分析可能的行动方案;选择特定的行动方案。

邓肯(Dun Can)对决策的定义是:理性的人对需要采取行动的局面给以的恰当反应。

路易斯(Lewis)、古德曼(Goodman)和范特(Fandt)对决策的定义是:管理者识别、解决问题以及利用机会的过程。

从上述定义可以看出,决策有狭义和广义之分。狭义地说,进行决策是在几种行动方案中做出选择。广义地说,决策还包括在做出最后选择之前必须进行的一切活动。广义的定义,基本上把握住了决策的含义。

因此,简单地说,所谓决策,就是为达到一定的目标,从两个或两个以上的可行方案中选择一个合理方案的分析判断过程。换言之,决策是决策者经过各种考虑和比较之后,对应当做什么和应当怎么做所做的决定。任何组织的管理工作,都经常存在各式各样的问题,需要研究对策并决定采取合适的措施加以解决,这个过程就是决策过程。组织在实行决策时,一方面需要有"应该达成的既定目标";另一方面需要有能达成目标的"可利用的备选方案"。这就是说,决策需要有"目标"和"备选方案"两方面的因素。

(二)决策的特征

现代科学化决策具有以下几个特征。

1. 目标性

任何决策都必须根据一定的目标来做出。目标是组织在未来特定时期内完成任务所预期要达到的水平。没有目标,人们就难以拟订未来的活动方案,评价和比较这些方案也就没有了标准,对未来活动效果的检查更失去了依据。旨在选择和调整组织在未来一定时间内活动方向、内容或方式的组织决策,比纯粹个人的决策,更具有明确的目的性和目标性。

2. 可行性

组织的任何活动都需要利用一定资源。缺少必要的人力、物力和技术条件的支持，理论上非常完善的决策方案也只会是空中楼阁。因此，决策方案的拟订和选择，不仅要考察采取某种行动的必要性，而且要注意实施条件的限制。决策的可行性应符合经济上合理、技术上可能、政策上允许、实践上可行的要求。组织决策应该在外部环境与内部条件结合研究和寻求动态平衡的基础上来制定。

3. 选择性

决策的实质是选择，或者说“众中择一”。没有选择就没有决策。而要能有所选择，就必须提供可以相互替代的多种方案。事实上，为了实现相同的目标，组织总是可以从事多种不同的活动。这些活动在资源需求、可能结果及风险程度等方面均有所不同。因此，组织决策时不仅要具有选择的可能，即提出多种备选方案，而且还要有选择的依据，即提供选择的标准和准则。从本质上说，决策目标与决策方案两者都是经由“选择”而确定的。

4. 满意性

选择组织活动的方案，通常根据的是满意化准则，而不是最优化准则。因为最优决策往往只是理论上的幻想，在方案数量有限、执行结果不确定和结果判定不明确的条件下，人们难以做出真正最优的决策，而只能是根据已知的全部条件，加上人们的主观判断，做出相对满意的选择。

5. 过程性

决策不是指做出选择或抉择的那一瞬间，而是一个“全过程”的概念。决策工作的重点是对拟采用的方案做出抉择，但若要有可选择的余地，就必须事先拟订出多个备选的方案；而要拟订备选方案，首先，要判断调整组织活动的可能性，确定改变原先决策的必要性，制定调整后应达到的组织目标等。因此，决策过程实际上包括了许多步骤的工作。

6. 动态性

首先，决策不仅是一个过程，而且是一个不断循环的过程。作为过程，决策是动态的，没有真正的起点，也没有真正的终点。其次，决策的主要目的之一是使组织的活动适应外部环境的变化，决策者必须不断监视和研究外部环境的这些变化。从中找到组织可以利用的机会，并在必要时做出新的决策，以及时调整组织的活动，从而更好地实现组织与环境的动态平衡。

(三)决策在管理中的地位与作用

1. 决策是最重要的管理活动

管理活动颇多，其中最为重要的是决策。因为决策是组织行动前必不可少的管理活动，决策的正确与否，决定着组织行动的成败。决策的实质是对未来行动方向、路线、措施等的选择。正确的决策，能指导组织沿着正确的方向、合理的路线前进，遇到问题时，可以采取有效的措施予以解决；错误的决策，会使组织走上错误的道路，发展下去可能导致组织的失败、消亡。因此有人说，决策正确，行动就成功了一半。现代企业管理学就认为，决策是管理的中心。

2. 决策贯穿于管理的全过程和各个方面

管理实际上是一个不断地做出决策和实施决策的过程。没有决策，就没有管理。也正因为如此，西蒙才高呼：管理即决策。首先，一切管理职能中都渗透着决策职能。无论是计划、控制、组织，还是人事、沟通、激励，都不可能离开决策职能，每一个职能管理者都必须掌握决策职能和运用决策职能。其次，决策贯穿着管理的始终。在一次管理循环中，计划是开端，实施决策过程中的控制是终点，在这个循环中，离不开决策。再次，一切管理人员都是决策者，都必须在自己的职责范围内做出决策，实施决策。公司的总经理、董事长是决策者，车间的班组长、工段长也是决策者，不同的只是决策内容的差别而已。

3. 决策能力是管理者必须具备的最基本、最重要的能力

管理离不开决策，管理人员首先必须具备的就是决策能力。一个人的决策能力是其各方面能力的集中体现，管理者所处的层次越高，所具备的决策能力就应越强。如果一个管理者的决策水平高，能力强，可以推断他在组织管理所要求的各个方面的水平都较高，能力都较强。反过来就不一定了。如在工业企业中，一个人可以是一个优秀的工程师、发明家、计划工作者，但可能并不是一个优秀的管理人员，因为他可能缺乏管理决策能力；一个优秀的工厂厂长或经理，虽然不必成为技术上的专家，但至少也必须是内行，很清楚、熟悉本行业科学技术发展水平和变化趋势，否则，他不可能就企业的技术改造、新产品开发等做出正确的决策和贯彻实施这些决策。所以说，决策能力是一个管理者必须具备的基本能力。

二、决策理论

为了对决策理论有一个概括的了解，对其发展的历史作以简要的回顾是必要的。到目前为止，关于决策理论的研究大概遵循着从理性决策到行为决策、从个体决策到群体决策的历史过程。从另一个角度看，也可以认为是走过了从狭义决策研究到广义决策研究的历史道路。

（一）古典决策理论

古典决策理论又称规范决策理论，是基于“理性的经济人”假设提出来的，主要盛行于20世纪50年代以前。古典决策理论认为，应该从经济的角度来看待决策问题，即决策的目的在于为组织获取最大的经济利益。

古典决策理论的主要内容是：

（1）决策者必须全面掌握有关决策环境的信息情报；

（2）决策者要充分了解有关备选方案的情况；

（3）决策者应建立一个合理的自上而下的执行命令的组织体系；

（4）决策者进行决策的目的始终都在于使本组织获取最大的经济利益。

古典决策理论假设，作为决策者的管理者是完全理性的，决策环境条件的稳定与否是可以被改变的，在决策者充分了解有关信息情报的情况下，是完全可以做出完成组织目标的最佳决策的。古典决策理论忽视了非经济因素在决策中的作用，这种理论不一定能指导实际的决策活动，从而逐渐被更为全面的行为决策理论代替。

（二）行为决策理论

行为决策理论的发展始于20世纪50年代。对古典决策理论的“理性经济人”假设发难的第一人是赫伯特·西蒙，他在《管理行为》一书中指出，理性的和经济的标准都无法确切说明管理的决策过程，进而提出“有限理性”标准和“满意度”原则。其他学者对决策者行为作了进一步的研究，他们在研究中也发现，影响决策者进行决策的不仅有经济因素，还有

其个人的行为表现,如态度、情感、经验和动机等。

行为决策理论的主要内容如下:

(1)人的理性介于完全理性和非理性之间,即人是有限理性的,这是因为在高度不确定和极其复杂的现实决策环境中,人的知识、想象力和计算力是有限的。

(2)决策者在识别和发现问题过程中容易受直觉上的偏差的影响,而在对未来的状况做出判断时,直觉的运用往往多于逻辑分析方法的运用。所谓直觉上的偏差,是指由于认知能力的有限,决策者仅把问题的部分信息当作认知对象。

(3)由于受决策时间和可利用资源的限制,决策者即使充分了解和掌握有关决策环境的信息情报,也只能做到尽量了解各种备选方案的情况,而不可能做到全部了解,决策者选择的理性是相对的。

(4)在风险型决策中,与经济利益的考虑相比,决策者对待风险的态度起着更为重要的作用。决策者往往厌恶风险,倾向于接受风险较小的方案,尽管风险较大的方案可能带来较为可观的收益。

(5)决策者在决策中往往只求满意的结果,而不愿费力寻求最佳方案。导致这一现象的原因有多种:决策者不注意发挥自己和别人继续进行研究的积极性,只满足于在现有的可行方案中进行选择;决策者本身缺乏有关能力,在有些情况下,决策者出于个人某些因素的考虑而做出自己的选择;评估所有的方案并选择其中的最佳方案,需要花费大量的时间和金钱,这可能得不偿失。

行为决策理论抨击了把决策视为定量方法和固定步骤的片面性,主张把决策视为一种文化现象。例如,日裔美籍学者威廉·大内(William Ouchi)在其对美日两国企业决策方面的差异所进行的比较研究中发现,东西方文化的差异是导致这种决策差异的一种不容忽视的原因,从而开创了决策的跨文化比较研究。

除了西蒙的"有限理性"模式,林德布洛姆"渐进决策"模式也对"完全理性"模式提出了挑战。林德布洛姆认为决策过程应是一个渐进过程,而不应大起大落(当然,这种渐进过程积累到一定程度也会形成一次变革),否则会危及社会稳定,给组织带来组织结构、心理倾向和习惯等的震荡和资金困难,也使决策者不可能了解和思考全部方案并弄清每种方案的结果(这是由于时间的紧迫和资源的匮乏)。因此,"按部就班、修修补补的渐进主义决策者或安于现状的人,似乎不是一位'叱咤风云'的英雄人物,而实际上是能够清醒地认识到自己是在与无边无际的宇宙进行搏斗的足智多谋地解决问题的决策者"。这说明,决策不能只遵循一种固定的程序,而应根据组织内外环境的变化进行适时的调整和补充。

(三)当代决策理论

继古典决策理论和行为决策理论之后,决策理论有了进一步的发展,经历了一个从个体决策研究向组织和群体决策研究的过程,即产生了当代决策理论。西蒙认为,组织决策的一个根本的特征是组织中决策前提的传递。在一个组织中每一个人在做决策时,还必须考虑到其他人的决策,即每个人要想唯一地确定其行动的后果,必须知道别人将如何行动。群体决策是近年来决策理论研究的一个热门方向,该理论目前已在对策论、谈判理论等领域取得了许多新的进展。

随着社会的发展,决策理论的应用已受到普遍的重视,特别是随着计算机的飞速发展,出现了决策支持系统(DSS)、群体决策支持系统(GDSS)、群体支持系统(GSS)等技术和工具,这些领域迅速成为决策研究中的一只奇葩。这类系统是以管理科学、运筹学、控制论和行为科学为基础,以计算机技术、仿真技术和信息技术为手段,面对半结构化的决策问题,辅助支持中、高层决策者的决策活动,具有智能作用的人-机计算机网络系统。现代决策理论在我国经历了从介绍引进、吸收借鉴到自我发展的过程,目前已有长足的发展。现在无论是决策理论研究还是决策支持系统的研究都在我国取得了许多可喜的成果。

第二节　企业管理决策的过程与影响因素

一、决策的要素

决策活动形形色色,但不论哪一种决策,都有如下几项共同的构成要素。

(1)决策者:进行决策的主体,它可以是单独的个人或组成群体的机构(如委员会)。

(2)决策目标:决策活动所期望达到的成果和价值,决策总是为了达到一定的目标,没有目标则无从决策。

(3)自然状态:不以决策者主观意志为转移的情况和条件。

(4)备选方案:可供选择的各种可行方案。

(5)决策后果:决策行动所引起的变化或结果。

(6)决策准则:选择方案所依据的原则和对待风险的态度。

决策的上述六个构成要素之间是密切关联的,如决策准则会影响到决策者对决策后果的评价,而决策后果又与自然状态和备选方案之间是对应的关系。

二、决策的过程

决策不是瞬息之间的行为,是一个过程,即是一个发现问题、分析问题和解决问题的系统分析判断过程。为了保证决策正确,一般应按以下程序进行。

(一)识别机会或诊断问题

决策者必须知道哪里需要行动,从而决策过程的第一步是识别机会或诊断问题。管理者通常密切关注与其责任范围有关的数据,这些数据包括外部的信息和报告以及组织内的信息。实际状况和所预期状况的偏差提醒管理者潜在机会或问题的存在。识别机会和问题并不总是简单的,因为要考虑组织中人的行为。有些时候,问题可能植根于个人的过去经验、组织的复杂结构或个人和组织因素的某种混合。因此,管理者必须特别注意要尽可能精确地评估问题和机会。另一些时候,问题可能简单明了,只要稍加观察就能识别出来。

评估机会和问题的精确程度有赖于信息的精确程度,所以管理者要尽力获取精确的、可信赖的信息。低质量的或不精确的信息使时间白白浪费掉,并使管理者无从发现导致某种情况出现的潜在原因。

即使收集到的信息是高质量的,在解释的过程中,也可能发生扭曲。有时,随着信息持续地被误解或有问题的实践一直未被发现,信息的扭曲程度会加重。大多数重大灾难或事故都有一个较长的潜伏期,在这一时期,有关征兆被错误地理解或不被重视,从而未能及时采取行动,导致灾难或事故的发生。

更糟的是,即使管理者拥有精确的信息并正确地解释它,处在他们控制之外的因素也会对机会和问题的识别产生影响。但是,管理者只要坚持获取高质量的信息并仔细地解释它,就会提高做出正确决策的可能性。

(二)确定决策目标

确定目标是决策的前提。这个目标是在一定外部环境和内部条件下,在市场调查和预测的基础上所预期达到的结果。决策目标是根据所要解决的问题来确定的,因此必须把需要解决的问题的性质以及产生的原因分析清楚,目标才能确定。有了目标后,才能拟订出各种达到目标的备选方案,并根据目标树立价值标准进行仔细衡量,从中选择出最好的方案,做出决策。

在确定决策目标时,要注意以下几个问题。

1. 要把目标建立在需要与可能的基础上

为此,应弄清组织内外的生产经营形势及其需要,以及达到目标所必要的条件及其具备程度。

2. 要使目标明确、具体

目标要尽可能数量化,便于用来衡量决策的实施效果。对难以数量化的目标,要采用间接的表示方式,使其具有相对的计量性。

3. 要明确目标的约束条件

确定目标,不仅要提出目标,而且对那些与实现目标有联系的各种条件,都应加以分析。直接影响目标实现的条件为"目标的约束条件"。例如,某企业把增加利润20%作为目标,但同时规定这个目标只能在产品品种结构严格符合上级规定,产量不低于一定限度等条件下来完成。这些条件就是目标的约束条件。如果不遵守这些约束条件,即使增加了利润20%,也不算达到目标。

4. 要明确主要目标

目标往往是多元的,它们之间常常存在着这样或那样的矛盾。确定决策目标时,要取消根本没有条件实现的目标,放弃某些相互矛盾的目标以及合并相似的次要目标。然后分清主次,综合平衡,使次要目标服从主要目标,突出主要目标,保证主要目标的实现。否则,目标过多或主次不分,势必难以决策或抓不住关键。

(三)拟订备选方案

在目标确定之后,就要探索和拟订一定数量的高质量的备选方案。备选方案的好坏在很大程度上影响着决策的质量。为了保证备选方案的质量,应注意以下三点:

(1)对备选方案要进行可行性研究,从方案必须具备的物质资源条件,到方案执行后所产生的结果和影响,进行全面论证,并且要在考虑决策目标能否实现的同时,还要考虑决策后果对国家和社会持续稳定发展是否有利等问题。

(2)要研究确定决策目标的根据,准确地掌握决策目标的中心。在此基础上,开始研究有多少条道路可以奔向目标,同时要分析每条道路的距离长短及途中障碍的多少和大小,从中选择距离短、障碍少的道路。值得注意的是:单是距离短并不一定是捷径,单是障碍少也不一定是坦途,应把二者结合起来。

(3)要运用系统的观点,对方案进行精心设计,使各种措施各就各位、纵横连贯。所设计的备选方案将来选定后是要实施的,因此,设计备选方案必须要有充分的依据,必须进行反复的计算、严格的论证和细致的推敲,必须使主观与客观一致起来,不可凭空臆造。通过上述工作,使所制订的备选方案具有实现的可能性、整体的详尽性及相互排斥性。

(四)评价备选方案

在此阶段,要采用现代化的分析、评价、预测方法对各种备选方案进行综合评价。在评价时,要根据目标来考核各个方案的费用和功效,运用定性、定量、定时的分析方法评估各备选方案的近期、中期和远期的效能价值,预测决策的后果以及来自各阶层、各领域的反应,尤其要注意那些难以用数学方法量化的非计量性因素。为了系统地进行评价,可以就每一方案分别根据"必须达到的目标"和"希望达到的目标"两个方面加以衡量。如果某一方案不能完全满足"必须达到的目标"要求,就摒弃不用。这样就把可能采用的方案缩减到少数几个最可行的方案。然后再根据"希望达到的目标"进行进一步评价。在评价的基础上,权衡比较各备选方案的利弊得失,并将各种备选方案按优劣顺序排列,提出取舍意见,送交最高决策机构。

(五)选择决策方案

选择决策方案,就是要从各备选方案中选择一个满意方案。为了正确地进行方案选择,必须做好以下几方面的工作。

1. 要考虑环境变化,预测每个备选方案的效果

决策备选方案是面向未来的,它的效果要经过一段时期后才能出现,所以只有通过预测才能了解方案的效果。要预测方案的效果,就要预测客观环境的可能变化,认真考虑对决策影响较大、决定组织命运的客观因素,使决策者在选择方案时做到心中有数。

2. 要确定决策方案的评价标准

没有标准就没有判断好坏的尺度,要选择满意的决策方案,必须要有科学的评价标准。一般来说,要把组织目标作为评价标准,或者把目标具体化后的指标作为评价标准。在选择方案时,主要看备选方案的作用、效果和得到的益处是否接近标准。

3. 采用合理的评价方法

选择方案的方法通常有以下三种:

(1)经验判断法。它是依靠决策者的实践经验和判断能力来选择方案的一种方法。对于比较复杂的方案,可用起码满意程度或关键评价标准淘汰一些方案。但这种方法不适用于那些比较复杂、目标多、方案多、难以直接看出方案优劣的决策问题。

(2)数学分析法。它是用数学模型进行科学计算后选择方案的一种方法。对于一些无法靠人的经验来选择方案的决策问题,要用数学分析法选择。

(3)试验法。当选择重大方案时,既缺乏经验、难以判断,又无法采用数学模型、实行定量化的条件下,可以选择少数的几个典型环境为试点单位,以取得经验和数据,作为选择方案的依据。

(六)实施决策方案

方案的实施是决策过程中至关重要的一步。在方案选定以后,管理者就要制订实施方案的具体措施和步骤。为了保证决策方案在实施过程中取得令人满意的效果,需要做好以下几方面工作:

(1)要做好宣传教育工作,使组织内全体人员,即决策执行者,都了解决策方案的内容、目的和意义。

(2)要健全机构,做好决策的组织工作。一方面要使机构的设置和职责适应实施决策方案的需要,如果不适应就要做相应的调整;另一方面要把实施方案所需要的人力、物力和财力动员和组织起来,使各个要素能够充分发挥作用,并形成整体的功能。

(3)制定相应的具体措施,保证方案的正确实施。

(4)应用目标管理的方法把决策目标层层分解,落实到每一个执行单位和个人。

(5)建立工作报告制度,以便及时了解方案进展情况,及时进行调整。

(七)监督和评估

一个方案可能涉及较长的时间,在这段时间里,形势可能发生变化,而决策方案的选择建立在对问题和机会的初步估计上,因此,管理者要不断对方案进行修改和完善,以适应变化了的形势。同时,连续性活动因涉及多阶段控制而需要定期的分析。

由于组织内部条件和外部环境的不断变化,管理者要不断修正方案来减少和消除不确定性,定义新的情况,建立新的分析程序。具体来说,职能部门应对各层次、各岗位履行职责情况进行检查和监督,及时掌握执行进度,检查有无偏离目标,及时将信息反馈给决策者。决策者则根据职能部门反馈的信息,及时追踪方案实施情况,对与既定目标发生部分偏离的,应采取有效措施,以确保既定目标的顺利实现;对客观情况发生重大变化,原先目标确实无法实现的,则要重新寻找问题或机会,确定新的目标,重新拟订可行方案,并进行评估、选择和实施。

三、决策的影响因素

管理者做出的任何决策都要受到诸多因素的影响,各影响因素的不同会直接影响到决策的过程和结果。决策的影响因素有很多,但主要的因素可以归纳为以下几个方面。

(一)环境因素

1. 外部环境的要求

外部环境对决策的影响是多方面的。相对于比较稳定的外部环境而言,灵活多变的外部环境使得组织的决策频率更高,对组织的决策效率要求也更高,对组织的决策压力更大;组织处于不利的外部环境下,决策的约束因素更多,决策也会更加困难。

2. 对环境的习惯反应模式

对环境的习惯反应模式也影响着组织的活动选择。对于相同的环境,不同的组织可能做出不同的反应。而这种调整组织与环境关系的模式一旦形成,就会趋于稳固,限制着决策者对行动方案的选择。

(二)组织自身的因素

1. 组织文化

组织文化影响组织中的一切行为。在具有开拓、创新精神的组织中,人们总是以发展的眼光来分析决策的合理性,渴望变化、支持变化,决策者的决策行为会更加大胆;相反,在崇尚稳健的组织文化中,人们不会轻易地容忍失败,而且害怕变化、抵制变化,决策者的决策行为往往会更加保守。

2. 组织的信息化程度

信息化程度对决策的影响主要体现在其对决策效率的影响上。信息化程度较高的组织拥有较先进的信息技术,可以快速获取质量较高的信息;另外,在这样的组织中,决策者通常掌握着较先进的决策手段。高质量的信息与先进的决策手段便于决策者快速做出较高质量的决策。不仅如此,在高度信息化的组织中,决策者的意图易被人理解,决策者也较容易从他人那里获取反馈,使决策方案能根据组织的实际情况进行调整,从而得到很好的实施。

3. 组织自身的抗风险能力

组织自身的抗风险能力对决策方案的最终选择至关重要。抗风险能力强的组织能够承受较强的冲击,能够选择高风险高收益的决策方案;抗风险能力弱的组织在多数情况下决策更加保守。

(三)决策主体的因素

1. 决策者的素质与知识

决策者的素质和知识水平不同,所做的决策质量和效率也不相同。决策者应具备广博的知识、战略性的眼光、出色的组织能力和决断能力。

2. 决策者对风险的态度

组织内外部的各种不确定性因素导致决策的风险随时存在。正常情况下,风险和收益存在正相关关系。有限理性导致不同的决策者对风险的态度不同,有些决策者偏好于高风险、高收益的方案,另一些决策者倾向于选择风险较低、收益也较低的方案。

3. 决策者对未来的预测

面对同样的情境,不同的决策者对未来情况发展的预测不同。乐观的预测会使决策者做出更加大胆的决策,悲观的预测则导致决策者选择更加稳健的方案。

4. 决策者与过去决策的关系

过去的决策总是有形或无形地影响现在的决策。如果当前的决策者也是过去决策的制定者,则往往倾向于在更大程度上减少对过去决策的修改;如果当前的决策者与过去的决策无关,则往往倾向于更大幅度地修改过去的决策。

(四)决策问题因素

1. 决策问题的重要性

问题的重要性对决策的影响是多方面的。重要的问题更能引起高层领导的重视,有些重要问题甚至必须由高层领导亲自决策,从而决策可得到更多力量的支持;越重要的问题越有可能由群体决策,与个体决策相比,在群体决策时,对问题的认识更全面,决策的质量可能越高;越重要的问题越需要决策者慎重决策,越需要决策者避开各类决策陷阱。

2. 决策问题本身的时间要求

不同的决策面临的问题不同。有些问题对决策时间的要求更高,需要决策者在尽可能短的时间之内做出决策;有些问题对决策速度的要求不太严格,而是要求所做出的决策具有更高的质量。

第三节　企业管理决策类型

一、战略决策、管理决策和业务决策

按决策的作用范围可将其分为战略决策、管理决策和业务决策。

战略决策指事关组织未来发展方向和远景的全局性、长远性的大政方针方面的决策。对于一个组织来说，其在目标和方针、产品开发和市场开发、重大投资、主要领导人选、结构调整等方面的决策，都属于战略决策，它决定着组织的兴衰存亡，关系到组织的发展方向、发展规模和发展速度。战略决策主要由组织内最高管理层负责进行。

管理决策又称战术决策或策略决策。它是指为了实现战略目标，而做出的局部性的具体决策，其重点是解决如何组织、动员内部资源的具体问题，如组织的营销计划、生产计划、资金筹措、设备更新等方面的决策。管理决策旨在提高经济效益和管理效能，一般由组织的中间管理层负责进行。

业务决策是日常业务活动中为提高工作效率和生产效率，合理组织业务活动进程等而进行的决策。这类决策是作业性决策，它是针对短期目标，考虑当前条件而做出的决定，如生产经营任务日常分配决策等。业务决策技术性强，时间紧，有很大的灵活性，一般由初级管理层负责进行。

战略决策、管理决策和业务决策是决策体系中不同层次的具有从属关系的三类不同的决策。它们相互依附又相互影响，上下两个层次之间有时没有绝对明晰的界限，与组织中三个不同的管理层次也并不产生一一对应的关系。相反，为了调动管理者的积极性，提高决策质量，三种不同的决策在组织管理的三个不同层次上可做适当的交叉。

二、确定型决策、风险型决策和不确定型决策

按照决策问题具备的条件和决策的可能程度分类可将其分为确定型决策、风险型决策和不确定型决策。

确定型决策是指未来状态完全可预测，有精确、可靠的数据资料支持的决策。在确定型决策过程中，各种可行方案的条件都是已知的，问题的各种未来的自然状态非常明确，各种方案的效果可以确切地计算出来，决策者只要比较各个不同方案的结果，就可以选择出最优方案。这类决策问题一般可以运用线性规划等运筹学的方法或借助计算机进行决策。

风险型决策是指因缺少信息而开展的一种有风险的决策。决策者对未来的情况无法做出肯定的判断，无论选择何种方案，都要承担一定的风险。风险型决策所面临的自然状态是一种随机事件，各种可行方案所需的条件存在不可控因素。一个方案可能出现几个不同的结果。各种结果的出现是随机的，但决策者可以根据相似事件的统计资料估计出各种自然状态的概率。决策的结果只能按客观的概率来确定，决策存在着风险。

不确定型决策是指人们对未来事件完全没有信息情况下的一种决策。决策者难以获得各种状态发生的概率，而且各种方案的结果又是未知的，只能靠决策者的经验确定一个主观概率而做出决策。在不确定型决策过程中，客观上存在两种以上的自然状态，它们出现的概率是未知的，各种可行方案的结果是不确定的，完全凭决策者的经验、感觉和估计来做出决策。

三、理性决策、有限理性决策和直觉决策

根据合乎逻辑的程度可将决策分为理性决策、有限理性决策和直觉决策。

理性决策是指决策必须完全合乎理性，必须完全客观和合乎逻辑。在理性决策中，问题是清楚的和无歧义的，决策者被假定为拥有与决策情景有关的完整信息；有唯一的、明确的、试图实现的目标；决策者能够确定所有相关的标准，并能列出所有可行的方案，而且决策者还能意识到每一个方案所有可能的结果；决策标准和备选方案能按其重要性进行排序；取得信息不受时间和成本上的约束；决策者总是选择那些能产生最大经济收益的方案。

人的理性是有限的，它介于完全理性和非理性之间，因此，决策也是存在有限理性的。大量的决策案例研究表明，现实中的决策并不完全符合理性决策的假定，而是存在着有限理性，据此管理学家提出有限理性决策的概念。决策的有限理性主要体现在：个人的信息处理能力是有限的；许多决策者选择信息是出于易获得性，而不是出于其质量；由于感情因素，人们的注意力总是集中于一定的问题而忽略其他问题；决策者倾向于过早地在决策过程中偏向于某个具体的方案，从而有失客观；组织对决策者施加着时间和成本的压力；决策有时在很大程度上是权力和政治施加影响的结果；从前的决策先例制约着现在的选择；传统思维和习惯思维会制约创新方案的提出。需要注意的是，有限理性决策并不是否定理性决策的作用，而是对理性决策的一种修正。

然而，无论是理性决策还是有限理性决策，都存在着一定的缺陷。因为实际的情况可能是复杂多变的，理性模型的本质在于用系统性的逻辑取代直觉，以大量的固定的模型来预测和决定一些未来的事情，这可能会有很大的偏差。所以，直觉决策正在赢得人们的青睐。

直觉是对问题的一种超越逻辑的思维结果。直觉决策，是指决策者决定将其自身或他人的直觉思维认知结果付诸到实践中执行的过程。直觉决策的整个决策过程以人的直觉能力为重要手段。直觉决策一般发生在下列情况：存在高不确定性时；极少有先例存在时；变化难以科学预测时；事实有限时；分析性数据用途不大时；当需要从几个可行方案中选择一个，而每一个方案的评价都良好时；时间有限，并且存在提出正确决策的压力时。一般地讲，像风险型决策、不确定型决策或非程序化决策、战略决策中应用直觉能力决策较多。决策者经验越丰富，直觉决策出现次数会越多，直觉决策的效果也越好，决策者也越信赖于直觉能力的应用。所以，直觉决策是人们直觉能力价值的体现途径。

四、个人决策和群体决策

根据参与决策的管理者数量及其合作关系可将决策分为个人决策和群体决策。

个人决策是一种突出个人在组织中的地位的决策方式，在个人决策中尽管也有其他下属提供资料、提出和分析可行性研究方案等参与或参谋活动，但决策完全由组织中最高负责人独立做出。

群体决策是一种强调全体成员形成共同认识、直接参与的决策方式，是指由多个人一起做出的决策。在这种方式下，决策是由有关人员直接参与全部过程，并以一致同意或多数赞成的原则来做出的。国外有人认为，这种方式比个人决策更能做出创造性的决定，并且能够得到更好的贯彻。

其实，个人决策和群体决策都是符合组织管理原则的。无论在强调个人主义的组织

中，还是在集体主义气氛浓厚的组织中，个人决策和群体决策都是适用的。从两种决策方式的本质内容来说，个人决策与群体决策没有所谓优劣的差别。美国的一些学者在进行了日美管理的比较研究后认为，个人决策所用时间较短，但执行起来很缓慢；群体决策所用的时间长，但贯彻得更快。以个人决策为特色的美国人，“签合同、做决定都很快，可是让他们履行合同呢——他们需要无限长的时间！”而在以群体决策为特色的日本企业里，“做个决定需要无限长的时间”，但一旦做出决定，每个有关的人都会给予支持，这样不仅会补充决策本身的缺陷，而且执行起来相对更快。

五、程序化决策和非程序化决策

按决策的性质和重复程度不同，可将决策划分为程序化决策和非程序化决策。

程序化决策是对组织中例行活动进行的决策。这类决策是经常反复的，而且有一定的结构，可以建立一定的程序，采用常规办法来处理。这类决策一般可以交由基层管理者进行，如材料进出库、一般人员的聘用等日常问题。

非程序化决策是对组织中非例行活动进行的决策。这类活动不是经常重复出现，而且对组织而言比较重要，故不能用常规办法来处理，必须由高层管理者集中精力处理，如企业的经营方向、企业兼并问题等。

复习思考题

1. 简述决策的含义及特征。
2. 简述决策在企业管理中的地位与作用。
3. 简述古典决策理论的主要内容。
4. 简述行为决策理论的主要内容。
5. 简述决策的构成要素。
6. 简述决策的程序。
7. 简述影响决策的因素。
8. 简述企业管理决策的类型。

第六章　质量管理概论

第一节　质量基本概念

一、质量的重要性

从有文字记载的历史开始，质量就一直受到人们的极大关注。汉谟拉比（Hammurabi，公元前1792—公元前1750年）把美索不达米亚（Mesopotamian）和苏美尔（Sumer）的法律编入《汉谟拉比法典》，其中规定：若房屋倒塌将判建房者死罪。据2000—2010年国家质量监督检验检疫总局公布的每年四批产品质量监督抽查结果数据显示，各类产品的质量问题仍然很严重，年平均不合格率多则30%以上，少则15%左右。由此可见，伴随着人类文明的发展和进步，产品质量问题一直是社会关注的重点。

首先，质量是人们的安全保障。产品的质量问题轻则造成用户的经济损失，重则导致人员伤亡事故。因各种质量问题造成的恶性事故，如爆炸、建筑物倒塌、核泄漏、飞机坠毁等，在现实生活中屡见不鲜，这些血的教训说明了质量的重要性。

其次，质量问题会产生高额的质量成本甚至影响企业的生存。质量平均成本占营业额的5%~25%，包括检验员的工资、废料的成本、返工返修的成本、货物往返配送的费用以及延长交货时间的成本。如果能减少或避免产品质量缺陷，不但可以降低产品在生产和使用等过程中产生的质量问题而带来的返修、报废、退货、索赔等直接质量成本，还会因其高质量的产品在企业形象、品牌和顾客满意等方面给企业带来潜在的利益。在发达国家，因质量问题而导致的消费者权益和人身安全受到损害时，企业会赔付相当高额的费用，有时甚至因一次质量事故索赔会导致企业的倒闭。

再次，质量是企业参与国际竞争的前提。任何企业间的竞争都离不开产品质量的竞争，如果不保持和改进产品质量，企业必将在市场竞争中失去地位并最终被淘汰。随着全球化进程的不断深化，企业要进入国际市场，参与国际竞争，必须要满足用户对产品质量、价格、交货期、服务以及环境保护的多方面需求。可以说质量是企业产品进入国际市场、参与国际竞争的“通行证”“敲门砖”。全球化也表现在国家间的竞争正逐渐被企业间产品及服务的竞争所替代。质量已不再是一种奢侈品，而是任何产品及服务所必须具备的基本条件。

最后，质量是赢得用户完全满意和顾客忠诚的决定因素。“顾客就是上帝”已经是世界各国企业的共识，因而追求顾客满意和顾客忠诚也是所有企业的共同目标。据调查，在买到质量差的产品之后，只有5%的顾客会向厂方投诉，此时企业还有改正的机会；而70%的顾客则不采取任何行动，只是再不打算购买该品牌的产品，于是企业无形中就失去了大量客户。英国的一项调查表明：如果一个顾客不满意，他会把这种不满意告诉其他9个人；更糟的是，有13%的不满意顾客会把他们的不满意告诉其他20个人，造成影响面逐渐放大，客源越来越少。因而企业要比以前多支出5倍的资金开辟新的客户。由此可见，质量能够创造忠诚顾客，生产质量差的产品会使企业失去顾客，只有提高质量，才能赢得顾客的满意与忠诚。

因此,每个企业、每种产品和服务,要想在国际市场上占有一席之地,都要面对超严格的质量要求,努力使自己达到世界级的质量水平。

二、质量的定义

从古至今,许多人或者机构在不同的时代背景下对质量给出了多种定义。美国质量协会认为质量是一个主观的词汇,每个人都会有自己的定义。

古希腊哲学家德谟克利特(Democritus,公元前460—公元前370年)给质量下的定义是:使得一件事物真正成为其本身的东西。韦伯大词典对质量的定义是:质量就是卓越的程度。美国著名质量管理大师朱兰(Joseph M. Juran)博士从顾客的角度出发,指出质量就是产品的适用性。产品是否适用交由顾客来决定,即产品在使用时能否成功满足用户的需要。戴明(William E. Deming)博士提出质量是指在适应市场和低成本条件下,一致性与可信性的可预测程度。他还认为质量是满足需求的能力,即质量必须从客户的观点出发加以考虑,质量是从客户的观点出发用以提升产品的东西。克劳士比(Philip B. Crosby)认为质量就是符合需求,即质量代表着满足特定标准、规范,他认为这种需求不完全代表顾客的期望,高质量就是让顾客感到他们得到了超过预期的价值。田口玄一博士认为质量是客户感受到的东西,他还认为质量是产品运输上市后给社会造成的损失。狩野纪昭(Noriaki Kano)将质量视为一个二维系统,二维坐标分别为"当然的质量"及"有魅力的质量",即符合或超越客户期待的产品及服务。前者类似朱兰博士提出的"适用性",后者则是客户会喜欢,但并未预期或没有想到的特质。

美国质量协会提出的定义是:质量是指产品和服务具有的卓越程度,特别是它们符合需求和使顾客满意的程度。该观点从技术的角度有两个含义:产品或服务具有的能够满足明示或者隐含需求的特性;产品或服务没有缺陷。

国际标准化组织对"质量"这一专业术语在ISO 9000—2000和ISO 9000—2005中给出了标准化定义:一组固有特性满足要求的程度。可从以下几方面进一步明确该定义:

(1)术语"质量"可使用形容词,如差、好或优秀等来修饰。

(2)特性是指事物所特有的可区分的特征,可以是固有的或赋予的,可以是定性的或定量的。有各种类别的特性,如物质特性(如机械的、电的、化学的或生物学的特性)、感官特性(如嗅觉、触觉、味觉、视觉、听觉等感觉探测的特性)、行为特性(如礼貌、诚实、正直)、时间特性(如准时性、可靠性、可用性)、人因工效特性(如生理的特性或有关人身安全的特性)、功能特性(如飞机的最高速度)等。

(3)固有的(其反义是"赋予的")是指本来就有的,尤其是那种永久的特性。赋予产品、过程或体系的特性(如产品的价格、产品的所有者)不是它们的质量特性。

(4)要求是明示的、通常隐含的或必须履行的需求或期望。要求可由不同的相关方提出。"通常隐含"是指组织、顾客和其他相关方的惯例或一般做法,所考虑的需求或期望是不言而喻的。特定要求可使用限定词表示,如产品要求、质量管理要求、顾客要求。规定要求是经明示的要求,如在文件中阐明的要求。

三、质量概念的演变

质量概念的演变发展可以分为三个阶段。

1. 符合标准质量

符合标准的质量观是以技术标准作为产品规格要求的,评价质量是以符合技术规范和规格要求作为标准的。例如,对各种产品可以设定尺寸、公差、纯度、硬度、强度、外观和性能等不同的规格要求,以此来衡量一个产品合格与否。与这种质量观念相适应的是,在产品生产阶段可以应用规格符合性来检验一个产品是否合格。而随着生产规模的不断扩大,产品必须进行抽样检验,于是抽样方案设计方法也成为一种重要的工具,这一阶段是统计质量控制的起始时期,处于 20 世纪的 40 年代。到了 20 世纪 50 年代,人们对符合标准又有了新的认识,质量标准不应是人为无目的设置的,而应追求一种"最佳质量目标值",这种最佳质量目标值往往和质量水平、质量成本具有相关性。所谓"最佳质量目标值",就是质量水平和成本两者最佳平衡点的对应值。符合最佳质量目标值才是企业质量追求的目的。这种观念使符合性质量观念丰富了新的内涵。与这种观念相一致的是广泛采用实验设计、价值工程、可靠性设计和目标管理等方法。

2. 符合使用质量

符合使用质量有两个方面的递进含义。首先,在 20 世纪 60 年代,"适用性"质量的概念被提出。国际质量管理权威朱兰博士深刻地指出,对用户来说,质量就是"适用性",而不是规格符合性,最终用户很少知道规格到底是什么,用户对质量的评价总是以到手的产品是否适用且其适用性是否持久为基础的。企业通过市场调查研究,生产适合顾客实际使用要求的产品成为这一"符合使用质量"观念的追求。这一观念是和以市场为导向的营销观念相一致的。为了提高"适用性"质量,企业必须努力改善产品和服务的"适用性"性能。这时采用的主要方法是开展 QC 小组活动、质量审核(产品审核)和零缺陷计划等。其次,当人们在追求"适用性质量"提高的同时,很可能要付出高昂的代价,产品成本会大幅上升,价格不得不也随之上升,这当然是顾客所不愿看到的事实。这也促使企业追求"适用"的同时,还要追求"成本"的"适用",这就是 20 世纪 70 年代追求的"符合成本"的质量观念。这时的企业不是单纯地使产品在使用期间满足顾客,而且要求产品价有所值、使用代价低廉、能源损耗较少并且安全可靠。这时的管理方法主要有日本的 7 种 QC 统计工具、质量功能展开和田口玄一方法等。

3. 符合需求质量

在 20 世纪 80 年代,日本形成了一种从"理所当然质量"向"魅力质量"进军的思潮,也即企业十分关注对顾客潜在需求的调查和研究,在此基础上,开发、研制、生产具有"魅力质量"的产品,这种产品能大幅度提高顾客的满意度,获得顾客的青睐,甚至引导消费新潮流。这时的产品向多样化拓展,产品线向两端延伸,产品附加特征向多元化辐射。这时,日本已经引入新 7 种 QC 工具并广泛使用,ISO 9000 系列标准也在质量管理中实施,可持续发展等理念也被广泛接受。与可持续发展观念密切相关的"符合环保"成为广泛接受的理念,并在质量管理中得到贯彻。于是在 20 世纪 90 年代,"符合需求"的质量观丰富了"符合环保"的内涵,绿色产品纷纷得到开发并投产。这时,对产品质量的评价增加了是否危害人体以及污染环境的标准,追求全社会的生活质量的提高成为质量管理一个十分重要的目标。这一阶段采用的新方法主要有 ISO 14000、企业工程以及精益生产等。质量让生活更美好成为富有号召力的新的质量改进方针。

对于质量内涵,还可以从生产者主导阶段、消费者主导阶段、竞争性阶段以及战略性阶段的角度加以考察。在生产者主导阶段,质量追求的是满足标准;在消费者主导阶段,质量追求的是顾客满意;在竞争性阶段,质量追求的是努力超越竞争对手让顾客满意;在战略性阶段,质量是顾客价值的核心。

第二节　质量管理的基本概念

一、企业的经营、管理与治理

在管理领域中,经营、管理、治理、企业的职能、管理的职能等这些术语使用十分频繁,但也常常会发生混淆。从管理理论与实践的百年历史来看,质量管理理论就是其中的一个发展阶段,理解质量管理必须从理解通用的管理开始。

经营活动指所有营利性的经济活动,它涵盖了工业、农业、金融、服务等所有的领域。企业是从事经营活动的社会经济组织。经营一个企业涉及一系列的具体活动或职能。管理先哲法约尔将经营的职能区分为六个方面,即技术、商业、会计、财务、安全和管理。在现代企业管理中,运营、财务与营销通常被认为是企业最主要的三项职能。

管理是指一定组织中的管理者,通过实施计划、组织、领导和控制来协调他人的活动,带领人们实现组织目标的过程。计划、组织、领导和控制这些活动称为管理的职能。管理的职能也就是管理所包括的具体活动。计划就是要确立组织所追求的目标及实现目标的途径。作为管理职能的组织活动指的是对于群体活动的分工和协作。领导意味着对人们施加影响以使人们全心全意地去实现组织目标的过程。控制就是随时纠正实施过程中的偏差,确保事情按计划进行。

企业管理就是企业的管理人员运用其知识、技能、经验和掌握的信息,通过对企业的人、财、物资源的计划、组织、领导与控制,来实现企业的各项目标,保证企业的生存与发展的过程。企业各项职能的计划、组织、领导、控制便构成了相应的职能管理或专业性管理。生产管理就是对企业生产活动的计划、组织、领导、控制;财务管理则是对于财务活动的计划、组织、领导和控制等。但是,质量管理不是一项职能管理或专业管理。

企业的管理是为了实现企业的目标而存在的,是实现企业目标的手段。著名管理学者德鲁克指出:“管理如果脱离了它所服务的机构就不是管理了。人们所理解并正确地加以谴责的官僚主义就是那种误认为自己是目的而机构是手段的管理。这是管理当局,特别是那些不受市场考验约束的管理当局容易犯的一种退化性毛病。预防、制止并在可能的情况下治疗这种毛病,应该是任何一个有效的管理者及一本有效的管理著作的首要目标。”德鲁克认为,管理必须完成3项同等重要而又极不相同的任务,即“确定本组织的特殊目的及使命(不论本组织是一个工商企业还是医院或大学);使工作富有活力并使职工有成就;处理本组织对社会的影响和对社会的责任。”

企业的“治理”主要解决的是企业经理层的激励与约束问题。在现代企业中,资本的所有权与经营决策权发生了分离。股东选举董事会,由董事会行使经营决策权,并聘任专业经理人员来管理公司的日常经营活动。因此在股东、董事会、经理层之间产生了一种所谓的委托——代理关系。一般认为代理人的行为原则是使其自身的效用最大化,委托人因此必须设计一种契约或机制,以对代理人提供某种激励或制约,从而使代理人在自身效用最大化的条件约束下,使委托人的效用趋于最大。有关这种委托——代理关系的制度安排方面的问题通常称为企业的“治理”。企业要取得成功,就必须有一个完善的治理结构。

二、质量管理的概念

质量管理就是为了实现组织的质量目标而进行的计划、组织、领导与控制活动。关于质量管理的概念，有许多不同的阐述，公认的是ISO关于质量管理的定义。

在ISO 9000标准中，质量管理的定义为：在质量方面指挥和控制组织的协调一致的活动。在质量方面的指挥和控制活动通常包括制定质量方针和质量目标、质量策划、质量控制、质量保证和质量改进。

质量目标(Quality Objective)就是发挥管理者的领导作用，分析形势，明确要求，确定组织的方向。建立质量方针和质量目标为组织提供了关注的焦点。质量方针和质量目标确定了组织预期的结果，并帮助组织利用其资源达到这些结果。质量方针为建立和评审质量目标提供了框架。质量目标需要与质量方针和持续改进的承诺相一致，其实现需是可测量的。质量目标的实现对产品质量、运行有效性和财务业绩都有积极影响，因此对相关方的满意和信任也产生积极影响。

质量策划(Quality Plan)，也称为质量计划，致力于制定质量目标并规定必要的运行过程和相关资源，以实现质量目标，通过质量策划，将质量方针和目标具体化，并展开到组织的各个层次、职位和运行过程，设计达到质量要求、实现目标的途径，将质量真正定义到组织的各个层面和活动之中。

质量控制(Quality Control)致力于满足质量要求，通过明确标准、测量绩效、纠正偏差的活动，保证组织及其过程按照质量策划的途径，有效地运行，实现质量目标。

质量保证(Quality Assurance)致力于提供的质量要求会得到满足的信任，通过内部的组织、过程、资源和方法保证及外部的评定和认证活动，将组织与市场、顾客及其他利益相关方联系起来，促进产品和价值的交换，促进质量的外部目标或市场价值的实现。

质量改进(Quality Improvement)致力于增强满足质量要求的能力，通过识别机会、分析原因、设计并实施方案、总结和标准化等一系列活动，实现过程改进与组织创新，为组织带来更大的收益，追求卓越绩效。

第三节　质量认证与ISO 9000族

一、质量认证的产生和发展

随着生产力的发展和生产方式的不断进步，产品结构、性能日趋复杂，其中，相当一部分产品具有高安全性、高可靠性和高价值性。随之而来的是由产品质量缺陷所造成的损失和伤害也越来越大。不仅给用户，而且给其他人，甚至给国家安全、生态环境和人类的生存带来种种伤害。结果，一方面，作为用户因为很难凭借自己的知识和经验来判断产品的质量情况，或因时间、精力和费用消耗过大，无法承受，大大提高了其购买的谨慎性和难度；另一方面，生产者为了避免产品积压，提高用户对产品的信任程度，获得更多的利润，采用了各种对商品的使用提供担保的政策。可见，无论是从用户，还是从生产者方面来说，都对如何提高对产品质量状态的判定结论的信任度提出了客观要求。

质量保证的源策地在英国。英国政府在1919年制定的商标法中规定：由政府授权的第三方机构对产品质量进行检验，符合英国标准(BS)的产品准许使用“风筝标志”。随后于

1926 年向英国电气总公司颁发了第一个“风筝标志”使用许可证。随后法国政府也于 1938 年颁布法令建立“NF”国家标志。第二次世界大战后,产品质量认证迅速发展起来,加拿大、日本、比利时等国家陆续建立了质量认证制度。

质量保证的成功经验推动了质量认证标准的发展。

此外,国际贸易的发展和质量管理的发展也大大促进了质量认证制度的发展。

ISO 和 IEC 从 20 世纪 60 年代起就致力于协调各国的认证工作,谋求建立统一的全球性国际认证制度。于 1971 年正式成立了认证委员会(CERTICO),负责制定 ISO 在产品认证方面的政策。1985 年 ISO 认证委员会改名为合格评定委员会(ISO/CASCO),主要从事协调各国的认证制度,促进相互认可的工作。

1979 年 7 月由 ISO 计划委员会提议,同年 9 月在 ISO 理事会全体会议上通过,决定建立质量保证技术委员会(TC176),专门研究国际质量保证领域内的标准话问题和负责制定质量体系的国际标准。1987 年 3 月 ISO 组织正式颁布 ISO 9000 质量管理和质量保证系列标准。1994 年对 ISO 9000 系列进行了较大修订和扩展,命名为 ISO 9000 族标准。2000 年 ISO/TC176 针对 1994 版进行修订,且已发布 2000 年版草案:ISO/CDI 9000、ISO/CDI 9001 和 ISO/CDI 9004。

二、ISO 9000 族概述

ISO 9000 族是国际标准化组织制定的关于质量管理和质量保证国际标准系列的代号。

(一)1987 版 ISO 9000 族标准

1987 版 ISO 9000 族标准由以下几个部分组成。

ISO 8402-86:质量管理和质量保证——术语。

ISO 9000-87:质量管理和质量保证标准——选择和使用指南。

ISO 9001-87:质量体系——设计、开发、生产、安装和服务的质量保证模式。

ISO 9002-87:质量体系——生产、安装和服务的质量保证模式。

ISO 9003-87:质量体系——最终检验和试验的质量保证模式。

ISO 9004-87:质量管理和质量体系要素——指南。

(二)目前 ISO 9000 族构成

目前 ISO 9000 族标准构成如表 6-1 所示。

表 6-1　ISO 9000 族标准构成表

类别	标准	标准编号	标准名称
基本标准	术语	ISO 8402	质量管理和质量保证——术语
	质量管理与质量保证标准选择和实施指南	ISO 9000-1	质量管理和质量保证标准——选择和使用指南
		ISO 9002	ISO 9001~ ISO 9003 通用实施指南
		ISO 9003	ISO 9001 在软件中的使用指南
		ISO 9004	可信性大纲管理指南

表 6-1(续)

类别	标准	标准编号	标准名称
核心标准	质量保证标准	ISO 9001	设计、开发、生产、安装和服务的质量保证模式
		ISO 9002	生产、安装和服务的质量保证模式
		ISO 9003	最终检验和试验的质量保证模式
	质量管理标准	ISO 9004-1	质量管理和质量体系要素——第一部分:通用指南
		ISO 9004-2	质量管理和质量体系要素——第二部分:服务
		ISO 9004-3	质量管理和质量体系要素——第三部分:流程性材料
		ISO 9004-4	质量管理和质量体系要素——第四部分:质量改进
支持性技术标准	质量计划	ISO 10005	质量和管理计划指南
	项目管理	ISO 10006	质量管理项目管理指南
	技术状态	ISO 10007	质量管理技术状态指南
	质量体现审核指南	ISO 10011-1	审核
		ISO 10011-2	质量体系审核远评定准则
		ISO 10011-3	审核工作原理
	测量设备质量保证要求	ISO 10012-1	测量设备的计量确认体系
		ISO 10012-2	测量过程的控制
	质量手册	ISO 10013	质量手册编制指南
	质量经济性	ISO 10014	质量经济性
	教育	ISO 10015	教育和培训
	检验与试验	ISO 10016	检验与试验记录

(三)2000 版 ISO 9000 族构成

2000 版 ISO 9000 族标准由四项基本标准及若干份支持性技术报告构成,这四项基本标准如下。

ISO 9000:质量管理体系——概念和术语。

ISO 9001:质量管理体系——要求。

ISO 9004:质量管理体系——指南。

ISO 10011:质量管理体系——质量体系审核指南。

三、ISO 9000 族的原则

ISO 9000 族的原则如下:

(1)以顾客为中心;

(2)领导作用;

(3)全员参与;

(4)过程方法;

(5)管理的系统方法;

(6)持续改进;
(7)基本事实决策方法;
(8)互利的供方关系。

四、ISO 9000 族的实施流程

(一)流程

ISO 9000 族的实施流程如下。
1. 准备阶段
准备阶段包括培训动员、制订工作计划、成立工作班子。
2. 体系设计
(1)选择适用的质量保证模式标准;
(2)完善组织机构的职责、确定接口方式;
(3)针对标准的要求、对照组织的现状进行诊断,以找出不足之处。
3. 文件编写
(1)将任务落实到各具体部门或人员身上;
(2)在编写过程中随时抽查,并进行统筹;
(3)对已有的文件应统一格式,不得与其他质量文件相矛盾,并且应具有实际的可操作性。
4. 文件签发
(1)签发前要经过检查;
(2)签发后各部门都应按文件的规定来实施;
(3)最高领导者签发质量方针和质量手册。
5. 试运行阶段
(1)组织对各类与质量有关人员的培训;
(2)树立"按文件规定执行"的概念;
(3)采取行政措施以保证按文件的规定运行;
(4)对实际运行中发现有文件不符合实际的,可以按规定进行更改;
(5)运行记录要保存好。
6. 内部质量审核
(1)内部审核的工作计划;
(2)审核准备,包括成立审核组、准备文件等;
(3)审核的实施,包括首次、末次会议;
(4)审核报告的编制、分发和存档;
(5)纠正措施的跟踪,包括验证纠正措施并做好记录。
7. 管理评审
(1)制订评审计划,建立评审组织;
(2)评审前的文件准备,将有关资料发放到评审员手中;
(3)召开评审会议,形成评审结论;
(4)评审后的纠正活动。

8. 外部质量审核前的准备
(1)文件的整理及修改;
(2)员工的岗位培训及应对审核的培训;
(3)对认证机构的选定;
(4)对质量记录的在检查(包括自检)。
9. 接受认证审核
(1)递交所应审核的文件;
(2)对文件反馈后的修订;
(3)接受现场审核;
(4)组织并及时纠正所发现的不合格。
10. 审核后的维持与改进
(1)对质量体系进行完善与补充;
(2)执行纠正和预防措施;
(3)按规定执行内审和管理评审;
(4)不断地改进质量管理。

(二)ISO 9000 的实施应该注意的几个问题

ISO 9000 的实施应该注意如下几个问题。

(1)建立质量体系一开始,企业的最高管理者应根据服务行业的特性(如安全性、时间性、功能性、经济性、舒适性等),制定质量方针。

(2)最高管理者应对质量方针和目标承担责任,全体员工应充分理解质量方针和目标并为之奋斗。

(3)应建立体系文件的权威性,强制执行,并在整个过程中坚持。

①写自己所做的;
②做自己所写的;
③记录自己所做过的;
④检查自己已做的;
⑤纠正自己做错的。

(4)重视“纠正和预防措施”这个要素。该要素执行的好坏,直接影响质量体系的正常运行和有效性。

(5)加强“培训”,可将其进行如下细化:

①专业管理人员应持有当地法规所要求的上岗证书;
②内审员应持有内审员证书;
③岗位资格证的培训应遵照国家对电工、焊工等工种的要求;
④验证人员的培训包括计量器具的检定;
⑤新上岗人员应受到公司内部的培训等。

(6)抓住管理职责、人力和物质资源。

质量体系结构这三个关键,以顾客为中心,通过“以人为本”的种种激励手段,使员工焕发出工作热情,在与顾客直接接触的层面上,才能得到顾客的良好评价,进而取得经济上的效益。

五、ISO 9000 质量认证的作用

1. 从企业角度(微观)看

由于社会已经从相对短缺时代走向相对过剩时代,市场竞争已经逐步向产品创造力这一更高层次的转换,企业来自市场的压力不断增大。这种客观环境促使企业必须努力改善质量管理,稳定和提高产品质量,从而保持和增强竞争力。

ISO 9000 质量保证模式标准,可以满足企业的这种需求。企业通过按标准建立和运行质量体系,进而取得了认证,最直接的作用是取信于客户,即向客户提供满足其需求的产品的能力。

企业通过认证,取得了权威机构发放的证书,即可以客观地向外界证明企业质量体系符合标准;符合标准就意味着企业具备向客户提供合格产品的能力,也就意味着企业的产品质量是稳定的;而产品质量的稳定是因为企业管理素质的提高。管理素质的提高→产品质量稳定与提高→市场竞争力提高,这是质量认证所带来的"三级跳"效应。有了这三级跳,企业就有可能摆脱旧的束缚,跃入新的境界。

2. 从政府(宏观)角度看

建立我国的质量体系认证制度,既是社会主义市场经济体制建设中的一个有机构成部分,又是推动经济增长方式从粗放型向集约型转变的一个有效手段。

政府除了考虑微观问题外,还要在宏观上考虑市场行为的规范,即从宏观角度创造规范化的市场行为环境,通过各种方式使采购商在采购普通产品时,从质量保证的角度运用质量认证的手段,在选择合格供应商时充分考虑认证的因素。同时政府还要考虑通过法规的形式对某些环境下的产品采购行为加以强制规范。这是符合国际惯例的做法。比如,军工、人体植入医疗器械、建筑业等特定行业,在政府或企业选择供应商(确定合同,进行招、投标等)活动中,供应商若没有证书,就失去了参与资格。此外,进行质量认证还有利于消除技术壁垒。

第四节　全面质量管理

一、全面质量管理概述

全面质量管理是以组织全员参与为基础的质量管理形式。全面质量管理代表了质量管理发展的最新阶段,起源于美国,后来在其他一些工业发达国家开始推选,并且在实践运用中各有所长。

(一)质量管理发展的阶段

现代质量管理可分为三个阶段:第二次世界大战以前可以看作是第一阶段,人们通常称之为质量检验阶段;第二阶段是从第二次世界大战开始到 20 世纪 50 年代的统计质量控制阶段;第三阶段是从 20 世纪 60 年代开始的全面质量管理阶段。

第一,质量检验阶段。这一阶段主要是通过检验的方式来控制和保证产出或转入下道工序的产品质量。这种做法只是从成品中挑出废、次品,实际上是一种"事后的把关"。

第二,统计质量控制阶段。质量检验不是一种积极的质量管理方式。因为它是"事后

把关”型的质量管理,无法防止废品的产生。在统计质量控制阶段,质量管理的重点主要在于确保产品质量符合规范和标准。人们通过对工序进行分析,及时发现生产过程中的异常情况,确定产生缺陷的原因,迅速采取对策加以消除,使工序保持在稳定状态。这一阶段的主要特点是:从质量管理的指导思想上看,由以前的事后把关,转变为事前的积极预防;从质量管理的方法上看,广泛深入地应用了统计的思考方法和统计的检验方法。

第三,全面质量管理阶段。1956 年,美国通用电气公司的 A. V. 费根堡姆,首选提出了全面质量管理(TQC)的概念。他认为解决质量问题不能只是局限于制造过程,解决问题的手段也不能局限于统计方法。这样,质量管理由制造过程中的 SQC 逐渐发展到为了满足顾客要求所必须关注的各个方面。

(二)全面质量管理的定义

全面质量管理(Total Quality Management,简称 TQM),起源于美国,后被其他发达国家所采用,并在实践中各有所长。特别是日本,开展全面质量管理取得了丰硕的成果,引起了世界的瞩目。质量管理是指导和控制某组织与质量有关的彼此协调的活动。指导和控制与质量有关的活动通常包括质量方针和质量目标的建立、质量策划、质量控制、质量保证和质量改进。全面质量管理是基于组织全员参与的一种质量管理形式。它是以质量为中心,由全体职工及有关部门参与,把专业技术、经营管理、数理统计方法和思想教育工作相结合,建立产品研究、设计、生产、服务等全过程的质量管理体系,有效地利用人力、物力、财力、信息等资源,以最经济的手段生产出顾客满意的产品,使组织、全体成员和社会受益,从而使组织获得长期的成功和发展。与以往的质量管理方法相比,全面质量管理有如下转变:从过去以事后检验为主的管理转变为以预防为主的管理;从过去只在局部进行的分散的管理转变为系统的、全面的和综合的管理;从过去只是少数人参与的管理转变为全员参与的管理;从过去重视结果的管理转变为重视过程的管理;从过去单纯以符合标准为中心的管理转变为以满足顾客需要为中心的管理。总之,全面质量管理与传统的质量管理相比有其独到之处。

(三)全面质量管理的特点

全面质量管理的一个重要特点就在于它管理的全面性,即它是全面质量的管理、全过程的质量管理、全员性的质量管理和综合性的质量管理。

1. 全面质量的管理

全面质量的管理,即全面质量管理的对象——“质量”的含义是全面的。全面质量管理不仅要管最终产品质量,还要管产品质量赖以形成的过程质量。实行全面质量管理,就是为达到预期的产品目标和不断提高产品质量水平,经济而有效地提高产品质量的保证条件,使过程质量处于最佳状态,最终达到预防和减少不合格品,提高产品质量的目的,并做到成本降低、价格便宜、供货及时、服务周到,以全面质量的提高来满足用户各方面的使用要求。

2. 全过程的质量管理

全过程的质量管理,即全面质量管理的范围是全面的。工业产品质量是生产活动的成果。产品的质量有一个逐步产生和形成的过程,它是经过企业生产经营的全过程一步一步形成的。所以,好的产品质量是设计和生产出来的,不是靠检验得到的。根据这一规律,全面质量管理要求对产品质量形成的全过程，从市场调研、产品设计、生产制造到使用的各环节，进行有效管理，杜绝不合格品产生，做到防检结合，以防为主。实行全过程的质量管理，以防为主，就是要求企业把质量管理工作的重点，从事后检验产品质量转移到事前控制过程质量上来，在设计和制造过程的管理上下工夫，加强过程的质量管理，保证过程的质量良好，消除产生不合格品的种种隐患，做到防患于未然；还要求企业逐步形成一个包括市场调查、设计研制到销售使用的全过程，能够稳定地产出合格品的质量管理体系。

在现代工业生产中，生产过程是按一定程序进行的，后道工序的质量要受前道工序的影响。各工序之间，一环扣一环，一道工序出问题，就会影响整个生产过程和产品质量。因此，要求每道工序的生产和工作质量都要经得起它的用户检验，满足下道工序要求。有些先进企业在生产过程的许多工序，特别是一些关键工序开展复查上道工序的工作，保证本道工序质量，优质准时地为下道工序服务，在提高质量方面取得了显著效果。只有每道工序都为下道工序和用户着想，在质量上高标准、严要求，才能确保最终生产出优质产品。当然，实现生产全过程的质量管理，仅仅保证上述设计和工艺加工过程的产品质量，保证产品的出厂质量是不够的，还要保证产品的使用质量，就是要建立担保用户能够长期正常使用的质量保证制度。这样就把质量管理从原来的生产制造过程，扩大到产品市场调查、研制、质量设计、试验、试制、工艺、技术、工装、原材料供应、生产、计划、劳动、行政、销售直至用户服务等各个环节，形成从产品设计一直到销售使用的总体（综合）质量管理。从这方面来看，全面质量管理在工作范围和职能上都比以往的质量管理扩大了，它在管理的深度和广度上都有了新的发展。质量管理向全过程管理的发展，有效地控制了各项质量影响因素，它不仅充分体现了以预防为主的思想，保证质量标准的实现，而且着眼于工作质量和产品质量的提高，争取实现新的质量突破。根据用户要求，每一个环节都致力于产品质量的提高，从而形成一种更加积极有效的管理。

3. 全员性的质量管理

全员性的质量管理，即全面质量管理，要求参加质量管理的人员是全面的，企业所有的相关部门及人员都应参与质量管理活动。全面质量管理是依靠企业全体职工参加的质量管理，质量管理的全员性、群众性是科学质量管理的客观要求。工业产品质量的好坏是许多工作和许多生产环节活动的综合反映，因此，它涉及企业的所有部门和所有人员。这就是说，一方面产品质量与每个人的工作有关，提高产品质量需要依靠所有人员的共同努力；另一方面，在这个基础上产生的质量管理和其他各项管理，如技术管理、生产管理、劳动管理、物资管理、财务管理等各方面之间，存在着有机的辩证关系，它们以质量管理为中心环节，相互联系，又相互促进。因此，全面质量管理要求在企业的集中统一领导下，把各部门的协作有机地组织起来，人人都必须为提高产品质量，为加强质量管理尽自己的职责。只有时刻关心产品质量，都对质量高度负责，企业的质量管理才能搞好，生产优质产品才有稳定基础和可靠保证。实行全员性的质量管理，企业可以开展以质量为中心的各种群众性活动，如开展质量竞赛等，并建立群众质量管理小组。质量管理小组是组织工人进行现场质量管理，开展群众性质量管理活动的基本组织形式。普遍建立质量管理小组，并不断提高它的效能，是开展全面质量管理的基础，也是衡量全面质量管理水平高低的一个重要标志。

4. 综合性的质量管理

综合性的质量管理，即全面质量管理，是指用以管理质量的方法是全面的，多种多样的，是由多种管理技术与科学方法组成的综合性的方法体系。质量管理方法的现代化、科学化,充分反映了生产力发展水平的迅速上升,产品质量大幅度提高的客观要求。随着现代化大工业生产和科学技术的发展,对产品的性能、精度、可靠性等方面的质量要求也大大提高,检验测试的工作量成倍增加。相应地,对质量管理也提出了许多新的要求,推动了质量管理的科学化、现代化发展,使人们在质量管理工作中更加自觉地利用先进的科学技术和管理方法,广泛应用数理统计、运筹学、正交试验法等来分析各部门的工作质量,找出产品质量存在的问题及其关键影响因素,进而有效地控制生产过程质量,达到提高产品质量的目的。同时,由于影响产品质量的因素错综复杂,来自很多方面,既有物的因素,又有人的因素;既有技术因素,又有组织管理因素;既有自然因素,又有人们心理、环境等社会因素;既有企业内部因素,又有外部因素等,要把如此多的因素系统地控制起来,全面管好,也必须根据不同情况,针对不同影响因素,采取不同的管理方法和措施,才能促进产品质量长期、稳定地持续提高。否则,如果只是片面地运用某一管理方法或工具,不仅影响效果,而且在实践中也很难行得通。以上内容说明了全面质量管理的全面性,这些全面的管理又都围绕着一个中心目的,就是要用最经济的办法研制、生产出用户满意的优质产品。这是企业推行科学质量管理的出发点和归宿点。

(四)全面质量管理的任务和目标

全面质量管理的任务就是要根据国家建设和人民生活的需要,调查分析国内外科技发展趋势、市场变化情况;贯彻质量第一的思想,执行先进合理的技术标准;采用科学方法(包括数理统计方法),结合专业技术研究,控制影响产品质量的各种因素;进行产品质量的技术经济分析;开展对用户技术服务;根据使用要求不断改进产品质量,努力生产物美价廉、适销对路、用户满意、在国内外市场上有竞争能力的产品。各企业生产的产品不同,企业素质不同,其所确定的质量管理目标也有所不同,各有其侧重,但就推行全面质量管理来讲,企业应努力做到以下几方面。

第一,要保证生产出用户认为具有足够质量水平的产品,这是满足用户需要的基本要求,也是保持产品市场竞争能力的重要条件。为此,企业要不断地改进产品设计,完善产品结构,开发新产品,积极采用先进技术,广泛开展技术革新活动,采用国际标准或国外先进标准,并努力提高企业的经营管理水平。

第二,要不断降低产品成本,提高企业经济效益。从市场的角度看,质量好的产品具有较强的竞争能力;而有些产品质量水平尽管一般,但价格较低,也具有一定的竞争能力。企业可通过推行全面质量管理,减少各种损失浪费,降低产品成本,并在此基础上科学地确定出最佳质量成本。众所周知,如果产品缺陷严重,产品质量很差时,产品成本必然很高;而如果产品完美无缺,质量非常好,同样,产品成本也会很高,特别是当质量提高到一定水平以后,如果再要提高质量,则产品成本将会明显升高,因此企业必须确定最佳的质量成本。

第三,要保证必要的产量。就企业来说,保证必要的产量是质量管理的目标之一。如果企业按用户的需要组织生产,产品质量好,受到用户的欢迎,那么产品的销量将增加,市场占有率也将发生变化。另一方面,产品的产量与产品的单位成本成反比关系,即产量增加,成本降低;相反,产量减少,成本升高,当产量减少到一定程度时就要亏本。这就要求企业根据自己的生产能力和市场需求情况,确定合理的产量,以满足市场需要和获得较好的经济效益。

第四,做好售前售后的服务工作,让用户满意。主要包括以下工作:定期访问用户,征求意见，建立良好的质量反馈系统；建立畅通的销售渠道和方便的消费场所；提供必要的技术咨询和人员培训；建立完善的退换货制度和维修服务网点等。

从根本上说，全面质量管理的目标和企业的经营目标应该是一致的。企业把生产经营管理和质量管理有机地结合起来，才能保证生产出满足顾客需要的产品，也才能使企业获得长期稳定的发展，使企业在激烈的市场竞争中立于不败之地。

（五）全面质量管理的基本观点

1. 质量第一的观点

任何产品都必须达到所要求的质量水平，否则就没有或未能完全实现其使用价值，从而给消费者和社会带来损失。从这个意义上讲，质量必须是第一位的。20 世纪 80 年代以来，国际市场的竞争异常激烈。日本在产品质量和经济上的成功与欧美工业发达国家的衰退，促使了欧美国家质量管理的复兴。例如，1984 年英国政府发起了一项质量改进运动，与此同时，美国政府也发起了一项有关质量的五年运动。现在西方国家又把统计过程控制（SPC）列为现代高技术之一。市场的竞争归根结底就是质量的竞争，企业的竞争能力和生存能力主要取决于它满足社会质量需求的能力。1984 年首届世界质量会议提出“以质量求繁荣”，1987 年第二届世界质量会议提出“质量永远第一”，这些都说明“质量第一”的指导思想已成为世界各国的共同认识。

贯彻“质量第一”就要求企业全体职工，尤其是领导层，要有强烈的质量意识；要求企业在确定经营目标时，应根据用户或市场的需求，科学地确定质量目标，并安排人力、物力、财力予以保证。当质量与数量、社会效益和企业效益、长远利益与眼前利益发生矛盾时，应把质量、社会效益和长远利益放在首位。“质量第一”并非“质量至上”。质量不能脱离当前的消费水平，也不能不问成本一味讲求质量。应该重视质量成本的分析，把质量与成本加以统一，确定最适宜的质量。

2. 用户至上的观点

在全面质量管理中，这是一个十分重要的观点。“用户至上”就是要树立以用户为中心、为用户服务的思想，要使产品质量与服务质量尽可能满足用户的要求。产品质量的好坏最终应以用户的满意程度为标准。

这里，所谓用户是广义的，不仅指产品出厂后的直接用户，而且指在企业内部，下工序是上工序的用户，下工段或下车间是上工段或上车间的用户等。

3. 重视设计、制造过程的观点

在生产过程中，检验是重要的，它可以起到不允许不合格品出厂的把关作用，同时还可以将检验信息反馈到有关部门。但影响产品质量好坏的真正原因并不在于检验，而主要在于设计和制造。设计质量是先天性的，在设计时就已决定了质量的等级和水平；而制造是实现设计质量，是符合性质量。二者不可偏废，都应重视。从我国目前现状来看，需要特别重视和强调的是设计质量。

4. 用数据说话的观点

要求在全面质量管理工作中具有科学的工作作风，在研究问题时不能满足于一知半解和表面现象，对问题除了有定性分析外还应尽量采用定量分析方法，做到心中有“数”。这样可以避免主观盲目性。在全面质量管理中广泛地采用了各种管理方法和工具，其中既有定性分析方法也有定量分析方法。用得最多的有“七种工具”，即因果图、排列图、直方图、相关图、控制图、分层法和调查表。以后日本又提倡和推行了“新七种工具”,即关联图法、KJ 法、系统图法、矩阵图法、矩阵数据解析法、过程决策程序(PDPC 法)和箭条图法。常用的数理统计方法有回归分析、方差分析、多元分析、实验设计和时间序列分析等。

5. 重视人的积极因素的观点

在开展质量管理活动中,人的因素是最积极、最重要的因素。与质量检验阶段和统计质量控制阶段相比,全面质量管理阶段格外强调调动人的积极因素的重要性。这是因为现代化生产多为大规模系统,环节众多,联系密切复杂,远非单纯靠质量检验或统计方法就能奏效的。必须调动人的积极因素,加强质量意识,发挥人的主观能动性,以确保产品和服务的质量。全面质量管理的特点之一就是全体人员参加的管理,质量第一,人人有责。1962 年日本在我国“鞍钢宪法”三结合小组的启发下开展了质量管理小组活动,充分调动了人在质量管理活动中的主要功能性,对保证和提高质量起了很大的作用。要提高质量意识,调动人的积极因素,一靠教育,二靠规范,需要通过教育培训和考核,同时还要依靠有关质量的立法以及必要的行政手段等各种激励及处罚措施。

(六)实施全面质量管理的五步法

1. 决策

这是一个决定做还是不做决策的过程。

2. 准备

第一,高层管理者需要学习和研究全面质量管理,对于质量和质量管理形成正确的认识;第二,建立组织,具体包括:组成质量委员会,任命质量主管和成员,培训选中的管理者;第三,确立远景构想和质量目标,并制订为实现质量目标所必需的长期计划和短期计划;第四,选择合适的项目,成立团队,准备作为试点开始实施全面质量管理。

3. 开始

这是具体的实施阶段。在这一阶段,需要进行项目试点,在试点中逐渐总结经验教训。

4. 扩展

在试点取得成功的情况下,企业就可以向所有部门和团队扩展。

5. 综合

在经过试点和扩展之后,企业就基本具备了实施全面质量管理的能力。为此,需要对于整个质量管理体系进行综合。通常需要从目标、人员、关键业务流程以及评审和审核这四个方面进行整合和规划。

(1)目标。企业需要建立各个层次的完整的目标体系,包括战略、部门目标、跨职能团队的目标以及个人的目标。

(2)人员。企业应该对于所有的人员进培训,并且授权给他们让其进行自我控制和自我管理,同时要鼓励团队协作。

(3)关键业务流程。企业需要明确主要的成功因素,在成功因素基础上确定关键业务流程。

(4)评审和审核。

二、全面质量管理的八项原则

(一)顾客关注为焦点

组织依存于其顾客。因此,组织应理解顾客当前的和未来的需求,满足顾客要求并争取超越顾客期望。关注顾客或以顾客为中心是全面质量管理的一个最基本的概念。组织只有为顾客提供产品和服务才能生存。从顾客的角度出发来思考问题,这是管理企业的一个立场问题,是思考其他问题的出发点和前提。现实中并非所有的组织都是以顾客为中心的。在每个行业演进的过程中,开始阶段关注的焦点通常只是最基本意义上的新产品的质量,目标只是使产品能够使用。早期的汽车、飞机和电话就是生动的例子。那些技术驱动的公司一直都没有向前跨出这一阶段。但是,为大众市场创造定制的产品正在成为在当今的经营环境中生存下去的必要条件。企业必须了解顾客对其产品的满意程度,并以此作为修正其行为的杠杆,如何明确顾客的满意度与其实际行为之间的关系,这是企业界现在面临的最大挑战。知道顾客满意度是多少并没有什么意义,重要的在于必须了解这个满意度是创造了商机还是丢掉了生意。越来越多的企业已经认识到,留住现有的顾客远比获得新顾客更容易获得利润。

施乐公司的一项调查发现,对现有顾客的销售要比对新顾客的销售多获利 20%以上。赢得顾客的忠诚正在成为企业经营战略的基石。

以顾客为关注焦点要求包括采用以下的行动:

(1)了解顾客的需求和期望;

(2)确保组织的目标与顾客的需求和期望联系起来;

(3)确保顾客的需求和期望在整个组织中得到沟通,并采取满足要求的措施;

(4)测量顾客满意程度并针对测量结果采取措施;

(5)处理好与顾客的关系;

(6)确保兼顾顾客和其他相关方的利益。

(二)领导作用

领导者确立组织统一的宗旨及方向,他们应当创造并保持使员工能充分参与实现组织目标的内部环境。领导作用就是要在组织中形成一种“上下同欲”的状态,创造一个让员工为实现组织目标充分发挥作用的积极的内部环境。这意味着组织的领导者首先要确立组织的方向,要对诸如“我是谁”“我要到何处去”等这样一些最基本的问题进行思考并给出答案,要把思考的结果向组织中的全体成员进行有效的沟通,还要在组织中营造一种能够让人们全力以赴的环境以动员整个组织的力量;在此基础上,还要明确地设定为了实现组织的追求所必需的、关键的少数目标;然后要将这些目标分解到整个组织当中,使每个人都清楚自己的工作是如何与组织的目标相联系的。这实际上涉及的是一个战略计划的问题。与传统做法的最大区别在于,全面质量管理的战略计划过程中包括了多重的参与者,他们是雇员、顾客、供应商,甚至还有竞争者。组织与顾客、供应商及竞争者之间建立起了一种全新的关系网络,目的在于获得新的竞争优势、新的市场和新的机会。员工的广泛参与是这一过程的重要特点。参与不仅强化了人们执行战略的能力,而且还使人们获得了更高程度的使命感。有效的战略计划是实现目的的一种工具和手段,而不是目标本身。它应当成为使组织的全体人员都参与其中的一种努力。它必须立足于现行的活动,而不是使组织忙上加忙。它必须有助于高层管理者面对困难,理清轻重缓急。它不只是要启动新的举措,而且还要消除许多不增值的现行活动。每一位成员都必须同组织的目标一致,每一位成员必须能够理解组织的战略目标并且清楚自己应该怎样为此而努力。每一个战略目标必须分解为一系列的子目标,每个子目标又进而分解为年度目标。组织还必须确定具体的工作项目来支持这些年度目标。必须确定出明确的优先次序,建立专门的测量体系,并且为每个项目提供所需资源以实现预期的结果。

发挥领导作用采用的主要行动包括以下方面:

(1)考虑所有相关方的需求,相关方包括顾客、所有者、员工、供方、当地社区及整个社会;

(2)为组织勾画一个清晰的远景;

(3)设定富有挑战性的目标;

(4)在组织各级创造并坚持一种共同的价值观,并树立职业道德榜样;

(5)建立信任,消除忧虑;

(6)为员工提供所需的资源、培训及在职责范围内的自主权;

(7)激发、鼓励并承认员工的贡献。

(三)全员参与

各级人员是组织之本,只有他们的充分参与,才能使他们的才干为组织带来最大的收益。组织是人的集合。企业组织要实现向以顾客满意为宗旨的组织的转变,没有人员的转变是不可想象的。人力资源不同于资金、设备这些硬性资产,其中蕴含着巨大的潜能,有效的管理能够使人力资源发生聚变和裂变,从而释放出巨大的能量。企业的管理当局必须通过营造适当的环境来激发人们的热情和主动精神,使人们懂得并愿意高效地工作,从而极大地促进组织的彻底转变。员工的参与是全面质量管理的最基本特征之一。丰田公司每年从它的 8 万名雇员中收到的建议数为 400 万条。这些建议 95%以上都会被采纳,这意味着每年每个雇员被采纳的建议数达 46 条之多。除了合理化建议之外,还有许多其他形式的员工参与方式,如参与质量改进和质量计划团队,成为业务过程再造小组的成员,对自己的工作过程进行统计质量控制和自我控制等。许多先进的公司都强调使员工能够拥有所需的知识、技能、职权和愿望来决策和行动,为自己的行动结果负责,为公司的成功承担义务。他们通过提供充分的培训力争实现这一点。员工带着改进项目来参加这种培训。质量教练对他们的工作提供直接的支持。

实现全员参与需要采取的主要行动包括以下方面:

(1)使员工了解他们贡献的重要性和在组织中的作用;

(2)识别影响他们工作的制约条件;

(3)在解决问题时,应让员工做主并承担解决问题的责任;

(4)针对每个人自己的目标,评价其业绩;

(5)积极寻找机会来提高员工的能力、知识和经验;

(6)自由地分享知识和经验。

（四）过程方法

将活动和相关的资源作为过程进行管理，可以更高效地得到期望的结果。过程即一整套共同为顾客创造价值的首尾相连的活动。除非能够把所有的努力都整合起来，否则就很难实现企业所渴望的结果。自20世纪20年代的休哈特开始，对过程进行控制就一直是质量管理的一个基本信条。之后，戴明进一步发展了休哈特统计过程控制的思想，提出了著名的PDCA循环，朱兰则在其《管理突破》一书中率先提出了过程改进的概念。在20世纪80年代，随着那些领先的公司纷纷跨入迅速的改进活动中，过程管理的必要性也愈加明确起来。如果工厂装配线上的任何一部分出了问题或产生了瓶颈，整条生产线都会受到影响。许多管理性过程也是如此，如订单录入步骤出了差错，产品或服务的提供就不可能及时正确地完成。

管理重要的过程并对关键过程进行持续改进的步骤已经相当明确。首先是辨识组织的关键过程；其次要建立必要的测量指标，有许多企业的大量的测量指标关注的都是部门内的活动，但对于决定公司成功的关键过程却几乎没什么测量指标；最后一个步骤是要真正、确实地来管理这些过程。为此就必须对组织结构进行重大的改变，任命过程的主管人员，重新部署职权、责任和义务。人们已经认识到，企业就是一系列过程的组合，顾客只是根据这些过程的输出来认识某一个公司。顾客并不关心该公司究竟是怎样组织起来的，谁向谁报告，都有些什么头衔，以及各个部门究竟位于何处。顾客甚至不关心产品的哪一部分是由该公司生产的，哪一部分是由供应商或是竞争者提供的。顾客需要的只是产品，希望它们准时送到，在需要时能够获得所需要的服务。一个过程若没有向顾客提供价值，这个过程就是在产出浪费。几乎所有的关键过程都会贯穿组织的许多不同领域。要成功地管理这些过程，就必须采取一种团队的方式，团队成员要具有新的技能，具有对公司的战略、目标和竞争者的新的认识，具有完成工作所必需的新的工具。

运用过程方法所采取的行动包括以下内容：

（1）利用已形成的方法确定取得期望结果所必需的关键活动；

（2）为管理关键活动规定明确的职责和义务；

（3）了解并测量关键活动的能力；

（4）规定在组织内各职能部门之间关键活动的接口；

（5）管理上应注意一些改进关键活动的因素，如资源、方法及器材等；

（6）评价风险、后果及对顾客、供方及其他相关方的影响。

（五）管理的系统方法

将相互关联的过程作为系统加以识别、理解和管理，有助于提高组织的有效性和效率。相互关联的过程的集合构成了组织系统。组织是存在于环境中的，由包括个人、群体、态度、动机、正式结构、相互作用、目标、职权、资源等相互依赖的多种要素组成的系统。构成系统的要素的有机结合产生了新的质，赋予系统以生命，使得系统具有不同于其任何一个要素的特性。组织是存在于一定环境中的开放系统，通过适应环境的变化而得以生存和发展。组织还是一个自适应的系统，具有通过学习而改变自身的能力，企业及各子系统处于不断的变动之中。就企业组织而言，它是一个复杂的多目标系统，绝非单纯地追求利润最大化的“资本的化身”。全面质量管理的基本思路就是通过建立、实施和改进质量管理体系的方式来实现质量的改进、成本的降低和生产率的提高。质量、成本和生产率是果,而体系则是因。具体而言,就是要确定顾客和其他相关方的需求和期望;建立组织的质量方针和质量目标;确定实现质量目标必需的过程及过程间的相互关系和作用;明确职责和资源需求;规定测量过程的有效性和效率的方法;应用这些测量方法确定每个过程的有效性和效率;确定防止不合格并消除不合格产生原因的措施;建立和应用持续改进质量管理体系的过程。

运用系统方法所采取的主要行动包括以下内容:

(1)建立一个体系,使之以最高效的方法实现组织的目标;

(2)了解体系内各过程的内在依赖关系;

(3)关注并确定在体系内特定过程应如何运作;

(4)通过测量和评价持续改进体系。

(六)持续改进

持续改进总体业绩应当是组织的一个永恒目标。改进已经成为当今企业界的一种生活方式,但传统的企业构造中并没有鼓励改进的土壤。厚重的手册、规章等操纵着企业,晋级提升的机会属于循规蹈矩者,坚固的层级制度控制着所有单位和个人的工作,职位说明书清楚地规定了一个人该做什么和不该做什么。一直到第二次世界大战以后情况才开始发生迅速的变化。日本人当时在许多生产领域都是如此的落后,为了生存而不得不进行迅速的改进。他们所提炼出来的持续改进的方法论发挥了良好的作用。严酷的竞争使得越来越多的其他国家的公司开始模仿这些做法,有些因此而取得了巨大的成功。有关改进的文献可以说是汗牛充栋。这些改进发生在制造公司、医院、通信企业、政府机构、各种类型的服务性公司及学校中。有关改进的各种方法已经日益为人们所熟悉,如跨职能的团队、QC 小组、新点子建议制度、过程改进小组等。

推行持续改进要求采取的措施包括以下内容:

(1)在整个组织内采用始终如一的方法来推行持续改进;

(2)为员工提供关于持续改进方法和工具的培训;

(3)使产品、过程和体系的持续改进成为组织内每个人的目标;

(4)为跟踪持续改进规定指导和质量的目标;

(5)承认改进的结果,并对员工通报表扬和奖励。

(七)基于事实的决策方法

有效的决策建立在数据和信息分析的基础上。

管理者的正确决策建立在把握事实的基础之上。以事实为依据来决策,也就是人们常说的"一切用数据讲话",这是全面质量管理的最主要特征之一。为此就要求组织必须有一个用于测量(收集)、加工和分析数据的有效系统。这不是一件轻而易举的事情。对于当今的企业经理们也同样如此,获取所需的信息是一件耗时、耗资且充满困难的事情。诸如,顾客到底想要什么?我们对他们的需要满足得如何?竞争者正准备采取什么行动?这样的基本问题并不容易回答。无论具有多少令人眼花缭乱的测量装置、顾客调查、统计方法、数据库及网络技术,情况并不会有所改变。正如质量管理是一个永无止境的旅途一样,对所有能够有效利用的数据和信息加以了解、获取、选别、综合及理解的这一工作也是如此。

获取所需信息的一个关键步骤便是测量。另外,选择什么进行测量、分析、归纳及展示其结果信息,同测量活动本身一样重要。测量过程是由收集数据及展示结果所需的各个步骤构成的。在更大的测量系统中还包括了所做的决策及过程的运作所处的前提条件。归根结底,这一测量系统的目标是帮助组织始终如一地做出更好的决策,并采取更好的行动。基于事实的决策要求采取的主要措施包括以下内容:

(1)明确规定收集信息的种类、渠道和职责;

(2)通过分析,确保资料和信息足够准确和可靠;

(3)资料能被需要者得到;

(4)根据对事实的分析、过去的经验和直觉判断作出决策并采取行动。

(八)与供方互利的关系

组织与供方是相互依存的,互利的关系可增强双方创造价值的能力。

外购产品和服务对于许多产业的企业来说,都在成本中占据着巨大的份额。这些外购产品和服务的质量在很大程度上影响着某个组织的成品质量。而且,质量差的供应商会成为组织总不良质量成本的主要贡献者。只有当供应商被视为与顾客追求共同目标的伙伴,而非讨价还价的敌手时,只有当供应商关系建立在合作和信任的基础上时,供应商关系才能成为一种互利共赢的关系。随着全面质量管理的普及和深入,质量日益成为选择供应商的一个关键的甄别标准。人们对采购的期望不再只是购得产品和服务,而是对供应商关系的前瞻性管理,以寻求在整个供应链中增加价值的机会。供应商关系开始从对手之间的对抗演化为合作伙伴的协助,双方携手努力以实现共同顾客的满意,即最终产品或服务的终端用户的满意。

在全面质量管理的原则下,改进供应链的绩效成为采购的目标。为此就必须考虑到整个供应链上的参与者,包括间接的供应商、制造商、分销商和最终用户。供应链优化是以质量为中心的,其压倒一切的目标是通过在供应链中联合供应商和最终用户来共同创造价值进而增进顾客的满意。供应链的优化大大促进了质量改进、运转周期缩减、不良质量成本降低、总占有成本降低、技术创新和风险共担等方面。

建立互利的供方关系所采取的措施包括以下内容:

(1)识别并选择关键供方;

(2)在建立与供方的关系时,既要考虑眼前利益,又要考虑长远利益;

(3)与关键伙伴共享专门技术和资源;

(4)创造一个通畅和公开的沟通渠道;

(5)确定联合改进活动;

(6)激发、鼓励和承认供方的改进及成果。

(九)八项原则之间的逻辑关系

上述八项原则之间存在着内在的逻辑关系。要实现成功的转型,首先要解决一个立场问题,这体现了第一个原则的要求(以顾客为关注焦点);在明确了立场的基础上,管理当局要带领(原则二的"领导作用")全体成员(原则三的"全员参与")去实现这种转变;上下同欲的努力还必须有正确的方法论(原则四的"过程方法"和原则五的"系统方法");因为存在激烈的竞争,同时顾客的期望也在不断地升高,因而所建立起来的管理系统必须得到持续不断的改进(原则六);基于事实的决策方法(原则七)是持续改进的最有力的武器;这种改进仅仅局限于组织内部所能够取得的成果还是非常有限的,组织还必须与自己的顾客和供应商进行紧密的合作才有可能取得更大的成功(原则八)。

三、全面质量管理的基本内容

全面质量管理是质量管理的一种形式,它以经营为目标,由全体职工参加,在全过程中对产品的全部广义质量所进行的管理,包括思想教育并综合运用各种科学方法。全面质量管理内容,概括起来是"三全""四一切"。

(一)"三全"

"三全"是指对全面质量、全部过程和由全体人员参加者的管理。

第一,全面质量的管理。过去我们一说到质量,往往是指产品质量,它包括性能、寿命、可靠性和安全性,即所谓狭义质量概念。当然,产品质量是非常重要的。但是,产品质量再好,如果制造成本高,销售价格贵,用户是不欢迎的。即使产品质量很好,成本也低,还必须交货及时和服务周到,才能真正受到用户欢迎。因此一个企业必须在抓好产品质量的同时,要抓成本质量、交货期质量和服务质量。这些质量的全部内容就是所谓广义的质量概念,即全面质量。可见,质量管理必须对这种广义质量的全部内容进行管理,即产品质量+成本+交货期+服务=全面质量。

第二,全部过程的管理。产品是怎样形成的呢?它是包括企业一系列活动的整个过程。这个过程包括市场调查、研究、设计、试制、工艺与工装的设计制造、原材料供应、生产制造、检验出厂和销售服务。用户的意见又反馈到企业加以改进,这整个过程可看作是一个循环过程。可见,产品质量的提高依赖于整个过程中每个环节的工作质量的提高,因此,质量管理必须对这种全部过程的每个环节都进行管理。

第三,由全体人员参加的管理。产品质量的好坏,是企业许多环节和工作的综合反映。每个环节的每项工作都要涉及人。企业的人员,无论是前方的还是后方的,是车间的还是科室的,没有一个人不与产品质量有着直接或间接的关系。每个人都重视产品质量,都从自己的工作中去发现与产品质量有关的因素,并加以改进,产品质量就会不断提高。因此,质量管理,人人有责。只有人人都关心质量,都对质量高度负责,产品质量才能有真正的提高和保证。所以,质量管理必须由全体人员进行管理。

(二)"四一切"

"四一切"是指即一切为用户着想,一切以预防为主,一切以数据说话,一切工作按PDCA 循环进行。

第一,一切为用户着想——树立质量第一的思想。产品生产就是为了满足用户的需要。因此,企业应把用户看作是自己服务的对象,也是为人民服务的具体内容。为了保持产品的信誉,必须树立质量第一的思想,在为用户提供物美价廉的产品的同时,还要及时地为用户提供技术服务。"下道工序是用户"这个口号在企业里应大力提倡和推行。我们知道,企业的每个部门、每个人员在工作中都有个前、后或上、下的相对关系,都有个工作服务对象。工作服务对象就可以看作是下道工序。在企业里,树立质量第一的思想就是体现在更好地为下道工序服务的行动。

第二,一切以预防为主——好的产品是设计和生产出来的。用户对企业的要求,最重要的是保证质量,怎样理解保证质量呢?当前有两种片面的看法,一是认为坚决实行“三包”制度就可以保证质量;另一种看法认为只要检查从严就保证了质量。这些看法是对保证质量的误解。因为这种事后检查,把保证质量的重点放在检查上是不能从根本上保证质量的。不解决产生不良品的问题,不良品还是照样产生,致使产品成本增高。由于质量不是一步形成的,也不是最后一道工序突然形成的,而是逐步形成的,因此,应该尽可能在工序中加以控制,把影响生产过程中的因素统统控制起来,这就是过去单纯以产品检验“事后检查”的消极“把关”,改变为以“预防为主”,防检结合,采用“事前控制”的积极“预防”。显然,这样生产出来的产品自然是好的。所以说,好的产品是设计和生产出来的,不是检验出来的。

第三,一切用数据说话——用统计的方法来处理数据。“一切用数据说话”就是用数据和事实来判断事物,而不是凭印象来判断事物。收集数据要有明确的目的性。为了正确地说明问题,必须积累数据,建立数据档案。收集数据以后,必须进行加工,才能在庞杂的原始数据中,把包含规律性的东西提示出来。加工整理数据的第一步就是分层。分层在全面质量管理中具有特殊的重要意义,必须引起我们的重视。对数据进行分析的基本方法是画出各种统计图表,例如,排列图、因果图、直方图、管理图、散布图,统计分析表等。

第四,一切工作按 PDCA 循环进行。大家知道,人们为了使思维活动条理化、形象化、科学化,往往用各种图表辅助语言进行思维,同时也需要先进的合乎科学的思考问题的方法。PDCA 循环就是全面质量管理的思想方法和工作步骤,P 是计划,D 是实施,C 是检查,A 是处理。任何一个有目的有过程的活动都可按照这四个阶段进行。第一阶段是计划,包括方针、目标、活动计划、管理项目等;第二阶段是实施,即按照计划的要求去干;第三阶段是检查,检查是否按规定的要求去干,哪些干对了,哪些没有干对,哪些有效果,哪些没有效果,并找出异常情况的原因;第四阶段是处理,就是说,要把成功的经验肯定下来,变成标准,以后就按照这个标准去做。失败的教训也要加以总结,使它成为标准,防止以后再发生。没有解决的遗留问题反映到下一个循环中去。计划、实施、检查、处理这个过程,不断反复进行,一个循环接着另一个循环,每一次循环都赋予新的内容,好像车轮一样,转动一次工作就前进一步。整个企业的工作要按 PDCA 循环进行,企业各部门、车间、班组直到个人的工作,也要根据企业的总目标、总要求,具体制定出自己单位和个人的 PDCA 工作循环,形成大环套小环,一环扣一环;小环保大环,推动大循环。PDC 循环作为质量管理的一种科学方法,适用于企业各个环节、各方面的质量工作。

四、全面质量管理中常用方法

所谓全面质量管理常用方法,就是在开展全面质量管理活动中,用于收集和分析质量数据,分析和确定质量问题,控制和改进质量水平的常用七种方法。这些方法不仅科学,而且实用。

(一)统计分析表法和措施计划表法

质量管理讲究科学性,一切凭数据说话。因此对生产过程中的原始质量数据的统计分析十分重要,为此必须根据本班组,本岗位的工作特点设计出相应的表格。

（二）排列图法

排列图法是找出影响产品质量主要因素的一种有效方法。

制作排列图的步骤如下。

第一，收集数据，即在一定时期里收集有关产品质量问题的数据。例如，可收集一个月或三个月或半年等时期里的废品或不合格品的数据。

第二，进行分层，列成数据表，即将收集到的数据资料，按不同的问题进行分层处理，每一层也可称为一个项目，然后统计一下各类问题（或每一项目）反复出现的次数（即频数），按频数的大小次序，从大到小依次列成数据表，作为计算和作图时的基本依据。

第三，进行计算，即根据已知数据，相应地计算出每类问题在总问题中的百分比，计入相应栏中，然后计算出累计百分数计入。

第四，作排列图，即根据上表数据进行作图。需要注意的是累计百分率应标在每一项目的右侧，然后从原点开始，点与点之间以直线连接，从而作出帕累托曲线。

（三）因果分析图法

因果分析图又叫特性要因图。按其形状，有人又叫它为树枝图或鱼刺图。它是寻找质量问题产生原因的一种有效工具。画因果分析图的注意事项：第一，影响产品质量的大原因，通常从五个大方面去分析，即人、机器、原材料、加工方法和工作环境。每个大原因再具体化成若干个中原因，中原因再具体化为小原因，越细越好，直到可以采取措施为止。第二，讨论时要充分发挥技术民主，集思广益。别人发言时，不准打断，不开展争论。各种意见都要记录下来。

（四）分层法

分层法又叫分类法，是分析影响质量（或其他问题）原因的方法。我们知道，如果把很多性质不同的原因搅在一起，那是很难理出头绪来的。其办法是把收集来的数据按照不同的目的加以分类，把性质相同，在同一生产条件下收集的数据归在一起。这样，可使数据反映的事实更明显、更突出，便于找出问题，对症下药。企业中处理数据常按以下原则分类。

（1）按不同时间分：如按不同的班次、不同的日期进行分类；

（2）按操作人员分：如按新、老工人、男工、女工、不同工龄分类；

（3）按使用设备分：如按不同的机床型号，不同的工夹具等进行分类；

（4）按操作方法分：如按不同的切削用量、温度、压力等工作条件进行分类；

（5）按原材料分：如按不同的供料单位不同的进料时间，不同的材料成分等进行分类；

（6）按不同的检测手段分类；

（7）其他分类：如按不同的工厂、使用单位、使用条件、气候条件等进行分类。

总之，因为我们的目的是把不同质的问题分清楚。便于分析问题找出原因。所以，分类方法多种多样，并无任何硬性规定。

（五）直方图法

直方图（Histogram）是频数直方图的简称。它是用一系列宽度相等、高度不等的长方形表示数据的图。长方形的宽度表示数据范围的间隔，长方形的高度表示在给定间隔内的数据数。

(六)控制图法

控制图法是以控制图的形式,判断和预报生产过程中质量状况是否发生波动的一种常用的质量控制统计方法。它能直接监视生产过程中的过程质量动态,具有稳定生产,保证质量、积极预防的作用。

(七)散布图法

散布图法,是指通过分析研究两种因素的数据之间的关系,来控制影响产品质量的相关因素的一种有效方法。在生产实际中,往往是一些变量共处于一个统一体中,它们相互联系、相互制约,在一定条件下又相互转化。有些变量之间存在着确定性的关系,它们之间的关系,可以用函数关系来表达,如圆的面积和它的半径关系:$S=\pi r^2$;有些变量之间却存在着相关关系,即这些变量之间既有关系,但又不能由一个变量的数值精确地求出另一个变量的数值。将这两种有关的数据列出,用点子打在坐标图上,然后观察这两种因素之间的关系。这种图就称为散布图或相关图。

复习思考题

1. 简述质量的重要性。
2. 简述质量概念的演变。
3. 简述质量管理的含义。
4. 简述 ISO 9000 族标准的构成部分。
5. 简述 ISO 9000 族标准的原则。
6. 简述 ISO 9000 族的实施流程。
7. 简述 ISO 9000 质量认证的作用。
8. 简述全面质量管理的含义。
9. 简述全面质量管理的特点。
10. 简述全面质量管理的任务和目标。
11. 简述实施全面质量管理的五步法。
12. 简述全面质量管理的八项原则。

第七章　产品成本管理

第一节　产品成本概述

关于工业产品成本的构成、核算与分析等内容,已经在政治经济学、工业会计学、工业统计学等课程中讲授过,在这一节里只就有关的基本原理加以综合概述,作为本章的预备知识。

一、工业产品成本的一些基本概念

工业产品成本,是产品价值的主要组成部分,是以货币表示的企业为生产和销售产品的全部费用支出。

总成本,是企业在一定时期(月、季、年)工业品所支出的各项费用的总额。

单位产品成本,是生产每一单位产品所支出的各项费用数额。

成本构成,是指成本中所包括的各项费用及各项费用所占的比重。成本构成中有:直接材料、直接人工和制造费用。

二、成本计算方法

成本计算方法主要有四种:分步法、分批法、品种法和定额法。

(一)分步法

分步法是按产品的品种和产品的加工步骤分别汇集生产费用并计算产品成本。它适用于大量、大批分步加工的企业。由于费用结转的方式不同,又可分为逐步结转分步法和平行结转分步法。

逐步结转分步法,是按产品加工步骤顺序,伴随工件实物的转移,逐步累计结转加工费用,到产品完成时最后汇总成为产品成本。

平行结转分步法,不计算上一步转来的半成品成本,各步骤只计算本阶段范围内发生的费用以及应计入产成品内的份额,最后将各步骤的成本汇总即为产成品成本。

两种方式各有优缺点,逐步结转法工作细致,便于分析和控制成本,但成本计算工作量大,费工费时;平行结转法核算工作简化,但成本管理工作粗放。

(二)分批法

分批法是按产品的批别设立成本计算单,分批汇集各项费用并计算成本。到一批产品完成后一次计算成本,一般不分月计算。它适用于单件、少批、多步骤生产的企业,如重型机械、造船等企业。

(三)品种法

品种法,这种成本计算方法是既不分批也不分步,只按产品品种汇总费用和计算成本。

它适用于单步骤、单一品种的生产企业，如电力、采掘等，也适用性质相似的企业内部供水、供电、供气等车间的成本计算。

（四）定额法

定额法是在每项费用发生当时，按有关定额及时计算产品成本，到月末时再根据实际成本调整定额成本与实际成本的差额。所以它不是一种单独使用的方法，而是与前面讲的三种基本方法结合起来应用的方法。采用前面三种方法的企业如果具备条件都可以采用定额成本计算法。定额法，便于及时发现成本偏离定额问题，有利于成本控制。应用的条件是各项定额齐全准确和有相应水平的成本核算人员。

三、降低成本的意义与途径

工业企业成本管理的基本任务，就是要在保证产品质量的前提条件下，研究成本的性质，寻求降低成本的途径，以最低的成本，生产出更好、更多的产品，以保证实现利润目标。

（一）降低成本的意义

工业产品的成本是企业在一定时间内为了制造和销售一定数量的产品所支出的费用总和。产品成本的高低，在价格既定的情况下，直接关系到企业的经济效益，降低产品成本的意义有以下几方面：

（1）成本是衡量生产耗费及其补偿的尺度。企业为了保证再生产的连续进行，必须通过流通过程及时取得收入，补偿生产耗费。其补偿数额的大小是以产品成本作为尺度来衡量。因此，企业必须正确地计算成本。

（2）成本是制定产品价格的基础和决定产品竞争能力的条件，产品价格的高低，直接影响着企业在市场上的竞争能力和企业的利润水平。

（3）成本是企业进行决策的重要因素。成本在企业的经营管理中，同产量、质量、品种、生产效率等一样，是决定企业前途和发展的重要因素。企业对生产经营的重大问题进行决策时，必须把成本作为重要问题考虑在内，并且在评价决策时，以成本为标准来衡量决策的水平，选择资源耗费少、经济效益高而又切实可行的决策方案。

（4）成本是推动企业提高管理水平的重要杠杆。成本是反映企业生产技术和经营管理水平的综合性指标。企业各方面的工作成果，如产品设计的好坏，生产工艺合理程度，原材料、燃料、动力消耗的多少，机器设备和厂房建筑的利用情况，劳动生产率的高低，人、财、物组织得是否合理，产、供、销是否平衡等，最终都会反映到产品成本上。因此，通过成本水平的分析，就可以发现企业在生产技术、经营管理上存在的问题和各方面工作中的薄弱环节，为提高改进工作指明方向和途径，从而推动企业管理水平的不断提高。

（二）降低成本的途径

降低产品成本，是企业管理的主要内容，直接关系到企业的经济效益。管理工作的任务，就是从各方面不断地寻求降低产品成本的途径。每个企业在某个时期、某种条件下采取的降低成本的具体措施有所不同。但一般来说，降低成本的主要途径如下。

1. 提高劳动生产率

劳动生产率的提高，就是以较少的劳动消耗，生产更多的产品，这不仅意味着节约了活劳动，而且也节约了物化劳动。提高劳动生产率的结果就是减少了单位产品的工时消耗，或增加了单位工时内的产量，也就是减少了单位产品内的工资费用和固定费用。提高劳动生产率的主要措施是：第一，调动广大职工的社会主义积极性，在生产活动中，人是决定性的因素，是生产力要素中最活跃的因素，在激烈的市场竞争中，企业要把精神鼓励与物质鼓励正确地结合起来，贯彻各尽所能、按劳分配的原则，激发职工的积极性；第二，积极改进生产技术条件，采用先进的技术，改进产品设计、改造设备和工具，提高效率；第三，提高劳动者的科学技术文化水平和生产操作的熟练程度，市场竞争集中表现在产品的竞争上，而产品是由技术人员设计和工人生产的，提高劳动者的文化素质，这是有效地利用生产技术和技术设备的一个重要条件，这不仅可以提高劳动生产率，而且有利于提高产品的质量，减少以至消灭废品损失，从而降低产品成本。随着技术装备现代化的发展提高，职工的技术培训工作就更加重要。

2. 节约材料物资消耗

在工业产品成本中原料和主要材料，辅助材料、燃料等消耗的比重占 70%左右。在生产中，大力节约原材料等物资消耗是降低成本的重要途径。节约原材料等物资消耗包括改进产品设计、采用新工艺，制定合理的材料消耗定额，积极开展物资的综合利用，合理采用代用材料，以及努力减少运输和保管过程中的损耗等。

3. 提高机器设备利用率

机器设备利用率的提高，能够增加产量，这是节约单位产品成本中固定费用的重要途径，通过加强维修工作。减少机器设备停工时间，增加有效作业时间，可以减少单位产品所负担的折旧费和维修费，从而降低成本。

4. 提高产品质量

产品质量好坏与产品成本的高低有密切关系，质量合格的产品多，废品率低，产品成本就低。反之，废品率高，就会无谓地损耗工时和原材料，以致增加成本。要提高产品质量，除改进产品设计、采用新工艺，保证原材料质量之外，现在在企业中推行的全面质量管理方法是保证和提高产品质量的有效措施。

5. 改善经营管理

在相同的人力、物力、财力的条件下，经营管理水平的不同，会收到不同的经济效果。经营管理是综合性的措施。要采用科学的、民主的管理方法，把生产过程中的各个领域、各种因素的作用都充分发挥出来，科学有效地利用人力、物力和财力，就能把生产消耗降低，达到降低成本的目标。

成本管理工作是企业经营管理工作的重要组成部分，为了做好这项工作必须提高企业成本管理的预见性、全面性和科学性。

成本管理的预见性，就是必须从对生产费用的控制和监督，扩展到新产品成本的预测上去，企业在研制、设计新产品时，即应进行成本预测，对各种设计方案的产品成本预先进行分析比较。这样，企业将要投产的新产品，不但要求在技术上是先进的，能够满足用户需要，而且在经济上是合理的，能够使用户得到较好的经济效益；同时，也要保证生产企业能够节省消耗，增加收益。

成本管理的全面性，也就是全员性，其道理同全面质量管理、全面经济核算是一样的。它要求企业的生产、技术、供应、销售等部门以及车间、班组直到每个职工，人人都要结合自己的工作参与成本管理，进行成本分析，积极提出降低成本的合理化建议。

成本管理的科学性，是指企业的生产技术越是现代化、越要求对生产过程的控制与管理能够更精确、严密，符合客观实际。在这种情况下，有关产品成本的计算，必须以充分的、准确的原始记录，详尽的基础资料作根据。否则，按照缺少可靠根据的毛估、匡算资料计算出来的成本，必然是失真的数据。把这样的数据提供给企业决策者和有关技术部门或经营部门很可能导致错误的决策。所以，企业要在加强成本管理的基础工作的同时必须提高成本管理人员的科学技术和业务水平，充分发挥他们在成本管理中的积极作用。

第二节 成本预测

成本预测是企业成本管理工作的重要内容之一，是对成本有效地进行控制的一种科学的方法和手段，它是用已知资料，预测未来一定条件的产品成本水平。常用的成本预测方法主要是目标成本法和数学计算法。

一、目标成本法

目标成本法是用确定目标成本的方法来测算未来一定条件下的成本水平，并为实现目标成本而加强管理，实行成本控制。

目标成本，是企业在一定条件下为保证目标利润，以市场上可能接受的产品售价为基础所确定的最大允许成本限额。

如用公式表示则为

$$单位产品目标成本=单位售价-单位税金-单位目标利润 \qquad (7-1)$$

$$单位产品目标成本=单位售价\times(1-销售税率)-\frac{目标利润}{产量} \qquad (7-2)$$

在市场经济条件下，产品的销售税金是法定的，产品的售价受市场容量和竞争激烈程度限定，因此，目标利润一经确定，成本数额多少就具有强制性了。这就是目标成本的特征。

目标成本不同于计算成本指标。计划成本指标是在充分考虑计划期内主客观条件下，根据有关各项指标的综合平衡，事先计算的产品成本水平，一经确定就成为考核和评价企业实际耗费水平的尺度。可见计算成本指标与目标成本的形成与意义是不同的。

目标成本是目标管理的一项重要内容。由于它带有强制的特征，所以在经营管理中，具有动员作用。比如，在企业试制新产品时，根据企业的利润目标，要求必须把成本控制在某一限度之内。然后把这一成本控制数额，下达给有关技术、生产部门，开展技术经济分析，在保证新产品必要功能的前提下，在成本控制数额范围内进行产品设计，而且在工艺、生产各个环节都要保证达到要求。这样，就可以通过选优方案，采取最低成本，达到增加利润的目的。对于原有产品的成本，控制也是同样道理。比如，企业根据发展需要与内外条件的分析，确定了利润目标，又根据市场供求关系和竞争情况确定了售价水平，那么应将成本控制在什么水平上就昭然若揭了。这时企业就要动员一切力量，千方百计去挖掘降低成本的潜力。有效的办法之一，是开展价值工程活动，群策群力，寻求降低成本的新途径和新措施。这就是把技术和经济结合起来的一种现代企业的管理办法。

二、数学计算法

用数学计算法预测成本主要是产品成本发展趋势的预测。根据成本和产量的相互关系的直线方程 $y=a+bx$，预测一定产量下的总成本和单位成本水平。式中，y 为因变量；a 代表固定成本;b 代表单位变动成本;x 代表产量。在坐标轴上,a 表示直线在 y 轴的截距,b 表示这条直线的斜率,其中,x 为自变量,y 为因变量,a,b 为常数项。所以,只要求出方程式 a,b 的值,就可以利用这条直线方程预测产品在一定产量下的总成本、单位成本。计算的具体方法常用高低点法和回归分析法。

(一)高低点法

高低点法是通过运用数学的方法来预测产品成本,根据历史资料中产量最高期和最低期的成本数据,推算成本中的固定成本和变动成本,从而预测一定产量下的总成本和单位产品成本,如图 7-1 所示。

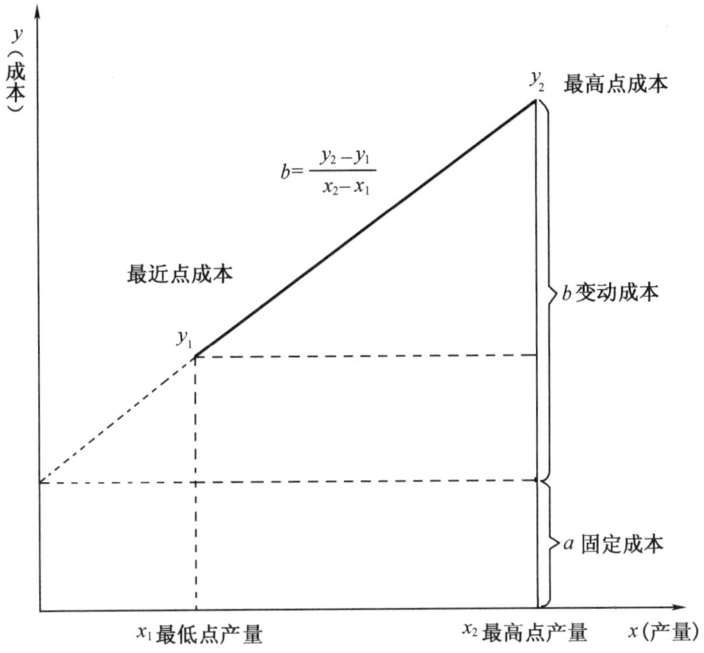

图 7-1 高低点法图示

从图示可列公式,即

$$b=\frac{y_2-y_1}{x_2-x_1} \qquad (7-3)$$

式中 y_2——最高产量期成本;

y_1——最低产量期成本;

x_2——最高期产量;

x_1——最低期产量。

【例 7.1】 根据 1985—1990 年资料,最高点年份产量为 20 000 件,成本为 76 000 元;最低点年份产量为 8 000 件,成本为 40 000 元,则

$$b=\frac{76\ 000-40\ 000}{20\ 000-8\ 000}=3(\text{元/件})$$

$$a=76\ 000-20\ 000\times 3=16\ 000(\text{元})(\text{把最高点成本代入公式计算})$$

$$a=40\ 000-8\ 000\times3=16\ 000(\text{元})(\text{把最低点成本代入公式计算})$$

若 1991 年产量预测值为 15 000 件,则总成本应为

$$y=16\ 000+3\times15\ 000=61\ 000(\text{元})$$

$$\text{单位产品成本}=\frac{61\ 000}{15\ 000}=4.07(\text{元})$$

高低点法是一种简单的预测方法,简便易懂。但是这里是以假定不同时期的固定成本总额和单位变动成本都不发生变化为前提的。所以只有当各期成本都比较稳定的情况下,才比较适用;如果各个时期成本波动较大,采用高低点法,有时会造成较大的误差。

(二)回归分析法

用回归分析法预测产品成本,是根据历史统计资料进行汇总,求出计算回归系数的有关数值,代入回归方程,求出回归系数,然后根据计划期产量及回归系数,计算出计划期成本水平。

根据 $y=a+bx$ 的方程式,用最小二乘法计算得出 a,b 系数的数学关系式:

$$b=\frac{\sum xy-\frac{\sum x\sum y}{n}}{\sum x^2-\frac{(\sum x)^2}{n}} \tag{7-4}$$

$$a=\frac{\sum y-b\sum x}{n} \tag{7-5}$$

式中 n——期数;

x——计划期产量;

y——计划期总成本预测值。

汇总企业某产品各年成本资料,求出 $\sum x$, $\sum y$, $\sum x^2$, $\sum xy$,将它们的值代入 a,b 值的数学关系式,分别求出 a,b 值,将 a,b 值及计划期产量代入

$$y=a+bx \tag{7-6}$$

则得计划期成本预测值。

【例 7.2】 某企业某产品各年的产量和成本资料如表 7-1 所示。

表 7-1 某企业某产品各年的产量和成本资料

年份	产量 x/件	成本 y/元	x^2	xy
1984	2 000	10 000	4 000 000	20 000 000
1985	2 500	14 000	6 250 000	35 000 000
1986	3 000	15 000	9 000 000	45 000 000
1987	4 000	16 500	16 000 000	66 000 000
1988	4 000	17 000	16 000 000	98 000 000
1989	4 500	18 500	20 250 000	83 250 000
1990	5 000	19 000	25 000 000	65 000 000
合计 $\sum$	25 000	110 000	96 500 000	412 250 000

将以上统计值中的 $\sum x$, $\sum y$, $\sum x^2$, $\sum xy$ 代入 a, b 值的数学关系式中,则有

$$b=\frac{412\ 250\ 000-\frac{25\ 000\times110\ 000}{7}}{96\ 500\ 000-\frac{25\ 000\times25\ 000}{7}}=\frac{19\ 378\ 600}{7\ 214\ 286}=2.686$$

$$a=\frac{110\ 000-2\ 686\times25\ 000}{7}=\frac{42\ 850}{7}=6\ 121$$

若预测1991年的总成本,则根据以上计算出的 a, b 值,并根据预测年的产量,代入公式进行计算;若假定1991年预测产量为6 000件,代入公式

$$y=a+bx$$

则

$$y=6\ 121+2.686\times6\ 000=6\ 121+16\ 116=22\ 237(\text{元})$$

$$\text{单位产品成本}=\frac{22\ 237}{6\ 000}=3.71(\text{元})$$

第三节　成本控制

成本控制,是依据一定标准,对产品成本形成过程进行经常性的检查监督,及时发现并纠正脱离成本目标的偏差,使产品成本数额限制在成本计划指标或成本目标所允许的范围之内,以保证达到提高企业经济效益的目标。因此,成本控制是成本管理工作的关键一环。

一、成本控制程序

成本控制,应当遵循的基本程序是:制定控制目标,监督成本形成过程,纠正偏差。

(一)制定控制成本的目标(或称成本控制标准)

这是建立成本控制的依据。制定成本控制标准,可以采用不同的方法进行,主要有价值工程法、计划指标分解法、预算法、定额法等。

1. 价值工程法

价值工程法是以产品功能分析为中心,把技术工作与经济工作密切结合,用最少的费用获得必要的功能,更好地满足用户需要的方法,这种方法在开发新产品,改进老产品的设计工作中,对于控制目标成本,效果极其显著。同时,在定型产品的生产过程中,应用价值工程分析方法,通过局部改进结构,改进加工工艺与生产组织方法,节约原材料和其他费用,来制定目标成本或计划成本指标,也是有效方法之一。

2. 计划指标分解法

计划指标分解法是把企业的成本计划指标,按照管理责任的层次和范围,层层分解划细,逐级下达,落实到车间、科室、班组以至职工个人,明确各层次应负担的控制成本的责任。

3. 预算法

预算法一般是按季度生产计划,预计短期内(如一个月)需要开支的各项费用数额,经过平衡,下达到车间、科室,作为费用控制标准。同时要将保证措施纳入预算之内,做到既

有利于生产，又能切实地控制成本。

4. 定额法

定额法，即根据各项定额制定费用开支标准。凡是有定额的费用，一律用定额控制，不能建立定额的可用国家的成本开支范围和标准进行控制。这种方法的好处是使成本控制更加具体、可靠。

（二）对成本的形成进行监督

在成本的形成过程中，要经常进行检查对比，以保证不偏离成本目标。成本的归口分级管理制度是有效的监督方式。所谓分级管理，就是在厂长和总会计师的领导下，由厂部财务部门进行统一平衡，制订统一计划，然后分厂部、车间、班组三级管理成本指标。所谓归口管理，即根据厂部各职能部门所分管的业务范围，分管有关成本指标，建立责任制，形成责任成本。成本指标是经济核算指标的重要组成部分，所以成本的归口管理也就是归口分级核算的重要内容。因此组织好经济核算体系，是进行成本控制的有效方式。成本的监督工作是十分复杂细致的工作，必须根据它的构成要素建立日常的管理办法。例如，对于材料费用，要从材料消耗和材料采购两方面来管理；对于工资费用，要从工资基金、劳动生产率、职工人数及出勤率等方面来管理；对于综合性费用，分析具体因素，有重点地、分别按定额、标准等方法进行管理。每项费用的支付都必须建立制度，并严格执行。

（三）分析原因，纠正偏差

这是成本控制的核心工作。前两项工作是控制工作的必要准备，根据检查对比发现偏差程度，经过进一步分析查明原因，要采取对策，进行纠正。对于产生的偏差，要用科学的态度和科学的方法进行调查研究，弄清真相。成本控制，不仅要求对已经产生的偏差进行纠正，而且要对将要发生的偏差或者说对有发生偏差可能的因素，要采取预防性措施，使之不发生。为了达到这一要求，准确及时地做好控制记录和进行成本分析工作是重要的手段。

二、成本控制的内容

成本控制工作要在生产经营活动全过程中进行。产品的成本是在生产经营的全过程中形成的，每个过程都有相应的开支，所以应当针对每一过程的特点采取控制措施。生产经营过程大体可以分为生产准备过程、生产过程、计划组织过程、销售过程等，对这些引起过程的成本支出进行控制。

（一）生产准备过程的成本控制

这一过程的任务主要是为生产产品创造物质条件和技术条件，如确定产品设计和生产工艺、准备原材料装备、工作场地等。这些活动不仅本身消耗的人力、物力都要构成产品成本的一部分，而它的活动结果好坏也往往会影响到下一阶段成本的高低。特别是一些技术准备工作，对成本影响相当大。如产品功能，能在满足用户基本要求条件下消除过剩功能，就可以降低成本；又如在保证产品质量前提下，尽量简化结构，也可以降低成本。所以说，技术工作对成本的影响很大,必须重视技术工作的经济效果。应当把生产准备过程作为成本控制的重点切实抓好。价值工程分析的方法是提高技术经济效果的有效方法,应当积极推广应用。

(二)生产过程的成本控制

生产过程是直接进行加工制造形成产品的过程。在这一过程中大量消耗人力、物力。有的物资将变为产品的实体,有的则是加工对象所必需的要素。物资消耗的多少,在产品结构、制造工艺不变的条件下,基本上变化不大。因此,对这一阶段的成本控制,应当把重点放在掌握消耗定额,防止超出定额发生浪费方面,并力求提高劳动生产率和提高产品质量,以使产品成本相对降低。

(三)计划组织过程的成本控制

这一过程主要协调生产准备过程和生产过程中的一系列组织活动,如安排生产进度,组织生产衔接,协调各项计划,保证均衡生产等。这一过程的特点是它自身消耗的人力、物力不多,成本支出只是计划、调度、核算等一些工作人员的工资和一些办公费用,在成本中所占比重有限,但其工作质量好坏,对成本影响很大。例如,组织批量生产,批量选择不当,批量过大时将造成设备、工具紧张,批量过小时会造成设备空闲调整费用的增加,这都会使成本增高。此外,如果计划安排得前紧后松、调度不当、停工待料、劳动调配不合理造成停车等,也都会增加开支,抬高成本。因此,对这一过程的控制,应当把重点放在提高计划组织工作质量和研究考核这项工作对成本的影响方面。

(四)销售的成本控制

随着国民经济体制改革的进展和企业经营管理工作的加强,产品销售过程的重要性将日益明显。在销售过程中将支付销售人员的工资、展览费、销售费用、技术服务费用、包装费用、运输费用、仓库费用等,这些都是构成成本的因素。这一过程的控制重点是提高工作质量与工作效率,合理选定销售对象和发货批量,减少产成品的仓库积压,节约销售费用的支出。

由此可见,成本控制工作涉及企业生产经营的全过程。按照上述三个基本程序,即制定控制目标,监督形成过程,纠正偏差,发动全厂职工普遍参与成本管理活动,这样,就形成了全员、全过程的全面成本管理。

第四节　成本分析

一、成本分析的内容和种类

成本分析,是成本控制基本程序的组成部分,通过成本检查监督,发现偏离控制标准时,要经过成本分析查清发生偏差的原因,为采取对策纠正偏差提高根据,促进企业不断降低成本。

成本分析的主要内容包括:全部商品产品成本计划完成情况分析。

成本分析,按照分析者的主体和分析的内容范围来划分,有职工群众参加的日常成本分析,专业人员进行的定期分析以及根据中心任务进行的专题分析。

群众性的日常分析,是由分管有关成本核算的职工群众直接进行。这种分析的特点是执行者和分析者属同一主体。职工群众对自己的工作最熟悉,因而容易发现问题,并最了解问题的症结所在。班组的工人群众,可以利用每天班前、班后时间,经营开展分析,使得分析工作灵活而及时,提出的改进措施会切实有效。

专业核算人员的定期分析,一般是按月、季、年为期进行,是对成本完成情况的全面评价。

专题分析,是结合企业不同时期的经营管理任务,有重点地分析成本管理中存在突出问题以便提出针对性强的改进措施。

这三种分析,各有特点,在实际工作中应当根据需要结合运用,使分析工作能做到经常、全面、深刻。

二、成本分析的技术方法

成本分析的方法较多,这里主要介绍两种:成本指标对比法、连锁替代法。

(一)成本指标对比法

指标对比法,是将实际成本指标与某种对象指标之间相互比较,找出差距,根据对比对象的不同,可与同期的计划指标对比;与不同期的完成指标对比;与同类企业先进指标的对比。与本企业同期的计划指标对比,可以检查计划完成情况与差距,并可以为提高计划工作质量提供参考依据。

与本企业不同期实际成本指标对比,例如,与上期、与上年同期、与历史最好水平的实际成本指标对比,可以揭示成本不断降低的趋势,评价当前成本管理水平。

与同类企业先进指标对比,可以扩大眼界,发现落后与先进的差距,促进成本管理工作有更大的提高。

指标对比法,在实际应用中必须注意对应指标之间的可比性。如果在对比指标中发现有不可比因素时,要经过调整以后再进行分析,否则对比结果就失却了实际意义。例如,成本构成中的材料、燃料等价格的重大变动,成本项目的调整,生产组织的重大改革(如专业与协作关系的调整)等影响成本数额的外来因素出现时,都要经过调整以后再进行对比。

(二)连锁替代法

连锁替代法,是按顺序逐一替换两个对比指标的各个构成因素,以确定各个因素对成本指标的影响程度,连锁替代法是因素分析的一种。

下面举例说明这种方法的具体运用。

【例 7.3】 假设某种产成品中某种材料费用的计划数为 8 000 元,实际数为 10 800 元,实际超过计划 2 800 元,现分析其增加的原因。材料费用是由产量、单位产品材料消耗和材料单价三个因素组成的,假设各个因素的计划资料如表 7-2 所示。

表 7-2　构成材料费用的三个因素数据表

项目	产量/个	单位产品材料消耗/kg	材料单价/元	材料费用/元
计划数	100	20	4	8 000
实际数	120	18	5	10 800
差异数	+20	−2	+1	+2 800
差异%	−20	−10	+25	+35

用连锁替代法分析材料费超支 2 800 元的原因：

计划指标　$100\times20\times4=8\ 000$ ⎫
第一次替代　$120\times20\times4=9\ 600$ ⎭ +1 600（产量因素）

第二次替代　$120\times18\times4=8\ 640$ } −960（消耗因素）

第三次替代　$120\times18\times5=10\ 800$ } +2 160（价格因素）

合计+2 800

第一次替代，其差额反映的是产量变动的影响，影响方向与程度是增加 1 600 元；第二次替代其差额反映的是材料消耗定额变化的影响，影响方面与程度是减少了 960 元；第三次替代，是在第二次替代的基础上用实际单价代替计划单价，这样，产量、消耗和价格三个因素都是实际数值，所以就是实际指标，它的差额反映的是价格变动的影响，影响的方向和程度是增加了 2 160 元。三个因素变化影响的代数和即为实际材料费比计划超支 2 800 元。

为了使这一方法具有普遍意义，可用数学公式表示。

设某一成本项目由 a,b,c 三个因素的乘积所组成，其计划指标与实际指标分别为

计划指标　$a_0\times b_0\times c_0=T_0$　(7-7)

实际指标　$a_1\times b_1\times c_1=T_1$　(7-8)

两者差异　$T_1-T_2=D$　(7-9)

其替代运算程序为

计划指标　$a_0\times b_0\times c_0=T_0$

第一次替代　$a_1\times b_0\times c_0=T_2$

T_2-T_0 反映的是 a 变动的影响；

第二次替代　$a_1\times b_1\times c_0=T_3$

T_3-T_2 反映的是 b 变动的影响；

第三次替代　$a_1\times b_1\times c_1=T_1$

T_1-T_3 反映的是 c 变动的影响。

三个因素的代数和为

$$(T_1-T_3)+(T_3-T_2)+(T_2-T_0)=T_1-T_0=D$$

关于替代因素的顺序，应当经过仔细研究之后加以确定。因为替代的顺序不同，得的总和结果虽然一样，但是各因素影响的程序将是不同的。确定替代顺序的办法，一种是按习惯的逻辑顺序，例如，在计算材料费用时，一般都按产量、消耗、单价的顺序进行分析，替代时也就使用这个顺序。这种顺序确定之后，应当长期稳定不变，以便于分析对比。如果只就本期资料，分析各因素变动的影响轻重，也可用另一种方法，即将替代因素按变动幅度

大小排成顺序,先替代变动幅度大的因素,再依次替代变动小的因素。如上例中产量增加20%,消耗减少10%,价格提高25%,替代顺序应为价格、产量、消耗。道理是,对于变动小的因素,可以视为接近稳定,把变动太的因素放在最后可以突出影响成本的显著程度,以便引起足够重视。

复习思考题

1. 简述产品成本计算方法。
2. 简述降低成本的意义。
3. 简述降低成本的途径。
4. 分析成本预测方法有哪些?
5. 分析成本控制的程序。
6. 简述成本控制的内容。
7. 简述成本分析的内容和种类。

第八章　新产品开发

第一节　新产品开发的重要意义

一、新产品开发的概念与分类

1. 新产品开发的概念

所谓新产品开发是指为设计、研制新产品而进行的一系列的科学研究、工程技术和工程管理等项工作。新产品是指产品的结构、物理性能和功能用途与老产品有本质的不同或显著的差异的产品。新产品是指具有下列一项或多项特点的产品：

(1) 产品的基本原理、结构和性能比同类产品有新的发展；

(2) 改进老产品，在原理、结构和性能等方面有显著提高；

(3) 填补国内空白的产品；

(4) 基本型派生的变型产品。

通过上述对新产品定义的认识之后，可以看出将“在市场上至今还未提供过的产品”称为新产品；或将“自己工厂没有生产过的产品”称为新产品的定义都是不确切的。

2. 新产品开发的分类

按新产品的制造技术和性能特点，新产品可以分为如下几类。

(1) 本企业新产品。此种产品对市场来说已不是新产品，国内或国外已生产过，有现成产品与技术可以借鉴，但对本企业来说是新产品。因此，当企业需要发展此种新产品时，一般应采用引进方式，以便尽快掌握产品结构及其制造技术。所以这是企业利用外来技术制造的新产品。

(2) 改进新产品。采用各种技术制成的，其性能有一定提高的新产品。

(3) 换代新产品。采用新的元件与材料或新的技术制成，性能有重大提高的新产品。

(4) 新用途的新产品，适应专门需要或特殊用途而制成的有特殊性能要求的新产品或新系列产品。

(5) 全新产品。或称真正的新产品。指采用新原理、新结构、新技术、新材料等制成的新产品。

二、新产品开发的重要性

1. 国外开发新产品方面的情况

企业所生产产品的先进性，制造工艺的先进性，迅速掌握和发展新产品的能力，是反映企业技术水平的重要标志，是企业技术工作和经营管理工作的重要任务，是企业在市场竞争中能否取胜的关键。因此，积极发展新产品，是当前国外企业工作技术发展中的一个突出的趋势。特别是近十几年来，新产品发展的速度大大加快了。据统计，美国平均每天有 3 万多种各类新产品问世。苏联在第二次世界大战后 30 年中仅机械工业产品的品种就增加了 1 倍多。在 1960—1965 年间,研制了 4 300 多种新产品,而在 1971—1975 年间,研制了 20 000 多种,等于 1960—1965 年间的 5 倍。苏联在 1974—1976 年期间,每年平均淘汰了 1 700~1 800 种结构陈旧的产品。

随着新产品发展的加快,一个重要的特征就是新技术从发明到实际应用的周期大大缩短了,如电子显微镜为 35 年,燃气轮机为 25 年,数控机床为 5 年。

近年来,国外新产品迅速发展,其原因大致可以归纳如下几个方面。

(1)技术进步和发展的客观要求。近一二十年来,科学技术以惊人的速度发展着,从电子计算机到阿波罗登月的航天技术,从工业到农业,从重工业到轻工业,各行各业,各个科学领域,技术的发展与进步都是日新月异。这样在客观上就需要多种多样、复杂化、精密化、大型化和微型化的各种产品来为其发展服务。

(2)科学试验的丰硕成果为发展新产品提供了条件。现代工业和生产技术的发展,在很大程度上是依赖于科研试验的成果,它为发展新产品提供了条件。科研试验成果的工业化过程,就是新产品、新工艺的产生过程。加速科研试验成果的工业化过程,是发展新产品的一个重要问题。国际上普遍认为美国科研成果的工业化比西欧和苏联要快,有很多研究成果首先在西欧和苏联完成,但最先在美国出现工业产品。例如,半导体的研究是苏联最早进行的,集成电路的设想首先出现在英国,但工业产品却首先在美国出现。又如英国在 100 多年前就创造了具有现代计算机主要特点的"分析机",但计算机的发明和广泛应用也是在美国。此外,像激光、低温技术、射流技术的早期发现和发明都在欧洲,但最后工业产品的成功都是在美国。

据分析,美国科研成果的工业化过程之所以比较快,主要是因为美国有较大的市场,设计、工艺水平较高,生产能力较强,同时又注意做好发展和推广应用新产品的组织管理工作。

为发展新产品服务的科研试验,主要有三个方面:一是为新产品的原理与设计服务的;二是为新产品制造与工艺服务的;三是为新产品的使用与操作服务的。只有大力加强这三个方面的科研试验工作,才能加速新产品的发展。

(3)科学技术的现代化为新产品的设计试制提供了高效率的手段和方法。系统工程理论的产生,运筹学和控制理论的发展为先进的成套设备的设计,提供了有利的条件。特别是电子计算机的发展和应用,增大了技术数据和信息处理的能力,促使产品设计采用最佳化技术和进行多方案的选择,采用计算机辅助设计或自动化设计系统。可以说,电子计算机及其他相应科学在设计工作的应用,给工程设计工作带来了一次革命性的变革,对加快新产品的发展有着巨大的意义。

(4)专业化协作生产的发展,促进了新产品的加速发展。专业化协作生产的发展意味着有了专业化的零部件的生产工厂,它们可以独立地进行零部件的研究与发展工作,可以为整机厂提供高水平、高质量的零部件,使整机厂能集中精力于新产品的整机系统的发展,致力于某些特殊专用的零部件的制造及整机的装配、试验等工作。如果工业发展一种新产品,对每个零部件都靠自己来设计、试制,其技术力量势必大大分散,延长了设计、试制周期,延缓了新产品的发展速度,并且新产品的质量和可靠性也难以保证。另一方面,由于零部件专业化生产以后,可以由单件小批生产方式,转变为大批大量的生产方式,因此零部件的成本和价格比自己生产要低,这对整机厂发展新产品是极其有利的。例如,法国有个费莱机床厂,职工为 420 人,机床设备只有 80 台,这个工厂在建厂两年后就能生产 40 多种先进的机床,大部分是数控机床,其中包括航天工业用的数控壁板铣床。该厂之所以能在短内生产如此多的高精度机床,其主要原因之一是,由于有强大的专业零部件生产厂的支持。液压件、气动、润滑装置、电气元件、滚动导轨和丝杠、齿轮箱等全部从零部件专业化厂外购。

(5)“三化”(产品系列化、零部件标准化、通用化)工作对发展新产品的促进作用。“三化”工作对发展产品品种有直接和间接的促进作用。直接作用表现在,“三化”工作有利于发展产品的变型,增加产品的品种。有些系列产品,通用零部件可达60%~70%,这必然大大简化产品的设计工作,缩短新产品的准备周期,加速新产品的试制生产。间接作用表现在“三化”工作是搞好专业化协作生产的基础,专业化生产又是促进产品品种发展的有利条件。

(6)在发展新产品的各项管理中,采用了科学的组织管理方法,特别是采用了“计划评审技术”(PERT),对组织发展新产品起到较大的作用。

(7)国际市场的激烈竞争,迫使西方国家的企业在努力发展新产品。现代企业如果失去市场竞争能力就无法生存,而发展新产品又是提高市场竞争能力的主要手段。因此,由于国际市场的激烈竞争,对发展新产品起到不小的刺激作用。

2. 我国工业企业加速发展新产品的迫切性与重要性

我国工业企业新中国成立后在发展新产品方面取得了很大的成绩,已经初步形成了一个比较完整的工业体系。我们不仅有了自己的制造工业,而且能够生产许多高、大、精、尖的产品,原子弹、氢弹、洲际导弹和人造卫星的制造成功,是工业产品进入现代化的重要标志。但是,由于我们的管理体制不能适应生产力发展的需要,我们同世界工业先进水平的差距扩大了,其中在发展先进的新产品方面就是重要差距之一。这种差距不仅表现在产品质量方面,也表现在产品的品种方面。这种状况如不迅速改变,就完全不能适应实现四个现代化的要求。

首先,对于重工业来说,现代化的建设,最根本的就是生产条件的现代化。生产条件现代化,又要求工业生产、特别是生产资料的重工业部门,必须不断地提高技术水平,生产使用价值更高而物化劳动和活劳动耗费更低的产品,同时逐步淘汰和替换那些过时和落后的产品,也就是必须不断地进行产品更新。重工业产品的更新,尤其重要,因为重工业部门是为国民经济各个部门提供技术装备的,而机械工业部门更是如此,技术装备的水平,以及燃料、动力和原材料的生产和供应情况,直接影响到四个现代化的建设速度,关系到一切物质生产部门的劳动效率、产品的质量、生产成本、能源消耗、产品价格等,对整个国民经济的发展影响深远、意义重大。

例如,我国现有十几万台工业锅炉,平均热效率只有百分之五十几,比国外先进水平低百分之二三十。由于热效率低,每年全国要多耗费几千万吨煤。耗煤量高,不仅增加了使用单位的产品成本,增加了污染源,还加大了煤炭工业、交通运输工业的负担和投资,给整个社会造成很大浪费。再如,我国生产的汽车在自重量与载重量的比值、大修理里程数、耗油量等项指标都较落后,如载重4到5吨的中吨位汽车,载重量与自重量的比值,国外一些国家为1:0.6或1:0.7左右,而我国为1:1。因此,我国每生产1辆汽车就多用1吨多钢材,现在每年生产十几万辆汽车,每年就要多耗费钢材20多万吨。

其次,由于我国地域广大,各地自然条件和经济条件不尽相同,因此,对工业产品的要求也是多种多样的。例如,对农业机械来说,北方是平原,南方是水田,西北多属黄土高原,气候条件、作物品种、土质情况、耕作习惯等相差甚远,从而对农业机械的品种要求是多样化的。因此,必须根据不同地区的不同条件和要求来生产农机产品,才能满足实现农业机械化的要求。

对轻工业来说,情况同样如此。我国是一个多民族、人口众多的国家,消费市场很大,人民群众对衣、食、住、行各种消费品的要求是千差万别的。只有大力发展各种价廉物美,耐穿耐用的消费品,才能满足人民物质文化生活水平的不断提高的要求。

发展新产品是企业生产和发展的需要。随着世界性的快速技术进步,技术成为最主要的生产要素。国家和企业的竞争优势,已经从过去以资源和成本为主转向以技术和管理为主。谁在技术上领先或占有优势,谁就在竞争中处于优势地位。随着竞争的加剧,一个企业如果不能持续地开发新技术,推出新产品,就不可能在激烈的生存竞争中获胜。要积极促进科技和经济的有机结合,推进企业技术进步,鼓励、引导企业和社会的资金投向技术改造,形成面向市场的新产品开发和技术创新机制。

第二节　新产品开发的原则与方式

一、新产品开发的原则

新产品开发的原则如下。

1. 坚持满足社会需要,提高企业经济效益

企业在开发新产品时,必须以国家和用户的需要为基本出发点,要在满足社会需要、有利提高社会效益的前提下提高本企业的经济效益。

2. 符合国家技术经济政策

为了提高技术水平,合理使用资源和保护人民健康,国家在不同时期颁布了有关政策和标准等,如能源政策、“三化”标准、产品卫生标准等,这些都是企业在开发新产品时必须遵守的。

3. 坚持技术上的适应性,经济上的合理性

在开发新产品时,要使新产品具有先进性,同老产品比较有所创新。但也必须从我国国情出发,采用适宜技术。如开发生产资料新产品时,要适应我国原材料的供应、配套能力;开发生活资料新产品时,要适合消费者购买力水平和各民族习惯等。只有这样的新产品才有生命力,才能取得较好的社会效益和经济效益。

4. 便于制造和使用

在制造方面,新产品的结构工艺性要好,形状、精度规定要合理,便于加工制造和工人操作,提高工效率。新产品继承性要好,即继承性系数要高。要提高系列化、通用化和标准化的水平,以利于降低开发制造和使用过程的费用。新产品制造工艺要与本企业生产结合好,有利于采用高效率的加工方法与先进的生产组织形式。在使用方面,新产品要有良好的性能和经济实用、安全可靠、美观大方及方便维修等特点。

二、新产品开发方式

新产品开发的方式包括以下几点。

1. 技术引进

引进国外成熟、先进的技术或样机来从事新产品开发，叫作技术引进方式。采用这种方式，企业可以较快地掌握产品制造技术，缩短国内外技术上的差距。为了提高经济效益，技术引进的重点就是购买关键技术、许可证和专利等。

2. 合作开发

指与国外合作研究。本着提高本国开发能力的根本目的，根据本国的技术与制造水平和力量，有的以外国为主，本国为辅；有的则以本国为主，外国为辅。

3. 自行研制设计

企业在基础理论和应用技术研究成果的基础上，自己独立研究设计新产品。采用这种方式开发的一般是更新换代或者是全新的产品。一般说，能进行独立研制新产品的企业，科研和技术力量都要求比较强。

第三节　新产品开发的基本程序

一、工业产品研制程序

新产品研制是一项涉及企业内部多方面工作的综合性工作。要搞好这项工作，必须把市场需要作为发展新产品的出发点，在研制新产品过程中，要搞好多方面情况的调查分析，根据外界和企业内部各方面的条件，按照经济规律的客观要求进行工作。新产品研制大体上可分为四个阶段十七道通用程序。如图 8-1 所示。各行业各种产品研制，可视不同的具体情况适当增减程序。

按各阶段分述如下。

（一）第一阶段：计划决策阶段

这个阶段主要根据国家有关政策、市场调查、技术经济预测和可行性研究进行决策，确定是否研制和研制的方式。此阶段主要由企业决策部门负责，即由技术权威性机构（技术委员会或新产品研制部门）对新产品的研制建议进行审议，并组织有关部门编写计划任务书，然后由厂领导组织经营、计划、技术、制造、销售等有关部门精通业务而有一定实践经验的人员参加审议计划任务书。最后由厂会议通过。

1. 产品研制建议书的内容

（1）研制目的（用户需要、目标、预期效果）；

（2）基本构思和特点（初步设想）；

（3）技术调查结果（国内外同类产品的技术情况分析）；

（4）市场调查结果（市场动向、预测需要量）；

（5）研制方式（自行研制或需引进技术等）

（6）必要的投资概算；

（7）进行可行性分析；

（8）销售设想（时期、数量、价格、利润等）。

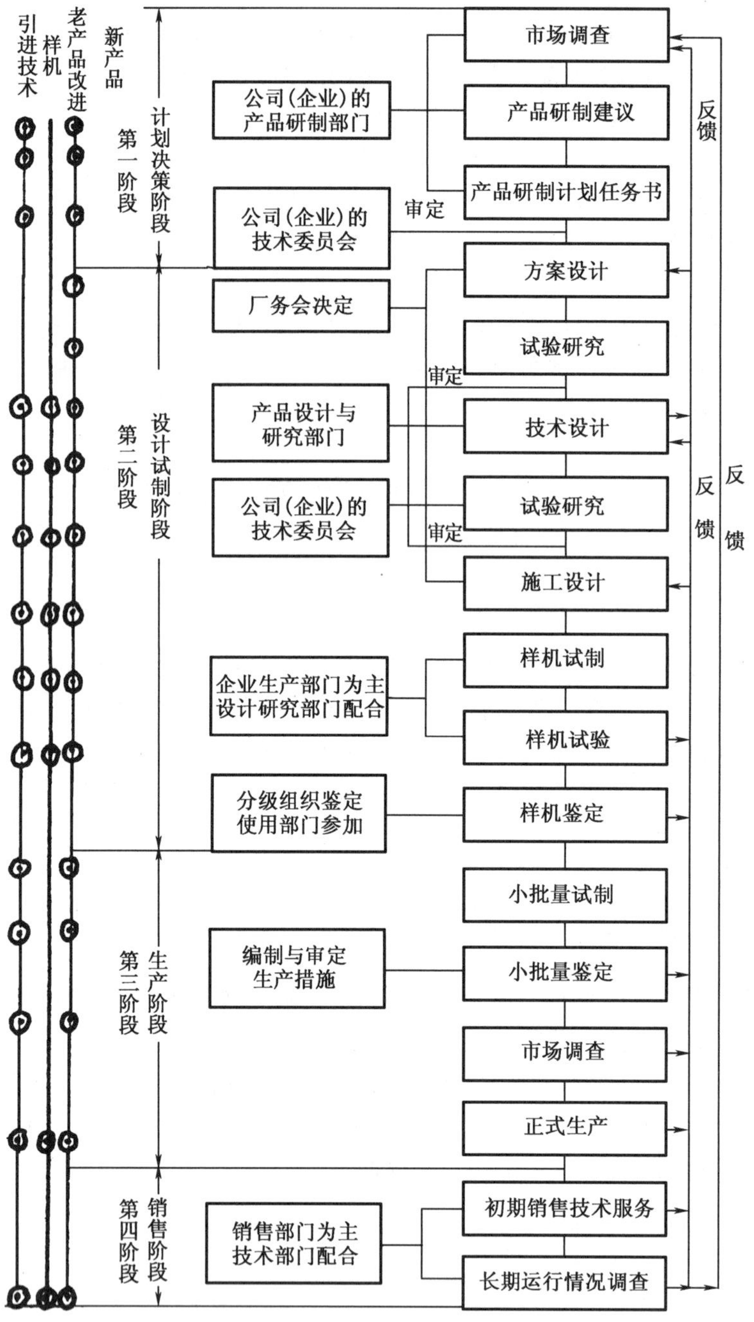

图 8-1　新产品研制程序图

2. 产品研制计划任务书的内容

(1)研制目的(重新审查建议书的内容);

(2)技术经济指标(性能、规格、寿命、可靠性、安全性、使用性、经济性等);

(3)决定研制方式;

(4)环境保护措施;

(5)要解决的关键技术;
(6)预期技术经济效果(成本、利润、销售预算等);
(7)可行性分析(费用、技术力量、研制条件、研制周期分析等)。

(二)第二阶段:设计试制阶段

这个阶段是反复进行设计→试验→改进→设计→试制→试验的过程。通过方案设计、技术设计、施工设计,解决不适合的问题,攻克技术关键,直至达到计划书的质量指标为止。

这个阶段主要由技术部门(科研、设计)为主,制造部门配合进行。由新产品研制部门或技术委员会负责组织领导,采用网络计划技术,全面考虑与安排各项设计、试制和试验进度。要明确关键技术项目,抓住重点,提高工作效率,缩短研制周期,降低研制费用。还要对设计、试验进行技术经济评价。设计和研究部门,要考虑产品的标准化、系列化,要采用科学方法进行设计。如采用组合式设计,采用可靠性设计、试验,进行优化设计等。有条件的企业要尽量采用电子计算机进行辅助设计。

各程序的主要内容如下。

1. 方案设计内容
(1)系统及外形整体结构设计;
(2)关键技术问题及解决的意见;
(3)价值分析。

2. 技术设计内容
(1)整体结构设计与计算;
(2)新结构原理的试验;
(3)关键零部件、新材料、新工艺试验计划书及报告;
(4)绘制产品总图、系统图、传动原理及装配图;
(5)进行技术经济分析。

3. 施工设计
(1)依据技术设计进行零件设计和编制新产品制造所需要的全套技术文件,并对有关零件进行计算和复核;
(2)编制原材料、外购件等明细表;
(3)编制产品说明书及使用、维护、保养和操作规程;
(4)进行标准化检查。

4. 试验研究计划书内容
(1)主要基础零部件试验;
(2)产品功能试验;
(3)操作试验;
(4)安全试验;
(5)环境性试验;
(6)可靠性和寿命试验;
(7)振动、噪音试验;
(8)试验费预算。

试验完成后做出试验报告,进行技术经济分析。

5. 样机试验内容

(1)零部件及整机性能试验;

(2)生产使用试验并完成试验报告;

(3)检查样机试验报告,看是否符合原定技术经济指标,对不符合质量标准部分提出改进措施;

(4)评定样机试制是否合格,完成新产品试制报告书。

(三)第三阶段:小批量试制及生产阶段

小批量试制是新产品正式投产前的准备工作,其主要目的在于考核和掌握新产品的工艺。在这个阶段中,要按正式生产时的要求,设计、制造工艺装备,编制全部工艺规程。并进一步对产品图纸进行必要的校正和工艺性审查。经过小批量试制后,从技术经济的观点,进行综合评价。如无问题才能正式投入生产。这个阶段主要以生产部门为主,技术部门配合,在生产车间进行。

(四)第四阶段:销售服务阶段

对批量生产的产品投入市场后,要定期对用户进行访问、服务、了解产品问题,及时反馈给有关部门。对专门产品或大型成套产品,出厂后要为用户进行安装调试,培训操作人员,直至掌握为止。并定期为用户提供技术服务。

这一阶段可以销售部门为主技术部门配合进行。

二、国外新产品研制程序

我国新产品研制阶段和程序,是在长期生产实践经验基础上总结出来的,它在一定程度上反映了新产品发展过程的客观规律性,因此它具有较普遍的意义。下面列举国外企业发展新产品的一般阶段和程序,从中可以看出新产品研制的总过程和基本内容,同我国相比较基本上是一致的。在具体程序和工作细节上有所不同,可供我们参考和借鉴。

图 8-2 表示新产品从设想、构思到设计、试制和投产全过程的示意图。

图 8-3 为新产品开发阶段的顺序图。

【例 8.1】 英国里卡多咨询工程师(内燃机研究结构)为我国研制 100 系列柴油机新产品的程序。

1. 设计阶段

100 系列柴油机的设计课题在设计室分两个阶段进行,这两个阶段为

(1)产品方案研究,指从构思商讨到初步设计;

(2)产品总体设计和零部件设计,亦称主要设计和详细设计。

产品研究方案就是公司向我方详细了解新发动机将来的工作条件、转速、功率要求等。订协议后,即开始初步设计。方案研究完成后,由公司举行一次审查会,向我方介绍初步设计情况,并达成关于各部件设计参数的协议。

初步设计通过审查后转入总体设计。这个阶段内,总体布置设计、部件设计和主要计算工作同时进行。对于外协部件与此同时进行联系,订立供应合同。

零部件设计与总体设计交叉进行。这个阶段主要根据总体和零部件方案图,画零件图。产品设计任务完成后,交到研制室,进行样机的制造和试验。

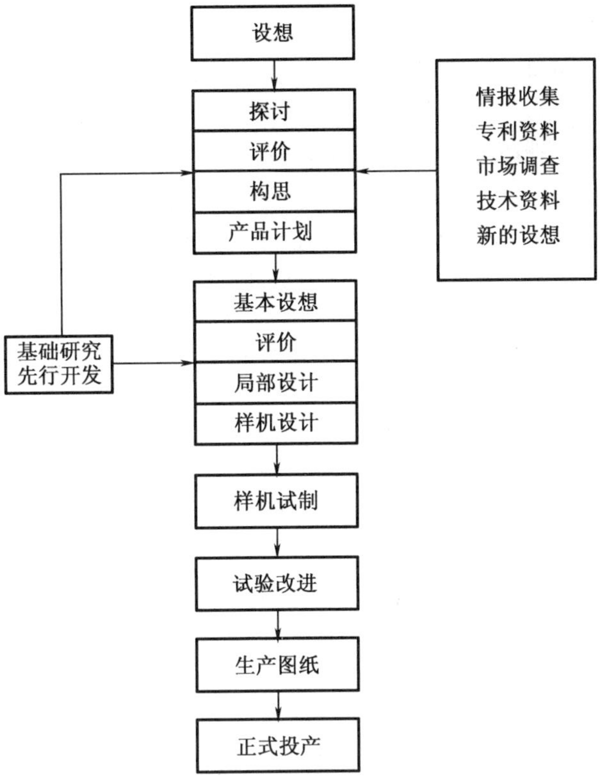

图 8-2　新产品从设想、构思到设计、试制和投产全过程示意图

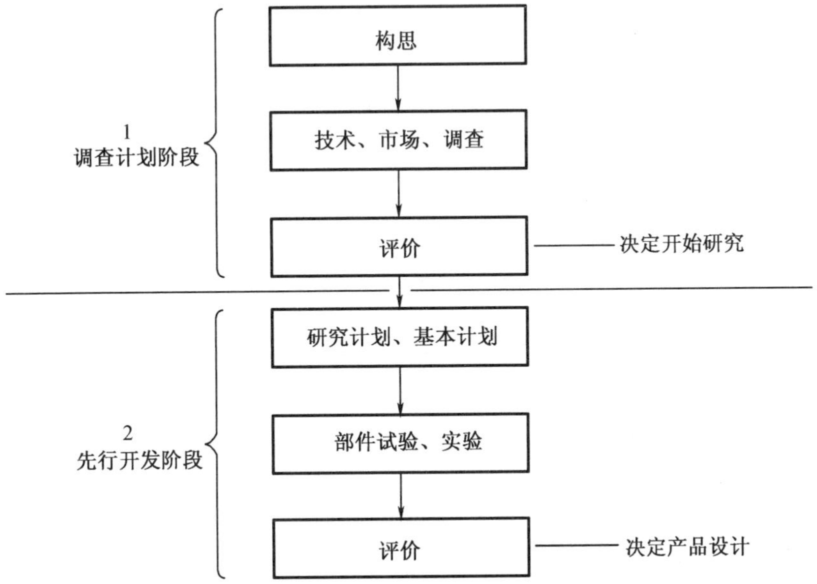

图 8-3　新产品开发阶段的顺序图

2. 研制阶段

(1)样机制造。里卡多有一个规模很小的试制车间,因此铸锻件毛坯和部分机加工零件依靠外协,样机由公司自己装配,先制造1台供性能试验,在性能取得初步结果后,再制造其余样机。

(2)样机试验。第一台样机制成后,立即进行安装,进行试运转。进行性能试验,机械负荷耐久试验,热负荷耐久试验。另外,还进行装车实际使用试验。当研制工作取得成果,并且工装准备就绪以后,便可开始第一次试生产。工厂生产出第一台产品,如果达到设计要求,里卡多公司即算完成委托的任务。图8-4为里卡多公司为新柴油机研制的程序和进度计划指示图。

阶段	进度计划						
1. 构思商讨 2. 初步设计 (方案研究)	—						
3. 第一次审查会	*						
4. 主要设计(总体设计)	—	—	—				
5. 详细设计(零件设计)		—	—				
6. 样机制造(第一台)		—	—	—			
7. 样机研制 第一台样机安装、试运转			*				
7.1 性能试验			—	—	—	—	
7.2 机械负荷耐久试验				—	—	—	
7.3 热负荷耐久试验				—	—	—	
8. 开始准备工装和完成 全部样机制造				*			
9. 第一次试生产						*	
10. 生产出第一台样机							*
11. 碰头会							*
12. 报告	*	*	*	*	*	*	*
12.1 简报(电报)	—	—	—	—	—	—	
12.2 进度报告	* *	* *	* *	* *	* *	* *	

图8-4 里卡多公司为新柴油机研制的程序和进度计划指示图

第四节 产品的寿命周期

一、产品寿命周期的概念

目前,国外企业在制定新产品发展规划时,广泛地使用产品寿命周期这个概念。所谓新产品寿命周期,就是指新产品研制成功后,从投放市场开始到被市场淘汰为止的整个周期,因此它与产品的使用寿命是有区别的。

产品寿命周期一般可分为四个阶段,即投入期、成长期、成熟期与衰退期,如图8-5所示。

投入期是指新产品刚开始生产并进入市场的初期阶段,销售额缓慢上升的时期;成长期,是新产品大量投入市场的时期;成熟期,是产品的销售额达到最大的时期,也是企业获利最多的时期;衰退期,是产品已经开始陈旧化,处于被淘汰的时期。

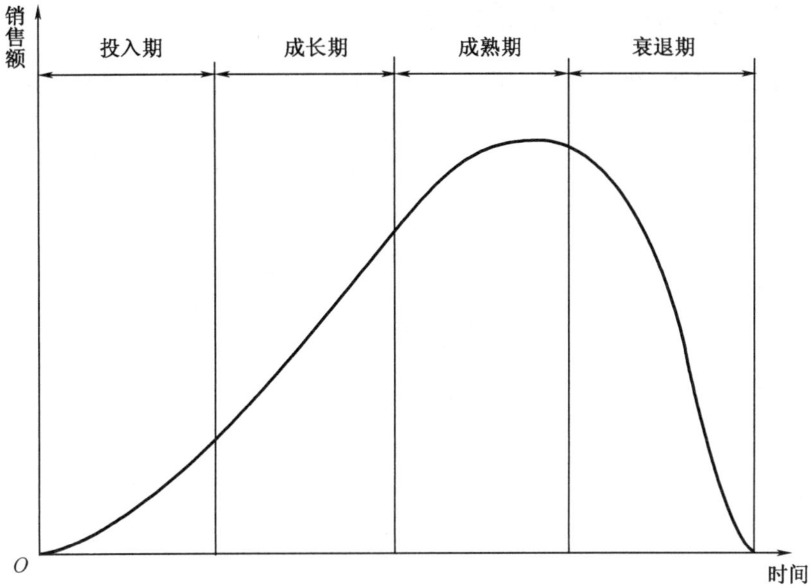

图 8-5 产品寿命周期图

二、产品寿命周期与企业损益的关系

产品寿命周期对生产成本,新产品开发费用的回收期,企业亏损或收益都有很大影响。如图 8-6 所示,图 8-6(a)表明产品寿命周期中不同阶段对成本有着不同的影响。产品在成熟期销售量达到高峰,成本降低,利润最大(*A* 段),产品过了成熟期,销售量下降,产量减少,降低售价,利润越来越少(*B* 段)。

图 8-6(b)表示产品寿命周期与企业损益的关系。从企业的损益累计曲线来看,从 *O* 到 *Q* 的区域是新产品研制费用的回收期,这段时间越短越好。超过 *Q* 点以后,才能给企业带来利益。所以对产品寿命周期以及在寿命周期各阶段的产量、生产成本、销售额等进行

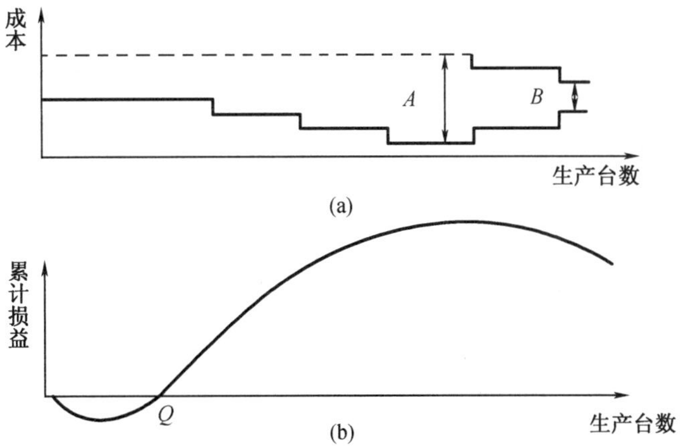

图 8-6 产品寿命周期与企业损益的关系

预测与分析工作，是制订新产品发展计划时必须考虑的一个重要问题。

三、延长和扩大产品寿命周期的措施

随着科学的不断进步，新产品的不断出现，产品的寿命周期也不断缩短。面临这种形势，企业就必须根据产品种类、市场需要与产品竞争情况，采取一些措施。例如，改变产品的外观式样，提高产品性能、质量等，以此来恢复产品在市场上的“吸引力”，延长产品的寿命周期。像国外小汽车等产品经常采用这种方法，如图 8-7 所示。

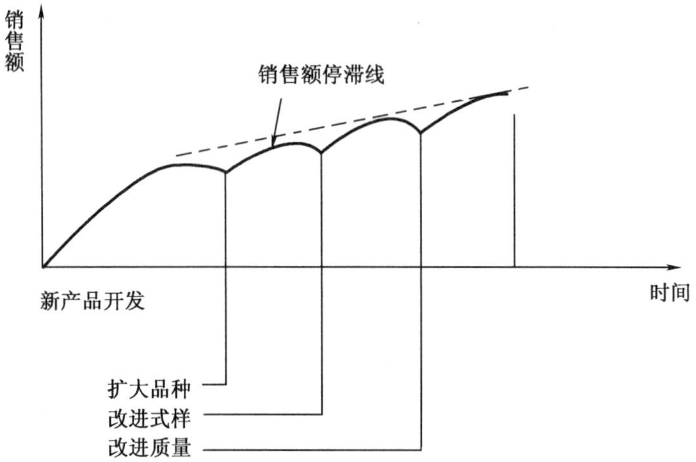

图 8-7　延长和扩大产品寿命周期示意图

延长与扩大产品的寿命周期的根本办法是，在原有产品的基础上，不断开发出新产品来，使产品不断更新换代，不断获得新的寿命周期，如图 8-8 所示。例如，电子计算机在最近 30 多年来，就经历了从真空管—半导体—集成电路—大规模集成电路四代的变化。现在又向新的一代电子计算机发展。

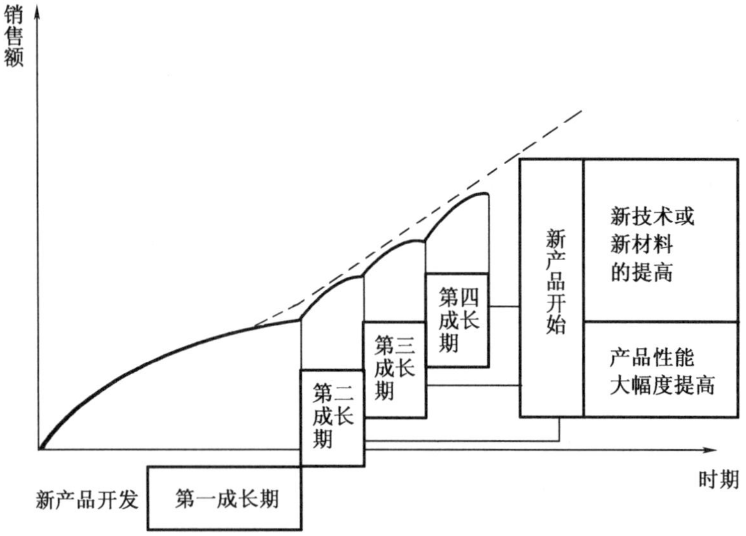

图 8-8　产品更新换代示意图

第五节 新产品开发的管理

一、新产品开发的组织机构

我国工业企业的产品开发组织一般有两种形式:一种是企业设置技术科(室),既负责新产品开发的组织管理,从事产品的开发设计,还要完成日常生产技术任务。这种组织形式一般只适用于新产品开发项目较多,而且开发产品不太复杂的情况。另一种形式是企业技术科(室)专门负责日常技术管理工作,另设一个科研设计单位,专门从事科研和产品的设计试制。这种形式有利于促进科研和新产品开发,是一种较好的组织形式,现在不少企业已采用。

二、产品设计方式

从历史发展来看,设计方式可分为三个时期。

1. 经验设计方式(1945 年以前)

在这个时期里,设计产品一般是按经验公式进行计算,或进行结算。为了保证产品质量的可靠性,大多数采用加大安全系数的办法。产品设计完成后,一般按 1:1 的比例制成样机,再进行整机试验,判定性能是否达到设计要求,如达不到设计要求,则重新设计、试验、鉴定,经过多次修改后才能定型。这种设计方式周期长、效率低,第一次设计图纸利用率一般只有 50%。

2. 科学试验和技术分析相结合的方式(1945—1965 年)

这个时期,为了缩短设计周期,采取加强零部件试验、材料试验和工艺试验等办法,然后将新产品按 5:1 或 10:1 的比例制成样机进行模拟试验。采取这种方式使产品设计周期大大缩短,第一次设计图纸利用率可达 75%。我国自行设计的 12 000 吨水压机,基本上就是采用这种办法。

3. 利用电子计算机进行辅助设计(1965 年以后)

采用电子计算机进行辅助设计,大大提高了设计效率,使设计周期缩短,并且还实行最优化设计,提高设计的可靠性,第一次设计图纸利用率可达 90%以上。

三、产品设计的组织形式

产品设计的组织形式包括以下几种。

1. 单线式

单线式是按产品成立设计组,在一名主任设计师领导下完成全部设计工作。它的优点是责任明确,便于管理,但要求设计人员具有多方面的知识。

2. 复线式

复线式是把新产品设计分成两类,一类是开发性的,一类是一般性的,分别组织设计组进行设计。复线式组织较单线式的重点突出,但它的优缺点基本上与单线式一样。

3. 矩阵式

矩阵式,这种组织形式是既按产品设置综合设计组,又按不同专业设置有很多专业设计组,每个专业设计组都要承担不同产品相同或相似的设计任务。矩阵式组织克服了上述两种形式的缺点,有利于提高设计人员的水平,提高产品质量。小组之间组织密切配合与协调,以提高整体的设计质量。

四、新产品开发的计划管理

计划是实现新产品开发目标和决策的主要手段。新产品开发涉及企业很多部门,研制时期又很长,有的产品要研制多年。这些都需要用年度计划或长期规划把它们协调起来,组织起来,才能使新产品的开发工作有效地进行。

新产品开发计划应包括下列各项内容。

1. 目标

目标包括:产品目标,即在计划期内要研制的产品数以及这些产品要达到的技术指标;销售目标,即在计划期内要有多少种新产品投入市场,要达到多大销售量;利润目标,即在计划期要从新产品开发中获得多少收益等。

2. 依据

依据包括:计划期内市场对新产品需求情况,销售价格和功能要求等方面的预测分析资料;材料、设备、协作配套件等供应情况分析资料;国家有关技术政策和法令等材料。

3. 措施

措施包括为实现计划目标还存在什么问题及解决它们的途径和办法。

4. 方法

在计划中规定出新产品开发的方法,即在开发方式上是采用技术引进,还是合作开发、独立研制;在开发手段上,所需仪器是自制,还是外购等。

5. 进度

安排新产品开发各阶段、各程序的日程进度,以及围绕着新产品开发进度对其他工作进度的要求。

6. 责任

每个产品的研制,每项工作,每一项措施的实施都要确定具体负责的单位和个人,规定各自的责任和协作配合要求。

新产品开发计划中也应包括老产品改进的内容。

在企业计划制订后,还应按其要求编出产品的开发计划和分部门的新产品开发工作计划。特别是科研设计部门的设计试制计划,销售部门的市场开发计划和生产部门的新产品投产准备工作计划。只有这样才能保证产品开发计划得以顺利实现。

复习思考题

1. 简述新产品的概念。
2. 简述新产品开发对于现代企业的重要作用。
3. 简述新产品开发的原则。
4. 简述新产品开发的方式。
5. 简述新产品开发的程序。
6. 简述产品寿命周期的概念。
7. 简述产品寿命周期与企业损益的关系。
8. 简述延长和扩大产品寿命周期成熟期的措施。

第九章 市场营销

第一节 市场营销概述

一、市场营销学的产生和发展

市场营销是由英文 Marketing 一词翻译过来的。由于对 Marketing 一词理解的不同，因此翻译也不同，有人把它翻译为"市场学"，也有人把它翻译为"销售学""行销学"和"市场营销学"等。尽管翻译的名称多种多样，但其基本内容是一样的，本书采用"市场营销学"。

市场营销学是一门新兴的研究企业经营管理的学科。从历史上看，它最早出现于美国，后来传播到西欧、日本及其他国家和地区，对推动西方企业的市场经营活动，发展商品经济起了重要作用。从时间上看，市场营销学起源于20世纪初期，在第二次世界大战以后，随着商品经济的迅速发展，市场营销学的内容体系更加丰富，使用范围更加广泛，社会实践更加普及，研究方法更加系统完善，在现代市场经济的运行中发挥着重要作用。

市场营销学在西方大致经历了以下三个发展阶段。

（一）形成阶段

资本主义从自由竞争进入垄断阶段后，生产的社会性得到了进一步发展，社会生产力得到了极大提高，市场急剧扩大，商品需求量急剧增加。由于需求增加，市场的基本特征是供不应求。企业面临的主要问题是要增加产品产量，降低成本，以满足市场需要，产品销售不是企业的主要问题。20世纪初期，美国工程师泰勒（E. B. Tylor）所著的《科学管理原则》一书出版后，该书提出的科学管理理论和方法得到广泛的重视和运用，使生产效率大幅度提高，开始出现了生产能力增长速度超过市场需求增长速度的情况。在这种情况下，有远见的企业家在经营管理的实践上，开始重视商品推销和刺激需求，注重推销艺术和广告的研究及其在实践中的应用。与此同时，一些经济学家根据企业销售实践活动的需要，开始从理论上研究商品销售问题。美国哈佛大学教授赫杰特齐（J. E. Hegerty）于1911年出版了第一本以"Marketing"命名的教科书，这本书的问世，被视为市场营销学作为一门独立学科出现的标志。同时，在美国的一些高等院校，相继开设了市场学课程，并且形成了若干个研究市场学的中心。不过那时市场营销学的实际内容仅限于分配学和广告学，真正的现代化市场营销学的理论还未形成。同时，对于市场营销学的研究，主要是在大学里进行，没有干预企业主争夺市场的业务活动，因此没有引起社会的足够重视。

（二）应用阶段

从20世纪20年代到第二次世界大战结束，世界政治经济领域发生了两件大事，震撼了各主要资本主义国家，即20世纪30年代的资本主义大危机和20世纪40年代中期的第二次世界大战。大危机期间，生产严重过剩，商品销售困难，企业纷纷倒闭。这时，企业面临的已经完全不是求过于供的卖方市场,而是供过于求的买方市场。对此,市场营销学家提出了"创造需求"的概念,开始重视对市场进行调研、分析、预测和刺激消费者需求的工作,为大规模地开展市场营销理论的研究提供了客观条件。许多关于市场营销学基础知识和基本原理方面的教科书纷纷问世,逐步形成了市场营销学的原理体系。这些书主要有 1922 年出版的费雷德·克拉克(Fred clark)的《市场营销学原理》,1927 年出版的梅纳德(H. H. Magnard)、贝克曼(F. W. Beckman)和韦德勒(W. C. Weidler)合著的《市场营销学原理》,1930 年出版的保罗·康弗斯(Pual D. Converse)的《市场学基本原理》以及 1938 年出版的菲利普·科特勒(Philip kotler)的《市场营销学》。1926 年,成立了"美国市场学协会",这个学会在全国各地设有几十个分会,从事市场学的研究和培训企业销售人才,并且参与企业的销售决策。

这一时期,市场营销学的研究,无论是从广度上还是深度上来看,都有较大的进展。但其研究的对象仍然局限于商品推销技巧和方法,以及销售渠道方面,还没有超出商品流通的范围。

(三)发展阶段

第二次世界大战后,世界经济发生了重大变化,资本聚集空前扩大,生产与流通范围超越了国界,跨国公司已成为普遍现象,科学技术高度发展,产品市场寿命周期缩短,消费者需求呈多样化,发展变化迅速;生产的垄断与竞争加剧,商品供求关系由卖方市场转向买方市场,消费者对商品的购买选择性日益增强,企业之间的市场竞争更加激烈。原有的市场营销学观点已不能适应新形势的需求。如何使市场营销理论系统化,有效地指导企业的生产经营活动,成为企业市场营销工作面临的重要课题。20 世纪 50 年代以来,各种新的市场营销理论和观念不断出现,一些营销学家对原有的市场营销学观念进行了创新。按照传统的市场营销学观念,市场是生产过程的终点,销售的职能只能推销已经生产出来的商品;而新的市场营销学观念强调了买方的需求和潜在的需求,市场则成为生产过程的起点。销售的职能首先必须调查、分析和判断消费者的需求和欲望,将信息传递到生产部门,并据此生产提供适销对路的产品或服务,保证生产者和消费者之间的"潜在交换"得以顺利实现,并由此获得利润。这样,市场营销学自然突破了流通领域,深入到生产领域和消费领域,市场营销学的研究对象也由流通领域扩大到生产领域和消费领域。进入 20 世纪 60 年代以来,市场营销学又进一步与经济学、管理科学、行为科学、心理学、社会学、预测学、统计学等理论密切结合,成为一门新兴的综合性经济管理学科,并在世界各国受到普遍重视和广泛应用,在企业生产经营中发挥着越来越明显的作用。现今,市场营销学已成为世界各国培养工商管理专门人才的一门专业必修课。不仅在高等院校开设了这门课程,设立了市场营销专业,而且企业领导者也要定期学习市场营销学,以便吸取新的知识。市场营销学在实践中得到广泛的重视和应用,其内容目前仍在不断地发展和丰富之中。

二、市场营销的定义

市场营销的定义在国外有许多种,正如美国一位市场学家史丹顿(W. T. Stanton)所指出的:"一个推销员或销售经理谈到市场营销,他真正讲到的可能就是销售,一个广告客户业务员所说的市场营销可能就是广告活动,百货公司部门经理谈到的可能就是关于零售商品计划。"他们从各自不同的角度谈市场营销,但是,谈到的仅仅是整个市场营销活动中的一部分。市场学家们曾对市场营销一词下过各种不同的定义，有人将它描述为“一种企业活动”“通过交易的过程，满足需求和欲望的人类活动”“创造并提供更高的生活水准”“发掘和说明消费者之需要，而将之变成产品及劳务计划之方法，以使更多的消费者能够享受到这些产品和劳务”“在适当的时机及地点，利用正确的沟通方式及促销方法，将适当的商品及劳务，交给适当的人”等。1985 年，美国市场营销协会将市场营销定义为市场营销是为创造达到个人和机构目标和交换而规划和实施理念、产品和服务构思、定价、促销和配销的过程。

市场营销活动的范围不是局限于从已制成的产品到送达到最后的消费者之间的商业活动过程，而是在准备原材料、制造产品时就已经开始了。现代市场营销的范围已超过购、销、调、存的一般商业活动范围。它认为，市场营销是识别和确定消费者和用户的需要，并使提供的商品和劳务能满足这些需要而组织的一切活动。它包括从产品制造前的调研到售后服务的一系列营销活动，以消费者和用户为中心，以满足消费者和用户的需求与欲望为出发点，争取更多的顾客和拥有更高的市场占有率，获得最佳的经济效益，并最终实现企业的经营目标。正如著名的管理学家彼得·杜拉克曾指出的：“市场营销的目的就是使销售成为不必要。”

三、市场营销学的特征

由研究对象决定，市场营销学具有微观性、边缘性和实用性三个显著的特征。

微观性是指市场营销学的研究主要是从企业的角度，着重于微观市场营销活动的经营策略、方法与技巧。市场是商品生产和交换的具体实现领域，市场机制的运行，市场结构、市场功能、市场环境的形成，市场调节作用的发挥都是宏观问题，这就决定了市场营销学也要研究宏观问题。但不是从国家的角度，而是从企业的角度，研究如何适应具体市场问题。所以，市场营销学研究的侧重点应该是微观领域。过去，在我国的市场理论研究中，对微观的研究是一个薄弱环节，特别是对企业进行营销活动的具体策略和方法研究不够。市场营销学就是要以企业为出发点，研究市场营销问题。

边缘性是指当今世界随着社会不断发展，科学技术日益提高，各门学科在形式上表现为综合性，在本质上表现为科学的整体化和传统科学部门的解体。市场营销学也不例外，它是在经济学、心理学、商业学、社会学、计量经济学、统计学和管理学等基础上建立起来的一门新兴学科。它利用了相邻学科的科学成果，把由这些科学成果所获得的科学结论和科学概念运用在市场营销的策略方法和技巧的研究之中。

实用性是指市场营销学的一切理论都来源于实践，在实践中不断充实、丰富和发展，反过来，又能有效地指导实践。市场营销学的任务，就是通过对市场营销活动的研究，为企业实现利润提供有效的营销策略和方法。从这个意义上讲，市场营销学就是研究如何赚钱的学问，是企业的“生意经”。

四、市场营销学研究的内容

市场营销学研究的内容是以消费者为中心展开的对整个市场营销活动的研究，主要包括的内容有以下几个方面。

(一)市场的功能与结构

市场是营销活动的场所,因此必须研究市场的类型、市场的功能、市场的一般特点和当前我国市场的基本特征;研究市场商品的供求关系、商品生产者的竞争关系和市场细分化问题。只有进行这些方面的研究,才能了解和把握市场的发展趋势,为深入研究开展市场营销活动奠定基础。

(二)市场机制和市场营销环境

企业从事市场营销活动总是在一定的市场环境中进行的。企业必须对市场机制有正确的认识,认识市场经济体制下,价值机制、供求机制、竞争机制和信贷机制的运行规律,了解和熟悉企业的市场营销环境,使企业的市场营销工作适应环境的变化,并从环境中发现营销机会,及时捕捉营销机会。

(三)消费者及其需求

消费者是企业市场营销活动成败的决定因素,产品在市场实现的核心是符合消费者的需要。研究消费者主要是研究不同消费者的需求差异、购买特征、购买心理、购买行为的发生,以及影响消费者购买行为的各种因素。研究消费者的需求主要是研究消费者的消费层次、消费内容和消费需求的发展变化趋势,为营销决策提供依据,使企业能更好地开展市场营销工作。

(四)产品适销对路和企业市场营销策略

产品满足市场的需要、适销对路,对于市场营销活动的顺利进行具有十分重要的意义。企业生产出来的产品,只有顺利地销售出去,产品的价值才能够实现,企业的劳动才能得到社会的承认。产品适销对路是消费者、生产者、经销者互相统一的过程。消费者对某种产品产生需要,生产者把这种产品生产出来,经销者将产品销售出去,使消费者的需要得到具体的满足。

产品是否适销对路要由消费者检验,并且需要通过企业市场营销活动来实现。因此,要使企业生产的产品适销对路,必须研究市场营销的战略策略。企业市场营销战略策略主要有以下六种。

1. 目标市场战略

企业进行市场营销活动,首先要确定企业的目标市场,实行目标市场营销,即选定与本企业营销宗旨最相适应、销售潜力最大、获利最大的那一部分市场作为自己争取的目标,然后采取相应的市场营销手段,打入或占领这个市场。

2. 产品策略

企业向消费者提供什么样的产品和服务满足消费者的需要,这就要研究与产品和市场营销密切相关的问题,如产品的寿命周期理论,新产品的开发、老产品的更新换代,产品的品牌、商标、包装和标准化的确定等。

3. 价格策略

企业的定价依据、定价目标的确定,一方面要符合国家的有关法律、政策,另一方面要符合企业的经营目标,在消费者能够接受的范围内,确保企业利润目标的实现。价格策略主要研究定价的理论依据、价格政策、定价策略及定价方法等。

4. 促销策略

研究生产者与消费者之间的信息沟通方式，研究促进消费者产生购买行为，传递商情，促进生产与流通，加速产品由生产者向消费者转移的进程，研究如何引导消费、指导消费。

5. 分销渠道策略

研究分销渠道的结构、特点，分析影响销售渠道决策的因素，选择适合的销售渠道，使产品能够顺利到达消费者手中。

6. 市场扩展策略

当今市场竞争十分激烈，企业间的竞争由价格竞争转向非价格竞争。企业在保持原有市场的基础上，应不断地开拓新市场，扩大产品的功能和用途，向新的领域扩展。一种方式可以用原有产品去开拓新的市场；另一种方式可以用新产品去开拓市场。企业要建立良好的公众关系，树立良好的企业形象，使企业能成功地进入市场。

第二节　市场营销环境分析的意义

一、市场营销环境的含义

市场营销环境，是对市场营销具有直接和间接影响作用的因素，总体上来说包括宏观环境、微观环境。它是企业的生存空间，也是营销活动的基础条件。传统营销观念以生产管理为主，侧重于库存、产品资金周转等内部因素；现代营销观念的核心是消费者，企业的营销活动必须以消费者的需求为出发点和最终归宿，也就是营销活动必须和营销环境相适应。企业的宏观环境是对企业营销活动产生比较深远影响的各种因素与力量，包括人口统计环境、经济环境、科学技术环境、社会政治法律环境、社会文化环境、生态与环保以及种族宗教信仰等，这些因素既可成为一个独立的系统，彼此间又可以相互作用、相互影响，共同构成宏观环境。企业营销的微观环境由与企业营销活动直接相关联的各种因素或力量构成，包括资源的供应者、竞争者、中间商、各类营销中介以及顾客等。

二、市场营销环境的特征

市场营销环境对企业而言至关重要，它既关系到企业的目前状况，又关系到日后的长远发展。因为环境对企业既存在威胁又赋予机会，企业要在激烈竞争的市场中取得成功，就必须研究市场营销环境的特点。概括而言，其特点表现如下。

（一）市场营销环境具有发展性

市场营销环境是由诸多因素构成的系统。科学技术进步和社会的发展使系统本身就产生变动，而系统中的要素更始终处于变动之中。这种发展变化需要企业根据环境因素和各种变动及时调整其营销策略，更好地把握机会、规避风险。

（二）市场营销环境具有差异性

市场营销环境的差异性表现为不同企业面临的环境不同，即使同一环境因素的变化对不同企业的影响也是不同的。它警示企业，其他企业即使已经成功运用的营销战略对本企业也未必适用；不同企业在不同时期，甚至是在同一时期的不同条件下，企业也不应墨守成规。

（三）市场营销环境具有相关性

市场营销环境有宏观、微观之分，每个环境因素都不是单一的，环境系统中的任何一个因素变化，都可能影响其他因素进而影响整个系统。例如，经济环境在短时间内大滑坡，国家在政策方面要做出调整，要影响市场价格的波动等。但这种相关性可以通过系统的调查、分析来预测，它警示企业不能片面孤立地去分析市场的某一因素。

（四）市场营销环境具有复杂性

市场营销环境的复杂性主要表现在环境因素之间经常存在矛盾。如社会经济的迅速发展，使人们可支配的收入增加，消费者生活水平提高，对生活用品提出更高的要求，对量上不断加大需求，这必然导致资源的紧张。既要企业不断开发产品，又要节约资源，政府则要出台各项措施，保护环境、保护资源，在促进经济发展和社会持续繁荣中做出选择。

市场环境系统的构成可以用图形表示，如图 9-1 所示。

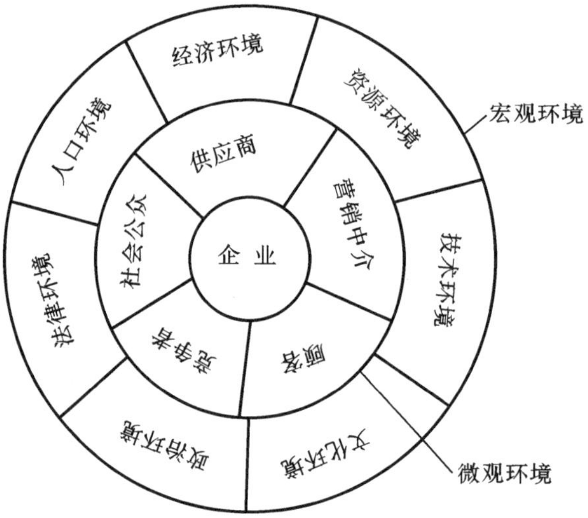

图 9-1　市场营销环境系统图

企业若要在市场取得成功，必须研究环境。一是不断地对市场进行调查、分析、预测，掌握市场规律，预测变动趋势，为判断市场和策划市场做好准备；二是企业对环境研究要结合自身的状况，既要适应环境的变化，又要改变创造环境；三是要有针对性地选择有利于企业发展的环境因素，把握市场中的有利时机开展经营活动，对市场中的不利因素应力争回避，克服市场不利因素，转化或降低风险。这便是市场营销环境分析的意义。

第三节　市场营销的宏观环境

宏观环境是指对企业营销活动具有直接、间接影响的企业“不可控制”的因素。但企业通过努力可以利用、影响、回避宏观因素进行企业营销的相宜抉择。这些宏观环境包括经济环境、人口环境、资源环境、政治环境和技术环境等。

一、经济环境

经济环境涉及一国经济总体的发展状况、经济所处的周期阶段、产业状况、收入状况及消费结构等。

经济总体发展表现为一定时期国家经济发展所处的阶段。李斯特从国家生产力发展角度将国家经济发展分为:第一期,渔猎时期,渔牧时代;第二期,农业时代;第三期,农工时代和农工商时代。每个时代国家经济政策是不同的,农工商时代是社会经济的最高形式。

(一)罗斯托的社会经济发展阶段的划分

罗斯托(W. W. Rostow)将社会经济发展划分为五个阶段,分别为

(1)传统经济社会阶段;

(2)经济起飞前的准备阶段;

(3)经济起飞阶段;

(4)迈向经济成熟阶段;

(5)大量消费阶段。

前三个阶段为发展中国家,后两个阶段为发达国家。瓦蒂那·朱阿特奇认为:经济发展阶段越高的国家,它的分销途径越复杂且越广泛;进口代理商的地位随经济发展而下降;制造商、批发商与零售商的职能逐渐独立;不再由某一分销路线的成员单独承担;批发商的职能增加,唯独财务职能下降;小型商店数目下降,商店的平均规模增加;分销路线的控制权逐渐由传统权势人物移至中间商,再至制造商,最后大零售商崛起,控制分销路线。

在罗斯托研究的经济阶段中,最主要的是经济起飞阶段。其必备的条件有三个:一是投资率或资本形成率(净国民生产值中的投资百分率)应超过10%;二是某些工业部门有快速的发展;三是必须有良好的政治社会结构支持经济发展。目前,我国经济正处于经济起飞前的准备阶段。

(二)企业营销经济环境的内容

无论学者对社会经济发展怎样描述,企业营销必须研究以下问题。

1. 经济发展程度

经济发展程度决定一个国家的投资规模与水平、居民的收入、社会就业、社会消费等,这些发展变化都体现在市场需求上。如果经济发展速度快,投资旺盛,市场对于投资品,如钢材、水泥、木材等的需求量大;如果社会经济不景气,投资低迷,对物质的需求就会锐减。经济形势好,企业开工足,社会就业率高,人们可支配的收入增加,从而引起消费支出增加,消费品需求旺盛,生产消费品的企业便可以具有迅速发展的机会。反之,企业产品便要受阻,库存积压,市场渠道不畅。在市场经济迅速发展的21世纪,企业必须时刻关注社会经济的增长,时刻关注我国经济同国际经济一体化的进程。

2. 经济结构

经济结构包括地区结构及产业结构。地区结构就我国而言是东部经济发展地区与中部中等经济发展地区和西部经济落后地区的关系。产业结构是指产业间的比例和结合状况。联合国劳工组织按克拉克分类法将产业划分为:第一产业,包括农业、林业、畜牧业、渔

业、采掘业;第二产业,包括加工业、建筑业、电力业、煤气业、自来水业;第三产业,是为第一、第二产业提供服务的产业,包括交通运输业、批发零售业、旅游服务业、金融保险业、不动产、生产生活服务业、科学研究、文化教育、卫生保健、公共行政和国防等。克拉克认为,随着社会经济发展,第一产业在国民经济中所占的比例是下降的,第二产业在国民经济中所占的比例是上升的,但上升幅度是递减的,第三产业在国民经济中所占的比例是持续上升的。目前发达国家经济中第三产业的比重已达60%以上,我国则不到40%。产业结构的调整升级将给企业的发展带来新的机遇,对有些企业则可能是威胁。

3. 收入与消费

个人收入分为经常性收入和偶然所得。经常性收入是稳定的,包括工资、奖金、津贴、利息、股息、红利、租金等货币形式表现的收入。偶然所得是非经常的、偶尔的货币收入。就消费而言,经常性收入的货币消费的较谨慎。在个人可支配收入中扣除投资储蓄及上缴税收,便构成个人可支配的消费资金。对社会而言,个人收入分配形式除货币外,还有实物分配。其社会实物福利分配越大,对货币消费支出就会越小。对于一个国家而言,国民收入水平的提高可以使消费量增加,可以使消费商品质量要求提高,物质消费含量下降,精神消费含量提高,使国内消费转向国外。除此之外,还要研究社会收入分配结构。收入分配的形式在我国是多样的,有按劳分配、按资分配、按知识技术分配等。进入20世纪90年代以来,我国收入分配总量急剧增长,但收入差距却越来越大,具体表现为个人收入在国民生产总值中的比重扩大,工资外收入在个人收入中的比重扩大,居民收入差距拉大,城乡收入差距加大,地区收入差距加大,所有制性质之间职工收入差距加大,行业之间职工收入差距加大,行业内、单位内职工收入差距加大,在职人员货币收入与离退休人员货币收入差距加大。这些差距为企业寻找目标市场,开展营销活动提供了依据。

4. 消费与积累

国民收入经济分配,分别进入物质、非物质生产部门和居民个人手中,最终形成消费。积累与消费从长期看是正相关的,只有积累才能实现消费。因为消费可分为现实消费、潜在消费、期望消费等,每个消费都最终靠积累。但就某一具体阶段而言,消费与积累存在此消彼长的关系。而消费是受经济发展水平制约的,德国统计学家恩格尔在1857年以欧洲的英、法、德、比利时等国家为例,统计得出收入与支出的关系,即著名的恩格尔定律(Engl's Law)。该定律指明家庭收入较少,在食品上的支出占收入总量比重就大,反之就小。恩格尔系数为

$$\text{恩格尔系数}(R_1)=\frac{\text{食品支出费用}}{\text{各项消费总支出费用}}\times 100\% \tag{9-1}$$

此值越大表明消费结构的层次越低,越小表明消费结构层次越高。在家庭收入很低的时候,消费总支出基本等于家庭总收入,在收入提高时家庭总收入等于消费总支出与家庭储蓄之和。人们基于此认识提出恩格尔系数 R_2,则

$$\text{恩格尔系数}(R_2)=\frac{\text{食品支出费用}}{\text{家庭总收入}}\times 100\% \tag{9-2}$$

通常所说的是恩格尔系数均指 R_1,国际上一般用它来区分消费结构层次的一般标志。联合国粮农组织以此作为划分国家经济发展程度的标准。恩格尔系数在60%以上的国家为绝对贫困型国家;在50%~59%的国家为勉强度日,相当于我国的温饱型;在40%~49%的国家为小康水平;在20%~39%的国家为富裕消费水平;在20%以下的国家为极富裕型

国家。

5. 社会失业及通货膨胀

经济学中的目标是经济发展、物价稳定、充分就业和内外平衡。社会失业率高，意味着经济状况不好，社会平均收入下降，社会购买力不足，企业营销困难较大。企业必须分析社会失业状况，判断失业的主流。对我国来说，在相当长的一段时期内社会失业主要表现为结构性失业和周期性失业。通货膨胀是指纸币发行量大于流通中的金属货币量，引起物价上涨、货币贬值的现象。应当说，物价上涨是经济学中的正常现象。衡量通货膨胀的指标是物价指数，即本期物价加权平均数与基期的比较，则

$$物价指数 = \frac{\sum p_t q_t}{\sum p_0 q_t} \times 100\% \qquad (9-3)$$

式中，p 是价格，q 是商品量。

通货膨胀按发生程度可分为饥渴性的通货膨胀、加速的通货膨胀、恶性通货膨胀和隐蔽性通货膨胀。通货膨胀不仅关系到企业产品的销售额，而且还涉及具体产品的定价、企业实际可获得的销售真实收入的多寡。

二、人口环境

产品销售的对象是人，在收入水平既定的情况下，人口数量、分布、密度、流动性、年龄、出生等都会对市场需求产生重要影响，企业研究市场必须要分析人口。当前世界人口有以下特征：

(1) 世界人口总量增长迅速。

(2) 发达国家的人口增长迟缓，有些国家人口增长为“零”或负增长。发展中国家尤其是极度贫困的国家、地区的人口增长迅速。

(3) 西方国家的人口已步入老龄化。

(4) 人口流动使城市人口增加迅速，农村人口减少。家庭向简单化发展，晚婚晚育、离婚率高、单亲家庭增加。

(5) 人口素质普遍提高。

(6) 种族歧视减少，多民族和睦相处，不同信仰的人们共同生存的局面已形成。

这些特征对消费市场带来的影响是：市场需求总量扩大，消费商品的种类和质量不断增强，特色商品和服务日益受到社会的注视，企业对市场的细分更加明确具体。在物质文明的消费品增加的同时，精神文明的市场需求迅猛发展。如进入 20 世纪 90 年代以来，我国旅游业的迅速发展，儿童用品需求、女性用品需求、老年人用品需求、文化娱乐用品需求的显著增长均可用人口的变化来解释。

三、资源环境

企业是利用自身资源加工外界资源来服务或造福于社会的经济细胞。因而，企业必须分析社会资源的状况，包括自然资源和社会资源。

（一）自然资源的禀赋

资源从总体而论具有稀缺性，有些资源是无限的，但大多数是有限的，甚至是不可再生

的。企业在获取这些资源时其丰富程度直接影响企业经济效益指标，如铁矿在中国26%的品位我们即可开采，我们认为26%是富矿；而在澳大利亚26%以下的品位被认为是暂不具有开采价值的矿山。企业必须研究本身要获取的资源，如煤炭、矿产、石油、电力、粮食、棉花等，它们既能给企业营销造成威胁，也能提供机遇。

（二）资源的研究开发

因为资源的稀缺性，所以社会对资源的研究开发由来已久。企业必须关心所采用的原料使用的节约性，如何使用更少的资源耗费生产出更多更好的产品，如何开发替代资源，面对人类社会的四大危机（人口、资源、环境、生态），企业在生产过程中如何减轻对环境的危害，产品在使用中及使用后如何不产生新危害。面对社会的压力、政府的压力，走可持续发展（Sustainable Development）之路，企业必须认真研究两项内容：一是使用无公害的设备、生产无公害的产品；二是如何根据市场的需求去创造营销机会，这其中要解决的就是企业如何摆脱过度依赖资源、使用资源同时加剧资源枯竭、破坏困境。

企业必须研究如何充分合理利用资源、开发资源，如何让有限的资源发挥更大的效用；在开发利用资源的同时如何既能满足政府、社会的要求，又能借助政府的力量（资金、技术、政策等）更合理地获取资源。

四、技术环境

第二次世界大战后，科学技术日新月异地迅速发展，使任何发现、发明转变成生产能力的周期缩短，市场上不断推出高科技含量的小批量产品。科学技术的发展意味着原有生产方式、生产工艺的落后或淘汰，意味着老的产品被取代，因而企业家必须高瞻远瞩，站在历史的高度来审时度势。企业必须关心技术的以下几个变化因素。

（一）行业技术寿命周期

行业同产品一样存在孕育、生长、成熟、衰退的周期。这样的发展同技术发展密切相关。有些产业技术发展节奏快，如电子、医药、材料、船舶等；而有些产业技术发展较慢，如纺织业、煤炭业等。

（二）新技术的发展、应用无穷无尽

马克思曾断言，资本主义社会百余年历史创造的财富超出了过去历史创造财富的总和，原因就在于产业革命。而产业革命后的科学技术革命使今天成为知识经济的社会，新技术、高科技令人眼花缭乱，目不暇接，其应用更是无所不在。企业应时时关注：新技术新发明能够出现在我们的企业，一旦获得某方面的成功，将给企业营销带来巨大的影响；企业外部的高技术、新技术，包括营销技术、方法等能否被本企业及时掌握应用。

（三）国际企业将R&D作为重要内容

因为市场不完善或存在缺陷，企业建立内部市场，可以解决技术不足和人力资源不足的问题。这在国际企业中表现得很明显：美孚石油公司1980年科研经费高达8.1亿美元，美国的柯达、IBM等6大企业研究开发支出平均占销售额的5.7%。这些企业除自身投入巨资研究开发外，还与外界联合研究开发，甚至在发展中国家建立科研机构。

（四）新技术的发展直接冲击传统营销

新技术的发展冲击着人们的消费习惯，它给人们带来方便是无疑的，其快捷性、周到性无可非议。企业必须面对技术的发展，必须改变传统的营销方式，提高营销人员的素质。电子科技的发展不但出现了网上售货、网上服务等营销手段，而且国际上出现了网上医院等服务机构。

（五）政府对技术变革的规定增多

因为技术的发展，技术的复杂程度越来越高，政府对技术的认定检查力度开始加强，国家、国际技术标准更详尽、更完善。同时对科技成果的保护、科技成果的转化工作也更加重视。所以企业在营销中要考虑是否符合国家技术标准，是否存在侵权，如何利用法律来保护专有技术等。

五、社会政治环境

社会政治制度、政局的稳定性及社会政策等对企业的营销影响非常大。政策制度涉及政府是为社会哪一部分人谋利益的，政局不稳定对企业的生产经营不利，政策是否具有稳定性、连续性更关系到企业的生死存亡。国家可以通过行政手段、法律手段维护社会经济秩序，保持和鼓励公平竞争，打击不法行为和市场垄断，保护消费者的利益，对违规企业进行惩处，促进社会健康、稳定、持续发展。

企业经营者必须时时关心国家政治、关注政局，全面及时地掌握国家的经济政策，用好用足政策，把握时机，但也必须树立法制观念，坚持公平竞争的原则，对消费者负责，对社会发展负责。

六、社会文化环境

人类在长期探索实践中形成的知识、信仰、艺术、道德、法律、风俗习惯的总和构成社会文化环境。文化（Culture）是由拉丁文（Cultels）演引成英文的，原意是两种崇拜：一种是神的崇拜，另一种是耕耘的崇拜。我们所说的是社会文化概念，就是人类学家泰勒在 1871 年定义给出的，他后来在其作品《人类学——人类和文化的研究入门》一书中把广义的生活艺术定义为文化，含语言、动作、生活用具、武器、住房、交换、货币、娱乐、艺术、科学、宗教、咒术、传说、神话、社会。1936 年，林顿（B. Linton）在《文化人类学入门》中把文化概括为：社会的全部生活方式。

（一）社会文化的特征

文化是一种历史现象，世界上有了人便具有了人类文化。它也是一种生活方式，包括行为方式和思考方式。作为社会文化应具有以下三个显著特征。

第一，社会文化具有普遍性。社会文化是在长期的生活实践中形成的，是人类在同环境的适应、抗争中所形成的。它是人类所共有的，具有一定意义的广泛适用性，也是人类维持社会生存和谋求全球发展的纽带。这种普遍性具有超越个性的一面，但它反过来又作用、影响个人的生活方式。

第二，社会文化具有整体性。社会文化是在地缘、血缘基础上形成的。它是一个民族的结晶和象征，是民族历史的产物。文化的整体性就是民族性。在世界文化史中，只有中国文化未曾中断延续至今，这反映出中国文化的独有魅力。社会文化有排他性和同化功能，优秀的文化必须是不断"扬弃"。社会文化的整体性使民族特色突出、稳定，在一定时期内很难改变。

第三，社会文化具有变移性。社会文化具有发展变化性，尽管变化的时间可能较长。这种变化有两个原因：其一是在同文化、异文化的过程中"扬弃"，使社会文化朝某种方向变移，即文化飘移(Cultural Drift)现象；其二是社会变迁引起的文化变移。它是通过社会成员共同遵守的社会规范和规范行为表现出来的。文化的变移性使民族性更有可变的一面。

（二）社会文化对营销的影响

社会文化对营销的影响表现在方方面面，其中较大的是价值观念和社会群体。人们的信仰与价值观念有核心信仰与价值观念和次信仰与价值观念，前者是世代沿袭并不断丰富的信仰与价值观念，而后者则容易发生变化。例如，婚姻制度是一种核心信仰，早婚、晚婚、生育等则是次信仰与价值观，它随时间推移不断发生变化。营销活动必须分析预测这种变化，寻找新的营销机会。

社会群体作为亚文化表现出不同的消费者群，如人口种群中的皮肤颜色差别、民族宗教信仰差别、性别、年龄等差别形成的消费者群。西方学者将群体分为以下六种。

(1)创造者。其具有拼搏进取精神，从事任何事都是很成功的领先者，属于领导者的风范。

(2)保守者。保守者，即那些安于现状，恪守传统的人群，其消费观念不轻易改变。

(3)捞取者。其可能经常收取能从社会得到的东西，为生活而在某个范围内工作，热衷于官僚和权势的职位，对商品希冀有意外的收获。

(4)变革者。其思维观念不断更新，爱提出多种要求，希望按自己的想法去改变社会，观点激进。他们对商品挑剔，试图寻求创新。

(5)追求者。追求者，即一些探求对知识更好地掌握、更深地理解，探求更丰富的经验和追求至善至美的人。他们对商品有完美的追求。

(6)逃避者。他们把自己看得既重又轻，重则把自己视为行业龙头，轻则把自己视为行业末端，一切均无所谓。他们表现出逃避的形式有多种，如精神空虚、无所事事，当商品对自己有侵害时也无举动。

营销人员应按不同的群体来细分市场，研究宗教信仰、价值观念、消费习俗、道德规范、审美观念等对企业营销产生的影响。

第四节　市场营销的微观环境

微观环境是指与企业营销直接相关的各种环境要素，包括企业自身状况、资源供应者、营销中介、竞争者和顾客等。

一、企业状况

（一）企业战略目标

企业是以营利为目的的经济实体。企业在20世纪50年代管理的中心是生产，20世纪

60 年代管理的中心是市场,20 世纪 70 年代管理的中心是财务,20 世纪 80 年代以后西方企业管理的中心是战略。因而企业的市场营销活动必须符合企业的战略目标。日本学者伊丹敬之将战略要素的构成划分为:产品与市场群,企业业务活动领域,企业经营资源群。美国战略管理学家安索夫则将其分为“产品与市场范围”“竞争优势”“增长向量”和“协同效应”四个方面。我们认为任何企业的战略目标都可以用以下内容设定:

(1)企业获利能力,包括利润、投资收益率、每股收益、销售利润率等;

(2)市场目标,包括市场占有率、销售额、销售量、市场地位、市场覆盖率、顾客服务等;

(3)生产目标,包括生产量、单位生产成本、平均员工产量等。

(4)产品目标,包括产品系列化、新产品研究与开发、产品水平、名牌塑造等;

(5)资金目标,包括资本构成、现金流量、流动资金、资产负债比率等;

(6)研究开发目标,包括研究开发资金、研究项目数、成功与失败比率等;

(7)人力资源目标,包括人员数量、人员文化水平、职称、专业技术人员比例、管理人员状况等;

(8)企业组织管理目标,包括企业规模、组织机构、体制目标、企业分支机构建立等;

(9)企业形象和对员工的报酬目标,包括员工工资水平、福利水平等;

(10)企业对社会贡献目标,包括企业对政府利税、解决就业、社会慈善事业、环保生态及资源维护等。

(二)企业的资源条件

企业从事生产经营活动或提供服务所需的人力、物力、财力、技术、组织管理能力及条件,会制约着企业的营销活动,因而必须对资源条件进行分析。

1. 人力资源

人力资源包括企业拥有的员工队伍、素质水平,企业高层领导的德、才、政、绩、能、效,科技人员比例及科研开发实力,企业的组织哲学与文化,企业中非正式组织的作用,人力资源开发与国内外企业的比较,企业在人力资源方面的政策及措施。

2. 生产资源

生产资源包括生产工艺、生产能力、存货、产品质量、生产规模、生产成本、设备状况及价值、生产管理水平等。

3. 研究与开发

研究与开发包括实验室对产品的研究开发,也包括对产品包装改进的研究开发。具体指标有企业在研究开发方面与行业水平的比较、产品开发收益、研究开发已有的资源条件、研究开发与外界的沟通能力、研究开发方面成功与失败记录等。

4. 理财资源

理财资源主要涉及三个方面的问题,即投资决策、融资决策和利得分配。主要分析财务预算与整个战略计划是否确保支持关系,各部门预算同整个企业预算是否一致,对盈利、亏损、负债比例的预测等。

5. 营销资源

营销资源主要指对市场的调查,信息的掌握程度,分析市场的理论及方法的可行性,市场营销的人力保证、财务保证,市场开发成本费用的大小及政策,市场网络的完善程度,市场价格的把握程度,市场占有率,产品知名度、美誉度等。

(三)企业文化特征

市场营销是企业有组织、有目的的行为。这种行为是在一定背景下进行的,它离不开企业文化。表层的企业文化有企业形象、员工队伍、地理位置、口号、标语等,里层的有企业组织制度以及核心层的理念价值等,它们都直接影响企业营销战略的贯彻与实施。企业文化既有历史的继承性,也有环境的左右性,还有主要领导的观念及用人的策动性,企业激励机制的有效性。所以,要把市场营销搞好,不光要做好市场营销计划,还要利用企业文化中积极的因素,克服其陈旧、保守、落后的因素来实施计划。

二、供应者

供应者是指向企业和其竞争对手提供用于生产产品或服务的各类组织及个人。其提供的内容可能是原料、半成品、设备、能源、劳务、信息、资金、技术等。供应商的能力、水平、业绩、服务、信誉、抗风险能力等会直接关系着企业产品。如供应商产品价格的上涨就是原材料价格的上涨,其交货不及时就会影响生产,其产品质量的缺陷就会导致企业产品质量不合格,其信誉不良就会加大企业的风险等。

如果企业是资源型产品的企业,而这种资源是短缺的或垄断的,或被数家公司所掌握的,我们必须与之建立长期的供销关系,则不仅要考虑资源充足期,还要考虑资源的匮乏期,以免因资源供给不足对企业造成不利影响。有些企业甚至出人力、物力、财力帮助供应商解决各种困难,或与供应商建立企业集团。

如果企业资源供给来源是丰裕的,讨价还价的能力就强,就要与多家企业建立供销关系,从中选出信誉好、质量好、服务好的企业作为供给者。

由于资源的供给直接制约企业的发展,因而,有些规模大的企业会通过一体化方式建立自己的资源供给基地,以便使资源得到稳定性供应。如大型企业建立自备电厂,宝钢在澳大利亚建立矿山都是此举。

三、营销中介

营销中介是指在产品分销、实体转移、促销、运输、仓储等给予企业协助、帮助营利性机构和组织及个人,包括批发商、营销商、外贸机构、调研公司、广告公司、银行、信托机构、保险公司等。

中间商是协助企业寻找顾客或直接与顾客进行交易的商业企业。中间商可分两类:一类是代理商,仅获取佣金,为企业介绍客户,代为销售产品,根据具体形式又分为一般代理、总代理和独家代理;另一类是中间经销商,它通过买断产品再销售的方式接受本企业的产品。经销还有展销、博览、寄售等形式。对中间商的选择是企业的重要事项,因为它们要为企业提供产品走向市场的渠道。各中间商的能力、专业、社会地位、商业信誉等都会对本企业产生重要影响。企业既要与中间商建立良好的关系,又要根据产品的特性、市场竞争状况、国家政策等因素同中间商的实力结合起来。对大多数企业,尤其是产品生产型企业来说,它们必须要充分调动中间商的积极性来开拓市场,增强销售能力。

运输和仓储是市场营销产品运动的媒介和暂存地。运输方式包括公路、铁路、水运、空运、管道等,其服务水平和质量涉及产品的保管程度和交货期。仓储条件的好坏直接关系到产品的安全、运输的便利程度以及成本的大小,因而企业必须谨慎待之。

市场营销服务机构,是指为企业选择市场、帮助企业在市场营销过程中解除困难的营利性机构。市场营销服务机构包括市场调研公司、广告商、市场咨询公司、策划公司、银行、信托机构、保险公司等。它们可以就某项问题向企业提供服务,解决企业不熟悉的或无力解决的技术问题、谋划问题、风险承受问题以及资金支持问题。在市场竞争日趋激烈的今天,企业越来越重视市场营销服务机构的作用。

四、顾客

顾客是企业营销服务的对象,是企业活动的出发点和归宿点,顾客是上帝,是企业的生命线,企业应努力与顾客建立良好的关系,并加大此关系。顾客的分类可按不同的标准划分,按购买动机划分,整个市场分为消费者市场、产业市场、中间商市场、政府市场和国际市场。每一个市场都有独立的顾客。

五、竞争者

企业在市场中为顾客提供产品和服务,时刻面临竞争者的威胁,企业必须充分研究竞争者的实力及竞争战略。从市场经济来研究,竞争分为完全竞争、寡头垄断、垄断竞争和独占。从消费需求角度划分,竞争者可分为愿望竞争者、平行竞争者、产品形式竞争者、品牌竞争者。表 9-1 和表 9-2 将分述其特点。

表 9-1 不同市场类型竞争的特点

特点	市场类型			
	完全竞争	寡头垄断	垄断竞争	独占
各企业产品独有的特点	无	无	一些	唯一
竞争者的数量	许多	少	由少到多	无
竞争者的规模	小	大	由大到小	无
企业对价格的控制	无	有些	有些	完全

表 9-2 不同竞争者的特点

竞争者	竞争者的特点及举例
愿望竞争者	提供不同产品以满足不同需求。例如,家电中电视机厂家的愿望竞争者是冰箱、洗衣机、空调等厂家,企业应促使消费者购买电视机而不是其他家电
平行竞争者	提供能够满足同一种需求的不同产品的竞争者。例如,满足穿衣需求的羊毛、棉布、亚麻、化纤之间存在竞争关系
产品形式竞争者	生产同种产品,但规格、型号、款式不同。例如,都是汽车,颜色、型号、款式等的差别
品牌竞争者	产品相同,规格、型号也相同,只有品牌存在差异。例如,同种类型的奶粉有大庆、红星、完达山等

企业在对竞争市场分析后,就要分析竞争者类型,从而确定主要竞争者的原料供应、生

产能力、技术实力、资金实力、产品水平、市场营销方针战略等。分析竞争者既要分析市场现存竞争者,也要分析潜在竞争者,以及产品的替代者。通过分析竞争者做到知彼才能制定出切实可行的营销战略。

六、公众

公众是指在实现经营战略目标中对企业具有实际或潜在影响的组织和群体。公众包括政府公众、媒介公众、消费者协会、当地公众、内部公众和一般公众。

政府公众是指政府部门。按克拉克产业结构划分,政府隶属于第三产业,政府的根本特性在于其权威性。政府既向社会(包括企业)提供各种服务,也通过有关职能维持市场秩序,出台各种产业倾斜政策。因而,企业必须时刻与政府保持某种良好的关系。在西方许多大企业都出钱出力帮助政府选举,派员工到政府任要职或在政府寻找代言人,其目的就在于此。

媒介公众指报社、电视台、广播电台、杂志等大众传播媒介。新闻的公开性、猎奇性使得企业及其产品服务几乎完全暴露于社会,所以,它们对企业形象、产品形象具有很大的影响。关系处理得当,则可少花钱甚至不花钱来宣传美化企业,反之,则可能出现被动的报道。

消费者协会等群众团体组织对企业也有很大影响,社会发展对消费者权益保证的呼声不断加强。环境保护和生态平衡越来越受到社会的重视,这类团体组织对企业的作用也是时代的要求。

当地公众是企业所在地附近居民及社会组织。企业应与当地公众保持良好的关系,并尽可能为当地公众做出某些贡献。

内部公众是指企业内部成员,包括董事会、经理、高级职员及一般工人。内部公众对企业的营销影响是巨大的。如营销计划能否被董事会批准,是否能得到总经理的认可与支持,员工工作的积极性、主动性、创造性等都会影响企业营销。如何加强企业管理,做到有效沟通与激励员工是企业的始终目标。

一般公众是社会上一切了解、认识、关心、支持企业的公众。他们可能是产品的潜在购买者,也可能是企业股权持有者,或是企业债券购买者。他们的举动对企业形象、企业生产经营活动都会产生重要的影响,因而企业必须重视一般公众。

第五节　市场细分方法

企业在其经营领域中不可能完全满足消费者的所有产品的需要,如何选择目标市场是企业营销战略最关键的问题,因为目标市场是企业营销的方向,把握住方向才能发挥优势,克服弊端,为用户提供完备的产品与服务,最终实现企业的目的。

一、市场细分

1956 年,美国市场营销学家温德尔·史密斯(Wendell R. Smith)首先提出了市场细分的概念。他认为,一个市场的顾客是有差异的,他们有不同的需要,寻求不同的利益。企业不应停留在产品的差别上,而应根据消费者的不同需要对市场细分,市场细分是营销观念诞生的结果。在生产观念时期,生产力水平低,技术进步慢,产品数量比质量相对重要,获利者是向市场提供大量商品的经营者,“我生产什么就卖什么”,消费者没有选择的余地。福特公司提出:“不论消费者需要什么,我只生产黑色T型车。”这种无视顾客需要差别,大量地生产单一产品,大量地分销、促销单一产品以获取市场利润是卖方市场条件下的基本特征。产业革命使生产效率大大提高,生产者的产品在市场中被冷落直至被拒绝购买的事例经常出现,特别是资本主义大危机,使西方经营者感到,产品若在市场中有竞争力,必须使产品对消费者增加吸引力,在消费者选择余地不断增长的情况下,战胜竞争者的主要方法是向市场提供多样化的产品。在这种卖方市场向买方市场的转变中,企业倡导的是“产品差异营销”模式,其重点集中在竞争对手身上,多种产品强力推销是其主要特征。第二次世界大战后尤其是20世纪50年代后,科学技术高速发展,规模化大生产和产品品种的丰富使市场竞争越来越激烈,买方市场日渐成熟,经营者先生产产品再向市场推销的方法已经失效,企业欲获得成功,必须研究市场消费者,根据消费者的需要,进行有差别的组织经营,这就是目标市场营销模式。它要求企业重视顾客需要的差别,对市场进行细分,选择目标市场。

市场细分在我国学术界有不同的理解,中文译名有市场细分、市场细分化、市场划分、市场分割、市场分化等叫法。本书中认为,市场细分就是营销者或研究者将某产品的整体市场,按购买者的需要和欲望、购买态度、购买实践等不同变量,划分为不同的消费者组群(Consumer's Group),每一组群就是一个细分市场。这一概念应包括四层含义:

第一,市场细分必须是有意义的。

第二,市场细分的基础是消费者的需要和欲望具有差别性。对经营者而言,对市场细分能使消费者的需要和欲望得到最好的满足。

第三,细分的市场必须具有某些相同、相近的特点,以便厂家开展营销确定市场目标。

第四,市场细分同市场分类是完全不同的两个概念。市场细分专指营销学中针对消费者而提出具有确定目的的某项产品的定位归属。

二、市场细分的目的

市场细分有以下目的:

(1)当企业研究开发某一产品时,为其可行性及产品的设计提供依据。

(2)为企业准备将已有产品、服务打入新市场,或拓展市场,确定市场目标提供依据。

(3)企业在市场竞争中欲立于不败之地必须研究特定市场,充分发挥自身资源和能力,向特定的目标提供完善的产品和服务来巩固市场,发展市场,寻找市场的机会,把握机会。

(4)当企业在市场经营中出现问题或错误时,通过市场细分为调整市场经营战略或制定新的策略提供依据。

(5)市场细分是企业制定市场营销组合的基础。企业运用产品、价格、地点、促销来实现协同效应必须依据市场细分。

三、市场细分的原则

市场细分有以下五个原则。

(一)规模适度性原则

市场细分最终是为企业开展营销战略服务的,市场规模过大,企业的资源条件制约其完成;市场规模过小(市场过细),企业的利润无法实现。因而,划分市场应考虑其可赢利的规模。

(二)市场的可度量性原则

市场营销的出发点和最后归宿是围绕其目标而进行的。市场细分必须具有可度量的目标,如市场规模、市场潜力、购买力水平、销售增长率、成本利润率等。

(三)市场的可识别性原则

不同的细分市场在概念上应该是可以区分的,营销者在不同的市场中应该有不同的表现。

(四)市场的可进入性原则

细分市场的任务是为了进入市场、占领市场。细分后的市场不能进入或无法进入则失去了其细分的任何意义。

(五)客观性原则

市场细分要以客观事实为基准,不能有人为的夸张。但发展的、战略的动态分析又是市场细分的根本要求之一,细分的市场在一定时期内应具有相对稳定性,否则会失去市场价值。

四、市场细分的程序

市场细分没有统一的模式,通常是先确定细分市场的依据,根据其依据对市场进行划分,针对划分的市场进行研究并最终确定目标市场。美国营销学家伊·杰·麦卡西(E. J. Mccarthy)提出了细分市场的七个步骤,其对市场细分具有普遍的指导意义。

(一)根据企业总体经营战略来确定产品的市场范围

企业战略的构成要素包括四个方面的内容,即产品和市场范围、增长向量、竞争优劣和协同效应。企业的自身竞争条件决定其能否生产出来产品,市场范围是根据市场需要而不是产品特性来确定的。产品和市场的组合,美国战略管理学家安索夫(H. I. Ansoff)将其做如下描述,见表 9-3。

表 9-3　产品市场矩阵

市场	产品	
	现在产品	新产品(含全新)
原有市场	市场渗透	产品开发
新市场	市场开支	多样化经营

企业在确定自己的任务和目标时必须确定其产品的市场范围。产品包括现有产品或服务和正在开发的产品以及相关产品,市场包括现有市场和新开发市场。

(二)分析潜在顾客的基本需要

消费者购买产品是为了满足其某种需要,企业在掌握产品能够满足消费者的某些需求功能的基础上,根据地理变量、行为和心理变量等分析消费者的需求,对市场需求的类型做出判定。例如,消费者购买住房的需要有:宽敞舒适、起居方便、安全、经济实惠、环境优雅、子女上学方便、管理维护服务好、有停车场地、交通便利、内部装饰高档、建筑风格独特等。

(三)分析潜在顾客的不同需要

顾客对产品的基本需要是一般性的需要,企业必须研究消费者有哪些不同的想法和要求,哪些需求对他们来说更重要。比如,计算机对高校学生而言,主要是学习的辅助工具、网上寻求信息开阔视野的伙伴;对企业而言,主要是用于管理;对高级知识分子而言,主要是工作、设计、网上查询交流;而对美国士兵而言,则主要是模拟战争的训练工具等。这样就出现了不同的细分市场。

(四)去掉潜在顾客的共同需要

各个市场消费者共同需要的东西固然是重要的,它是生产设计的重要基础条件,但作为细分市场时要把它舍去,舍去后企业就会发现具有相互区别的需要类型,即需要差别,这些差别即成为产品设计和营销组合的依据。例如,20 世纪 80 年代,日本电视机在中国销售,人们购买电视机无非是接收视频信号,中国信号发射系统功能不如西方国家,因而,日本着重加强对中国出口电视机的信号接收系统功能。

(五)为各细分市场命名

在没有进行市场检验前,细分是否正确暂不能确定,企业为确认市场,要为可利用的市场命名,从而使其基本轮廓清晰。例如,租房市场中的家庭住房、学生用房、商业用房、青年独居、度假旅游用房、老年用房、新婚用房等。

(六)确认细分市场的特点

企业对所命名的细分市场进行调查确认,借助市场分析工具,通过对消费者的访问、历史资料的统计研究等,寻找哪些因素才是最恰当的细分市场,这些市场有何特点,可否进行营销设计,其设计的可行性程度。

(七)测量各子市场的潜力

在充分调查的基础上,需要确定每个子市场的购买量。这种购买量有现实的,也包括潜在的。根据市场的潜力,市场环境的变动因素,竞争者状况,结合企业的实际资源情况,最终选定目标市场。

五、市场细分的主要变量

选择市场细分的变量对细分市场至关重要,变量过少会丢掉市场,变量过多会费时耗力,或掩盖市场的差异,起不到应该具有的效果。

(一)消费者市场细分的主要变量

对消费者市场细分的主要变量选择有两种方法:一种方法是按消费者的个性特征来细分市场,如地域、年龄、性别、职业等个人特征,知觉、动机、价值取向、人生意义等心理特征,相关群体组织、家庭等社会特征,民族历史、社会阶层、文化背景、宗教信仰等文化特征。然后研究这些个性特征细分后的各细分市场中消费者购买决策行为的差别,例如,不同职业者在购买卫生纸时在商店选择、产品名称、厂家、购买数量等方面是否有差别。另一方法是先研究消费者的决策行为,然后再考察其在各个细分市场中消费者的个性差异,最后细分市场。例如,购买空调时消费者先关心“质量”,企业就先研究“质量”,然后研究地域分布、消费者个人购买行为及心理特征等的差异。市场细分要求营销者具有商品学、心理学、社会学、统计学等综合知识与能力。表 9-4 是细分市场常见变量的参考因素。

表 9-4 消费者市场的主要细分变量

变量		内容
地域变量	地区	国际:欧洲、北美、东南亚、拉美、非洲;国内:东南沿海、中部、西部、东北、华北、华中
	城市区域	5 万人以下,5~10 万人,10~25 万人,25~50 万人,50~100 万人,100~400 万人,400~1 000 万人,1 000 万人以上
	气候条件	热带、亚热带、温带、寒带、湿度大、干旱区、海洋气候
	人口密度	都市、市郊、农村;交通发达、较发达、欠发达;流动人口及常住人口
人口统计变量	年龄	婴儿、幼儿、6~9 岁、9~12 岁、12~19 岁、19~24 岁、24~35 岁、35~49 岁、49~60 岁、60~65 岁、65 岁以上
	性别	男性、女性
	家庭周期	青年独居、新婚、满巢Ⅰ、满巢Ⅱ、满巢Ⅲ、空巢、年老夫妻、孤居、其他
	职业	军人、农民、工人、经理、职员、公务员、医生、主妇、工匠、技术人员、离退休人员、学生、无业者、手工业者、失业者、官员
	教育程度	博士、硕士、大学、中专、高中、初中
	收入(月)	500 元以下,500~1 000 元,1 000~2 000 元,2 000~4 000 元,4 000~6 000 元,6 000 元以上
	宗教信仰	无神论、佛教、天主教、伊斯兰教、基督教、犹太教等
	国籍	中国、美国、日本、欧共体等国、拉美集团、非洲等国、以色列、埃及等
	种族	白人、黑人、东方人种、混血人
	文化背景	东方文化、西方文化
心理变量	社会地位	社会上层、社会中层、社会下层
	生活方式	奢华、简朴、时髦流行、传统古典、高雅气派、舒适安稳
	个性特征	独来独往、爱交际、欲望强烈、独裁、武断、谦虚

表 9-4(续)

变量		内容
行为变量	使用地点	一般场合、特殊场合
	追求利益	经济、实惠、质量、服务、身份地位、心理满足
	使用情况	从未使用、曾使用、正在使用、经常使用、偶尔使用、某阶段使用、将来使用
	使用率	轻度、中度、重度
	忠诚	无、一般、强烈、绝对
	准备阶段	不注意、注意、知道、了解、有兴趣、想买、准备买
	对产品态度	热心、肯定、无视、否定、敌视、厌恶

(二)产业市场细分的主要变量

对消费品市场细分的变量选择也适用于经营者市场,即产业市场(Industrial Markets)。它是为了生产和销售其他的产品或服务购买产品或服务的市场。其特点表现如下:

(1)购买集中度高。购买者通常集中在一个或几个地点,集中在一定时间季节采购。

(2)每次购买量大。生产用品要求具有一定规模,故每次成交量大。

(3)支付方式不以现金为主。消费者市场购买大都是现金或部分现金支付(含各类卡、证),而产业市场买卖双方除最常用的银行记账结转外,还有托收、信用证、代理业务、银行保单、分期付款、延期付款、买(卖)方信贷等。

(4)购买者通常是某类商品的行家或具备专门知识的人才。

(5)在对购买商品进行决策时,往往首先关注产品的技术指标,其次才关注产品的价格、服务等。

(6)由于生产者定期使用产品,因而其购买的重复性强,购买具有规律性,购买批量在一定时期内基本稳定。

表 9-5 给出了产业市场细分的主要参考变量。

表 9-5　产业市场细分的主要变量

变量	内容
行业类型	企业重点放在购买本产品的哪些行业
地理位置	国际企业、国内企业具体集中在哪些地区
公司规模	企业产品的重点放在什么规模程度的公司
产品用途	主要原料、辅助原料、必备原料、无替代原料
使用情况	经常使用、偶尔使用、首次使用、从未使用
技术	企业重点应放在顾客关注的哪些技术环节上
采购量	大、中、小
顾客能力	将重点放在需要很多服务者身上,还是放在只需要少数服务者身上,其信誉如何
采购组织	采购组织是高度集中的,还是分散的
采购标准	质量、价格、交货期、信贷条件
权力分配	应侧重技术占主导地位的公司,还是应侧重财务占主导地位的公司
顾客关系	选择同我们有牢固关系的公司,还是追求理想的公司
个人特征	年龄、职业水准、道德水准、风险态度、忠诚程度、自信心、价值取向

在实际营销战略制定时，最终用户往往是细分市场的重要变量，这就要分析用户使用产品的追求，将多种变量组合使用。图 9-2 所示为木材加工厂细分其市场的过程。

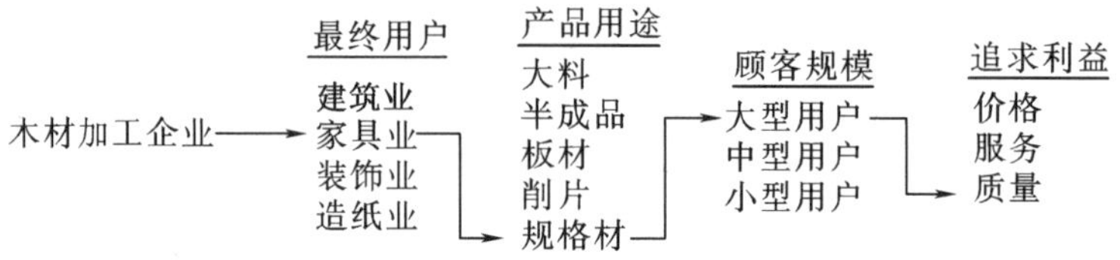

图 9-2　木材加工厂细分其市场的过程示意图

如图 9-2 所示，木材加工企业首先进行了客观产业的细分，在四个主要产业中它选择了家具业。其次，企业将产品定位在最具有吸引力的规格材上，大料、半成品、板材均被舍弃。再次，在顾客规模上选择了用量大的用户，可能考虑到了长期稳定关系、销售量和自己的供应能力等。最后，在大型用户面前有三种利益追求者，即价格、服务、质量。该木材加工企业的原料上乘，加工设备为同行业的一流，且人员业务素质高，因而最终决定进入以质量为利益追求的细分市场。

第六节　目标市场的选择

一、目标市场的概念

目标市场（Target Market）是企业为满足现实或潜在的消费需求而运用产品（服务）及营销组合准备开拓的特定市场。目标市场选择（Targeting）则是在诸多细分市场中选择最为合适的细分市场作为目标市场的过程。营销者选择目标市场的原因如下：

第一，市场需求的无限性与企业资源的有限性的矛盾。市场需求是没有止境的，企业不能满足市场的所有需求，根据自身条件去满足市场的某种特定需求是企业的必然选择。

第二，市场竞争日益激烈，企业要集中资源、发挥优势才能在市场中求得稳定生存和长期发展。特定市场更有利于发挥企业的竞争力，也有可能在特定的市场中对企业具有保护作用。

第三，企业通过空白市场的抢占，可以获得丰厚的利润。

丰田汽车公司从开始创立一直到 20 世纪 50 年代末都只限于日本及亚洲，大规模进军欧美市场则是 1959 年以后的事。1959 年，丰田公司陷于困境，全年向美国出口汽车仅为 288 辆。经过市场细分，将其目标定在小型汽车上，因为美国是汽车生产大国，也是汽车进口大国，丰田公司在当时若同美国三大汽车公司正面竞争非常困难，但美国的三家企业对市场没有细分，德国大众在美国的微型汽车市场上仅占据一定份额，所以丰田公司将轻便、节能、耐用、实用的小汽车市场作为目标市场，按美国的需求特征设计，在广告宣传上大做文章，最终在美国汽车市场中取得了成功。

二、目标市场选择的原则与确定市场需求潜力

目标市场的选择是企业整个营销战略最重要的事情，因为目标的失误就是企业营销方向的失误。偏离方向最终目的就很难或无法实现。一般而言，目标市场的选择应遵循以下

原则：

第一，目标市场的选择必须符合企业的总体战略。企业的存在宗旨、企业的使命以及企业的对象是企业选择目标市场的先决条件，目标市场是实现企业宗旨目标的渠道和途径。

第二，目标市场的选择要与企业拥有的资源相匹配。企业选择目标市场就要从事营销战略行动。目标市场范围过大，企业拥有的资源无法满足，最终结果当然不能实现；若目标市场远小于企业所拥有的资源，势必形成资源闲置的浪费现象，企业发展的速度就会减慢。

第三，目标市场必须具备潜在效益。营销是企业实现利润最大化的方法，企业必须从企业的销售收入、销售成本中谋取效益，片面地追求市场规模、市场销售额而忽视成本，则无法保证企业的最终利润。

第四，目标市场必须具有吸引力。美国哈佛大学教授波特认为，决定或影响一个细分市场的长期盈利性因素有五个，即行业竞争者、潜在竞争者、产品替代者、购买者和供应者。如果某个细分市场的竞争者过多，而且竞争者的规模相当，则说明这个市场的竞争是异常激烈的，一般不应将其定为目标市场，除非企业真正具有独特的优势，能从竞争对手的市场中赢得消费者。

在研究目标市场时，定性研究只是一种理论分析，在必要时要对某种商品的特定市场需求潜力进行分析。常见的分析函数式为

$$S_1 = fP_1 - fP_0 = f(P_1 - P_0) \qquad (9-4)$$

式中，S_1 为市场的潜在需求量，f 为消费者数量，P_1 为销售率可能达到的普及率，P_0 为现有的普及率。

【例 9.1】　某地区的微波炉市场分析。该区有人口 2 500 万人，每户平均 5 人，共计 500 万户。假定 2011 年微波炉普及率为 15%，2012 年将达到 25%的普及率，则 2012 年该区微波炉的需求量为

$$S_1 = f(P_1 - P_0) = 500 \times (25\% - 15\%) = 50(\text{万台})$$

在这一特定市场上，本企业可能的销售量公式为

$$S_0 = S_1 - (Q + M - X) \qquad (9-5)$$

式中，S_0 表示本企业在市场上可能的销售量，S_1 为当年市场潜在的需求量，Q 为该区其他同类企业的总产量，M 为当年从国外及外地的购入量，X 为当地市场的调出数量。

【例 9.2】　本地产微波炉 10 万台，外地及国外进入量为 15 万台，本地调出 7 万台，则本企业在市场上的可能销售量为

$$S_0 = 50 - (10 + 15 - 7) = 32(\text{万台})$$

计算市场需求量的方法可以有多种，在此仅给读者介绍上述一种，其余则根据商品特性而定。

三、目标市场范围的选择

目标市场范围的确定，实质上就是确定企业究竟将目标定在哪一级细分的特定市场上。企业对此应根据自身的资源条件选择。通常有五种目标市场范围策略供企业选择，如图 9-3 所示。

(1)产品-市场集中化。企业根据自身条件，选择一个细分市场，提供一种产品或服务，采取一个特定的营销组合，以取得某一特定市场的优势。该策略通常是小企业或弱企业的

选择,如图 9-3(a)所示。

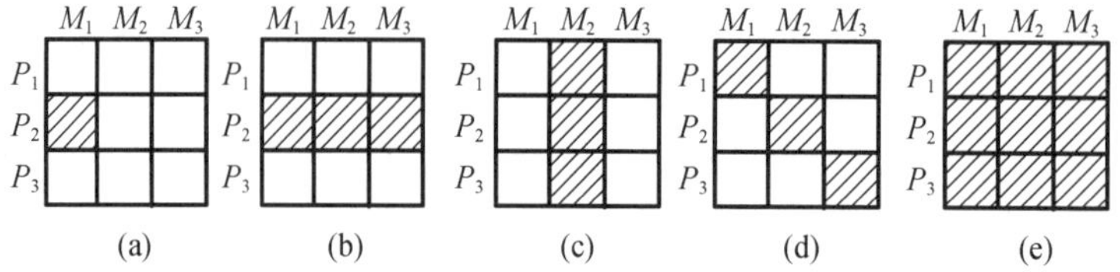

图 9-3 目标市场范围策略图

(2)产品专业化。企业提供一种产品,以此种商品去满足各种不同的顾客需要。其策略的好处是有利于生产成本的降低和产品质量的提高,因为有规模经济效益存在,但市场的差别需求没有考虑,如图 9-3(b)所示。

(3)市场专业化。企业向某一类顾客群提供各种不同类型的产品或服务,消费者在不同产品间选择自己的产品,如图 9-3(c)所示。

(4)选择性专业化。企业确定几个不同的子市场同时进入,解决不同类型的顾客的产品或服务需求,以此能根据市场空白,寻求机会,谋取发展,如图 9-3(d)所示。

(5)整体市场。企业为市场上的所有消费者提供所需的各种产品或服务,其进入市场是全方位的,这样的企业通常是资金、技术、营销网络以及管理等的实力非常雄厚,在市场中处于领导地位或垄断地位,如图 9-3(e)所示。

四、目标市场的营销战略

企业在目标市场上需要确定营销战略,通常的营销战略有三种类型。

(一)无差异性营销

无差异性营销战略不考虑市场消费者的潜在差异,不对市场细分,将整个市场视为目标市场。企业只生产和推出一种(类)产品或服务。有些企业不具有现代市场的营销观念,只单纯从生产者的利益出发,忽视了消费者的不同需求而通常采用此策略;有些企业面对的市场是同质无差别市场,企业只考虑市场的相同点而无需顾忌细分市场,只推出一种产品。无差异营销简单,管理容易,产品单一,容易形成规模化生产经营,产品成本较低,但消费者的需求不能得到很好地满足,通常表现为较大的细分市场竞争激烈,产品可能供过于求,但在较小的细分市场上却不能得到很好的满足,即存在"多数谬误"。企业在生产观念时期常采取此方法,如早期的美国福特公司的口号是,不管消费者需要什么汽车,本公司只生产一种 T 型的黑色汽车。可口可乐公司凭借其独有的技术和强有力的广告在很长一段时期内也只经营一种口味、一种包装的饮料。

(二)差异性营销

企业对市场进行细分,根据不同的目标市场,为其设计生产不同的产品或服务,每个目标市场采取各自的营销策略。此策略一般会比无差异性营销创造更高的销售额,根据各目标市场进行小批量多品种的生产经营,其具有机动灵活性,企业的针对性强、风险性低,能更好地满足消费者的需求。缺点是目标多使企业精力分散,生产不能充分展示其规模经济效益,营销在一定程度上也受到制约,如广告分类使成本增加等。此营销策略采用成功的企业有北京服装厂,其根据消费者的性别、年龄、职业、地区等进行风衣的设计和生产,满足了不同细分市场的需求,取得了很好的销售业绩。如果企业在几个目标市场上都能占有优势,则此市场具有推动效应,对增加销售额以及提高企业形象均具有积极作用,但前提是必须对细分的市场认真地进行评价,确保每一个市场均具有可观容量。

(三)集中性营销

企业战略决策应考虑环境因素的变化、竞争对手的实力及战略、企业自身的条件。对于受资源条件限制的企业,采取集中性营销策略应是明智的选择。企业只选一个或很少的几个细分市场,使用特定的营销组合,即实行专门化的生产和销售,企业不追求在大的市场范围内占有小的份额,而是追求在小的市场范围内占有大的或绝对多的份额。其好处是目标集中,企业能更好地发挥人力、物力、财力、信息等资源优势,降低成本、提高效益。此战略若获得成功便是今后企业发展壮大的突破点,但因其市场面狭窄,一旦市场出现大滑坡使价格暴跌,出现销路不畅、销量锐减、政府阻挠等情况,企业将面临致命的打击或风险。例如,三九集团在医药制品中率先以治胃病的"三九胃泰"作为重点,集中资源生产和营销这一种产品,满足市场需求,在最初几年内获得了巨大效益,但后期受国家政策影响,卫生部下达文件宣布取消"三九胃泰"的公费医疗,企业立即遭受重挫。正因如此,企业在选择此战略时应慎重行事,或留有余地,或选几个目标市场来分散风险。

上述三种策略各有优缺点,企业在抉择时应相机而定,通常要考虑的因素有:

第一,产品条件。企业应首先研究生产经营的产品是同质产品还是异质产品,某些产品的消费者对其有大体相同的需求特征,消费者在质量和价格上更关心后者,这种产品宜采取无差异策略。而像服装、家用耐用器、化妆品消费者的需求则存在较大差异,这些产品适宜选取差异性营销策略。

第二,企业资源。若企业资源具有优势,可以采取差异性目标市场或无差异性目标市场策略。若企业资源条件不充分,则应考虑集中性目标市场策略。

第三,产品的生命周期。一般而言,新产品初次投入市场,或产品处于生长期时宜采取无差异性目标市场策略。产品进入标准化阶段时,企业要不断开拓新市场,同时又要巩固老市场,因而宜采取差异性目标市场策略。产品进入衰退期时,企业应尽可能减少各种开支,目标应侧重于少数利润相对丰富的市场,因而宜采取集中性目标市场的策略。

第四,竞争者的战略。若主要竞争对手实施无差异性营销策略时,企业采取差异性营销或集中营销,很有可能会取得成功;若主要竞争对手实施了差异性营销或集中性营销策略时,企业也必须在两者中进行选择,如果不加选择地采取无差异营销策略,势必被竞争对手击垮。

第五,市场状况。既要研究市场竞争对手的多少,又要研究竞争对手的实力悬殊程度。若竞争对手实力弱,企业可以采取无差异性营销策略。市场竞争中企业面对的市场应理解为是无限的,即只有疲软的企业,没有疲软的市场,因而,企业应尽可能地避免企业之间的正面冲突,以免出现两败俱伤的恶果。从营销策略上看,要使本企业的营销同竞争对手相区别。

第七节 市场营销组合

一、市场营销组合的内容

企业市场营销的各种因素都是重要的，而市场营销组合就是企业对可控制的各种市场营销手段的综合运用。主要表现为产品(Product)、定价(Price)、销售渠道(Place)和促销作用(Promotion)的最佳组合，简称“4Ps”。这一概念是美国哈佛大学教授尼尔·鲍敦(Nell Bolden)在1964年提出的，它是市场营销观念的主要内容。以图形表示如图9-4所示。

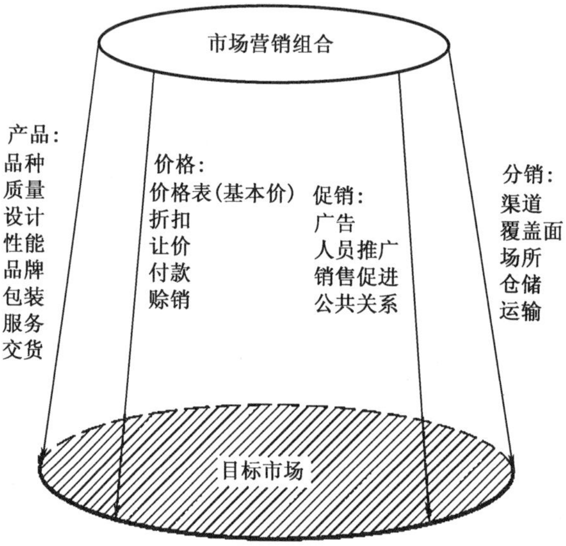

图9-4 市场营销组合图

二、市场营销组合的特点

(一)市场营销组合是动态的

市场营销组合的构成要素包括产品、定价、渠道、促销。每个要素又包括许多子因素。其中任何一个因素的变动都会引起新的组合，而每一个因素都处于变化之中，因此说营销组合是一个变化的动态过程。

(二)市场营销组合是可以控制的

营销组合中的产品、定价、渠道和促销都是企业的行为，虽然制定营销战略时要参照市场及有关的宏观环境，但营销组合都是企业可以直接控制的，是人为开发策划而产生的，因而企业应根据外界环境的变化合理有效地控制营销因素，争取市场中的最佳利益。

(三)市场营销组合具有整合作用

市场营销组合是为企业整体战略服务的。一方面它要对内部资源及市场起协同效应，运用综合手段来实现市场目标;另一方面对竞争对手而言应能达到扬长避短的效果,通过组合弥补不足,发挥整体效应最大化来战胜竞争对手。

三、市场营销组合应注意的问题

(一)市场营销组合的各因素策略在总体战略的支配下相互兼顾,同时制定

企业市场目标实现的策略有多种,在选择时总战略是指挥棒,它不是强调每一个因素或某个因素的效果最理想,而是最终实现整体利益的结果最佳,能量匹配、相互推进是其基本要求。例如,某产品的市场价格由 100 元降至 90 元,销量扩大使利润增加 50 万元,我们就不能单考虑 50 万元的销售利润,还要考虑产品的运抵费用、增加的销售人员支出、广告支出、商品储存保管等。

(二)市场营销组合的各要素之间有主次之分

4Ps 中,一般产品居主导地位,然后是销售渠道。而促销和定价要根据产品和销售渠道做调整。这就是通常我们所说的“决定企业生死存亡的是市场消费者,而把握企业命脉的是企业自身”。产品是企业的生命,其寿命、性能、安全性、可靠性、技术含量是价格的基础,也是销售渠道和促销的决定因素。例如,商品类别不同,企业就会选择不同的定价方式,也会选择不同的渠道。促销方式当然也有差别。工业产品直接订货较多,广告易选专业性杂志,而消费品面向居民,渠道一般选中间商,广告以报纸电视居多。企业通常确定营销组合的顺序是,先开发能满足目标市场的产品,对产品定价,然后寻找一些销售渠道使产品顺利到达用户手中,继而选择促销方式,影响顾客购买,最后顾客和竞争者是否考虑改变产品和降价。如图 9-5 所示。

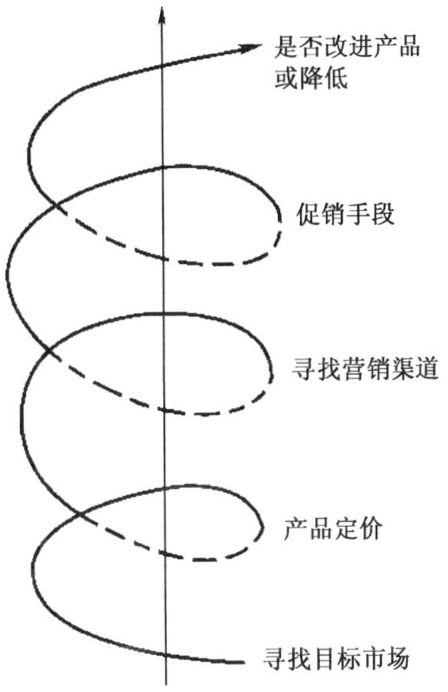

图 9-5 市场营销组合要素层次关系图

(三)市场营销组合的确立要以量化经济指标为界限

市场营销组合好与差,必须以量化的经济指标来回答,最常用的指标就是销售额或利润额。按投入产出模型分析,投入的追加不能使产出与之不匹配,如增加广告投入使销售量增加,但不存在广告投入的无限增加,销售额就等比例永恒的增加。

(四)营销组合的效果具有时间性

一套好的营销组合未必是立即见效的,它要有个适应见效期。因而,经营者不必急于求成。

（五）市场营销组合的制定要有抗争性和针对性

因为营销组合为企业竞争战略服务，同竞争对手相比必须有抗争性。各项策划的指标低固然易于实现，但这样的指标等于没有任何意义，它起不到鼓舞员工士气的作用。同时还必须有针对性，应主要针对市场空白或盲区，避免在市场中正面同对手较量，避免使用单纯的价格竞争，还应时刻突出本企业及其产品或服务的形象，为塑造名优产品做准备。

四、确定市场营销组合应考虑的因素

（一）目标市场的特点

要研究目标市场消费者的消费特征，它直接关系到产品的质量、性能、花色、款式、包装、设计、品种、档次、民族习俗等。要研究消费者所在的地区、文化、国民收入水平、年龄性别差异，它关系到产品的特性、产品的销售方式、市场需求量变化、质的变化等。要研究顾客购买产品的迫切程度，购买的方便程度等。

（二）市场竞争状况

市场竞争状况包括：市场的垄断程度，竞争者的多寡及相似程度，竞争者的营销战略，现实竞争者，潜在竞争者，产品生产的供应商、中间商，以及替代产品等。

（三）市场环境

市场环境包括经济环境中的人口数量、人口素质、资源、国家经济水平及经济发展阶段。政治法律环境中的政策稳定性、倾斜性，政局稳定性，国家行业技术分配标准，用人制度，外汇管制、商品专营管制等。

（四）企业的资源条件

企业的资源条件包括企业规模，企业拥有的生产能力，研究开发能力，财务实力、销售网络及队伍管理水平，企业及产品的社会形象和地位等。

五、产品市场组合策略

按产品与市场组合，市场营销组合可以分为四种形式，如表 9-6 所示。

表 9-6　产品市场组合策略类型

市场	产品	
	原产品	新产品或差别产品
原市场	市场停滞	产品开发
差异市场	市场开拓	多样化经营

（一）相同市场、相同产品的营销组合

此组合战略是渗透型战略，以原有产品在原市场取得经营业绩。企业及其产品在市场

上有很好的声誉，目标市场有很高的市场占有率。组合的目的是通过提高产品服务，保持与老顾客的关系扩大其产品销量，可以通过增加广告等手段争取新顾客；也可以在质量不降低的同时，加强管理，降低成本，以优惠的价格来扩大销量。

（二）相同市场、不同产品的营销组合

此战略是在原市场上强调产品的改变，不断向市场推出新规格、花色、品种、式样的产品，或通过创新赋予产品新功能来满足市场需要。将创新产品同价格、渠道和促销相结合，既巩固老用户，又发展新用户。在科技日新月异的今天，产品创新是大多数企业追求的目标，有人认为国际企业对产品的把握应是生产一代，研究开发一代，手中掌握一代。

（三）不同市场、相同产品的营销组合

一种产品在老市场上已经达到饱和状态，再增加其份额已经十分困难，此时应为产品寻找新市场，开辟新的消费者群体。它可以通过对产品进行适度改变以适应新市场的需要（如日本电视机在中国市场的成功销售），也可以是加强销售渠道进入新市场，也可以是在新市场上强化宣传，将它们同价格相组合。

（四）不同产品、不同市场的营销组合

此战略是以不同的产品去满足不同的市场需求。企业根据市场需求的差异，开发不同的产品或向其提供服务，其间伴随不同的价格、不同的渠道和不同的促销方式。一般而言，对于实力雄厚、产品变化快的企业比较适用。

复习思考题

1. 市场营销学在西方历经的发展阶段有哪些？
2. 简述市场营销学研究的内容。
3. 简述市场营销环境的特征。
4. 分析市场营销的宏观环境有哪些？
5. 分析市场营销的微观环境有哪些？
6. 市场细分的目的有哪些？
7. 市场细分的原则有哪些？
8. 简述市场细分的步骤。
9. 简述市场细分的主要变量。
10. 简述目标市场的概念。
11. 简述目标市场选择应遵循的原则。
12. 简述目标市场的营销战略类型。
13. 简述市场营销组合的特点。
14. 简述确定市场营销组合的因素。

第十章 物流管理

第一节 物流与物流系统

一、物资的生产与沟通

讨论物流的概念,得先从“物”谈起。把“物”的含义弄清楚,有益于对物流概念的理解。

1. 物资的概念

按照唯物主义的观点,所谓物资,是指一切客观存在的能满足人们生产和生活需要的物质资料。这个概念包含了两个关键意思:一是客观存在的物质资料 ,二是能够满足人们的生产或生活需要。前者指的是“物资物料”,后者指的是能“满足需要”。同时符合这两个条件的才能够算作“物资”。从满足需要来看,可以是满足生产需要,也可以是满足生活需要。满足生产需要的物资物料,我们叫做生活资料。因此,物资包括生产资料和生活资料两大类。可见,物资和物质两个词,虽然只一字之差,却是完全不同的意思。物资不等于物质。二者的差别在于物资是对人们有用的物质资料,对人们无用的物质资料是物质,但不是物资。

物资的物质实体是指物资的客观存在实体,它有形状、有性质、有质量、有体积,看得见、摸得着,能够被人们所感知。而物资的社会实体是指物资的效用性。物资的效用性主要体现为物资在社会中的价值,包括物资的使用价值,它反映效用的大小;也包括物资在社会中的地位、作用和稀缺程度,例如,它的所有权性质、交换价值等,它反映物资的社会地位、经济价值和珍贵程度等。

2. 物资的分类

物资按效用性分类,可以分成两大类:一类是生产资料,另一类是生活资料。生产资料是指专为满足人们生产需要的物质资料。无论是在工业、农业,还是在交通运输业中,人们为了生产,都需要有原料、材料、设备、工具、在制品、半成品等,这些都是生产资料。生活资料是指专为满足人们生活需要的物质资料。人们为了生活,需要衣食住行等生活用品,这些用品都是生活资料。

在物资中,生产资料和生活资料又可以按其性质和用途再分类,例如,生产资料又可以分成金属、机电、建材、木材、化轻、燃料、煤炭、石油、农机共九大类,这也是我国计划经济时期按经营物资类别而划分的九大公司分别经营的九类生产资料类别品种。而生活资料又可以按性质用途分成饮料、食品、服装、百货、五金、家电等类别。

物资还可以按其在生产过程中的地位和作用来分类,分成以下两大类。

第一类是作为劳务手段的物资,包括生产工具、机器设备、运输工具等。这一类物资的特点为它们都是成品,能够直接作为劳动工具用于生产加工、交通运输等劳动过程。

第二类是作为劳动对象的物资,主要包括:

(1) 自然物　如矿山、原始森林、农作物、水产资源等。

(2)原料 一般指采掘业和农业产品,如矿石、石油、原木、粮食等。

(3)材料 指经过加工了的原料和材料。根据其在产品加工过程中的地位和作用又分为主要材料(构成产品主体)和辅助材料(如劳动消耗品、照明、取暖、脚手架等劳动条件用品及染料、涂料等产品辅助实体)。

(4)在制品 正在加工或正处在加工地点等待加工的制品。

(5)半成品 完成了相对完整的加工工序的制品,如工件、部件等。

(6)成品 完成了全部加工过程的产品,如材料、工具、机电设备等。

可以说,我们周围到处都是物资,我们周围的空间都是物资活动的空间,都是物资活动的舞台。这么庞大的舞台,可以分成两个领域,另一个叫做生产领域,一个叫做流通领域。也就是说,物资或者或者处在生产领域,或者处在流通领域。

二、物流企业管理发展的演变

自 20 世纪初物流概念产生至今近一个世纪的时间里,物流及其管理活动经历了各种各样的变化和发展,从而使物质活动上升到战略管理的高度。物流管理的高度化发展,推动了物流研究和物流实践的发展。

(一)美国物流企业管理的发展

对物流活动和物流管理的认识最初是从美国开始的,因此,美国物流管理的研究和实践最为先进、最为完善,并成为其他国家学习和效仿的榜样。美国物流研究和实践的发展历史可以分为四个阶段。

1. 物流观念的启蒙与产生阶段(1901—1949 年)

人类对物流活动的认识早在 19 世纪就已开始,但真正将物流活动上升到理论高度加以研究和分析的当数著名营销专家弗莱德·E. 克拉克,他于 1929 年在所著的《市场营销的原则》一书中,将市场营销定义为商品所有权转移所发生的各种活动以及包含物流在内的各种活动,从而将物流纳入到了市场经济行为的研究范畴之中。1927 年,拉尔夫·布索敌在《流通时代》一书中,初次用"Logistics"来称呼物流,为流的概念奠定了基础。总的来看,这一时期对物流的认识特点表现为,尽管物流已经开始得到人们的普遍重视,但是在地位上,物流仍然被作为刘同的附属机能看待,也就是说,物流是流通机能的一部分。

第二次世界大战期间,美国军队兵站后勤活动的开展为人们对综合物流的认识和发展提供了重要的实证依据,而且也推动了战后对物流活动的研究以及实业界对物流活动的重视。1946 年,在美国正式成立了全美输送物流协会,该组织的主要职能是对专业输送者进行考试。并发给证书,从而将物流活动的培训纳入正规划的轨道。

2. 物流理论体系的形成与推广阶段(1950—1978 年)

20 世纪 50 年代以后,对物流的重视程度和研究得到了飞跃性的发展,其背景是现代市场营销观念的形成,彻底改变了企业经营管理的行为,使企业意识到顾客满意是实现企业利润的唯一手段,因而顾客服务成为经营管理的核心要素。随着这种经营哲学的发展,物流活动被认为担当了提供顾客服务的作用。1954 年,在美国波士顿工商会议所召开的第 26 次波士顿流通会议上,鲍尔·D. 康柏斯发表了题为"市场营销的另一半"的演讲,他指出无论是学术界还是实业界都应该重视认识、研究市场营销中的物流,真正从战略的高度来管理、发展物流。这是物流管理发展的一个里程碑,它不仅对物流的研究和认识起到了推动作用,而且对物流管理学的形成产生了直接的影响。

1961 年,爱德华·W. 斯马凯伊、罗纳德·J. 宝儿索克斯和弗兰克·H. 莫斯曼撰写了《物流管理》,这是世界上第一本介绍物流管理的教科书,在该书当中他们详细论述了物流系统以及整个成本的概念,为物流管理成为一门学科奠定了基础。此后,罗纳德·J. 鲍尔索克斯对综合物流概念的过去、现状以及未来发展做出了全面分析。

总之,从 20 世纪 50 年代到 20 世纪 70 年代末,很多有关物流的论文、著作、杂志大量涌现,有关物流管理研讨会议也频繁召开,这些都推动了物流管理学的形成以及物流管理实践的广泛推广。

3. 物流理论的成熟与物流管理现代化阶段(1978—1985 年)

20 世纪 70 年代末,物流活动的经营环境有了巨大的变化,这表现在一系列规制的缓和为物流迅速发展提供了广阔的前景。首先是 1977 年到 1978 年美国《航空规制缓和法》的制定,对货主和运输业产生了巨大的影响。紧接着 1980 年通过了汽车运输法案和铁路法案,根据这两项法案,运输公司可以灵活决定运费和服务。到 1984 年,随着海运法案的通过,运输市场已全面实现了自由化,这一系列规制缓和不仅带来了运输业的激烈竞争,而且由于运费的自由决定,运输路线、运送计划等自由度的增加,是物流能够真正满足顾客需求,并实现与其他公司物流服务上的差别化。对于货主来讲,随着运输业者、运输工具选择自由度的增加,一方面接受服务的水准得到提高,物流的效率性得以实现;另一方面,可以从发货地到目的地之间自由选择、组合交通工具,实现联合运输。

在物流管理理论上,这一时期随着 MRP、MRPE、DRP、DRPE、看板制以及 Just-in-time 等先进管理方法的开发和在物流管理中的运用,使人们逐渐认识到需要从流通生产的全过程来把握物流管理,而计算机等现代科技的发展,为物流全面管理提供了物质基础和手段。物流在战略意义上得到企业高层管理人员的充分重视。

4. 物流理论、实践的升华发展阶段(1985 年迄今)

20 世纪 80 年代中期以后,随着人们对物流管理认识的提高,经济环境、产业结构和科学技术的迅猛发展,物流理论和实践开始向纵深发展。在理论上,人们越来越清楚地认识到物流与经营、生产紧密相连,它已成为支撑企业竞争力的三大支柱之一。从物流实践来看,20 世纪 80 年代后,电子计算机技术和物流软件的发展日益加快,进而更加推动了现代物流实践的发展,这其中的代表是 EDI 的运用与专家系统的运用。

还值得特别提出的是,作为物流的一项重要内容和推动物流发展的政府政策,美国罗德纳·斯拉特提出了《美国运输部 1997—2002 财政年度战略计划》,成为美国物流现代化发展的指南之一。他在提出此规划时指出,这个规划反映了克林顿政府长期持有的主张,即运输不再只是水泥、沥青和钢铁。最大的挑战是建立一个以国际为所及范围、以多种方式的联合为运输力形式、以智能为特性,并将自然包含在内的运输系统。这一规划将完成 21 世纪的运输系统,该系统将是全世界最安全、易得、经济和有效的系统。从整体上讲,这个规划是美国物流管理发展的又一个里程碑。

(二)日本物流业管理的发展

日本物流观念形成的历史与美国相比要晚的多,但是其发展十分迅速,并形成了自身独特的管理经验和方法。日本已成为现代物流管理的先进国家。

1. 物流概念的导入和形成期(1956—1964 年)

在日本,物流概念的导入是 20 世纪 50 到 60 年代的事。1956 年,日本流通技术考察团考察美国引入物流观念后,就对日本国内的物流状况进行了调查,这大大地推动了日本物流的研究。1965 年,物流一词已正式成为理论界和实践界所全面接受。在物流概念导入日本的过程中,物流已被认为是一种综合行为,即“各种活动的综合体”,也就是说,物流既被理解为商品从生产到消费的流通过程,又被人认为是流通过程各种活动中物理商品的位移活动。因此,“物的流通”一词包含了运输、配送、装卸、保管、在库管理、包装、流通加工和信息传递等各种活动。这一思想突出表现在对有关车站、码头的装卸研究、将装卸活动看作是一项工程,应用了“统合”这一理念,即不要把装卸等活动看作是个别行为,而是多重要素的组合。

2. 物流近代化时期(1965—1973 年)

这还是日本大量物流设施建设、构筑时代,同时也是日本经济高度成长、大量生产和大量销售的时代。随着这一时期日本生产技术的进步和销售体制的扩充,物流发展的不足已经不断显现,从而形成企业发展的制约因素。

作为具体措施,日本政府开始在全国范围内展开高速道路网、港湾设施、流通聚集地等各种基础建设。与此同时,各企业也开始高度重视物流,并积极投资物流体系的建设。首先是随着物流概念的传播和形成,各企业都建立了相应的专业部门,积极推进物流基础建设。这种基础建设的目的在于构筑与大量生产、销售相适应的物流设施,主要是随营业规模的扩大增设物流中心,或确保大量输送手段等充实物流硬件的举措。所以,可以说这一时期日本企业的共同战略是增大物流量和扩大物流处理能力。

这一时期是日本物流建设的大发展时期,原因在于社会各个方面都对物流的落后及其经济发展的制约性有着共同认识。

3. 物流合理化时期(1974—1983 年)

第一次石油危机后,日本迎来了减量经营的时代,经营成本降低成为经营战略的重要课题,从而要求物流能有所作为,所以说,这一时期是物流合理化的时代。

物流合理化主要是改变以往将物流作为商品蓄水池或集散地的观念,从而在经营管理层次上发挥物流的作用。这集中反映在“物流利润源学说”,即物流到目前为止并没有进入到管理范畴,从而形成了流通过程的“黑暗大陆”,阻碍因素很多。因此,只有去除这些阻碍因素,才可能实现成本降低,为利益增加做出贡献。物流能在战略和管理上统筹企业生产、经营全过程,并推动物流现代化发展。

在实践上,当物流合理化的主要做法是:缩短物流路径;扩大工厂直送;减少输送次数;提高车辆装载效率;实施计划输送;导入共同配送;改变运输手段,选择最佳运输方式;减少在店的据点;彻底实行在库管理,维持正常在库;提高保管效率;包装简单化;尽量做到包装材料的低价格;包装作业的机械化;集装箱、货台的导入与扩大;省力化机器的灵活运用。

在物流管理上,专业物流部门或物流子公司的设立大为兴盛。虽然当时各个企业设立专业物流部或物流子公司的动机是不一样的,有的是为了解决企业剩余人员,有的想通过开拓货主市场,使物流更加合理化。但是,确保物流有效运转则是各企业共同的目标,这也是物流管理在企业组织结构中的重大变革。

4. 物流纵深发展时期(1985 年迄今)

20 世纪 80 年代中期以后,物流合理化的观念面临着进一步变革的要求,尤其是 20 世纪 90 年代日本泡沫经济的崩溃,使以前那种大量生产、销售经营体系出现了问题。生产的多品种化和少量化成为新时期的生产经营主流,减少库存的观念越来越强,其结果使整个流通体系的物流管理发生了变化,即从集货物流向多频度、少量化、进货短时间化发展。在销售竞争不断加剧的状况下,物流服务作为竞争的重要手段在日本得到了高度重视。这表现在 20 世纪 80 年代后期,日本积极倡导高附加值物流、Just-in-time(JIT)物流等方面。克服物流成本上升、提高物流效率是 20 世纪 90 年代日本物流面临的一个最大问题。

1997 年,日本政府制定了一个具有重要影响力的《综合物流施策大纲》,这个大纲是日本物流现代化、纵深化发展的方针,对于日本物流的发展具有历史意义。在《综合物流施策大纲》中,物流的发展、强化的方向是:信息化的推进,物流技术的开发,物流人才的培育,新物流服务的开展,国际化的对应,包装机械化、在库管理数码化的推进,整体系统化的加强,社会资本的充实,规格化、标准化的推进,共同化、协作化的推进。

(三)中国物流企业管理的发展

中华人民共和国成立以后,随着经济建设的恢复和发展,中国的物流产业也相应地不断发展。概括起来,大体经历了创建阶段、发展阶段、停滞阶段和改革开放四个阶段。中国的物流管理工作经过多年的努力,取得了一定的成绩,但与世界工业发达国家相比,还有相当大的差距——物流技术和管理方法都比较落后。目前中国的物流管理和其他经济工作一样,正处于发展之中,还有许多方面有待改进。

长期以来,中国物流形成了多元化的管理体制,即由有关部、局分别设置了物流管理机构及其所属业务机构,分别进行管理和组织物流业务活动。物流行政管理机构中,现在涉及物流管理部门主要有生产、交通、流通、环保等部门,此外,还有军队系统的物流管理机构,即后勤供应系统。这些行政管理机构的职能是:制定物流管理政策、方针、法令,投资建设物流基础设施,加强物流管理工作,指导物流各项业务活动,教育、培训物流管理人才,总结、推广物流先进技术和管理经验等。物流专业经营企业包括各部直属"托拉斯"式专业性的物流企业,各地方专业性的物流企业,物流业务兼经营企业,集体和个体物流企业。

中国物流体制形成于第一个五年计划时期,是以纵向联系为主要特征的计划经济体制的一个缩影。各物流企业或物流机构只服务于本部门或本地区,只对它们的上级管理机关负责,而它们之间的横向联系却很少。这种纵向集中、横向分散的物流体制,在资源短缺的传统计划经济体制下,对调动有限资源服务于重点经济建设,曾起到一定的积极作用。但在引入市场机制,横向经济联系日益加强的情况下,便显露出不适应性,表现在:物流体制的横向分散,不利于国家对物流的统一规划;物流体制的横向分散,造成物流基础设施和物流技术的落后以及物流专业人才的缺乏;物流体制的纵向集中,造成对物流经营管理的轻视。

中国物流体制改革的设想:一是建立物流业管理体制;二是建立全国物流网络,加强横向联合,包括积极发展专业物流经营企业,物流业务兼营企业应走社会化之路,重视支持集体和个体物流企业,建立物流中心系统网络;三是建设物流基础设施,开发物流新技术。

三、物流的概念

(一)分销物流学关于物流的概念

1. 流通活动

首先,分销物流学是在分销领域当中来讨论物流的。分销领域也就是流通领域,是将企业的产品从企业转移到用户手中的过程。流通的功能,一是通过购销等商品交易活动创造物资的所有权效用;二是通过运输创造物资的空间效用;三是通过储存创造物资的时间效用,将商品转移到用户手中。流通活动包括购、销、运、存、包装、装卸、加工和信息。其中,购、销以及商品信息活动属于商流活动,而运输、储存、包装、装卸、加工和物流信息活动属于物流活动,商流信息和物流信息共同构成流通信息流活动。这样,流通活动就由商流活动、物流活动和信息流活动共同造成的,物流活动是流通活动的一部分。

2. 物流的定义

所谓物流,是物资有形或无形地从供应者向需求者进行的物资物质实体的流动。具体的物流活动包括包装、装卸、运输、储存、流通加工和信息等逐项活动。通过流通活动,可以创造物资的空间效用、时间效用,流通加工活动还可能创造物资的形质效用。

这个定义明显地包含了以下几个要点:

(1)“有形”“物资物质实体”,强调实体流动;

(2)“从供应者向需求者”,强调是分销领域,也即流通领域;

(3)“有形或无形”,有形指物质实体,无形指信息;

(4)“流动”,而不是“流通”;

(5)“具体的流通活动”包括包装、装卸、运输、储存、流通加工和信息等诸项活动;

(6)物流的功能包括可以创造物资的空间效用、时间效用、形质效用。

由这个定义可以看出,实际上物流应当具有非常普遍和广泛的含义。它既包括了物资的运动状态(运输),也包括了物资的静止状态(储存),还包括了物资的静动状态(包装、装卸、流通加工)。所谓静动状态,就是从宏观上看,它是静的,而从微观上看,它又是动的。所以物资无论处在运动状态,还是静止状态,都是处在物流状态。也就是说,只要是物资存在,它就必然处在物流状态。根据物质不灭定律,社会中的物质只可能转化形态,而不可能消灭。因此也可以说,物流是普遍的、绝对的。

物流一词的出现,是世界经济和科学技术发展的必然结果。物流是以满足顾客需求为目的,为提高原料、在制品、制成品,以及相关信息从供应到消费的流动和储存的效率与效益,而对其进行的计划、执行和控制的过程。当前提到的物流的特点是突破了商品流通的范围,把物流活动扩大到生产领域,因此有人称之为供应链。现代物流是人们为满足某种需要而组织社会物质运动的总称,是货物流动、信息传递、价值增值的过程。功能整合、过程整合和资源整合是物流理念最本质的核心内容。当前物流业正在向全球化、信息化、一体化发展。

一个国家的市场开放与发展必将要求物流业的开放与发展。随着世界商品市场的形成,从各个市场到最终市场的物流日趋全球化;信息技术的发展,使信息系统得以贯穿于不同的企业之间,使物流的功能发生质变,大大提高了物流的效率,同时也为物流需求、配送和库存管理的一体化创造了条件,所有这些已成为国际物流业的发展方向。企业物流是企业生产经营活动的重要组成部分,具有其自身的构成要素和特点,提高企业物流的管理水平对于创造利润、增强市场竞争力具有重要意义。

3. 商流的定义

分销物流活动既然是流通活动的组成部分,除物流以外,还有商流和信息流。

所谓商流,是物资在由供应者向需求者转移时物资社会实体的流动,主要表现为物资与其等价物的交换运动和物资所有权的转移运动。具体的商流活动还包括买卖交易活动及商情信息活动。商流活动可以创造物资的所有权效用。

4. 信息流

信息流也是流通的组成部分,它和商流、物流一起共同构成了流通的“三流”。流通领域的信息流又称流通信息流。流通信息,是指伴随流通活动而产生并且为流通活动服务的信息,包括由文字、语言、图表、信号等表示的各种文件、票据和情报资料等。流通信息流,是指流通信息的产生、加工、储存和传递等。

流通信息流是由两大类构成的:一类是商流信息流,另一类是物流信息流。

商流信息流是在商流活动中产生的,并为商流服务活动的商流信息的产生、制作、加工、储存和传递。例如,商品的销售价格、市场行情、购销洽谈、订货合同、供需情况、销售货款、交易支付、促销活动等都是商流信息。这些信息的产生、制作、加工、储存和传递等,就是商流信息流。

物流信息流是在流通活动中产生的,并为物流活动服务的物流信息的产生、制作、加工、储存和传递。例如,运输方式、运输市场行情、运输价格、交通地理、交通基础设施、仓储设施、库存信息、仓储价格、搬运费用、装卸能力、货主和客户信息等,都是物流信息。这些信息的产生、制作、加工、储存和传递等,就是物流信息流。

(二)关于现代物流的概念

1. 现代物流所发生的变化

(1)物流领域大大扩大。除了分销物流领域以外,还扩大到了物资购进物流领域、企业内部的生产领域、军事后勤领域,以及政府、事业单位、学校内部物流领域等。

(2)企业物流的集成化。20 世纪 80 年代以来,企业物流的集成化,成为一种趋势。一个企业为了节约成本、提高效率,往往把多种物流系统集成起来,统一管理。例如,一般地都把企业购进物流、企业内部的生产物流以及企业的分销物流集成起来。在生产物流当中,计划、物料管理、搬运系统、储存系统、生产运作系统等集成起来,而在生产计划系统中,又把 MRP 计划系统和 JIT 计划系统集成起来等。

(3)第三方物流。20 世纪 80 年代以来,出现了物流业务外包和第三方物流,使物流业务集中转向少数专业化的物流企业,使得物流活动集约化、专业化、规模化、高技术化。

(4)供应链。20 世纪 80 年代以来,出现了供应链管理理论,使供应链系统中的物流管理出现了许多新的理论、技术和方法,为物流学增添了新的内容。

(5)电子商务物流。20 世纪 90 年代以来,随着信息技术的发展,出现了电子商务。电子商务环境为物流业开辟了一个新的更广阔的领域,也为物流学的发展提出了一些新的问题。

2. 现代物流的概念

所有这些变化,原来的分销物流的概念已经远远不能够适应了,要求物流概念做出一些相应的变化。因此,从 21 世纪 80 年代中期以来,世界各国的物流概念都相应做了改变,放弃使用“Physical Distribution”,转而使用“Logistics”。但是这个“Logistics”应当不同于美军少校贝克 1905 年提出的那个“Logistics”,内容上应当有所变化。因此,美洲、欧洲、日本等都有了关于它的新的含义,也就是各国的现代物流的概念。

所谓物流,是指一切旨在创造空间效用、时间效用和形质效用的物资物质实体的流动。具体的流动活动包括运输、储存、包装、装卸、加工、伴随的信息活动及其集成化了的作业活动,也包括对这些物流作业活动进行计划、组织,指挥、协调和控制所构成的物流管理活动。

四、物流系统和物流系统工程

(一)物流系统的概念

1. 定义

所谓系统,是指为达到共同目的,具有特定功能、相互间具有有机联系的许多要素所构成的一个整体。系统作为一个概念,是人们在长期改造自然的社会实践中形成的。我国著名学者钱学森认为:“把极其复杂的研究对象称为系统。‘系统’即由相互作用和相互依靠的若干组成部分结合成的具有特定功能的有机整体,而且这个‘系统’本身又是它所从属的一个更大系统的组成部分。”

物流系统是指在一定时间和空间里,由所需位移的物资、包装设备、装卸搬运机械、运输工具、仓储设施、人员和通讯联系等若干相互制约的要素所构成的具有特定功能的有机整体。物流系统是社会经济大系统的一个子系统或组成部分。物流系统和一般系统一样,具有输入、转换、输出、干扰(限制和制约)、反馈等功能,通过输入和输出是系统与社会环境进行交换,使系统和环境相依而存,而转换则是系统自身特有的功能,反馈主要有来自系统内部和外部的反馈。

物流系统的概念有以下含义:

(1)“多个既互相区别又互相联系的单元”,即有多个单元,它们相互区别又互相联系。这是构成系统的基本的和必要的条件。这里所谓的单元,可以是单位组织,可以是空间,可以是职能、功能,可以是时间,也可以是其他因素。它们都是能够独立完成某一个或大或小的功能任务的独立体。大可以达到很大的系统,小可以小到一个人、一台设备、一台车、一项工作。

(2)“以物资为工作对象,以完成物资物质实体流动为目的”。这是物流系统的功能或目的。任何系统都有一个特定的功能或者目的,这是构成系统的又一个条件。物流系统既然是一个系统,当然应有一个特定的功能。物流系统区别于一般系统的特点,就是它是以物资为工作对象,以完成物资物质实体流动为目的的系统。这个特定功能强调两层意思:一是以物资为工作对象,因为物流就是处理物资的;二是强调物资物质实体流动,这是物流的本质意义,是一切物流活动所共同具有的本质特征。

(3)“有机结合体”。这也是一般系统的基本特征和基本条件,物流系统也具有这个基本特征和基本条件。

(4)“最基本的物流系统由包装、装卸、运输、储存、加工及信息处理等子系统中的一个或几个有机结合而成”。这是讲的物流系统的子系统的构成。如前面所说,子系统可以按照空间、时间、功能、职能,或其他因素进行划分。包装、装卸、运输、储存、加工及信息处理这些子系统是必须要有的,这是最基本的物流系统的条件。没有这些最基本的物流活动,也就不是物流系统了。但是,这并不是说,任何物流系统必须具备所有这些物流活动的全部,只要有“一个或几个”就可以了,同时,必须是“有机地”结合而成,凑合不行,一般组合也不行,一定要有机地结合成一个“有机结合体”,才能够算是一个“系统”。

(5)“每个子系统又可以往下分成更小的子系统”。这是说明物流系统的子系统可以往下再分,构成一个等级层次结构,这也是一般系统的基本特征和条件。物流系统的子空间可以按时间分,可以按空间分,也可以按功能分,也可以按其他因素分,分到最基本单元为止。这样构成一个既互相区别又互相联系的多个单元构成的等级层次结构,它就是一个系统。

(6)“物流系统本身又处在更大的系统之中”。这是说明物流系统网上可以再合,可以同等级的其他系统再结合成一个更大的系统。这也是一般系统的基本特征和条件。物流系统也具有这样的特征和条件。物流系统处在这个更大的系统之中,这个更大的系统又是这个物流系统的环境。物流系统也必须适应这个环境才能够生存和发展。

(二)物流系统工程

1. 什么叫物流系统工程

所谓物流系统工程,就是综合运用各种知识,设计制造或改造运行物流系统的综合性工程体系。

这个概念有以下含义:

(1)“综合运用各种知识”,是系统不同于传统工程的地方。传统工程涉及知识领域比较少、比较专、比较窄,而系统工程涉及的知识领域比较多、比较宽,这是因为系统工程一般是一个人机工程,需要处理人的因素,所以不但需要自然科学知识,而且需要社会科学、管理学、经济学、哲学、心理学、法律学等知识,也就是要综合运用各种知识。

(2)“设计制造或改造运行物流系统”,这里说了两层意思:一是物流系统工程工作的对象,是物流系统;二是工作的内容,是设计、制造、改造、运行。这些都是传统的工程方法。

(3)“综合性工程体系”,强调了综合性,即传统工程手段的综合;强调了工程体系,这是物流系统工程的工程学性质。

2. 物流系统工程的基本思想方法

物流系统工程的基本思想方法,也就是一般系统工程的基本思想方法。对于一般的物流系统工程,可以运用七个步骤的思想方法,即摆明问题、指标设计、系统综合、系统分析、系统优化、择优决策、计划设施。也就是,对于任何一个物流工程问题,总是先弄清问题,查清原因;然后确定目标,看问题要解决到什么程度;然后为达到这些目标,搜集各种可行方案;然后对这些可行方案进行分析,分别进行调试、完善、优化;最后在优化后的可行方案中挑选最优的方案付诸实施,制订实施计划、步骤、方针政策。

对于比较复杂的大型物流系统,则可以用三维结构的思想方法,把整个系统工程分成时间维、逻辑维和知识维,即把整个工程过程分成七个时间段为规划阶段,拟订方案,分析阶段,实验阶段,调试阶段,运行阶段,更新阶段。每个阶段都实行上述七个步骤,每个阶段的每个步骤都综合运用相应的知识,这样一个一个阶段、一个一个步骤进行,直到最后完成。

3. 物流系统的一般规律

(1)物流系统是客户服务的产物。确定物流服务水平,是物流系统的关键。物流系统以尽可能低廉的价格,提供尽可能优良服务的机制是物流系统化的前提条件,即在物流服务水平决定之后,物流的方式也会随之改变。因此,一个企业在决定所希望达到的物流服务水平之后,为此目的而进行的物流系统化必须在整个公司取得共识。

(2)物流服务与物流成本之间的关系。效益背反现象是物流系统中最常见的现象,不仅是物流各部门和各功能之间存在"效益背反",物流服务与物流成本之间也存在"效益背反"。一般来说,成本与服务之间受"收益递减法则"的支配。美国市场权威专家科特勒提出"物流管理必须引进投入与产出的系统效率的概念,才能得出较好的结果"。决策层虽然可以提出降低物流成本的要求,但这时必须认真考虑物流成本下降与物流服务之间的关系。

(3)高水平物流服务必然是高成本。成本与服务平衡高水平的物流服务时,成本增加而物流服务水平不一定能按比例相应的提高。与处于竞争状态的其他企业相比,在处于相当高的服务水平的情况下,想要超过竞争对手,提出并维持更高的服务标准就需要有更多的投入,所以一个企业在做出这种决策时必须慎重。

4. 物流系统基本模式

物流系统基本模式和一般系统一样,具有输入、转换及输出三大功能,通过输入和输出使系统与社会环境进行交换,使系统和环境相依而存,而转换则是这个系统带有特点的系统功能。

一般来讲,物流系统的输入是指人的资源、物的资源、财务资源及信息资源,而物流系统的输出是由企业效益、竞争优势以及客户服务三部分组成。

五、物流系统的特征

(一)物流系统的客观存在性

物流系统是现代科技及现代管理观点的产物。由于物流系统长期以来一直被人们所认识,从而未能能动地利用系统的优势。物流系统的各个要素,在长期的社会发展历程中,都已有了较高的水平。因而,一旦形成物流观点,按新观念建立物流系统,就会迅速发挥系统的总体优势。

(二)物流系统是一个大跨度系统

物流系统是一个大跨度系统,这带来的主要问题是管理难度较大,对信息的依赖程度高。这反映在两个方面:一是地域跨度大,二是时间跨度大。例如,国际间物流的地域跨度非常大,即使是企业间物流,在现代经济社会中,跨越不同地域也是常有的事。

(三)物流系统稳定性较差而动态性较强

物流系统稳定性较差而动态性较强,这带来的主要问题是要求系统有足够的灵活性与可改变性,这自然会增加管理和运行的难度。物流系统和生产系统的一个重大区别在于,生产系统按照固定的产品、固定的生产方式,连续或不连续生产,少有变化,系统稳定的时间较长。而一般的物流系统,总是连接多个生产企业用户,随需求、供应、渠道、价格的变化,系统内的要素及系统的运行经常发生变化,难于长期稳定。

(四)物流系统属于中间层次范畴

物流系统本身具有可分性,可以分解成若干个子系统。同时,物流系统在整个社会再生产中又主要出于流通环节中,因此它必然受更大的系统如流通系统、社会经济系统的制约。这一点,对物流系统给予界定,对物流系统起约束作用。

(五)物流系统的复杂性

物流系统本身就是十分复杂的,如物流系统运行对象——“物”,遍及全部社会物质资源,将全部国民经济产品的复杂性最后集于一身,这必然使物流系统十分复杂;此外,物流系统要素间的关系也不如某些生产系统那样简单而明了,其中空间因素和时间因素是不可能由人来控制的,这就增加了物流系统的复杂性。

(六)物流系统的系统结构要素间有非常强的背反现象

物流系统要素间经常会出现交替损益或效益背反现象。我们在之前讲过的效益背反学说主要介绍了物流系统的这个特性。在处理时稍有不慎就会出现系统总体恶化的结果。发生这种现象的主要原因是物流系统的“后生性”。主要是指物流系统的许多要素,在按新观念建立物流系统前,早就是其他系统的组成部分。因此,往往较多受原系统的影响的制约而不能完全按物流系统的要求运行。

六、物流合理化的基本原则

(一)输送配送体制原则

在物流系统工程中,在处理物流优化的问题时,有两个基本原则:一个是输送配送体制原则,一个是商务分离的原则。

所谓输送配送体制原则,就是我们在处理运输问题时,总是把输送和配送结合起来运用:对长途大批量物资的运输,采用运输方式,进行集合数量的大批量、快速运输,而对短途、局部范围的多用户、小批量运输,采用配送运输方式,进行集合客户的联合统一运输。输送追求运输效率、降低运输成本,配送追求省车次、服务好、不恶化社会环境。这样把长途运输与短途运输结合起来,把输送和配送结合起来,可以充分发挥各自的特点和优点,既可以提高运输效率,降低运输成本,也可以保障用户需要,提高服务水平,节约送货成本,保护生态环境,构造一种理想的物流模式。

(二)商务分离原则

所谓商务分离,就是在物资流通过程中将商流和物流活动分别开来进行。同一笔物资的流通活动,包括两个方面,一方面是它的商流活动、洽谈、支付等,另一方面是它的物流活动,运输、储存等。商流的特点是灵活、机动、活跃、相对成本低,而物流的特点是费人、费事、费成本。特别是在我国,人情观念很重,洽谈生意很多不是在办公室里,而是在酒宴上,在旅游娱乐场所。可见,商流是非常灵活、机动的。但是物流则不同,它的每一步运动,都要耗费成本,运动路程越长,耗费成本越高。因此,为了活跃交易,又为了降低物流成本,我们应该实行商务分离的原则,把物流和商流分别独立进行,在保持商流活跃的情况下,尽量使货物少动。商流可以多次转手交易,但是货物应尽量减少环节、缩短路径。这样有利于保证商流的灵活性和和物流费用的节省,提高流通的经济效益。

除了两个最基本的原则之外,还可以根据具体情况,按照物流活动的集成化、一体化、规模化、信息化、标准化、专业化、高技术化的原则,来策划、组织各种物流活动,从而实现物流活动的低成本、高效益的运作,实现物流的优化。

七、物流的基本内容

物流连接生产与消费涵盖着比较广泛的内容,具体如下。

(一)供应物流

企业或消费者购入原材料、零部件或商品的物流过程称为供应物流。也就是物资生产者、持有者至使用者之间备品备件等物资的采购、供应活动所产生的物流;对于流通领域而言,是指交易活动中从买方角度出发的交易行为中所发生的物流。

(二)销售物流

企业售出产品或商品的物流过程称为销售物流,是指物流的生产者或持有者至用户或消费者之间的物流。对于工业企业是指售出产品对于流通领域是指交易活动中,从卖方角度出发的交易行为中的物流。

(三)生产物流

从企业的原材料购进入库起直到成品库的成品发送位置的整个过程中的物流活动称为生产物流。原材料、半成品等按照工艺流程在各个加工点之间不停顿地移动、流转形成了生产物流。

(四)回收物流

在生产和流通活动中有一些资材可以回收再利用,如工业企业的纸箱、酒瓶等包装容器,建筑行业的脚手架、旧报纸、废金属等废弃物等。对该类物资的充分利用,可以节约有限的社会资源,并降低企业的成本。

(五)废气物流

生产和流通系统中所产生的无用的废弃物,如开采矿山时产生的土石,炼钢生产中的钢渣、工业弃水,以及其他一些无机物垃圾等,已没有再利用的价值,但如果不妥善处理,会造成环境污染,对这类物资的处理过程产生了废气物流,它虽然不产生经济效益,但是,对减少资金消耗,提高效率,更好地保障生产和生活的正常秩序具有重要影响。

第二节 物流构成要素

一、物流活动的基础要素

物流活动的基础要素是维系物流活动得以运行的基本条件,没有这些基本条件,物流就无法发生,也无法运行。这些基础要素就是与物流活动有关的"人、财、物"三要素。

1. 劳动者要素

它是所有系统的核心要素、第一要素。提高劳动者的素质,是建立一个合理化的物流系统并使它有效运转的根本。

2. 资金要素

交换是以货币为媒介,实现交换的物流过程,实际也是资金运动过程。同时物流服务本身也需要以货币为媒介,物流系统建设是资本投入的一大领域,离开资金这一要素,物流也不可能实现。

3. 物的要素

物的要素包括物流系统的劳动对象,即各种实物以及劳动工具、劳动手段,如各种物流设施、工具、各种耗材(燃料、保护材料)等。离开了物,物流系统便成了无本之木。

二、物流活动的功能要素

物流活动的功能要素是指与物流有关的各种作业活动(功能),包括运输、储存、包装、装卸、搬运、流通加工、配送及物流信息等。

(1)运输是专用运输设备将物品从一个地点向另一地点运送。其中包括集货、分配、搬运、中转、装入、卸下、分散等一系列操作。运输是物流活动中最重要的组成部分,又与仓储、保管、储备和库存等密切相关。

(2) 包装是指为在流通过程中保护产品、方便储运、促进销售,按已定技术方法而采用的容器、材料及辅助物等的总体名称。也指为了上述目的而采用容器、材料、辅助物的过程中施加一定技术等的操作活动。包装是物流的起点,包装对流通的领域的意义要大于生产领域。通常包装可分为两大类,一类是工业包装,又称运输包装,也即物流包装;另一类是商业包装,有时又称销售包装。

(3)装卸是指物品在指定地点以人力或机械载入或写出运输工具的作业过程。在全物流中,装卸活动是频繁发生的,因而是产品损坏的重要原因。对装卸活动的管理,主要是确定最恰当的装卸方式,力求减少装卸次数,合理配置及使用装卸工具,以做到节能、省力、减少损失、加快速度,获得较好的经济效果。

(4)搬运是指在同一场所内,对物品进行空间移动的作业过程。通常情况下,在物流实践中,装卸和搬运往往是密不可分的 ,因此,通常称"装卸搬运",即在同一地域范围内进行的,以改变物品存放状态和空间位置为主要目的的作业活动。在强调物品存放的状态改变时,常用"装卸"一词;强调物品空间位置的改变时,常使用"搬运"一词。装卸搬运的好坏、效率的高低是整个物流过程的关键所在。

(5)通过加工是指根据顾客的需要,在流通过程中对产品实施的简单加工作业活动(如包装、分割、计量、分拣、刷标志、拴标签、组装等)的总称。流通加工是生产加工在流通领域的一种延续,是从生产到消费之间的一种增值活动。

(6)配送是指在经济合理区域范围内,根据客户要求,对物品进行拣选、加工、包装、分割、组配等作业,并按时送达指定地点的物流活动。配送是物流的缩影,配送是从送货发展而来的,它是现在物流的重要标志。

物流信息是反映物流各种活动内容的知识、资料、图像、数据、文件的总称。物流信息是现代物流发展的前提和保障。

三、物流活动的网络要素

(一)相关概念

物流活动的网络要素是由物流线路与物流节点等构成的。

物流网络是指物流过程中相互联系的组织、设施与信息的集合。

物流线路是指连接物流网络中的节点的路线,称为线,或者称为连线。

物流节点又称物流接点,是物流网络中联结物流线路的结节之处。

物流园区是指为了实现物流设施集约化和物流运作共同化,或者出于城市物流设施空间布局合理化的目的而在城市周边等各区域,集中建设的物流设施群与众多物流业者在地域上的物流集结地。

物流中心是指从事物流活动且具有完善信息网络的场所或组织。

(二)物流系统的支撑要素

物流系统的建立需要有许多支撑手段,尤其是处于复杂的社会经济系统中,要确定物流系统的地位,要协调与其他系统的关系,这些要素必不可少。主要包括:

(1)体制、制度。物流系统的体制、制度决定物流系统的结构、组织、领导、管理方式,国家对其控制、指挥,管理方式以及这个系统的地位、范畴,是物流系统的重要保障。有了这个支撑条件,物流系统才能确立在国民经济中的地位。

(2)法律、规章。物流系统的运行,不可避免涉及企业或人的权益问题,法律、规章一方面限制和规范物流系统的活动,使之与更大的系统协调,一方面是给予保障。合同的执行、权益的划分、责任的确定都靠法律、规章维系。

(3)行政、命令。物流系统关系到国家军事、经济命脉,所以行政、命令等手段也常常是支持物流系统正常运转的重要支持要素。

(4)标准化系统。标准化是保证物流环节协调运行,保证物流系统与其他系统在技术上实现联结的重要支撑条件。

(三)物流系统的支撑条件

物流系统的建立和运行,需要有大量技术装备手段,这些手段的有机联系对物流系统的运行有决定意义,这些要素对实现物流的功能也是必不可少的。物质基础要素主要有:

(1)物流设施。物流设施是组织物流系统运行的基础物质条件,包括物流站、货场、物流中心、仓库、物流线路、建筑、公路、铁路、港口等。

(2)物流装备。物流装备是保证物流系统开动的条件,包括仓库货架、进出库设备、加工设备、运输设备、装卸机械等。

(3)物流工具。物流工具是物流系统运行的物质条件,包括包装工具、维护保养工具、办公设备等。

(4)信息技术及网络。信息技术及网络是掌握和传递物流信息的手段,包括通信设备及线路、传真设备,计算机及网络设备等。

(5)组织及管理。组织及管理是物流网络的“软件”,它们起着连接、调运、运筹、协调、指挥其他各要素的作用,以保障物流系统目的实现。

（四）物流系统的结构

物流系统的要素在时间和空间上的排列顺序构成了物流系统的结构。物流系统的目标要通过相互联系的要素的协同运作才能完成。物流系统的要素组成的结构从不同角度上看主要有流动结构、功能结构、供应链的物流结构、治理结构、网络结构、产业结构等。

1. 物流系统的流动结构

物流系统有五个流动要素：流体、载体、流向、流量、流程。物流的五个流动要素是相关的，流体的自然属性决定了载体的类型和规模，流体的社会属性决定了流向、流量和流程有制约作用，载体的状况对流体的自然属性和社会属性均会产生影响等。因此，物流系统应该根据流体的自然属性和社会属性，流向、流程的远近及具体运行路线、流量的大小与结构来确定载体的类型与数量。

2. 物流系统的功能结构

物流系统的基本功能要素包括运输（含配送）、储存（含仓储管理和储存控制）、包装、装卸、流通加工和物流信息处理等。但是如果将社会生产与消费分成不同的区间，如原材料供应区间、生产区间、流通区间、消费区间等，再来分析不同区间的物流系统，则在功能结构上肯定会有差别。

一般而言，供应链各个阶段都要具备的功能首先是运输，然后是储存、装卸搬运功能伴随着运输方式或运输工具的变换、物流作业功能之间的转换而产生，物流中的包装功能、流通加工功能是在流通过程中才发生的，不是每一个物流系统都需要进行的作业。现代物流业具有复合功能，即一般是由两个以上基本功能构成的。

一个物流系统的功能结构如何，取决于生产、流通模式。判断物流系统功能，发挥的是否合理，不是看物流系统中进行了多少作业，而是看物流系统为产生和销售降低了多少成本。从生产和流通企业的角度看，物流作业进行的越少的物流系统才是好的物流系统，因此，不是物流系统本身需要进行什么样的作业，而是生产和销售与系统决定了物流系统应该进行什么样的作业。所以应该将物流系统与生产、销售系统进行集成，在保证生产与销售目标实现的前提下，尽量进行较少的物流作业，降低物流总作业成本。

（五）物流系统的网络结构

1. 点

在物流系统中供流动的商品储存、停留，已进行相关后续作业的场所称为点，也称结点，如工厂、商店、仓库、配送中心、车站、码头等，点是物流系统设施比较集中的地方。根据点所具备的功能可以将点分为以下三类：

单一功能点。这类点的特点是只具有某一种功能，或者以某种功能为主，比如，专门进行储存、运输、装卸、包装、加工等单一作业，或者以其中一项为主，以其他功能为辅；需要的基础设施比较单一和简单，但规模不一定小；在物流过程中处于起点或者终点。工厂的原材料仓库、不具备商品发运条件的储备型仓库，仅承担货物中转、拼箱组配的铁路站台、仅供停泊船只的码头等就是这样的点。这类点的业务比较单一，比较适合专业化经营。但是从物流系统的角度来看，必须将许多单一功能集成起来才能完成所有的物流业务，因此，如何将各个行使单一功能的不同的点集成起来，由谁来集成以及如何集成，这些都是非常重要的问题。

复合功能点。这类点的特点是具有两种以上主要物流功能,具备配套的基础设施,一般处于物流过程的中间。这类点多以周转型仓库、港口、车站、集装箱堆场等形式存在,规模可能较小,比如,商店后面的一个小周转仓库,在那里要储存商品、处理退货、粘贴商品条形码、重新包装商品、从那里向购买大宗商品顾客发货等;规模也可能较大,比如,一年处理80万个大型集装箱的堆场,除了储存集装箱以外,还有集装箱掏箱、商品检验、装箱,同时,一般的集装箱堆场都与码头或者港口在一起,在那里有大规模的集装箱吊车、大型集装箱专用运输车辆等。再如,厂家在销售渠道的末端设立的配送中心或者中转仓库、一个城市集中设立的物流基地等。在一个点上具有储存、运输、装卸、搬运、包装、流通加工、信息处理等功能中的大部分或者全部,它们都是这种复合功能的点。

枢纽点。这类店的特点是物流功能齐全,具备庞大的基础配套设施以及附属设施,庞大的吞吐能力,对整个物流网络起着决定性和战略性的控制作用,一旦该点形成以后很难改变,一般处于物流过程的中间。比如,辐射亚太地区市场的大型物流中心、辐射全国市场的配送中心、一个城市的物流基地、全国或区域铁路、全国或区域公路枢纽、全国或区域航空枢纽港等就是这样的枢纽点。这类点的设施一般具有公共设施性质,因而必定采用第三方的方式进行专业化经营。它的优势是辐射范围大,通过这个点连接的物流网络非常庞大,但是这类点面临着非常复杂的协调和管理问题,信息的沟通、设施设备的运转效率也是这类点值得注意的主要问题。

以上三类点主要是从功能的角度划分的,从单一功能点、复合功能点到枢纽点,功能不断完善,在物流网络结构中的辐射范围也不断扩大,规划、设计和管理的难度也逐渐增大。

2. 线

连接物流网络中结点的路线称为线,或者称为连线。物流网络中的线是通过一定的资源投入而形成的。

物流网络中的线具有如下特点。

(1)方向性。一般在同一条路线上有两个方向上的物流同时存在。

(2)有限性。点是靠线连接起来的,一条线总有起点和终点。

(3)多样性。线是一种抽象的表述,公路、铁路、水路、航空路线、管道等都是线的具体存在形式。

(4)连通性。不同类型的线必须通过载体的转换才能连通,并且任何不同的线之间都是可以连通的,线间转换一般在点上进行。

(5)选择性。两点间具有多种线路可以选择,既可以在不同的载体之间进行选择,又可以在同一载体不同路径之间进行选择,物流系统理论要求两点间的物流流程最短,因此,需要进行路线和载体的规划。

(6)层次性。物流网络的线包括干线和支线。不同类型的线,比如,铁路和公路都有自己的干线和支线,各自的干线和支线又分为不同的等级,如铁路一级干线、公路二线干线等。根据载体类型可以将物流划分成铁路线、公路线、水路线、航空线、管道线这五类。

点和线其实都是孤立的、静止的,但采用系统的方法,将点和线有机地结合起来以后形成的物流网络则是充满联系的、动态的,点和线之间的联系也是物流网络要素之一,这种联系才是物流网络有血有肉的灵魂。

四、物流系统

（一）物流系统的功能要素

物流系统的功能要素有以下六个方面组成。

（1）输送，即使物品发生空间移动的物流活动，需要根据不同的物品，分析各种运输手段的特点，选择合适的机具。

（2）保管，即商品储藏管理，有时间调整和价格调整的机能，主要设施是仓库，在商品出入库的信息基础上进行在库管理。

（3）流通加工，是在流通阶段所进行的为保存或转换形态而进行的加工，具体包括切割、细分、组装等轻微的生产活动，以及单位化、价格贴付、商品检验等辅助作业。

（4）包装，是在商品输送或保管过程中为保证商品的价值形态而从事的物流活动。从机能上来看可以分为为保持商品的品质而进行的工业包装和以销售促进为目的的商业包装。

（5）搬运，是发生在输送、保管、包装前后的商品取放活动，包括放入、卸出、分拣、理货等作业行为。

（6）信息，通过收集与物流活动相关的信息，使物流活动能有效、顺利地进行，包括与商品数量、质量、作业管理相关的物流信息，以及与订货、发货和货款支付相关的商流信息。

物流系统处于复杂的社会经济系统中，要确定其地位，要协调与其他系统的关系，还需要有支撑要素，主要包括法律、规章、行政命令和标准化系统等。

物流系统的物质基础要素指技术装备手段，这些手段的有机联系对物流系统的运行有决定意义，对实现物流功能是必不可少的。主要有物流设施、物流装备、物流工具、信息技术及网络、组织及管理。

（二）物流系统目标

物流系统目标，也即建立的物流系统后所要求具备的能力，一般有五个方面。

1. 客户服务目标

物流系统要求有很强的服务性。由于物流系统具有桥梁和纽带的作用，直接联结着供应商、客户、最终消费者。因此，这种服务性表现在本身有一定的从属性，要以用户为中心，树立“用户第一”观念。

物流系统采取送货、配送等形式，就是其服务性的体现。其利润的本质是“让渡”的，不一定是以“利润为中心”的系统。在技术方面，近年来出现的“准时供货方式”“柔性供货方式”等，也是其服务性的表现。

2. 快速、及时目标

物流系统要求快速、及时，缩短物流时间将提高企业整体运营的效率，不但是服务性的延伸，也是流通对物流提出的要求。加快整个社会再生产的循环，推动社会的进步。因此，速度问题便不仅是用户的要求，而且是社会发展进步的要求。

把商品从一个地方转移到另一个地方所花费的时间缩短到最低限度。快速、及时既是一个传统目标，更是一个现代目标。其原因是随着社会大生产的发展，这一要求更加强烈了。在物流领域采取的诸如直达物流，联合一贯运输、高速公路、时间表系统等管理和技术,就是这一目标的体现。

3. 节约目标

物流系统必须节约,节约是经济领域的重要规律,在物流领域中除流通时间的节约外,由于流通过程消耗大而又基本上不增加或提高商品使用价值,所以依靠节约来降低投入,是提高相对产出的重要手段。物流过程作为“第三个利润源”而言,这一利润的挖掘主要是依靠节约。

在物流领域推行的集约化方式,提高单位物流的能力,采取的各种节约、省力、降耗措施,也是节约这一目标的体现。

4. 规模优化目标

物流系统必须规模优化,是以此来追求“规模效益”。以物流规模作为物流系统的目标,生产领域的规模生产是早已为社会所承认的,在流通领域的规模效益问题也异常突出。

只是由于物流系统比生产系统的稳定性差,因而难以形成标准的规模化格式。在物流领域以分散或集中等不同方式建立物流系统,研究物流集约化的程度,就是规模优化这一目标的体现。

5. 库存调节目标

物流系统进行库存调节,库存涉及物流本身的库存功能,起到对千百家生产企业和消费者的需求保证作用,从而创造一个良好的社会外部环境。

五、物流的分类

社会经济领域中的物流活动无处不在,对于各个领域的物流,由于物流对象不同,物流目的不同,物流范围、范畴不同,形成了不同的物流类型。物流的分类见表 10-1。

表 10-1 不同物流活动的分类

序号	分类标准	分类
1	物流的作用	供应物流 销售物流 生产物流 回收物流 废弃物物流
2	物流系统的性质	社会物流 行业物流 企业物流
3	物流活动的空间	国内物流 国际物流
4	物流活动的主体	微观物流 中观物流 宏观物流

（一）按物流作用分类

按物流作用分类，可分为供应物流、销售物流、生产物流、回收物流和废气物物流。

供应物流即组织原料、辅料供应的物流活动。销售物流即伴随销售活动，将产品所有权转给用户的物流活动。生产物流即原料及辅料从企业仓库或企业“门口”进入到生产线的开端，随生产加工过程流过各个环节，直到生产加工终结，再流至生产成品仓库。回收物流是企业在生产、供应、销售过程中对所生产的各种边角余料和废料进行回收的活动。废弃物物流是指对企业的排放的无用物进行运输、装卸、处理等的物流活动。

（二）按物流系统的性质分类

按物流系统的性质分类，可分为社会物流、行业物流、企业物流。

社会物流是全社会物流的整体，也称宏观物流。社会物流是指超越一家一户的以一个社会为范畴、面向社会为目的的物流。这种社会性很强的物流往往是由专门的物流承担人承担的。

行业物流是同一行业中的企业互相协作，共同促进行业物流系统的合理化。如日本的建设机械行业，提出行业物流系统化的具体内容：各种运输手段的有效利用，建设共同的零部件仓库，实行共同配送；建立新旧设备及零部件的共同流通中心；建立技术中心、共同培训操作人员和维修人员；统一建设机械规格等。行业物流系统化的结果使参与的各个企业都得到相应的利益。

企业物流是从企业的角度研究与之有关的物流活动。企业物流又可以区分为供应物流、生产物流、销售物流、回收物流与废弃物物流。

（三）按物流活动的空间分类

按物流活动的空间分类，可分为国内物流和国际物流。国内物流是指在一个国家内发生的物流活动。国际物流是指在不同国家之间开展的物流活动，包括两国之间或多国之间开展的物流活动。国际物流是伴随着国际贸易和国际经济分工合作出现的，随着经济的全球化，国际物流的重要性将逐步增强。

（四）按物流活动的主体分类

按物流活动的主体划分为微观物流、中观物流、宏观物流。

微观物流或者说企业物流是伴随着工商企业的生产经营活动而展开的，是作为企业生产经营一部分的物流活动。中观物流是从一个地区或部门、行业的角度来观察的物流活动，研究一个地区或部分行业在经济活动中的物流合理化问题，如城市物流合理化问题、煤炭物流合理化问题等。宏观物流是站在国民经济整体的角度来观察物流的活动，研究国民经济运行中的物流合理化问题。政府是宏观物流经商管理的主体，其主要任务是制定产业政策和市场法规，负责物流基础设施建设，为物流产业的发展创造宏观环境，促进全社会物流活动的合理化和效率化。

六、物流行业构成

物流行业基本上由四个子行业构成：交通运输业、储运业、通运业和配送业。交通运输业是物流业的主体行业，包括各种不同运输形式的小行业，以及为主体交通运输起支撑、保证、衔接作用的许多行业。储运业以储存为主体，兼有多钟职能，包含若干小行业，也包括某些和储存联系密切的运输业。通运业是货主和运输业之外的第三者，从事托运和货运委托人的行业。各种运输业除了直接办理承运手续以外，都由通运业从事委托、承办、代办等实现货主的运输要求。配送业是以配送为主体的各类行业，这个行业要从事大量商流活动，是商流、物流一体化的行业。

七、物流市场结构

作为市场，必然有其主体、客体、载体。物流市场主体是指进入物流市场进行交易的单位与个人，具体来讲有政府、供方企业（含个人）、需要企业（含个人）、第三方物流企业（3PL）、第四方物流企业（4PL）、运输企业、仓储企业、包装企业、装卸企业等。第三方物流企业应该逐步在物流市场中担任主角，这是一个必然发展趋势。物流市场客体是指在物流市场上可以进行交易与加工增值的所有有形商品，包括生产资料与生活资料以及在物流市场上需要进行位移的所有实体，甚至包括人都是物流市场客体。物流市场载体是为物流客体服务的设施与场所。包括铁路、公路、水路、航空、管道以及集装箱、船舶、飞机、港口、机场、仓库、配送中心、物流中心等，没有它们，物流无法进行。

八、物流的特征

现代物流是与社会化生产紧密联系在一起的，是社会经济发展的必然产物。

不同发展阶段物流的特点见表 10-2。

表 10-2　不同发展阶段物流的特点

特征	物流早期阶段	现代物流阶段
物流服务特点	各种物流功能相对分散 以第一、第二方物流为主 供应链的局部环节管理 限于地区物流服务 供需方短期合约	一体化综合服务 3PL、4PL 被普通接受和采用 采用物流中心 供应链的全面管理 提供国际物流服务 供需方长期合作一体化综合服务
物流服务侧重	价格竞争 提供运输、仓储标准服务	以降低总物流成本为目标 提供物流的增值服务 为顾客提供“量身定做”的个性化服务
物流信息技术	无外部整合系统 有限或无 EDI 联系 无卫星跟踪系统	实时信息系统 与顾客、海关等的 EDI 联系 卫星跟踪系统 存货管理系统
物流管理	没有或有有限的现代管理	全球质量管理 时间基础管理 业务过程管理

现代物流是一个流通过程,是物质从开始地到目的地的流通过程。物流要经过运输、仓储、装卸、搬运、配送、流通领域加工、信息传递等多个作业环节。通过计划、管理、控制的过程,把这些环节加以组合,以最少的费用、最高的效率、客户最满意的程度,把产品送到用户手里,最终达到为工商企业降低产品流通费用、物流公司本身取得良好的经济效益的目的。现代物流具有如下特征。

(一)成本最小

物流经营管理迫切要求的是物流系统的最优化,在成本管理中体现为实现物流总成本最小化,它是物流合理化的重要标志。

(二)前置时间最短

在现代物流信息系统、作业系统和物流网络的支持下,物流适应需求的反应速度加快,物流前置时间缩短,可以加强及时配送,解决快速补充订货的问题以迅速调整库存结构。

(三)手段时代

在现代物流活动中,广泛使用先进的运输、仓储、装卸搬运以及流通加工等手段。运输手段的大型化、高速化、专业化,装卸搬运机械的自动化,包装的单元化,仓库的立体化、自动化以及信息处理和传输的计算机化、电子化、网络化等,为开展现代物流提供了物质保证。

(四)服务社会

在现代物流时代,物流也得到充分发展,企业物流需求通过社会化物流服务得到满足的比重在不断提高,3PL、4PL形态成为现代物流的主流,物流产业在国民经济中发挥着重要作用。

(五)系统化

物流不是运输、保管等活动的简单叠加,而是通过彼此的内在联系,在共同目的下形成的一个系统,系统中的各功能要素相互作用。在考虑物流最优化的时候,必须从系统的角度出发,通过物流功能的最佳组合,实现物流整体的最优化目标。局部的最优化并不代表物流系统整体的最优化。树立系统化观念,是进行物流经营管理,开展现代物流活动的重要基础。

(六)专门管理

企业物流活动应当有专门的部门负责,不再依附于其他部门。

(七)物流电子化

现代信息技术及网络技术、通信技术以越来越多地应用于物流信息的处理和传输过程。物流各个环节之间,物流部门与其他行管部门之间,不同企业之间的人物流信息交换传递和处理可以突破空间和时间的限制,保持使物流与信息流的高度统一和对信息的实施处理。

(八)物流信息化

现代物流可以理解为物资物理性流通与信息流通的结合,信息在实现物流系统化、物流作业一体化方面发挥着重要作用,传统物流功能要素之间缺乏有机的联系,从而不能预先对物流活动设定控制。而现代物流通过信息将各项物流功能活动有机地结合在一起,通过对信息的实施把握,控制物流系统按照预定的目标运行。及时准确地掌握信息,如库存信息、需求信息,可以减少非增值、非效率的物流活动,提高物流效率和物流服务的可靠性。

(九)物流弹性化

随着消费者需求的多样化、个性化,物流需求呈现出小批量、多品种、高频次的特点,物流弹性化就是要以顾客的物流需求为中心,对顾客的需求做出快速反应,及时调整物流作业的同时可以有效地控制物流成本。

第三节 物流战略管理

一、物流战略的概念和特征

1. 物流战略的概念

战略(Strategy)一词源于希腊语"Strategos"或演变出的"Stragia"。前者的意思是"将军",后者的意思是"战役""谋略",都是指指挥军队的科学和艺术。

早在春秋战国时期,齐人孙武在总结过去战争经验的基础上,写成了《孙子兵法》,虽未用"战略"命名,但其内容蕴含着丰富的战略思想,流传至今,被世界各国运用。

随着人类社会的发展,"战略"一词后来被运用到政治领域,作为某个政党所规定的在一定历史时期内的全局性方针,包括政治斗争中预期达到的主要目标和为达到目标所做的力量部署、采用的手段等。

随后,"战略"这个术语又被广泛地应用到社会经济领域。

20 世纪五六十年代战略概念引入企业。

1962 年美国管理学家钱德勒出版《战略与结构》一书,首先将战略一词用于子公司管理。

1965 年美国教授安索夫首次发表了《公司战略》一书,从此,制定和实施企业战略被看作是企业成功的关键。

战略与物流联系起来就形成了物流战略,它被广泛使用也是近几年的事情。

物流战略(Logistics Strategy)是指为寻求物流的可持续发展,就物流发展目标以及达到目标的途径与手段而制定的长远性、全局性的规划与谋略。

2. 物流战略的特征

物流战略是指导企业物流走向未来的行动纲领。它一般具有以下特征。

(1)全局性。物流战略是根据企业总体发展的需要而制定的,它以全局去实现对局部的指导,发挥战略整体的优化效应,使局部得到最优的结果,使全局目标得以实现。全局性决定了物流战略具有综合性和系统性。

(2)长远性。物流战略考虑的不是企业物流管理中一时一事的得失,而是企业在未来相当长一段时期内物流的总体发展问题,通常着眼于未来较长时期(五年以上)的发展目标。长远性也就带来了物流战略的方向性和阶段性。

(3)纲领性。物流战略所制定的战略目标、战略重点、战略对策等是属于方向性、原则性的,它是企业物流发展的行动纲领,对企业物流活动具有权威的指导作用。它必须通过分解落实等过程才能变为具体的行动计划。

(4)动态性。物流战略的制定必须考虑它的稳定性与灵活性相结合。物流战略是关于物流企业总体长远生存发展的行动纲领,必须稳定。同时,在实施物流战略过程中,要根据环境、条件变化,适时地加以调整使物流战略适应环境的变化。利用可能发生的变化和新的发展机会,制定新的物流战略,达到组织的目的。

(5)风险性。物流战略的制定,必须十分重视物流领域的风险防范。风险既可能是超出预期的损失,也可能是超出预期的收益。所以作为物流管理者,必须树立正确的风险观。在制定物流战略时要勇于面对风险,审时度势,掌握应对风险的本领和技巧,在国内外瞬息万变的市场环境中实现物流战略目标。

二、物流企业战略关系

对于大型企业来说,为了发挥物流企业战略对企业各个层次的指导和统帅作用,必须形成一个战略体系。

物流企业战略从不同角度可以有不同的划分方式。按照战略层次可分为以下几类。

(1)公司层战略,又称企业总体战略。这是物流企业最高层次的战略。它是实现物流企业总体目标,对物流企业未来发展方向所做出的总体性的战略。企业总体战略类型按不同角度分类归纳有按战争态势分、按企业规模分、按战略空间分。

(2)业务层战略,又称事业部战略或竞争战略,是一种分散的物流战略。根据企业总体战略的要求和事业部生存发展的需要所制定的事业部的运行和发展做出的正确的谋略。企业的一般竞争战略有三种,即低成本战略、差异化战略、集中化战略。

(3)职能战略,又称部门战略。它的特点是按照物流职能分别确定任务使用的资源。企业主要的职能战略包括财务战略、人力资源战略、研发与设计战略、采购战略、生产战略、营销战略。

公司总体战略是事业部战略和职能部战略的制定依据,事业部战略是公司总体战略的具体化和展开,职能战略是公司及事业部各种职能部门相对应的战略,是公司总体战略按公司各专门职能的落实和具体化,也是事业部战略按事业部的各专门职能的落实和具体化。

三、研究物流战略的重要性

自改革开放以来,随着经济全球化,市场国际化的发展,物流环境发生了重大变化。物流活动的有效开展,不仅取决于对日常物流活动的有效组织与管理,更取决于对物流活动的总体性谋划。因此,物流战略问题引起了我国理论界和实业界的关注和重视。研究与制定物流战略,可以使企业或其他组织从更高、更远、更全面的角度来观察和发现物流问题,从而有利于长期、系统地解决物流发展问题。

(1)企业竞争加剧突出了物流战略的重要性。随着企业经营环境的变化,企业在物流方面的竞争也日益激烈。这主要表现在以下几个方面:一是参与竞争的企业越来越多。目前物流战略作为企业战略管理的一个组成部分已被大多数企业认同,因而不同类型的企业都在积极开拓物流业务,建立自身独特的物流系统,从而使物流竞争的范围越来越广。另外,企业竞争中的另一类现象也值得我们关注,即竞争领域不断扩大。原来企业的竞争是局限在各国国内进行,如今随着经济的全球化,物流服务越来越无国界限制,特别是 WTO 所推进的服务贸易自由化,更使物流市场竞争具有国际化的特性,这无疑给本来就具有竞争性的物流经营活动带来更深刻的影响,使竞争范围更加宽广。所以,没有统一、合理的物流战略,将无法在国际竞争中取胜。二是随着物流技术与手段的发展,物流竞争也越来越激烈。激烈的物流竞争既反映在物流服务的多样化,即在外延上,又反映在物流服务的高技术、高效率上,即内涵型发展上。所有这些都使物流竞争比任何时期都要激烈,更需要在战略上来指导物流活动。

现代企业的竞争已改变了原来简单搬运时的物流功能,转而越来越体现出服务的差异化、纵深化和网络化。显然,在这种竞争加剧、不断变化的市场环境中,企业如果不能事先制定出明确、富有弹性的物流战略,是不可能在未来的竞争中求得生存和发展的。

(2)经济可持续发展需要企业制定合理的物流战略。经济的持续增长促进了物流量的急剧膨胀,巨大的物流量在缺乏有效管理和组织的情况下,极易造成运输车辆以及次数增加。车辆、运行次数上升带来的结果,首先是城市堵车、交通堵塞现象日趋严重,特别是在大城市、中心城市,原来交通阻塞状况就比较严重,如果过度增加路面负荷,就会导致效率低下以及各种社会问题。有关研究表明,造成城市运输体系效率低下的原因可以归结为九个方面,即迅速增长的交通量、缺乏维护良好的运输设施、居住空间结构与运输系统不匹配造成低效率、运输技术的不适当混合与错用、无效的交通管理与执法、公共交通服务不足、城市平民阶层特有的交通问题、高事故率、薄弱的人才培训系统等。上述几个方面的要素中有很多都与物流管理有着一定的联系。其次,运量增大对社会产生另一个负面影响是环境破坏问题,特别是物流产业中货车运输已成为大气污染、噪音、振动等现象的元凶之一。如今几乎所有的大城市都制定了限制汽车废气排放的规定,在这种情况下,应该使用何种适合环境的运输工具,以及如何安排共同配送等都是企业经营应当考虑的问题。所以在战略上合理安排、管理物流不仅关系到企业自身物流效率的高低,也关系到整个社会持续发展的问题。

四、物流战略管理

(一)物流战略管理的定义

“战略管理”一词的应用要比“战略”晚几十年。

战略管理的形成是在 20 世纪 70 年代后期。最早由安索夫在其 1976 年出版的《战略计划走向战略管理》一书中提出。它大致经历了以下几个阶段:

(1)20 世纪 60 至 70 年代,西方战略管理理论产生;

(2)20 世纪 80 年代,形成了以竞争为基础的战略管理理论;

(3)20 世纪 90 年代,研究的重点是在复杂多变的环境中如何应变(核心竞争力和竞争优势)。

国内外学者对战略的表述虽各有侧重,但都认为战略管理是一个包括战略制定和战略实施(包括评价和控制)的过程。而物流战略管理正是在此基础之上发展而来的。

物流战略管理(Logistics Strategy Management),是通过物流战略设计、战略实施、战略评价与控制等环节,调节物流资源、组织结构等最终实现物流系统宗旨和战略目标的一系列动态过程的总和。

物流战略管理是一个动态的管理过程,是一种崭新的管理思想和管理方式。物流战略管理的重点是制定战略和实施战略,而制定战略和实施战略的关键是对企业外部环境的变化进行分析,对企业物流资源、条件进行审核,并以此为前提确定企业的物流战略目标,使三者达成动态平衡。物流战略管理的任务,就在于通过战略制定、战略实施、战略控制,实现企业的物流战略目标。

(二)物流战略管理的过程

物流战略管理由三个阶段构成,即物流战略制定、物流战略实施、物流战略控制。

1. 物流战略制定

战略规划的制定就是企业在内外环境分析的基础上,按照一定的程序和办法,规定战略目标,划分战略阶段,明确战略重点,制定战略对策,从而提出指导企业物流长远发展的全局性总体谋划。战略规划的制定是一项十分重要的而又复杂的系统工程,需依照一定的程序和步骤。一般说来,制定战略规划的程序有以下几个互相衔接的环节:

第一,树立正确的战略思想。战略思想昰指导战略制定和实施的基本思想,是整个战略的灵魂,它贯穿于物流战略管理的全过程,对战略目标、战略重点、战略对策起一个统率作用。战略思想来自战略理论、战略环境的客观分析以及领导层的战略风格。一个企业的战略思想主要应该包括竞争观念、市场营销观念、服务观念和效益观念等。

第二,进行战略环境分析。这是制定战略的基础和前提。如果对组织内外环境没有全面而准确的认识,就无法制定出切合实际的战略规划。

第三,确定物流战略目标。物流战略目标是指企业在完成基本物流服务过程中所追求的最终结果。它是由战略决策者根据企业的物流目标而确定的。物流战略目标为企业物流活动的运行指明了方向,为企业物流评估提供了标准,为其资源配置提供了依据。利用物流战略目标可以对企业全部物流服务活动进行有效的管理。

第四,划分战略阶段,明确战略重点。战略阶段是指战略的制定和实施在全过程中要划分为若干个阶段,一步一步地达到预定的战略目标。一个较长期的战略,如5年、10年的战略规划,必须是逐步实现、逐步推进,因此就要划分为若干个阶段。战略阶段的划分,或者叫作战略步骤的划分,实际上是对战略目标和战略目标的分割。这种划分和分割,要求明确各战略阶段的起止时间以及在这段时间内所达到的具体目标,这些具体目标和阶段的总和就构成了总的战略目标和战略周期。战略重点是指对战略目标的实现有决定意义和重大影响的关键部位、环节和部门。抓住关键部位突破薄弱环节,就能带动全局实现战略目标。

第五,制定战略对策。战略对策是指为实现战略指导思想和战略目标而采取的重要措施和手段。根据组织内外环境情况及变动趋向,拟定多种战略对策及应变措施,以保证战略目标的实现。

第六,战略评价和选择。战略评价是一个战略制定阶段的最后环节。如果评价后战略方案被否定,就要按照上述程序重新拟订;如果评价后战略规划获得肯定,则结束战略制定而进入战略的具体实施阶段。

2. 物流战略实施

物流战略实施就是将战略转化为行动,主要涉及以下一些问题:企业如何建立年度物流目标、制定物流政策、配置物流资源,以便使企业制定的物流战略能够得到落实;为了实现既定的战略目标,还需要获得哪些外部资源以及如何使用;需要对组织结构做哪些调整;如何处理可能出现的利益再分配与企业文化的适应问题,如何进行企业文化管理,以保证企业物流战略的成功实施等。

物流战略实施是战略管理过程中难度最大的阶段,战略实施的成功与否,能否实现战略目标的关键。

3. 物流战略控制与调整

物流战略控制是物流战略管理的最后阶段。物流战略控制可分为三个步骤:制定控制标准,根据标准衡量执行情况,纠正偏差。战略控制的方法主要有事前控制、适中控制和事后控制。

物流战略调整就是根据企业情况的发展变化,即参照实际的经营事实、变化的经营环境、新的思维和新的机会,及时对所制定的战略进行调整,以保证战略对企业物流管理进行指导的有效性,包括调整企业的长期物流发展方向、企业的物流目标体系、企业物流战略的执行等内容。

物流战略制定固然重要,但物流战略实施与控制同样重要。一个良好的物流战略仅是物流战略管理成功的前提,有效的物流战略实施、控制人才是物流战略目标顺利实现的保证。

五、物流系统运行的基本原理

物流系统具有输入、处理(转化)、输出、限制(制约)、反馈等功能。根据物流系统的性质,具体内容有所不同。物流系统运行原理如图 10-1 所示。

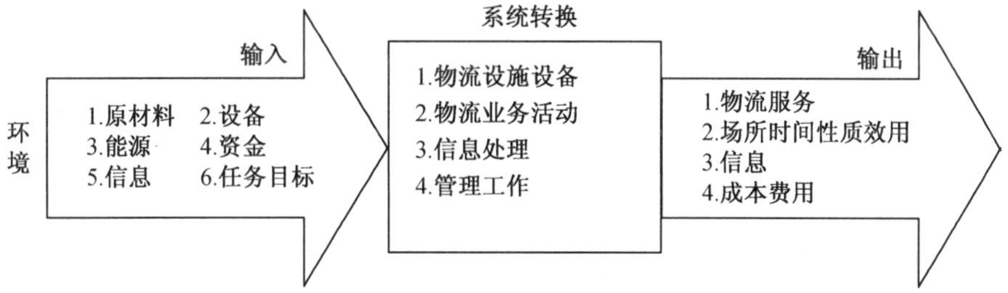

图 10-1 物流系统运行原理图

1. 输入

输入就是通过提供资源、能源、设备、劳力等手段对某一系统发生作用,统称为外部环境对物流系统的输入。它包括原料、设备、劳力、能源等。

2. 处理(转化)

处理是指物流本身的转化过程。从输入到输出之间所进行的生产、供应、销售、服务等活动中的物流业务活动称为物流系统的处理或转化。具体内容有物流设施设备的建设;物流业务活动,如运输、储存、包装、装卸、搬运等;信息处理及管理工作。

3. 输出

物流系统与其本身所具有的各种手段和功能，对环境的输入进行各种处理后所提供的物流服务称为系统的输出。具体内容有：产品位置与场所的转移；各种劳务，如合同的履行及其他服务等；信息、场所时间形质效用，成本费用等。

4. 限制(制约)

外部环境对物流系统施加一定的约束称为外部环境对物流系统的限制和干扰。具体有：资源条件，能源限制，资金与生产能力的限制；价格影响，需求变化；仓库容量；装卸与运输的能力；政策的变化等。

5. 反馈

物流系统在把输入转化为输出的过程中，由于受系统各种因素的限制，不能按原计划实现，需要把输出结果返回给输入，进行调整，即使按原计划实现，也要把信息返回，以对工作做出评价，这称为信息反馈。信息反馈的活动包括：各种物质活动分析报告，各种统计报告数据，典型调查，国内外市场信息与有关动态等。

六、物流系统服务性的衡量标准

现代物流是指从产品采购到销售并送达客户手中这样一个范围很广的系统。因此，物流系统的目标就是要把其中的各个环节联系起来看成一个整体进行设计和管理，以最佳的结构和最好的配合，充分发挥其系统功能和效率，实现系统整体合理化。

物流系统服务性的衡量标准主要有：

(1)对用户的订货能很快地进行配送；

(2)接收用户订货时商品的库存率高；

(3)在运送中交通事故、货物损伤、丢失和发送错误少；

(4)保管中变质、丢失、破损现象少；

(5)具有能很好地实现运送、保管功能的包装；

(6)装卸搬运功能满足运送和保管的要求；

(7)能提供保障物流活动流畅进行的物流信息系统，能够及时反馈信息；

(8)合理的流通加工，以保证生产费、物流之和最少。

七、物流企业管理的性质

管理是在一定的约束条件下，使企业行为与客观规律的要求相互适应，从而求得实效。物流企业管理是根据商品流通的客观规律要求，应用管理的基本原则和科学方法计划、组织、领导、协调、控制经营过程中企业的人力、物力、财力的合理运动，以求用最少的消耗，实现既定的经营目标，取得最好的经济效益。

物流企业管理，同其他企业管理一样，具有两重性。物流企业管理的两重性，就是物流企业的经营管理，一方面同流通生产力相联系，表现为劳动者同一定的物质技术条件相结合，为组织社会商品流通进行共同劳动，由此产生的自然属性；另一方面同商品流通中一定的生产关系相联系，表现为企业内部人与人之间、部门与部门之间、企业与其他企业之间、企业与国家之间的经济关系，由此产生的社会属性。认识企业管理问题，探索物流企业管理活动的规律以及应用管理原理来指导实践具有重要的现实意义。

企业管理的性质体现着生产力和生产关系的辩证统一关系。遵循企业管理的自然属性要求，分析和研究物流企业管理问题，是建立物流企业管理科学体系的基础。

根据物流企业管理两重性原理，要科学地鉴别其社会属性，注意学习先进的企业管理理论、技术和方法。

在学习运用某些企业管理理论、原理、技术和手段时要因地制宜，结合本部门、本单位的实际，才能取得预期的效果。

八、物流企业管理的职能

物流企业管理的职能是管理理论的重要组成部分。人们在长期的管理实践活动中，根据管理对象的具体内容，从理论上概括出以下几种职能。

（一）计划职能

计划是根据市场需要以及企业的自身能力，确定企业在一定时期内的奋斗目标，通过计划、执行和检查，协调和合理安排企业中各种经营活动，有效地利用企业的资源，以取得最佳的经济效益和社会效益。计划在物流企业管理所有职能中居于首要地位，是企业经营活动取得成功的基础。计划工作是一项指导性、预测性、科学性和创造性很强的企业管理活动。

（二）组织职能

这个职能是指把企业经营活动的各个要素、各个环节和各个方面，从劳动的分工和协作上，从纵横交错的相互关系上，从时间和空间的相互衔接上，合理地组织起来，形成一个有机整体，从而有效地进行生产经营活动。

（三）领导职能

这个职能是对人进行管理及研究和协调人与人的关系。领导职能的任务表现在：更有效、更协调地实现企业目标；有利于调动人的积极性；有利于协调个人目标与企业目标。领导工作包括三个要素，即领导者、被领导者，以及所处的客观环境。

（四）协调职能

这个职能也称调节职能，它是指协调企业内部各层次，各职能部门的工作，协调各项生产经营活动，使它们能建立良好的协作关系，消除工作中的脱节现象和存在的矛盾，有效地实现企业的目标。协调可分为上下级领导人员和上下级职能部门之间的活动的纵向协调，以及同层次职能部门之间活动的横向协调。

（五）控制职能

这个职能也称监督职能。它是指按预定的计划或目标、标准进行检查，考察实际完成情况同原定计划标准的差异，分析原因，采取对策，及时纠正偏差，保证计划目标的实现。物流企业管理的上述五种职能既是统一的，又是相对独立的。运用这些管理职能时，既要全面考虑，又要有所侧重。物流企业的经理通常用于计划和组织职能的时间要多一些，而基层管理干部大部分时间用于组织和控制职能，只有根据实际情况，灵活运用，才能把物流企业的经营活动管理好，才能提高工作效率，达到向管理要效率的目的。

应当指出，对于企业管理职能，随着物流企业经营规模的扩大、结构的变化，管理活动的内容也更加复杂。物流企业管理职能学说又有了发展，相继提出了新的管理职能，如物流企业管理的激励职能、创新职能等，应在管理实践中去应用和验证。

九、物流企业管理的主要方法

物流企业管理的方法是多钟多样的，最常用的、带有普遍性的方法可归纳为三类，或者说三大方法，这就是经济方法、行政方法和法律方法。近年来，各种现代化管理方法在企业管理中得到广泛的推广和应用。所有这些方法，都是适应具有不同特点和作用的管理活动的方法，它们在企业管理工作中都是必要的、不可缺少的。

（一）经济方法

经济方法运用经济手段，特别是经济杠杆，引导企业经济活动，执行管理职能的一类方法。经济方法的实质是正确贯彻物质利益原则，从物质利益方面调节各利益主体的经济关系，调节各方面的积极性，使其从物质利益上主动关心企业的经营成果，提高其劳动效率和物流企业的经济效益。

经济方向间接地从物质利益上去调节企业经营活动，以符合全社会的整体利益。具体地说，物流企业是自主经营、自负盈亏、自我发展、自我约束、独立的商品实体经营者，具有自身独立的经济利益。运用经济方法是经济组织的性质所要求的。

（二）行政方法

行政方法是依靠领导机构的权威，运用行政命令、指示等手段，采取令行禁止的方式执行管理职能的一类方法。行政方法是管理企业经营的必要方法。管理活动无论作为社会化大生产和大流通的客观要求，还是作为一定的生产关系的体现，都具有权威的性质。它的作用是经济方法代替不了的。它是用行政命令强制的，是必须执行的。它的作用是能统一目标、统一行动、保证经营目标和任务的完成，还能运用行政命令，保证企业的经营方向，以及在紧急情况下迅速排出阻力等。应该指出，行政方法同脱离实际的“长官意志”的命令主义和瞎指挥是根本不同的。

（三）法律方法

法律方法是运用经济立法和经济司法的手段执行管理职能的一类方法。我国的企业法规是调整企业生产经营活动和经济关系的法律规范，如《公司法》《经济法》《统计法》等。物流企业为保证经营活动还制定了企业的规章制度，调整和规范职工的行为，以保证经营活动有秩序的进行。法律方法管理企业的生产经营活动，可以保证企业的合法权益，禁止违法行为，起到维护经济秩序的作用。

（四）现代化管理方法

现代化管理方法指运用现代社会科学、自然科学与科技科学的理论、方法和手段，以达到管理高效率、高质量的一种管理方法。现代化管理方法包含两个方面的内容：一是应用科学的管理方法，包括计划管理、劳动管理、组织管理、经营与物管理、市场与价格管理、科技管理、情报管理等行之有效的方法；二是运用管理科学的技术方法，包括以运筹学为基础的预测与决策技术、线性规划、排队论、模拟方法、统筹方法、系统工程、价值工程、投入产出法，以及经济责任制、全面计划管理、全面质量管理、方针目标管理、全面经济核算、量本利分析法等科学技术，并运用于企业管理。

上述各项现代化管理方法都有其结构、特点，以及应用的基本原则和范围。它们的作用，可以单独进行运用，也存在着各种方法组合、互补的关系，在物流企业管理中配合使用。现代化管理方法的主要特征是对物流企业经营活动进行定量分析、决策，使物流企业管理达到科学、合理、有效的目的。

复习思考题

1. 简述物资的分类。
2. 简述物流的定义。
3. 简述现代物流变化的趋势。
4. 简述物流系统的概念。
5. 简述物流系统工程的概念。
6. 简述物流系统的特征。
7. 简述物流合理化的基本原则。
8. 简述物流构成的基础要素。
9. 简述物流系统的结构。
10. 简述物流系统的目标。
11. 简述现代物流具有的特征。
12. 简述物流战略的特征。
13. 简述物流战略的重要性。
14. 简述物流战略管理的过程。
15. 简述物流企业管理的职能。
16. 简述物流企业管理的主要方法。

第十一章　企 业 文 化

第一节　企业文化的概念与特点

企业文化是企业长期生产经营活动中所自觉形成的，并为广大员工恪守的经营宗旨、价值观念和道德行为准则的综合反映。21世纪是文化管理的时代，是文化致富的时代。企业文化将是企业的核心竞争力所在。《财富》杂志评出的全球500强企业，这些企业均有优秀的文化，500强企业的评委也总结出企业成功的关键是文化。GE公司前任CEO杰克·韦尔奇认为，文化是永远不能替代的竞争因素，企业靠人才和文化取胜。这一点，已成为众多企业的共识。

一、企业文化的透视

企业文化分为广义和狭义两个层次。广义的企业文化是指企业在创业和发展过程中形成的共同价值观、企业理想目标、基本行为准则、制度管理规范、外在形式表现等的总和。它是企业意识形态、物质形态、制度形态等文化的复合体。狭义的企业文化主要是指企业的精神文化，它是在长期的经营活动中形成的共同拥有的企业理想、信念、价值观和道德规范的总和。

这是一种比较抽象的概念，不是很容易理解的，还是让我们先来看看企业中某些带有“文化”的东西。

（一）企业精神

应该说任何一个企业，在生产物质产品或提供某种服务的同时，也必然向外传播和扩散着企业的某些精神，使得顾客在得到企业的产品的同时，也能感受到从企业的产品或服务中焕发出的那种精神。这好比是两个人见面，虽然我们很难直观地说出孰好孰劣，但我们却不能不承认从不同的人身上所迸发出的不同精神。企业不同，提供的产品和服务不同，企业精神也不同，这与不同的人具有不同的精神面貌是一个道理。

开拓创新这是日本索尼公司的企业精神。索尼公司的前身是东京通信工业株式会社，创立之时，创始人井深大就说：“我们要凭着别的公司都无法超越的决心，创造我们独一无二的产品。”建立公司之初，索尼公司并没有像其他公司那样谱写一首公司之歌，但是他们确实有一首“信奉的纲领”，那就是“索尼精神”，他们说：“我们是开拓者，绝不跟在人后，随波逐流……我们将开始是一个未知的开拓者。”为了研究和开发新产品，实现不断地创新，索尼公司将销售额的6%用于技术投资，牺牲了一些短期的利润和利益，他们一旦制定了新产品的开发目标，便义无反顾地投身其中，并设立“新产品将于某年某月某日试制成功”的信念。正是在这种精神和信念的支撑下，索尼公司的产品不仅在国内独占鳌头，即便是在世界上的同类市场上也备受称道。

相比之下，日本的另一家电器巨人——松下公司的企业精神则是另外一种风格。“产业报国、光明正大、和亲一致、奋斗向上、礼貌谦让、顺应同化、感恩报德”是该公司上上下下人人皆知的松下公司“七精神”。当松下公司成为世界最大的电器生产厂商的时候，创始人松下庆之助又提出了“饥饿精神”，让企业的员工经常对公司的产品、组织和风气感到不满，不断地对企业进行自我检查，精益求精，永不止步。

(二)价值观念

对于一个企业来说，到底什么样的一种价值观念最为重要呢？

长期以来，许多企业家一直认为，企业当然是赚钱，利润自然是最重要的东西。在这种企业价值观的驱使下，许多企业家置员工的个人需要和利益于不顾，把职工单纯地当成赚钱的工具。在许多小型的企业中，在企业的创建之初，我们常常能看到这种现象。

可喜的是，如今，越来越多的企业家开始意识到，虽然利润对企业很重要，但是没有一种正确的、积极向上的价值观支撑的企业是很难发展壮大的。下面让我们来看看盛田昭夫在索尼公司的发展中是如何做的。

20 世纪 50 年代初，索尼开始在美国市场上开拓晶体管收音机的销售，当地的一家厂商一下要求订货 10 万台，这对于刚刚创业不久的索尼来说真是一笔不小的生意，相当于索尼公司全部资产的好几倍。然而主管人盛田昭夫却不这么想，因为买主说：“我们‘希洛瓦’是本地的一个名牌，我们需要‘希洛瓦’的招牌，在这里没有人知道索尼的名字，用索尼的品牌，我们恐怕连一台都难以卖出。”当时，索尼公司也指示盛田昭夫：“接受订货，忘记索尼。”最终，盛田昭夫还是回绝了这笔令许多公司都喜出望外的生意，“有钱为什么不赚呢？放弃我们已拥有的优势不用，真是太无知可笑了！”买主十分诧异。“我要索尼的名字，没有索尼就永远不会有我们的历史。”这是盛田昭夫的价值观和理念。

无疑，盛田昭夫把企业的知名度和品牌看得比利润更重要、更有价值。在后来的回忆中，盛田昭夫还常常说道：“这是我们一生中最英明的一次决策。”20 世纪 50 年代以后，越来越多的企业家开始意识到，我们不应该目光短浅地把利润当作企业最有价值的东西。松下电器的创始人松下幸之助说：“如果公司没有把促进社会繁荣当作目标，而只是为了赚钱而经营，你就毫无意义了，我们应该力求为社会、为职工提供最优质的服务，这样，企业的生存和发展才有动力、才有意义。”

(三)行为模式

一个有文化底蕴的企业就像一个有文化素养的人一样，必然会在自己的言行中表现自己良好的文化、良好的素质，这就是我们通常所说的行为模式。

有这样的例子。在一个烤箱的推广活动会上，当企业的展示小姐在示范操作时，围观的一位顾客提出了疑问：“广告上说一分钟就够了，现在看起来，好像挺麻烦的嘛！”而负责示范的操作小姐却不以为然地说：“那只是广告呀！”结果，简单的一句回答却让围观者颇为失望，因为他们有种上当受骗的感觉，广告与实际相差那么大，谁知道买回去后会出现什么情况呢？

由此可见，企业的言行规范与企业的形象息息相关。在这一方面，IBM 的创始人托马斯·沃森深有体会，他在自己以前的推销生涯中深谙企业员工言行规范对企业的影响。因此，IBM 对销售的人员的征聘和要求十分严格，他们总是甄选那些仪态言行出色的人员，也从不让未经训练或未完成销售的人员过早地为客户服务。在国内的企业中，青岛海尔集团堪称为注重企业员工行为规范的典范，我们可以从其实施的“星级服务战略”中略窥一斑。海尔集团认为，现在的市场已经是买方市场了，服务质量的好坏就成为争夺顾客的重要因素。他们不仅把服务看成是产品一个重要的组成部分，而且把服务品牌化和产品名牌化等同起来。目前，海尔集团已建立了与国际接轨的星级一条龙服务，制定了一套完整的“售前、售中、售后、回访、开发、制造”的操作服务规范，致力于把“用户的烦恼减少到零”。

二、企业文化的内涵

关于企业文化的定义或内涵，国内外的学者们各有自己的看法，但从根本上来说，他们对企业文化内涵的理解还是一致的。

特雷斯·狄尔和阿伦·肯尼迪在《企业文化》一书中，是这样认为的：企业文化是由五个因素组成的系统，其中价值观、习俗仪式、文化网络和英雄人物是必要因素，而另一个因素——企业环境则是形成企业文化唯一的而且是最重要的影响因素。

这样看来，把握企业文化的内涵，就要注重运用企业的价值观来形成或塑造英雄人物，明确规定企业的特定行为方式或习俗，并运用企业的文化渠道来培养职工，使其行为具有一致性。

在《Z理论》一书中，威廉·大内说，一个企业的文化由其传统和风气所构成。同时他还认为，企业文化包含该企业的价值观，如进取性、守势和灵活性等，即确定企业活动以及行动模式的价值观。

在《日本企业管理艺术》一书中，日本的专家认为：企业管理不仅是一门学科，还应是一种文化，即企业有一种包括自己价值观、信仰和语言的一种特定文化。在研究企业文化时，我国的许多学者对企业文化的定义和内涵也有自己的理解。

持有“同心圆”学说的学者们认为：企业文化包含三个同心圆，外层圆为企业的物质文化，它包括企业内部的机器设备、厂房等经营生产用品；中间圆为企业的制度文化，这包括企业内部的规章制度和人际关系等；内圆是企业的精神文化，包括企业内的价值观念、行为规范等。物质层、制度层、精神层三者相结合便形成了企业的文化。

还有一些学者认为，企业文化应分为广义和狭义两个层次。广义的企业文化是指，企业在生产经营过程中所创造的具有该特色的精神财富和物质财富的总和；狭义的企业文化则是指，企业在生存和发展过程中所形成的思想意识、行为习惯以及价值观等，其核心就是企业的价值观。

有些学者认为，所谓企业文化是指企业内部将各种力量统一共同方向上所形成的某种特定的价值标准、道德规范、历史传统或文化观念等。企业内的这些意识形态有助于增强企业员工的向心力、凝聚力和持久力。

还有一些学者认为，企业文化是企业中物质和精神的总和，是企业内软件和硬件的结合。通过企业的厂房设备、原材料、产品等所表现出来的是企业的外显文化；通过企业的管理制度、行为模式等以人的精神世界为依托所表现出来的是企业的隐性文化。

企业文化的核心是一种共有的价值观，是企业职工共同的信仰，它是指导企业和企业人行为的哲学。

观乎天文，以察时变。观乎人文，以化成天下！

——《易经》

有位大法官被问到什么是色情文学时，他这样说："我没法界定它，但当我看到它时我就会认出来。"

我想对企业文化的回答也只能如此。

实在讲，还从来没有一个管理概念向企业文化这样，这么众说纷纭没有定论，关于企业文化的定义可谓五花八门，有些甚至意思完全相反。企业文化究竟是什么？

《词源》对文化的解释是"文治和教化"，文化也就是用"文"来教化。我们煲汤时，常说要用"文火"。"文"有慢慢积累的意思，也就是说文化是无法一蹴而就的。

而英文中的文化一词，来源于古拉丁文"Culture"，本意是"耕作""培养""教习""文化"的意思，这个术语被定义为表示任何特定人类群体世代相传的本质特征。

文化是人们世代相传的生活方式。从经营活动的角度，企业文化是组织的生活方式，它由员工世代相传。它包含以下内容：我们是谁，我们的信念是什么，我们应该做什么、如何做。大多数人并没意识到企业文化的存在，但企业文化对人们的意义如同鱼离不开水。只有当我们接触到不同的文化，才能感觉到自己文化的存在。我们坚持一整套信念和行为方式，遵循一系列规则和习惯，而且认为这就是一种顺理成章的生活方式。

企业是按照一定的目的和形式构建起来的社会集合体，为了满足自身运作的要求，必须要有共同的目标、共同的理想、共同的追求、共同的行为准则以及与此相适应的机构和制度，否则企业就会是一盘散沙。而企业文化的任务就是努力创造这些共同的价值观念体系和共同的行为准则。从这个意义上说，企业文化是企业在长期的实践活动中所形成的，并且为企业成员认可和遵循的，且有本企业特色的价值观念、团队意识、工作作风、行为规范和思维方式的总和。

所以一般对企业文化的定义是：企业成员所共享的价值观念、愿景和行为规范的总和。按照沙因的企业文化层次理论，人们将企业文化按由内而外的顺序，分成了核心理念、制度、行为、形象四个层次。而其中的关键是核心理念。

三、企业文化学的研究对象和特点

企业文化学是企业管理学和文化学的边缘学科。20 世纪 70 年代末，西方管理界、企业界掀起了研究企业文化热。其实质就是在管理思想上发生了某些变化，把管理的重点和注意力转向软件管理上，即转向对人的管理上。主张一个企业必须有自己独特的指导思想、经营宗旨和哲学，有自己明确的价值准则、道德规范，文化传统，能够用一种崇高的精神力量说服人、凝集人和激励人，从而在职工中形成共同的目标感、方向感和使命感。

1. 企业文化的研究对象

企业文化热发端于日本企业管理的丰富经验。20 世纪 70 年代，日本经济开始称雄于世，在此之前，美国经济几乎独步全球，从未受到任何挑战。然而，自 20 世纪 60 年代开始，日本在第二次世界大战后的有力赶超布局令世界其他国家感到震惊，就连美国也瞠目结舌，从此再也不敢小觑日本了。

在此期间，管理界人士普遍认为，美国哈佛大学的教授泰伦斯·狄尔和麦肯锡咨询公司顾问阿伦·肯尼迪所著《企业文化》一书的出版把企业文化的研究推向高潮。他们把企业的构成要素归纳为五个方面：①企业环境，是塑造企业文化最重要的因素；②价值观，是构成企业文化的核心；③英雄式人物，由于他们把企业组织的价值观"人格化"，使其成为员工效法的实际典型，因此，也是企业文化的重要组成部分；④企业仪式，企业仪式虽然是企业的日常例行事务,但这种有系统、有计划地仪式也是企业动态文化的重要组成部分,它能保证企业文化的健康发展;⑤文化网络,这是企业中基本的沟通渠道,通过它,能有效地传递企业的价值观和英雄意识。

美国哈佛大学商学院的另外一位研究企业文化的著名教授约翰·科特认为,应当把企业文化和经济业绩作为企业文化学研究的主要对象。他认为,企业文化主要包括两个方面:其一是企业内共同的价值观念,它为企业中多数成员所拥有,能形成企业行为方式的会长期存在的重要目标和利益;其二是部门的行为规范,这是在企业价值观念的框架下所形成的企业员工所普遍持有的、能延续的行为模式。

企业文化,即企业内的价值观念和行为模式究竟对企业的经营业绩产生什么样的影响呢?约翰·科特继而又把企业文化分为强力型、策略合理型和灵活适应型三种类型。

在谈到企业的研究对象时,日本拓植大学的学者金西伸认为,企业文化是特定企业中所特有的价值体系,它主要由三个方面的内容构成:其一,企业的价值体系,即企业的精神方面的因素,例如,企业哲学、经营观念、企业目标等;其二,企业的行为体系,即企业的工作结构,例如,组织环境、战略、规章制度、惯例以及组织结构等;其三,企业的经营风尚,这包含企业的习俗、传统、组织风尚等。

诚然,在有关企业文化的研究对象方面,国内外学者各有自己不同的见解,当然我们也应该看到,企业文化研究对象应反映的是理论和实践的结合,应揭示的是企业发展的内在规律,体现的是企业与社会发展的内在要求,是作为企业管理理论中组织管理文化的形态出现和存在的。

因此,我们可以这样认为:

(1)企业文化应以人为中心。企业文化应当把对人的研究,即以人为本的研究放在首位,而着力改变过去那种忽视人,单纯的以物管理为中心的企业管理模式。

正像《Z理论》所指出的那样,我们已经认识到技术的价值,并采取了科学的方法对待技术,然而却忽视了人的作用,我们投入了巨额的经费研究开发了众多的高、新、尖技术,但却忽视了管理,忽视了如何去组织生产运营,忽视了人的因素在这其中的作用,而这往往是我们不能成功的关键。

(2)企业的领导的才能和艺术是企业文化研究的重要内容。实证考察企业上层管理人员的领导才能、领导艺术和风格与企业经营业绩休戚相关,在对众多经营业绩出众的企业的考察中,我们发现,这些企业的上层管理人员,有的表现出卓越的领导才能,有的表现出创新、风险精神,还有的具有灵活的经营思想等。无论这些管理人员的特点如何,与那些经营业绩欠佳的企业管理人员相比,他们在企业的经营中都表现得更为积极主动,并用自己的风貌和特性去感召每一位员工。

(3)优良的企业文化能促进企业适应市场环境。在对众多经营业绩优异的公司的实地考察中,一些学者们发现,良好的企业文化能促进企业进行改革,使其根据变化适应市场环境,做出相应的变格决策。

2. 企业文化的特点

与社会文化不同,企业文化是某一特定的群体的文化,因而,它也表现出与社会文化不同的特点。

如前所述,社会或民族文化是一个社会或民族共同体具有的一整套共有的理念、价值观和行为准则,它是使社会缤纷繁杂的各个阶层、各个组织行为社会群众所能接受的共同标准。因此,这是一种涵盖面非常广,包含内容十分丰富的文化层。当然,作为社会文化大系统中的亚群体文化,企业文化也会在某些方面表现出与社会文化相交叉或相交迭的特性。企业文化不但与其赖以存在的大文化环境有别,而且,它与相同层次的其他亚群体文化也不尽相同。它既不像校园文化那样愉快、浪漫,不像党政机关文化那般庄重、严肃,也不像业余团体文化那样轻松随意。总之,它因自身的使然而带有独特的文化特性:一方面,企业的文化理念中必然要包含中、长期的准则和目标,顾及企业长期的生存和发展;另一方面,企业文化的底蕴又必须要务实,追求实效,它只能在不断追求众多短期的利益中以谋求长远的发展。

与国家某些职能部门的文化相比,企业文化并不那么刻意地去追求社会的宏观的经济效益。虽然企业文化的主旨中也包含着造福于民、服务于社会的精神内容,但它强调的是以产品和服务,以广开就业门路、创造就业机会,以过硬的产品质量、优质的服务,以创造物质基础服务于社会。与那种宁静与世无争的乡村文化相比,企业文化又显得不那么封闭和安宁,换而言之,它更提倡那种创新和竞争精神;虽然,在企业共同体内部也强调相互配合与和谐,对消费群体或社会也强调其良好的信誉,但对同行业的企业则强调竞争,强调在公正、平等的基础上超越自己的竞争对手,以不断地提高知名度,扩大市场占有率。与部队文化相比,企业文化又不是那么严格、刻板,强求一致。虽然企业在生产、运营中也要求服从指挥、遵守管理,但除此之外,它不但不强调绝对统一,相反地却鼓励发挥个人的主动性和积极性,发扬创新精神。

第二节 企业文化的内容和功能

企业文化是20世纪80年代后兴起的一种管理理论,是一种文化、经济和管理相结合的产物,企业文化虽然不是一项管理职能,但它在企业管理中的作用越来越重要。美国兰德公司、麦肯锡公司的专家通过对全球优秀企业的研究,得出的结论为:世界500强胜出其他企业的根本原因,就在于这些企业善于给它们的企业文化注入活力,它们最注重四点:一是团队协作精神,二是以客户为中心,三是平等对待员工,四是激励与创新。在大多数企业里,实际的企业文化同企业希望形成的企业文化出入很大,但对那些杰出的企业来说,实际情况同理想的企业文化之间的关联却很强,它们对企业的核心准则、企业价值观遵循始终如一。

所谓企业文化是指企业在长期的生存和发展中所形成的为企业多数成员所共同遵循的基本信念、价值标准和行为规范。例如,宝钢的企业文化是坚持把“争创世界一流”的光荣感、责任感、紧迫感教育贯彻始终,并根据公司的发展不断注入新内容。在一、二期工程建设和投产阶段,宝钢把“建设一流队伍、培养一流作风、掌握一流技术、实行一流管理、生产一流产品”作为企业文化的核心。企业文化一旦形成很难改变,具有潜移默化的影响和作用,能有效地激励员工实现企业目标。企业文化确定了企业行为的标准和方式,影响并决定了被全体成员所接受的行为规范,渗透于企业各项职能活动中,使得企业具有区别于其他企业的一系列特征。当然,企业文化也并不是一成不变的。改变企业文化不容易,改变的难度与企业的规模、复杂性和企业文化的齐均性正相关。

现代企业之间的最高层次的竞争,即文化的竞争,企业文化影响着企业运作的一切方面。企业文化的实质就是企业适应不断变化的环境的能力和这种能力延续发展的能力,是一种适合于高度信息化与个性环境下的人性化管理方式,是企业经营理论的人性的反映,设计和培育积极、有效的企业文化必须以企业战略作为指导依据。企业文化可能会给某种战略的实施带来一定的成本,但并不能认为企业文化决定了企业战略。

企业文化影响了企业环境因素和自身资源能力的评价,不同的企业文化可能导致不同的关于机会、威胁、优势、劣势的认识。当环境变动需要企业做出的战略反映符合企业现有文化时,企业能接收这些环境变动信息;否则,这种变动信息很可能被暂时忽视。

企业文化影响了企业对战略方案的选择:在内外环境条件大致相同的情况下,不同的企业文化可能导致不同的战略决策。如果一个企业的文化是以稳定性为主的话,那么增长型战略的实施就要克服相应的文化阻力。

企业文化影响了企业战略的实施:战略与企业文化相匹配,企业文化有力地促进战略的实施,又通过战略实施得到强化和发展;战略与企业文化相悖,则面临战略实施失败的风险。冲突越大,风险越大;风险过大,逼迫企业在修改战略和文化两者中进行抉择。企业战略与企业文化方向应该是一致的,当企业战略做调整的时候,企业文化也要跟着调整。在企业战略转变的重大关头,企业往往采取重大的人事变动推动战略的实施,进行企业文化的变革。

当代中国企业文化建设的大趋势 在人类即将进入 21 世纪时,美国三家最权威的管理咨询机构——兰德公司、麦肯锡公司、国际管理咨询公司的专家们通过对全球增长最快的 30 家企业跟踪后,联合撰写了《关于企业增长的研究报告》,该研究报告的最后一段话是这样写的:“正如《财富》杂志评论员文章指出世界 500 强胜出其他公司的基本原因,就在于这些公司善于给它们的企业文化注入活力,这些遗留公司的企业文化同普通公司的企业文化有着显著的不同,它们最注重四点:一是团体协作精神,二是以客户为中心,三是平等对待员工,四是激励和创新。凭着这四大支柱所形成的企业文化力,使这些一流公司保持百年不衰,在大多数企业里,实际的企业文化同公司希望形成的企业文化出入很大,但对那些杰出的公司来说,实际情况同理想的企业文化之间的关联却很强,它们对公司的核心准则、企业价值遵循始终如一,这一理念可以说是世界最受推崇的公司得以成功的一大基石。”谈到 21 世纪企业文化建设趋势,我们不能不再引一段话,这是 1998 年经济学诺贝尔奖得主阿玛蒂亚·森提出的观点,即“企业文化和经济伦理在下一个十年将成为企业兴衰、国家经济振兴与否的关键因素。” 企业兴衰、国家经济振兴与否当然是由多种因素决定的,因此,企业文化是否是关键因素,这个论断是否成立,还可以探讨。但企业文化已成为 21 世纪企业发展的一个重要因素,已经越来越多地得到各界的认同。根据我们从事企业文化管理资讯的实践和企业文化界的探讨,我们认为,21 世纪的中国企业文化建设呈现了这样的趋势:

(1)企业文化的需求越来越强烈,因为企业认识到企业文化对企业兴衰的作用越来越显著。

(2)企业文化与企业发展战略、制度安排的关系越来越紧密,发展战略、制度安排和企业文化成为企业必须解决的三大问题。

(3)企业精神、企业价值观为核心的精神文化更加富有个性和特色,更加具有文化的底蕴,更加人格化。

(4)作为“学习型组织”的企业文化越来越受到关注。企业家的人格、素质、决策力对于优秀企业文化塑造将越来越具有重要因素。

(5)企业文化建设与 CI 企业形象设计将逐渐合流。管理咨询业界将越来越介入企业文化的建设,企业文化建设将更加具有时代性、科学性和规范性。企业文化建设工程的基本结构从我们从事的企业文化管理咨询实践以及企业自身进行企业文化建设实践来看,往往都把企业文化建设当作一个“战略管理工程”来进行。作为一个“战略管理工程”,企业文化建设主要是打三大战役,或者说,抓住三大层面,即精神层、行为层、形象层。

精神层:与之相对应或相互交融的是CI形象设计中的MI策划,即理念识别系统。

精神层包括企业使命、核心价值观等一系列价值理念,在整个工程中,它处于核心部位,相当于人的大脑,即“心”。我们把精神层视作企业文化的子系统,称之为企业精神文化。

行为层:与之相对应或相互交融的是CI形象设计中的BI策划,即行为识别系统。

行为层包括企业行为制度及员工行为等一系列内容,在整个工程中,它处于中间部位,相当于人的四肢,它在精神层指导下活动,在企业文化的大系统中,它属于企业行为文化。

形象层:与之相对应或相互交融的是CI形象设计中的VI设计,即视觉识别系统。

形象层包括企业家、员工、环境、标志、产品广告及包装等一系列形象设计,在整个过程中,它处于表层部位,相当于人得脸面俯视。在企业文化的大系统中,它属于企业形象文化。上面是我们对企业文化管理战略工程的三个方面,即精神层——企业精神文化,行为层——企业行为文化,形象层——企业形象文化做了概括性的归纳分类。

企业文化管理战略工程之“三大战役”包括以下内容。

(一)整合企业精神文化,建立价值理念系统

在调研、考察、诊断评估的基础上,对包括企业的使命、企业宗旨、企业目标、核心价值观、企业精神、经营理念、经营风格、用人思想等全部价值理念进行发掘、总结、提炼和升华,或者因地制宜地引入当代前沿的先进理念以形成独具本企业特色的又具科学性、现代性、系统性、统一性的理念识别系统。这一战役的关键在“整合”。“整”是整体、整理。“合”是协调、组合。“整合”就是将全部资源,根据完整性、系统化与有序协调的原则进行整理,以达到最优化的效果。

(二)规范企业行为文化,建立行为规范系统

在企业核心价值理念的价值指导下,对包括职业道德规范、员工行为准则、团队管理、沟通渠道建立、顾客满意工程、员工满意工程、培训体育设计、激励机制设计、员工绩效考核等,进行规范设计,形成既体现现代文明,又有可操作性的适用的行为识别系统。这一战役的关键在“规范”。“规”者,规则、规矩、规定、规程也。“范”者,典范、模范、范本、范例也。“规范”就是对企业行为按所倡导的价值理念设计出规则,使之成为实践企业价值理念的范本,成为行为的模范。

(三)创造企业形象文化,建立形象识别系统

以全方位多层次的表层形象来反映深层的企业价值理念,对包括企业名称、企业标志、商标品牌、广告包装、员工服饰、企业环境、企业内部报刊书籍的编辑出版、企业对外宣传媒介组合、企业文化体育设施建设等,进行策划、创作、设计、制作、形成具有鲜明个性和方向感,立体感的视觉识别系统。这一战役的关键在“创造”。创造,具有初次、开始、独到的意义,往往与首创、独创、创举、创新连在一起。创造,就是要有新的方案、新的方法,做出新的

东西,因此,对于企业形象文化,不是在原有基础上设计,而是强调抛弃旧的,创造新的给人以耳目一新、眼前一亮之感,显示出全新的企业形象。

企业文化是有“用”的文化,具有很强的时间特征,因此,企业搞企业文化建设,绝不是锦上添花,而是为了达到实用的目的,是力图把企业文化融入企业的经营活动之中,融入企业的生产管理之中,融入企业产品开发和技术创新之中,更重要的是深植于企业的每个人的心里,体现在员工的语言、精神和行为上。国内外市场激烈竞争是当代经济的主要现象。面对这种情况,企业迫切需要提高自己的内部凝聚力和外部竞争力,从而谋求在新形势下的生存和发展。为了实现这一目标,就得进行结构性变革,而变革的核心内容就是建设强有力的企业文化,企业文化已成为企业各项改革的基础和协调各种改革(如制度组织设计、改变营销策略、更新人员配置等)的首要条件。因此,企业建设企业文化,是为了进一步变革和理清思路,从而推动企业的全面进步。我们在从事协助企业文化建设的咨询服务中,总结出企业文化建设所要达到的目的主要有以下几点。

1. 整合价值观念,明确企业目标,发挥企业文化的导向功能

有的企业在发展的历程中和变革的实践中,萌发了一些新的价值理念,但这些理念元素还处于原生态,不够规范,不够完整,缺乏系统性,缺乏震撼力。同时,企业对自身的发展目标包括企业文化建设目标,虽然有朦胧的方向,但尚缺乏清晰的描述,没有形成明确的观念。因此,企业希望通过企业文化的建设,对企业杂乱无章的理念进行重新整合,精心提炼,对朦胧不清的企业目标加以确切描述,使企业有一种明确的导向。

2. 推动创新进步、提升竞争力,发挥企业文化的振兴功能

有的企业资历较深,相当稳定、定型。但面对变化的市场,必须弃旧图新,进行二次创业,不然就又被淘汰出局的危险。然而不少员工还安于现状,缺乏创新意识和竞争精神。企业家为了振兴企业,寄希望于企业文化,振奋创新意识,提升竞争精神,推动企业更上一层楼。

3. 提高全员资质,培育卓越团队,发挥企业文化的凝聚功能

社会转型,企业改制,引起企业员工思想波动。如有的企业为了适应竞争,需要提高员工的素质,或者更新员工队伍,因此在员工中引起波动;或者人才外流,或者思想浮躁,或者怀念过去,或者担心未来,导致企业内部的凝聚力下降。于是有的企业为了强化员工对企业的忠诚,培育团队精神,增强企业的内部凝聚力。

4. 实施文化管理,规范企业行为,发挥企业文化的规范功能,管理也是文化

现在企业已进入到人本管理阶段,人本管理就是文化管理,它更多的是强调人的内在约束,强化自我管理。企业文化是告诉人们在大多数情况下应该如何行动的一系列非正式法则,让人们遵守“软约束”功能,使每个人正确地认识他在企业中应完成的任务和担负的责任,强烈的文化约束规范着企业及员工的行为,规范着企业与员工的相互关系。不少企业就是希望通过塑造企业文化,达到这样的规范作用。

5. 强化激励机制,提高工作效率,发挥企业文化的激励功能

有的企业由于沿袭多年传统国有企业的人事劳动制度和薪酬分配制度,端“铁饭碗”、吃“大锅饭”现象依然存在,缺乏适应现代化的激励机制,严重影响企业活力。现代企业形成适应市场竞争的激励机制。企业文化建设通过教育手段,确立现代的契约理念、等级理念、效率理念,建立新型的激励机制,真正体现公平、公正、公开,促进企业效益的提升。

6. 打造品牌文化，树立企业形象，发挥企业文化的美化功能

有的企业建设企业文化的目的比较单一和明确，就是打造企业的产品品牌和企业品牌，扩大市场占有率，进而树立企业形象。因此，企业文化建设就是创造品牌，保护名牌，发展品牌，以品牌为中心建立自己的营销体系，发挥企业文化的美化功能。

7. 健全服务体系，扩大社会美誉，发挥企业文化的辐射功能

近年间，一些面向社会以服务功能为主的企业，十分重视健全服务体系。比如，电信行业的中国电信就提出了“用心服务”的核心理念，这些企业的企业文化，围绕“服务”为中心，并拓宽服务范围。

第三节　企业文化建设

一、人本管理

企业无法买到忠诚，只能努力赢得忠诚。人才是企业决定的因素，是企业的真正核心竞争力。

在 1947 年，保洁前总裁杜普里说了一句名言：“假如你夺走宝洁的人才，却留下金钱、房屋及品牌，保洁将会失败；假如你夺走宝洁的金钱、房屋和金牌，却留下人才，保洁将在十年内重建王国。”比尔·盖茨也说：“如果把我们公司顶尖 20 个人挖走，那么我告诉你，微软会变成一家无足轻重的公司。”成功的企业认识到，自己企业中的员工才是唯一真正的竞争优势。竞争对手可以模仿大多数企业产品、工作流程、工作地点、分销渠道等。但是要想复制出一支具有较高知识水平和工作积极性的员工队伍，则是极为困难的。

80%的人决定稳定，20%的人决定未来。人才是企业中最具活力、最有创新精神的核心资源之一。没有合适人才，即使有了好的项目，暂时能赢利，但是，在激烈的市场竞争中终究还是会失败；有了合适的人才，也就必然能找到好的项目，并取得赢利，所以人才才是关键。甚至企业选拔人才，要优先于企业战略。吉姆柯林斯在《从优秀到卓越》这本书中，将经理人分为了五级，第五级经理人是最卓越的经理人。

一般认为，将一个公司从优秀推往卓越的第一步是为公司设定一个新的方向、新的远景和战略，然后找到合适的人，再朝这个新的方向前进。柳传志一贯强调的管理三要求就是：定战略、建班子、带队伍。人本管理思想在中西文化中有着出奇的一致。人本管理的定义是企业将人的发展作为企业发展的目标之一，并通过顺应人性的管理、凝聚人的合力管理和人的需要管理来实现人和企业共同发展。其实简单地说要以人为本，无非就是要给员工好的政治待遇、经济待遇、发展待遇。本书将人本管理分为四个方面。

1. 尊重、重视员工，平等对待员工

(1) 使员工成为事业合作伙伴；

(2) 更多地认可员工，让员工从工作中感受到成就感。

2. 让员工分享企业发展果实

3. 随时、随地、随人、随事促进员工成长

(1) 领导者是教练；

(2) 培训是生产力；

(3) 赞扬和欣赏是对人的最佳激励。

4. 真正的“人本管理”是“以人为本”

二、使命文化

每个人都是独立的个体，通过工作，人们在更广泛的范围和群体里寻找自己生存的价值和理由。现在有一种观念，认为中国与西方发达国家相比，人的素质差距最大的是有钱人的素质。中国很多企业的老板，做到一定程度后，抱负与追求就封顶了。没有企业家的气魄，境界提不高，还是以投机的心态去抓项目、抓产品，这样企业自然做不大。许多民营企业之所以成不了大器，就在于企业老板本身的追求与抱负就不是企业家的心态，而是一种盲目自大心态、土财主心态。管理者要将企业当成毕生的事业来经营，而不是当成一个赚钱的工具。如果企业领导人都不能提升自己的境界、抱负、追求，没有干事业的胸怀，那员工又怎么可能以工作为事业呢？也就是说，企业要确立使命，要有使命宣言。企业使命就是我们要办成一个怎样的公司的宣言，它表达了公司的理想和存在的目的。一份好的使命宣言能让员工感受到生命的意义和目的，感受到工作的价值，它会给人以指导和方向感，会激发员工的忠诚和责任心，它是公司活动、日常工作的前提与重点所在，能让员工产生自豪感，焕发工作热忱。企业使命能让人们感受到工作的意义，使命感是最强大的内驱力。

1. 愿景文化

有愿景才会有希望；有希望，人们才会充满干劲。顾客最终需要的是解决问题，产品只是解决问题的工具。工具可以变换，但是要解决的问题是始终存在的。

2. 坚守核心经营理念

万事万物的发展都有规律，因此，在企业经营的各个行业中也都有规律。企业经营并不需要太复杂，只要认识规律，牢牢抓住基本规律，遵循规律办事。核心经营的理念就是能长期、符合行业发展规律的，企业所信奉的经营宗旨。因此，在企业经营中要遵循规律办事，也就是要找准行业经营的核心，坚守核心经营理念，一切工作都围绕着核心理念经营。集中精力是经营成功的关键所在。现在，违背集中精力这个基本原则的例子比比皆是。再也没有别的效率原则比它受到更多的践踏了，我们的座右铭似乎成了“让我们什么都掺和掺和吧”。其实，企业的核心经营理念是不难找到的，一位成功者给出了明确的答案：“为什么大家要来买我的产品？”只要让自己站在顾客的角度换位思考，就能把握规律。

3. 目标文化

目标无论是对个人，还是对企业的成功，都是一个关键的因素。但要建设目标文化，首先要有追求。对没有追求的人，谈任何目标都没有价值。优秀的企业一定要充满朝气，人人都有上进心。所以企业一定要焕发员工的朝气，赋予他们追求的动力。

（1）人生是从梳理清楚而明确的目标开始。人开始的差别都不会很大，但没有一个清楚、明确的人生目标的人，在人生路上往往就会偏离最初确定的航向，当 5 年、10 年后大家重新聚首时，差别就会非常明显。每个人都是通过克服困难、解决问题从而达到目标的。要是没有可供克服的阻碍，要是没有可供奋斗的目标，人的一生就不会满足，也不会快乐。说人生没有价值的人，其实只是因为其本身缺乏有价值的人生目标。

（2）在尝试中把握未来。这个世界唯一不变的就是变。变幻才是永恒的。企业目标是企业已经找准了发展方向，要在业绩上更上一层楼的举措，因此可以定 5 年，有的甚至定 10 年的目标。但企业要寻找未来的发展方向和定位时，预测未来就非常困难，这时只有一种方法，即尝试。只有那些在不断摸索中成长起来的企业，保持了尝试精神，企业也就得到了持续发展。

人的尝试精神为：

①人永远要做的两件事，即现在正在做的事和将来准备做的事；

②高峰与低谷的辩证法；

③思考未来；

④把握趋势的变迁。

4. 团队建设文化

现代社会是一个要打群架的时代，任何单打独斗都不可能取得成功，所以团队精神、合作意识才是取胜的关键。历史上许多成功和失败的事例非常重要，通过分析对比能帮助我们正确认识、解决问题，还能对未来发展进行预测。虽然历史上的每一件事情都不可能在今天的社会中重演，但本质、发展规律、成功与失败的结果不会变，如果不尊重历史，不承认现实，就不能解决好今天面临的问题。由不同个体组成的团队，携手努力，能比相同数量、埋头于自己的工作中个体取得更大成就。人是群体动物，团队的理念早就深埋在我们的潜意识中，我们只要将它挖掘出来就行了。

团队的理念为：

(1)团队利益高于个人利益；

(2)培养坦诚精神；

(3)互相尊重、信任，互相关心，互相帮助。

三、企业文化建设的主体与原则

从企业文化的建设主体的角度来了解企业文化，可以把其理解为企业的"人化"。因为人是企业的创造者，也自然是文化的载体，具体而言，企业文化建设的主体包括企业家、企业员工和企业规模。

(一)企业文化建设的主体

从一定的意义上来说，企业中的所有成员都是企业文化建设的主体，这里我们把这些成员分为三种类别，分别来探讨每一类别在企业文化建设中的主体作用。企业家在企业的文化建设中具有突出地位与作用。

1. 企业家

卓越的企业家一定是尊重知识和文化的人，那种只看到金钱的力量，以为金钱万能的人不可能成为卓越的企业家。

首先，企业家是企业文化的倡导者。企业家不仅创造了经济奇迹，而且创造了各具特色的企业文化。从这个意义上说，企业家不仅是一种经济现象，而且也是一种精神文化现象。作为经济现象，企业家是工业社会的主要产物；作为一种精神文化现象，企业家属于现代社会群体中的一个特殊阶层，拥有一套独特的价值观体系、思维模式和行为方式。企业家的上述精神文化现象直接关系和影响着企业文化的塑造和企业的兴衰。美国经济学家熊彼特多次提醒人们注意企业家精神在工业化进程中的作用。他认为：19世纪末出现的企业家精神是影响经济增长的最重要的非经济因素，并指出企业家为什么会起作用的原因在于他们所奉行的独特的价值观。企业家是有信心、有胆略、有组织能力的创新者，企业家始终要求变革，对变革做出迅速的反应，从变革中寻找发展的契机。

其次,企业家是企业文化的培育者。中外各国企业的发展历史证明,企业家群体既是现代企业的创立者,又是现代企业发展的维护者。企业竞争说到底是人才的竞争,企业文化的培育离不开企业家的努力。企业家作为企业人才的组织者本身就是一种稀缺的人才。谁拥有高素质、具有创新意识的企业家群体,谁就会在国际竞争的大舞台上立于不败之地。

卓越的企业文化是卓越企业家的人格化。企业家精神及企业家的形象,是企业文化的一面镜子,卓越的企业文化是企业家德才、创新精神、事业心、责任感的综合反映。因为优秀的企业文化不是自发产生的,而是企业家在长期实践活动中产生的,企业家深知肩负塑造企业文化责任的重大,在企业文化建设中,企业家从本企业的特点出发,以自己大企业哲学、理想、价值观、伦理观和风格融合成企业的宗旨。企业价值观逐渐被广大员工所认同、遵守、发展和完善。企业家应有产业的先见之明。策略架构的提出,需基于理性的分析,不可鲁莽从事,也不可只是企业家、高层主管的个人看法;企业家和高层主管必须发掘和利用整个企业的各种意见和合理化建议,借此来建立对未来的共识和认同,从而形成卓越的企业文化,企业家应重视速度。未来的社会经济竞争将更为激烈。因此,速度在制胜先机上具有重要的地位,不仅产业先见之明的形成要讲求速度,就是连新产品和服务的推出也要讲求速度,不仅要缩短由构想到上市的时间,更应该缩短由“构想到全球市场”的时间。这是21世纪卓越企业的理念,应当营造“时不我待”的积极进取的企业价值观和企业文化范围。

2. 企业员工

马克思说过,人民群众是创造历史的真正动力。在企业中,企业员工则是推动企业生产力发展最活跃因素,是企业文化建设的基本力量。企业文化建设的过程,本质上就是企业员工在生产经营活动中不断创造、不断实践的过程。

首先,员工是企业文化的创造者,企业员工深处生产经营第一线,他们用自己的双手为企业创造了财富,为社会做出了贡献,同时,他们也在用自己的智慧创造精神文明。在企业中,也许个别员工不是最有智慧的,但他们作为一个整体,其集体的智慧是无穷的,正是由于他们的聪明才智,企业文化的内容才会不断地丰富和发展。

其次,企业员工也是企业文化的载体,企业文化不仅仅是根植于人们头脑中的一种意识、一种观念,而且也是一种行为方式、一种为人作风以及一种精神风貌。如果企业文化只停留在精神层面,而不展现出来就会变得没有价值,也就是说企业文化需要从理论到实践的飞跃,才能实现其价值观。

最后,卓越的企业家应努力提高员工的素质,以促进企业文化的发展与繁荣。企业家应当重视员工的参与,提高员工的参与意识。员工的参与要求高层主管者有接受和不同意见的雅量,还需要企业家的支持与放手发动,要让员工分享成功的果实,并要提供员工参与所需的资讯和工具。

3. 企业楷模

如果说企业家是企业文化的创建者,企业员工是企业文化建设的基本力量,则企业楷模在企业文化建设中扮演的角色就是先进文化的体现者。

首先,企业楷模在企业文化建设中具有榜样作用。他们体现着现实企业文化的主导精神,他们具有很大的魅力,能以优秀的品德、言行、生动的现实文化形象感染人们。

其次,企业楷模在企业文化建设中具有舆论导向的作用。在一个良好的企业文化氛围中,企业楷模们的公正主张和远见着实,能够控制舆论的导向。从一定意义上说,企业中存在着以企业楷模为中心的非正式群体，而这种非正式群体的存在，是有利于培育以及发展良好的企业文化的。

最后，企业楷模具有企业冲突，并且聚合的作用。企业楷模以自身在企业中的地位和优势，他们乐意也有能力解决企业内部的冲突，与此同时，也能起到形成以他们为中心的聚合作用。这都是有利于良好的企业文化的发展与繁荣。

(二)企业文化建设的原则

每一个企业都是异质的，企业启动企业文化建设的起点，内外环境都是不同的，因此，从严格意义上说，没有"放之四海而皆准"的企业文化建设的模板，但是可以从企业文化建设的一般规律中提炼出一些基本原则。企业文化建设的基本原则如下。

1. 目标化原则

在管理学中，目标是指人们通过自身的各种活动，在一定时期内所要达到的预期结果，即"工作内容+达到程度"。美国管理学大师 P. 德鲁克在 1954 年在《管理实践》一书中提出了目标管理。所谓目标管理就是强调通过目标来进行管理，目标管理应置于管理的中心地位，成为经营管理世界中的一项强有力的中心原则。其基本思想有三个强调，即强调以目标为中心的管理，强调以人为中心的主动式管理，强调以目标网络为基础的系统管理。所以，在企业文化的建设中要坚持目标原则。我们要明确企业文化建设的目的是什么。这可以有效地指导企业员工的认知与行为，也可以激励人们的工作热情和创新精神。

2. 全员化原则

企业文化是全员文化。企业文化建设必须着眼于全员、立足于全员、归属于全员。一方面，从员工的价值观中抽象出的基本理念，经过加工、整理、提炼，上升为企业的价值理念，这样的文化才能够被员工所接受。另一方面，这也是由人的人力规律决定的。在现代企业中，员工接受的教育程度越高，脑力劳动所占的比例也就越大，其主观精神和参与意识往往会越强。只有把握好员工这种心理需求的特点，创造更多的使员工参与管理的机会与条件，才能激发人们把实现自我价值和风险企业结合起来，从而促使员工共同信念的形成。企业文化要在全体员工中达成共识。"从群众中来，到群众中去"，才能产生共鸣，产生强大的凝聚力。使全体员工成为企业文化的积极推行者、自觉实践者，充分发挥企业文化的主体作用。

3. 一体化原则

一体化原则，即坚持企业管理人员和一线员工之间的关系一体化。在企业文化建设中，坚持一体化原则，能够有效地建立起组织内部人与人之间相互信赖的关系，为实现价值的一体化创造条件。除此之外，一体化原则的两层含义是：企业文化必须是与经营管理共成长、共发展的。企业文化与企业经营管理是手心手背的关系。企业文化不是单独发挥作用的，它必须融合于企业发展的战略、管理体制、经营策略之中，贯穿于经营管理的每个环节和过程。企业文化离开了经营管理实践，就成了无源之水、无本之木，就成了"游魂"。因此，要建设与企业经营管理共成长、共发展的企业文化。

4. 制度化原则

企业文化的推行离不开制度，员工的价值理念和行为规范也需要靠制度去灌输、去约束。企业倡导的价值理念即使员工认同，但如果没有制度的激励和约束，也难以转化为职工的实际行动，形成自觉习惯。推行企业文化，要有一套规范的制度体系，对自觉奉行企业价值理念,应给予各种方式的表彰、奖励,对违反企业价值理念的应给予相应的处罚,使职工切身感受到什么是提倡的,什么是禁止的,从而纠正错误的思想和言行,强化符合企业的要求的言行,达到“文制合一”的境界。

四、企业文化建设的基本内容

如果从企业文化的层次上来理解企业文化建设的内容,则企业文化的建设是包含物质文化、行为文化、制度文化以及精神文化的建设。若从企业内部职能部门的角度来理解企业文化的建设,则应是包含企业人力资源管理、企业营销文化、广告文化等的建设。其实每一职能文化的建设又包含其自身各个层次上的建设。这里,我们只探讨企业营销文化和企业广告文化。

(一)企业营销文化的建设

我们之所以选择讨论营销文化建设,是因为在当前的企业竞争中,营销的竞争表现得尤为激烈。许多企业、商家相继把文化营销作为企业竞争的高招。

1. 现代企业的市场营销观念

现代企业市场营销观念的基本内容是:消费者或用户需要什么产品,企业就应当组织生产和销售什么产品。企业考虑问题的逻辑顺序不是从既有的生产出发,而是按照目标顾客的需求与欲望,比竞争者更有成效地去组织生产和销售产品。企业的主要目标不是单纯追求销量的短期增长,而是着眼于长久占领市场阵地。

社会营销观念是对市场营销观念的重要补充和完善。其基本内容是:企业组织生产和销售,不仅要满足消费者的需求,而且要符合消费者和社会的长远利益,企业要关心与增进社会福利,要将企业利润、消费需要、社会利益三方面统一起来。作为经济组织,企业的基本目标是在市场上取得经济效益,用什么观念和方法取得经济效益,是企业首先应回答的问题;同时,企业又是由人组成的社会组织,用什么观念和方法对待人、对待社会、对待消费者,是企业管理的文化模式问题,也是企业必须回答的问题。

2. “为谁服务”与企业理念

“为谁服务”是企业必须认真考虑的问题,它反映出一个企业的理念。世界科技迅速发展,以微电子技术为标志的尖端技术发展的速度大大加快,应用技术的进步给人们的需要带来了更广阔的天地。企业有责任分析、引导这个过程,正确地选择自己的目标市场,明确企业特定的服务对象。

“为谁服务”还要将它具体化,市场细分就是将服务具体化的有效方法。美国市场营销学家温德尔·斯密提出了市场细分的概念,它的方法是通过市场调研,依据消费者的需求、购买行为和购买习惯等方面的明显差异,把某一产品的市场整体划分为若干个消费者的市场。

3. 品牌战略与营销文化

在市场营销中,品牌战略是十分有效的一招,它给企业带来经济效益和文化价值,被越来越多的企业家所认识。

品牌是一种无形的资产。品牌,特别是驰名商标,一方面能为企业带来巨大的经济效益;另一方面也是企业经济实力的象征。一位经济学家说过:一个国家或地区拥有商标的数量,特别是拥有驰名商标的数量,标志着这个国家或地区商品经济发展的程度和经济实力。有许多发达国家就是靠驰名商标来树立自己的形象的。商品的注册商标属于知识产权,一经问世既成为一种价值符号,它本身就有了一定的含金量,而且越受消费者欢迎,知名度越高的产品商标其含金量越高,它是企业的无形资产。企业为了尽最大力量保有自己的名牌,从市场调研、科技开发、生产工艺、质量检测和售后服务等方面去创造品牌的价值。企业如何赢得名牌,一般地说,要把握生产、保护、发展三个阶段。

第一阶段是创品牌。围绕这项工作,要重视市场调研,选准突破口。企业的产品规模、投资力度和拓展能力,还要看行业的个性和企业的个性。

五、企业文化建设规划

企业文化建设规划主要包括建设的目标、工作思路和企业文化建设的基本内容,确切地了解基本规划,就能让我们从整体上明白企业文化建设怎样做和做什么的问题,在实践中就能让我们做到全面系统,有根有据,而不至于东抓西凑,做成一个拼盘。

(一)企业文化建设的目标

目标给人以前进的方向和动力。企业文化建设规划首要的任务是确立一个既符合企业实际,又具有前瞻性的奋斗目标。企业文化建设目标在我国目前来说一般包括以下内容:

(1)通过企业文化建设工程的实施,建立起适应全球经济发展趋势和我国经济发展要求,遵循文化发展规律,符合公司发展战略,反映企业特色的企业文化体系;

(2)通过企业文化的创新和建设,内强素质,外塑形象,使企业的整体素质内外形象显著提高,内化于心,外化于行,以企业宗旨、价值观、愿景、企业精神为主要内容的核心理念,及其体系内容深入人心,全体员工自觉践行,成为习惯;

(3)以文化人、以文兴起、员工的工作技能、工作作风、职业道德、言行举止、精神状态全面提升,形成团结、凝聚员工的文化力量;

(4)企业学习力、创新力、竞争力、超越力、发展力明显增强,实现文化管理,提高企业竞争力;

(5)做到企业文化与企业发展战略的和谐统一、企业发展与员工发展的和谐统一,为企业快速发展提供不竭的精神动力。

六、企业文化建设的工作思路

只有对企业文化建设规律性的全面认识和把握才能拥有明晰的工作思路,才能有力的保证企业文化建设取得成功。

(1)企业文化建设要站在时代发展前沿,认真、客观分析企业面临的形势与发展趋势,以全球视野和与时俱进的精神,面向世界、面向未来、面向现代化。

(2)企业文化建设要以提升企业核心竞争力和提高经济效益为中心,围绕中心工作,为企业经营提供强大的精神和智力支持,确保企业经营的健康发展和员工全面发展。

(3)要将企业文化建设纳入企业发展战略,为企业发展战略服务。作为企业经营管理的重要组成部分,要与企业思想政治工作、精神文明建设等其他相关工作有机会结合。

(4)要加强领导、全员参与、统筹规划、重点推进,既体现先进性又体现可操作性,注重在继承、借鉴中创新,在创新、完善中提高。

(5)根据本企业的行业特征和自身特点,确定企业的生命、愿景、发展战略和其他企业文化建设内容。不同行业、不同的主业盈利模式,不同的竞争对手、不同的产品和服务,直接决定企业的物质文化,深深影响企业的精神文化和行为文化,所以要根据具体情况,确定企业文化建设的内容和特点。

(6)总结本企业多年形成的优良传统,挖掘企业文化底蕴,了解企业文化现状,在广泛调研,充分论证的基础上,特定符合企业实际、科学合理、便于操作、长远目标与阶段性目标相结合的企业文化建设的规划。

(7)在实践过程中必须与时俱进,常抓常新,随着企业内外部环境的变化,及时对企业文化建设的具体内容和项目进行充实和完善,促进企业文化的巩固与发展。

(8)具体企业文化建设总体思路:整个企业文化建设要以企业发展战略为基础,通过企业文化调研,全面把握企业现有竞争力结构和企业文化现状;通过认定和改良形成基于竞争力的企业文化,提升企业核心竞争力,最终促进企业发展目标的实现。

七、企业文化建设的目标

企业文化建设的目标主要是指企业所希望达到的较为长远、宏观的境地。

企业文化是与企业制度、企业战略紧密相关的,这三者在企业内部实际上是一种相互补充、相互依存的关系。企业制度是企业的行为准则,企业战略是企业的行动纲领,而企业文化则是企业的行为准则和行动纲领在人的价值观念上的反应。也就是说,企业的制度安排和经营战略的选择,有赖于人们在价值观念上的认同,成为企业文化的内容;同时,企业文化又反过来会影响到企业制度的安排和企业战略的选择,企业制度和企业战略选择体现了企业文化的趋同。

由此可见,企业制度、企业经营战略、企业文化,这三者是缺一不可的,是内在统一的。因此,我们说企业文化建设的目标,也就是企业的目标。

在企业文化建设中,确立企业的目标,或者说明企业的愿景,是当今企业文化建设中的一个重要内容。

各个不同的企业,根据企业的自身情况,在企业文化中确立不同的企业目标,有的宏大,有的实在,有的抽象,有的具体,比如:

中国移动的企业目标是内强素质,外树形象,迎接挑战,争创世界一流移动通信运营公司。

科龙公司的企业目标是做世界知名品牌,创国际一流企业。

华为集团的企业目标是华为的追求是在电子信息领域实现顾客的梦想,并依靠点点滴滴、锲而不舍的艰苦追求,使我们成为世界级领先企业。

平安保险公司的愿景是中国企业改革的先锋和金融保险服务业学习的楷模。

八、企业精神文化整合的指导原则

我们在进行企业精神文化的整合时,既要考虑历史因素,又要考虑现实因素,要以整体化、最优化有序协调的原则,整合出具有企业特色、时代特色的企业价值理念。

在企业价值理念的整合过程中,应当着重遵循以下几个原则。

(一)实践性原则

人的正确思想是从哪里来的?是从实践中来的。企业的精神、企业的理念是从哪里来的?当然也是从实践中来的。企业的价值理念,不是从企业外部简单地移植来的,也不是企业家头脑里凭空产生出来的,而是在长期的生产经营发展过程中,一方面不断探索新路,一方面不断消化外部因素,不断总结经验,不断吸取教训,不断萌发和产生出属于企业自身的价值理念,这些企业理念经过适当的提炼和总结,又反过来指导企业的实践,并在实践中接受检验,得到发展。总之,企业理念不能脱离企业实践而存在。然而,来自实践的企业理念还有待升华,有所超越、不断发展。

(二)特殊性原则

企业自身无不具有其特殊性,地区之间、行业之间、所有制之间的不同特点都会形成其特殊性。一个大型垄断性,国有企业与一个民营竞争型企业,其群体价值观、经营管理方针、思考问题的方法、团队风气都有很大的差异性,这些差异性提炼整合的结果必然表现出企业的特殊性,这种具有特殊性的企业理念,就表现出企业的个性特色。

20世纪80年代以来,不少企业的理念表述,千厂一腔,千企一调,大同小异,彼此雷同,表现不出个性特色,这是应该在企业精神文化的整合中尽量避免的。

(三)持久性原则

在对企业价值理念进行整合时,必须站在历史的高度,时代的高度,在总结历史的基础上,充分吸收当今一切最先进的社会思想文化观念,而且能够把握社会前进的脉搏,预见企业未来的发展趋势。这样提炼出来的企业理念能够在相当长的一段时期内具有生命活力,成为企业生产经营的航标灯和指路牌,保持相对稳定的持久性。

当今一些企业倡导的企业理念,缺少相对的持久性,有时昙花一现,有时朝令夕改,使人不得要领,无所适从,这也应当引起企业文化建设者们的充分关注。

九、企业价值理念的资源开发

在对企业价值理念系统特别是基本价值理念系统设计时,不少人往往感到无从下手,主要是因为缺乏资源,因此我们有必要分析一下企业精神元素的资源开发。这里指的资源开发就是发掘、搜集用来提炼企业价值理念的基本元素。

(一)从企业的历史传统中开发

企业优良的历史传统是通过企业的实践所积累的宝贵经验,是企业价值理念的一个历史来源。

(二)从民族的文化精华中开发

应该说,我们古老的中华民族文化中不少内容已不适应现代市场经济的要求,但去其糟粕,取其精华,加以改造,推陈出新,仍然有很多文化精华可以被我们所采用,这些超越历史的文化精华也可以成为现代企业理念可供开发的资源宝库。

文化网络是企业文化的重要载体。这里所讲的文化网络主要是指企业内部的报纸刊物、广播电视、图书室、展览馆、俱乐部、体育馆等文化传播和文体活动设施。

企业文化不等同于企业文化活动,企业的文化网络和文化活动都可以为企业文化服务,成为企业文化的重要载体,通过健康、愉快、生动、活泼、丰富多彩的企业文化活动、娱乐活动、体育活动,可以使人们得到高尚趣味的精神享受,这也是提高人们整体素质、振奋企业精神、实现企业目标的一个重要途径,是推动企业竞争力、文化力的组成部分。企业的文化网络建设是增进企业竞争优势的因素之一。

(三)关于企业报刊

企业的内部报刊,既属于文化网络建设,也属于传播媒体的建设,对企业文化建设而言,我们仍然把它列入文化网络的建设范畴。企业报刊是维系员工对企业认同感的纽带,也是企业联系社会文化的通道,在企业文化建设中,发挥着越来越重要的功用。企业报刊就其功能而言,大致可分为三种类型。

1. 宣传喉舌型

这种企业内部报刊,好保持着国有企业的传统,主要作为企业最高领导层的喉舌,着重宣传企业领导的意图和最高决策的政令。尽管这种风格显得比较传统和保守,但是在企业运作中也有不可低估的作用。比如,不少企业由于业务运作原因不可能经常性召集员工大会,而企业报刊传达的企业要求和指令起到了员工大会的作用。另外,这种类型企业报刊还经常配合党和政府的中心任务,向员工及时地报道宣传党和政府的一系列方针政策。

2. 广告服务型

有的企业报刊,其主要宗旨系为企业经营服务,借助报刊向外推介产品,宣传"企业形象"。在前一节介绍的某电信公司的《电信报(客户版)》面向全体客户发行,向客户宣传电信知识,介绍服务项目,起到了沟通客户的桥梁作用。

3. 文化建设型

有的企业把企业报刊办成文化园地,它们追求以文化的功能、文化的力量来整合企业的价值理念和行为规范,培育企业团队的身心力和凝聚力,致力形成学习型的文化氛围,追求企业无形资产的增值。当代致力于企业文化建设的大多数企业,都十分重视办好企业报刊,把企业报刊视作企业发展的一种文化资源,当代企业报刊表现的主要特点是:

(1)把办企业报刊视作现代企业管理不可或缺的组成部分;

(2)企业报刊视塑造企业文化,实现企业战略目标的重要手段;

(3) 企业报刊是树立企业品牌形象的重要载体;

(4)企业报刊是实现上下之间、员工之间良性互动沟通的重要渠道。

第四节　企业竞争战略

一、企业竞争战略的提出

竞争是企业成败的核心所在。竞争不仅决定了一个企业在市场和内部管理中的行为,而且决定了企业经营的效益。竞争战略的选择决定了企业如何在一个行业里寻求有力的竞争地位。竞争优势则是企业为获得竞争战略的成功所必须寻求建立的特殊的资源条件和管理基础。

(一)企业经营面临的两个问题

在企业经营的现实中经常碰到两种情况:一是在一个非常具有吸引力的行业里,如果一个企业选择不利的竞争地位,依然可能得不到令人满意的利润;二是与此相反的情况,即一个具有优越竞争地位的企业,由于栖身于一个前景暗淡的行业,因而获利甚微,即便努力改善其地位也无济于事。由此对企业的经营者提出了两个非常严峻的问题,如何选择企业经营的行业和如何选择企业在一个行业中的竞争地位,这也正是企业竞争战略要解决的两大重要问题。

(二)企业竞争战略的选择

竞争战略的选择有两个中心问题构成,第一个是行业吸引力,所谓行业吸引力是指由长期盈利能力和决定长期盈利能力的各种因素所决定的各行业对企业的吸引力。各个行业并非都提供同等的持续盈利的机会,一个企业所属行业的内在盈利能力是决定这个企业盈利能力的一个重要因素。竞争战略的第二个中心问题是竞争地位,在大多数行业中,不管其平均盈利能力怎样,总是有一些企业因其有力的竞争地位而获得比行业平均利润更高的收益。研究这两个中心问题中的任何一个,都不足以完成对竞争战略的选择。而且,这两个问题中任何一个都不是静止不变的,行业吸引力和竞争地位都在动态地变化着。随着时间的推移,行业的吸引力会增加或减少,而竞争地位则反映出竞争厂商之间的一场永无休止的竞争,甚至长期的稳定局面也会因竞争的变动而突然告终。行业的吸引力和竞争地位都可以被企业加以改变,这也正是竞争战略的选择,具有挑战性和刺激性的地方。行业吸引力部分地反映了一个企业几乎无法施加影响的那些外部因素,而通过竞争战略的选择,企业却可以在相当程度上增强或削弱一个行业的吸引力;同时,一个企业也可以通过对其竞争战略的选择,显著地改善或减弱在行业内的地位,因此,企业竞争战略不仅是企业对环境做出的反应,而且是企业从对自己有利的角度去改变环境。

二、基本竞争战略

国外的学者通过对北美许多企业的研究发现,在市场竞争中获得成功的企业都具有明显的竞争优势,这种竞争优势集中表现欲于低成本和产品差异,由此提出了两种基本的竞争战略,即总成本领先竞争战略和产品差异竞争战略。对于行业内的特定企业而言,企业战略目标可能是全行业范围,如从事无差异产品生产的企业和追求规模经济的企业,其目标往往对准全行业范围;也可能仅仅是针对某一特定市场面。针对这一特定现象,波特教授又提出了第三种竞争战略,即重点战略。企业的目标是全行业范围还是集中于某一特定市场面,则决定于企业现有资源条件和行业的市场竞争结构。成本优势和差异化优势又由行业结构所左右,并且取决于企业是否能够比它的对手更有效地在市场上竞争。竞争优势的两种基本形式,与企业战略目标范围相结合,就可以引导出在行业中创造高于平均经营业绩水平的三个基本战略:总成本领先、差异化和重点战略。每一种基本战略都涉及通向竞争优势的迥然不同的途径以及为建立竞争优势所采用的战略目标的选择。

(一)总成本领先战略

1. 总成本领先战略的概念

总成本领先战略又称低成本战略,是指企业在提供相同的产品或服务时,其成本或费用明显低于行业平均水平,或主要竞争对手的竞争战略。或者说,企业在一定时期内,为用户创造价值的全部活动的累计总成本,低于行业平均水平或主要竞争对手的水平。总成本最低战略使企业在竞争中获得低成本的优势,其意义是使企业能够在相同的规模经济条件下获得更大的盈利,或累积更多的发展资金,或在不利的经营环境中具有更强的讨价还价的能力。低成本优势的另一个含义是其具有可维持性,即相对稳定性。对总成本领先企业而言,稳定性就是指竞争对手在一定的时间内难以达到或接近的成本水平。

2. 总成本领先战略的内容

总成本领先是三种基本战略中最明确的一种。在这种战略的指导下,企业的目标是要成为产业中低成本生产厂商。企业有广阔的活动空间,为许多产业的细分市场服务,甚至可能在相关产业中经营,这一点对企业获得竞争优势至关重要。成本优势不仅取决于产业结构,而且取决于企业的规模经济性、专有技术、优惠的原材料以及其他技术和管理要素,例如,在电视机制造业中,成本领先要求有足够规模的显像管生产技术、低成本设计、自动装配线生产研究与开发费用的全球规模。如果企业能够创造和维持全面的成本领先地位,那它只要将价格控制在产业平均或接近平均的水平,就能获取优于平均水平的经营业绩。在与对手相当或相对较低的价位上,总成本领先者的低成本将转化为高收益。然而,总成本领先的战略会受到差异战略的挑战,如果它的产品被认为与采取差异化战略企业的产品不能相比而不被客户所接受,总成本领先者为了增加销售量,将被迫削价直至远低于竞争者的价格水平,这将抵消其理想的成本地位所带的收益。总成本领先的战略要求企业就是总成本领先者,而不是成为竞争这一地位的几个企业之一。很多企业因为没能认识到这一点,而曾犯过严重的战略性错误,当雄心勃勃的总成本领先者不止一个时,它们之间的竞争常常十分激烈,因为市场份额的每一份都至关重要。如果每一个企业能获取总成本领先并"劝阻"其他企业放弃它们的成本战略,那么正如大量石油化工产业的例子一样,对盈利能力造成的后果可能是灾难性的。所以,总成本领先是一种格外依赖于先发制人策略的一种战略,除非重大的技术改革,允许某个企业从根本上改变其竞争地位。在有些行业中,竞争者众多即使单就成本领先而言,可能会出现有多个企业的情况。它们相对于任何竞争对手而言,都不具有绝对的成本优势;但相对于差异化的竞争对手而言,它们又是以低成本为基础的。在这种情况下,企业采取的竞争战略是低成本战略额,由于任何一个企业都不具有绝对成本优势,这时,企业在价格竞争中往往会很慎重,以防引起价格战。较好的策略是行业内企业多采用成本加成法以确保合理利润。同时,还应采取各种方法降低成本,增收节支,创造更多的利润源。

(二)差异化战略

1. 差异化战略的概念

第二种基本竞争战略,即差异化战略,又称为产品差异化战略、别具一格战略等,与低成本战略形成鲜明对比,差异化战略更直接强调企业与用户的关系,即通过向用户提供与众不同的产品或服务,为用户创造价值。在差异化战略的指导下,企业力求得到客户的广泛重视,甚至某些方面在产业内独树一帜。它选择被产业内许多客户视为重要的一种或多种特质,并为其选择一种独特的地位,以满足客户的要求,并因其独特的地位而获得超额利润。

2. 差异化战略的内容

差异化战略赖以建立的基础是产品本身、销售交货体系、营销渠道以及一系列其他因素,因产业不同,着重点不同。例如,在建筑设备产业,履带拖拉机企业的差异战略建立在其产品的耐用性、服务、备用件供应和出色的销售网的基础上。在化妆品产业,差异化战略则更多地依赖于产品形象和商品内柜台的定位。实施差异化战略的企业为创造并维持与众不同的差异化优势,通常要承担比成本战略高得多的成本负担。差异化战略通常要考虑差异化形成要素、差异化成本和用户需要,去影响企业价值链中的差异化价值活动,为用户创造可接受的价值。这种价值最终表现为降低用户的成本,或者提高用户的绩效,或者兼而有之。因此,了解和确定什么是用户的价值是建立差异化战略的出发点。用户的价值体现在其价值链中,企业通过自己的价值链与用户的价值链的关系,去识别和确定需要实现的差异化价值。差异化战略的逻辑要求企业选择那些有利于竞争对手的,能使自己的经营独具特色的性质。企业如果期望得到价格溢价,就必须在某些方面真正差异化或被视为具有差异性。然而,与总成本领先相反的是,如果存在多种为客户广泛重视的特性,产业中将可能有不止一种成功的差异战略。

3. 成本领先与差异化的价值比较

相对于实行差异化战略的企业而言,总成本领先者虽然具有低成本的竞争优势,但仍必须在相对竞争对手差异化的基础上创造出与差异化竞争对手价值相等或价值近似的地位,以领先与产业平均收益水平。差异化的基础价值相等,能使总成本领先者直接将其成本优势转化为比竞争对手高的收益。差异化的价值近似意味着为获取满意的市场份额而进行的必要削价,不会抵消总成本领先者的成本优势,因此总成本领先者能赚取到高于产业水平的利润。

(三)重点战略

1. 重点战略的概念

第三种基本竞争战略是重点战略。因为着眼于在产业内的一个狭小的空间做出选择,这一战略与其他战略相比迥然不同。采取重点战略的企业选择产业内一个或一组细分市场,量体裁衣,使其战略为选定的市场服务,而不是为其他细分市场服务。通过为期目标市场进行战略优化,尽管它并不拥有在全面市场上的竞争优势。重点战略有两种形式:特定目标市场上的低成本战略和特定目标市场上的差异化战略。在特定目标市场上的低成本战略企业寻求其目标市场上的成本优势,而在特定的目标市场上的选择差异化战略的企业则追求其目标市场上的差异优势。

2. 重点战略的内容

重点战略的两种形式都以采取重点战略企业的目标市场与其他细分市场的差异为基础。目标市场必须满足客户的特殊需要,或者为了使和目标市场的生产和交换体系而必须与其他细分市场有所不同。特定目标市场上的低成本战略是在一些细分市场的成本行为中挖掘低成本,而特定目标市场上的差异化战略则是开发特定细分市场客户的特殊需要。这些差异意味着多目标竞争者不能很好地服务于这些细分市场,它们在服务于部分市场的同时,也服务于其他市场。因此,重点战略的企业可以通过专门服务于这些细分市场而获取竞争优势。采取重点战略的企业较之那些以全行业为战略目标的竞争对手而言,从竞争优势和战略目标两个方面中的任何一个都可以取得次优的优势。竞争对手也许会在满足特殊市场需求方面表现欠佳,这就有可能实施特定目标市场上的差异化战略。多目标的竞争对手可能又会在满足某一市场需要时表现过头,这意味着他们将承受服务于该细分市场时,高于所必需的成本压力,从而仅仅满足于一个而不是更多的细分市场的需要,为特定目标市场上的差异化战略提供了机会。

如果实施重点战略的企业目标市场与其他细分市场并无差异,那么重点战略就不会成功。例如,在饮料产业,皇冠企业专门致力于可乐饮料,可口可乐企业和百事可乐企业则生产种类繁多、味道多样的饮料。然而,可口可乐和百事可乐在服务于其他细分市场的同时,也很好地服务于皇冠企业的细分市场。因此,可口可乐和百事可乐因有更多种类产品,而在可乐市场上享有高于皇冠企业的竞争优势。

如果一个企业能够在其细分市场上获得持久的成本领先或差异化地位,并且这一细分市场的产业很有吸引力,那么实施重点战略的企业选择不同的目标市场,产业中通常总有容纳几种持久的重点战略的市场空间。大多数产业所包含的大量的细分市场,即每一个包含着不同的客户需求或不同最优化生产或交货体系的细分市场,都是重点战略的细分市场。

复习思考题

1. 简述企业的构成要素。
2. 简述文化建设的目的。
3. 简述人本管理的类型。
4. 简述企业文化建设的原则。
5. 简述企业文化建设的基本内容。
6. 简述企业文化建设的目标。

第十二章　企业价值链管理

第一节　价值链管理的基本理论

一、价值链管理的基本内容

1985年波特在所著的《竞争优势》一书中首次提出价值链(Value Chain)的概念,波特从用户角度定义价值,不仅是从财务角度,而更重要的是从战略角度来研究的。波特认为:企业创造的价值产生于一系列的活动之中,如设计、采购、生产、销售、服务以及产品开发等。这些活动的有机联系,就形成了企业的价值链。在价值链中每一个能创造价值的活动称为价值活动。一个企业的价值链和它所进行的各项价值活动的方式反映了它的历史、战略和实施战略的方法以及这些活动本身的经济效果。虽然同一产业的企业具有类似的价值链,但竞争企业之间的价值链却往往有所不同。任何一种竞争战略都是为创造出超过其成本的价值,而竞争企业价值链之间的差异是竞争战略的关键来源。

波特的价值链通常被认为是传统意义上的价值链,偏重于以单个企业观点来分析企业的价值活动、企业与供应商和顾客的可能连接及企业从中获得的竞争优势。

最初基于制造业的观点,波特视价值链为一系列连续完成的活动,是原材料转换成一系列最终产品并不断实现价值增值的过程。

每个企业都是在采购、设计、生产、销售、发送和辅助过程中进行种种活动的集合体,而这些活动都可以用波特的价值链表示出来,如图12-1所示。正是价值链把企业分解为战略上相互联系而有各不相同的价值活动,我们才得以从分析各个价值活动来理解企业的竞争优势。

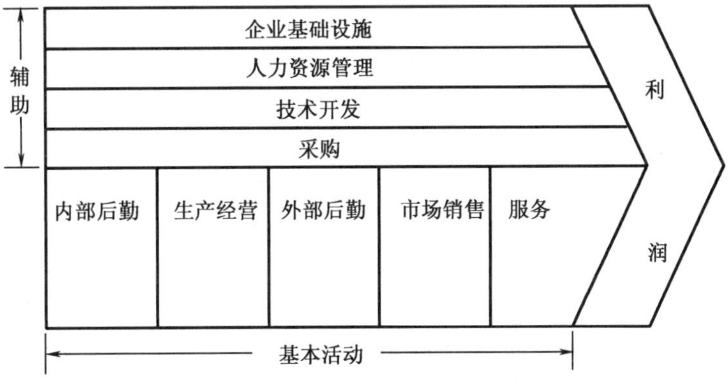

图12-1　企业基本价值链图

企业的价值活动可以分为基本活动(Primany Activities)和辅助活动(Support Activities)

两大类。在图 12-1 中最下面一行是基本活动;辅助活动通过提供外购投入、技术、人力资源和各种企业范围的职能来辅助基本活动并支持整个价值链。基本活动是企业价值活动中最主要的和最明显的,而辅助活动也是必不可少的,这是因为每一种价值活动都使用外购投入、人力资源和某种形式的技术来发挥其功能。图中清晰地反映了这样的事实,即采购、技术开发和人力资源管理都与各种具体的基本活动相联系并支持整个价值链。企业的基础设施虽然并不与各种特别的基本活动相联系,但是也支持整个价值链。

(1)内部后勤(Inbound Logistics)是为企业提供保障的活动。内容包括:从供应商处接收生产所需的原材料、原材料的质量检查、仓储、库存管理、车辆调度、向供应厂商退货等。

(2)外部后勤(Outbound Logistics)是指集中存储将产成品发送给买方的各种活动。内容包括:产品库存管理、送货车辆调度管理、订单处理、生产进度安排等。

(3)生产经营(Operations)是将有关投入转化为最终产品的活动。它有五大构成要素:生产过程、生产能力、生产库存、生产质量和生产人员管理。

(4)市场营销(Marketing and Sales)是指销售和市场促销活动。内容包括:销售渠道选择、广告策略决策、市场调查与定位、促销、定价等。

(5)服务(Service)是提供服务以增加或保持产品价值的活动。它分为售前、售中和售后服务。

(6)采购(Procurement)指的是购买用于从事企业价值链各项活动的必需品的活动。包括:用于生产的原材料的采购,办公消耗品、企业设施的采购,企业一些无形资产(知识专利)的采购,同供应商打交道的程度、手段,供应商的资格审定。采购作为一项辅助活动比一般意义上的进货活动的范围要宽,其作用是提供进行各项价值活动所必需的物品。同所有的价值活动一样,采购也使用一种"技术",如同供应商打交道的程度、资格审定原则等。一项特定的采购活动通常和它所支持的一项具体的价值活动或它所辅助的若干活动相联系。它常常对企业的总成本和别具一格的形象(差异化)有着重大的影响。改善采购方法往往会对外购投入的成本和质量产生强烈的影响。

(7)技术开发(Technology Development)价值链中每项价值活动所需的技巧、步骤和技术输入。

(8)人力资源管理(Human Resource Management)由对各类人员的招聘、雇佣、培训、开发和报酬管理所包括的活动组成。

(9)企业基础设施(Firm Infrastructure)由全面管理、计划、财务、会计、法律、政府事务和质量管理等活动组成。

波特的传统价值链是一个由自主或半自主的企业实体构成的网络,这些实体包括一些制造厂、外部供应商、运输公司、零售商和用户。一个完整的价值链始于原材料的供应商,终止于最终用户。价值链中存在着三个流:物流、资金流和信息流。物流一般从上游向下游流动,资金流从下游向上游流动。而信息流的流动方向是双向的:需求信息流自下而上流动,供应信息流自上而下流动,即订单是从用户向供应移动,而定单收到通知、货运通知和发票则是以相反的方向流动。从运行机制来看,价值链又是一个过程,即根据顾客订单,通过原材料供应、存储、产品生产,最终将产品送到顾客的一个物品的移动过程。价值链中有五个要素(时间、地点、数量、物料、交易对象),既存在于制造行业也存在于服务行业,是一个最终实现客户价值的综合过程。

二、价值链系统的联系

(一)价值链的内部联系

虽然价值活动是构筑竞争优势的基石,但是价值链并不是一些独立活动的集合,而是相互依存的活动构成的一个系统。价值活动是由价值链的内部联系联结起来的。如购买高质量的钢板可以使生产简化并减少废料。对快餐店来说,促销活动的时间安排会影响设备生产能力的利用效率。竞争优势经常来源于活动间的联系。联系可以通过最优化和协调一致这两种方式带来竞争优势。联系常反映出为实现企业总体目标的活动之间的权衡取舍。例如,成本更高昂的产品设计、更严格的材料规格或更严密的工艺检查往往会减少服务成本。企业必须优化这些反映其战略的联系以获取竞争优势联系也反映协调各种活动的需要。例如,发货按时,会要求生产作业、外部后勤和服务(如安排)这些活动协调配合。协调各种联系的能力常常能削减成本或增加经营歧异性。例如,协调的改善会降低全公司库存的需要。联系的数量众多,其中一些是许多企业中普遍存在的。最显而易见的联系是那些基本价值链中点划线所表示的辅助活动和基本活动之间的各种联系。例如,产品设计常影响一种产品的生产成本,而实际采购则常影响外购投入的质量以及生产成本、检查成本和产品质量。更微妙的联系是各种基本活动之间的那些联系。例如,加强对投入部件的检查会降低后面生产工艺过程中的质量保证成本,而对设备进行更好的保养和维护就会减少因机器故障造成的停工。对各种联系的利用常常要求信息或信息系统允许最优化或协调配合的发生。因此,信息系统对于从联系中获取竞争优势至关重要。信息系统技术近年来的发展正在创造一些新的联系,并增强获取联系的能力。

(二)价值链的纵向联系

联系不仅存在于一个企业价值链内部,而且还存在于企业价值链与供应商和渠道的价值链之间。这些联系称为纵向联系。纵向联系与价值链内部的各种联系类似,即供应商或渠道的各种活动进行的方式影响企业活动的成本或效益,反之亦然。供应商生产某个企业用于其价值链的产品或服务,供应商的价值链也在其他接触点影响着企业。例如,一个企业的采购和内部后勤活动与供应商的订单处理系统互相作用,同时,供应商的工程人员与企业技术开发和生产人员之间的协同工作,供应商的产品特点以及它与企业价值链的其他接触点能够十分显著地影响企业的成本和差异化。如供应商频繁的运输能降低企业库存的要求,供应商产品的适当的包装能减少搬运费用,供应商对发货的检查能减少企业对产品进行检查的需要。供应商价值链和企业价值链之间的各种联系为企业增强其竞争优势提供了机会。通过影响供应商价值链的结构,或者通过改善企业和供应商价值链之间的关系,常常有可能使企业和供应商双方受益。例如,同意将散装的巧克力原料用罐装车运送糖果生产公司,糖果生产企业就大大降低了进货搬运和融化的成本。销售渠道的各种联系与供应商的联系类似。销售渠道具有企业产品流通的价值链。销售渠道对企业销售价格(渠道价值)的抬价经常在最终用户的销售价格中占很大的比例。在许多消费品中,如酒,它常占最终用户的销售价格的百分之五十多。销售渠道进行如销售、广告陈列等活动可以替代或补充企业的类似活动。企业和销售渠道价值链之间也有大量的接触点,例如,销售队伍、订单处理和外部后勤。与供应商的联系一样,对于销售渠道的联系进行协调和综合优化能够削减成本或增强歧异性。

(三)买方(顾客)价值链的联系

买方也有价值链,企业的产品表示为买方价值链的外购投入。一个企业的经营差异化来源于它与买方价值链的关系。这是由企业的物质产品其特定的买方消费中被使用的方式决定的(如用于装配线的机器),也取决于企业价值链和买方价值链的所有其他的接触点。企业的许多活动与一些买方的活动相互作用。例如,对于电子验光零件,企业的产品组装进入买方的设备中,这是一个明显的接触点,但该企业也在零件设计、提供不断技术支持、解决疑难问题、订单处理和交货等方面与买方密切合作。每一个接触点都是经营差异化的一个潜在来源。“质量”是使企业具有独特性的一个过于狭隘的观点,因为它将注意力集中于产品而不是集中于影响买方的更广泛的价值活动。

差异化归根结底是从通过企业对买方价值链施加影响而为买方创造价值的过程中创造出来的。当企业为其买方创造竞争优势——降低买方的成本或增加买方的效益的时候,价值就被创造出来了。

一个企业的竞争战略归根结底是通过对顾客价值链施加影响并在为顾客创造价值的过程中形成的。对企业价值链系统进行分析,把握企业竞争战略的价值链系统构成,明确企业价值链系统的战略环节,对于保证企业竞争战略的实施具有十分重要的意义。

第二节　现代企业价值链管理模式构建

一、价值链的内涵辨析

每一个企业都是用来进行设计、生产、营销、交货以及对产品起辅助作用的各种活动的集合。所有这些活动都可以用价值链表示出来。一个企业的价值链和它所从事的单个活动的方式反映了其历史、战略、推行战略的途径以及这些活动的根本效益。为了加深对价值链的理解和认识,现做以下几点说明:①价值链分析的基础是价值,而不是成本;②价值链是由各种价值活动构成的,即由基本增值活动和辅助性增值活动构成;③企业的价值链体现在价值系统的更广泛的一连串活动之中;④一条基本价值链可以进行再分解,如作为基本增值活动的市场销售就可再分为营销管理、广告、销售队伍管理、销售业务、技术文献、促销等活动;⑤价值链的各环节之间是相互关联、相互影响的;⑥在同一产业中,不同的企业具有不同的价值链,对于同一个企业而言,在不同的发展时期,会有不同的价值链。正确地理解价值链的内涵是进行价值链管理的有效基础。

从企业经济活动的角度分析,可以这样来定义价值链:是企业为客户、股东、企业职员等利益集团创造价值所进行的一系列经济活动的总称。在价值链中,价值的概念可以从内外两个视角来理解,对外针对企业客户,指产品的使用价值;对内针对企业自身及其内部流程等,指产品能为企业带来销售收入的特性,其数量表现就是在特定实践、特定地点以及对产品起辅助作用的一系列互不相同但又互相关联的经济活动(如产品的售后服务等),或称之为“增值作业”,其综合即构成企业的价值链。企业价值链实质上只是我们称为价值(链)系统的更广泛的一连串活动之中的一部分,这一价值系统还包括供应商价值链、渠道价值链和顾客(买方)价值链。图12-2说明整个价值(链)系统的结构。

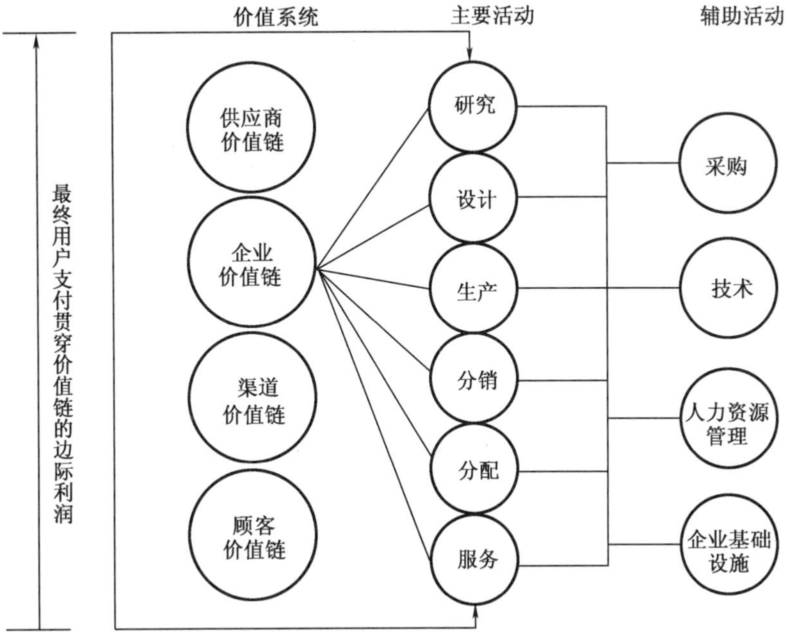

图 12-2 价值(链)系统

供应商在一个企业的链条上创造和传送其所使用的外购投入品的价值链。供应商不仅提交了产品,也会以其他许多方式影响一个公司的经营业绩。另外,许多产品在它们的运转过程中把渠道价值链传递给用户。渠道实施影响着用户的新增加的活动,也影响着企业自己的活动。一个企业的产品最终会成为其用户价值链的一部分。差异化的最终基础是决定其用户需求的用户价值链中企业及其产品的作用。赢得维持竞争优势不仅取决于对一个企业的价值链的理解,而且还取决于对一个企业如何在整个价值系统中正确行动的理解。后来 Peter Hines 把波特的传统价值链重新定义为"集成物料价值的运输线",这是另一种有关价值链的定义。与传统价值链相比,主要差别是 Hines 的价值链与传统价值链作用的方向相反,Hines 所定义的价值链把顾客对产品的需求作为生产过程的终点,把利润作为满足这一目标的副产品,而波特所定义的价值链只停留于把利润作为主要目标;第二个区别是 Hines 把材料和顾客纳入价值链,这意味着任何产品价值链的每一个成员在不同的阶段包含不同的公司,这不同于波特的分析,波特的价值链只包含那些与生产行为直接相关或直接影响生产行为的成员;第三个区别是基本活动交叉功能(如在技术、开发、生产作业和市场等之间),这些价值活动沿着价值链的流程比较合理地建立,而不只是存在于生产作业中;最后的区别是现行的辅助活动包含信息技术运用,另外与这部分相关的利润也被看作有效完成这一过程的副产品。这种新的价值链观点把价值链看成是一些群体共同工作的系列工艺过程,以某一方式不断地创新,为顾客创造价值。价值链思想认为企业的发展不只是增加价值,而是要重新创造价值。在价值链系统中,不同的经济活动单元(供应商、企业合作者和顾客)通过协作共同创造价值,而价值已不再受限于产品本身的物质转换。

考虑到随着科学技术的高速发展,工业型社会正在逐步向信息型社会过渡,知识、信息在价值形成过程中的地位日益重要,我们需要对传统价值链的概念进行重新界定。我们认为:价值链是指一些相互关联的企业通过相互间和内部的各种联系而传递价值的网链结构模式。在这个定义中,价值的收集、组织、选择合成就是价值创造过程,而数据、信息、知识的传递过程同时也就是价值的流动过程。

价值链包括三个方面含义。其一,企业各项活动之间都有密切联系,如原材料供应的计划性、及时性和协调一致性与企业的生产制造有密切联系;其二,每项活动都能给企业带来有形无形的价值,如服务这条价值链,如果密切注意顾客所需或做好售后服务,就可以提高企业信誉从而带来无形价值;其三,不仅包括企业内部各价值链活动,而且更重要的是,还包括企业外部活动,如与供应商之间关系,与顾客之间联系。

二、价值链的特征

(一)价值链是增值链

在价值链上除资金流、物流、信息流外,根本的是要有增值流,顾客在购买商品时,实质上是在购买商品或服务所带来的价值。企业的生产过程,从材料采购,产品制造到产品分销,就是一个不断增加其市场价值或附加值的增值过程。因此,企业的价值链的本质就是增值链。价值链上每一环节增值与否,增值的大小都会成为影响企业竞争力的关键。所以要增加企业竞争力,就要求企业从顾客角度定义价值,尽可能消除一切无效劳动和非增值作业。在价值链上每一环节做到价值增值。传统的企业管理仅实现了本企业的增值,而价值链管理将上、下游企业整合成整个产业链,组成了一个动态的、虚拟的网络,真正做到了降低企业的采购成本、物流成本和经营成本,在整个网络的每一个过程中实现最合理的增值。

(二)价值链是信息链

企业间的最终顾客信息、需求信息、库存状况、订单确认等集成的信息流将使价值链中每一个实体及时调整自己的行为提高其市场的响应能力,企业信息化的实现,可以消除因手工单据处理而导致的成本费用上升,由于信息延迟而导致管理决策失误,使价值链上的每一个环节在信息集成的基础上,实现协调、有序的互动,在更低成本下为企业创造更高的效益。因此,信息技术不仅是价值链构建的工具,而且是价值链的基础和保证。没有企业管理的信息化,就无法真正实现价值链。

(三)价值链是协作链

价值链上任何一个结点企业的生产和库存决策都会影响其他企业的决策,价值链系统中一个企业的生产计划与库存优化控制不但要考虑其内部的业务流程和资源,更要从价值链系统出发,进行价值链系统优化和控制。因此,价值链系统要求所有成员能够消除企业界限,重新审视渠道机制和相互关系,从交易型向伙伴型转变,构建高效有序的价值链系统。实现系统整体协调运作,在动态、有序、合作、协调地运行机制下实现价值链系统内企业间的双赢(Two Win)和多赢(Multi Win)。

(四)价值链是虚拟链

价值链的实质是虚拟企业的扩展供应链。价值链在市场、生产环节与流通环节之间,建立了一个业务相关的动态企业联盟,利用 Internet 技术把过去分离的业务集成起来,虚拟成一个企业,覆盖了从供应商到客户的全部业务流程,实现了从生产领域到流通领域一步到位的全业务过程管理增值。这不仅使每一个企业保持了自己的个体优势,同时也扩大了其资源的利用范围,使价值链系统中的每个企业可以在联盟中实现资源共享,通过虚拟价值链的运行,运用灵捷工程和并行工程,使企业在激烈的市场竞争中,建立企业内部和跨企业的协作,保证了商品的及时生产、及时交付、及时配送,及时地交付到最终消费者手中,增加了联盟内所有成员的市场竞争力、敏捷互动的市场反应力和控制力,全面提升顾客的满意度。

三、价值链与作业链

价值链的分析方法是从"作业链(Activity Chain)"分析开始的。企业的生产经营活动可以看作是最终为满足顾客需要而设定的"一系列作业的集合"形成一个由此及彼、由内到外的"作业链"。作业的进行要占用并消耗一定的资源,而作业的产出又包含了该作业所创造的一定价值,转移到下一个作业,按此逐步推移,直至最终把产品或服务提供给顾客,以满足他们的需要。最终产品作为企业内部一系列作业的综合体现,它凝聚了在各有关作业上创造的价值。因此,"作业链"同时也表现为"价值链"。作业的推移,同时表现为价值在企业内部逐步积累与转移,形成一个企业内部的"价值传递系统"。最后,通过将产品转移给企业外部的顾客,企业凝聚在产品上的价值则转化为顾客的认知价值,可简称为"顾客价值"。具体表现为顾客对所取得的产品愿意支付的代价,由此而形成企业的收入。企业获得的收入补偿为完成各有关作业占用的消耗的资源代价后的余额,如果是正数则为企业从"顾客价值"中赢得的利润,负数则为企业发生的亏损。它综合反映企业的相对竞争地位,关系到企业的生存和发展。

四、价值链与竞争优势

1985 年,波特在《竞争优势》一书中提出了"企业价值链"概念。波特认为:通过对企业价值链的分析,可以找出企业的核心能力,并帮助企业如何有效地进行资源分配。竞争优势来自厂商的一系列经营活动,包括设计、生产、行销、配销与支持等活动。每个活动都有助于提升相对的成本地位,并可作为制造差异化的基础,而差异化正是企业竞争优势的来源。按照波特的逻辑,企业的价值链同时会和供应商、顾客的价值链相连,构成一个产业的价值链。任何一个企业都能以价值链为分析,架构、思考如何在每一个企业价值活动上,寻找降低成本或创造差异的战略作用,同时进一步分析供应商、厂商与顾客三个价值链之间的联系,寻找可能的发展机会。价值链把总价值展开,它由价值活动和差额所组成。价值活动是企业赖以创造出对顾客有价值的产品所进行的在物质形态和技术上都有明确界限的各种生产经营活动的集合体。价值活动又由基本活动和辅助活动两大类组成。差额是总价值与进行价值活动的成本总和的差。在分析竞争地位和优势时,必须使用价值而不是成本,是因为差额也是价值的一部分,企业常常有意提高成本(如增加广告费用、加强销售服务等),通过树立差异化的形象来扩大差额。这个差额的多少,反映了企业竞争战略的强弱,而竞争战略的强弱不只是来源于成本。因此分析企业的两大类价值活动是确定企业优势、制定竞争战略的基本方法。

使用系统方法来考察企业的所有价值活动及其相互作用与联系对于分析竞争优势的

各种来源是十分必要的。引入价值链作为这一分析的基本工具,通过它来挖掘和理解成本和差异化的现有与潜在来源。实质上价值链把一个企业的活动分解成战略上相关的价值活动。企业正是通过比竞争对手更节约或更好开展和实施这些战略上重要价值活动来赢得竞争优势的。对于不同的产(企)业,基本活动和辅助活动的重要性是不同的。如对一个批发商而言,进货和发货后勤最为重要;而对于高速复印机制造商,服务则是其竞争优势的关键。在任何企业,各种基本活动和辅助活动都在一定程度上存在,并对竞争优势起着一定的作用。

不同企业的价值链是不相同的(其实竞争者相互之间价值链的差异是取得竞争优势的主要原因),这反映了它们各自的历史战略和经历的差异。一个重大的差别就是在范围上一个企业的价值链和它的竞争者有所差异。竞争范围表明了竞争优势的关键所在。只服务于一个特定的行业细分市场也许能使一个企业将其价值链与该细分相适应,从而与竞争对手相比在其所服务的细分市场上拥有较低的成本或差异化。拓宽其所服务的区域市场也会影响竞争优势。活动中的集成程度对竞争优势发挥着关键作用。最后,依据协调一致的价值链在相关产业里进行竞争,并且能够通过相互关联而取得竞争优势。因此,价值活动是竞争优势的各不相同的构建单元。在市场经济条件下,如何执行各种活动将决定一个企业在成本方面是高于还是低于竞争对手。如何执行各种价值活动也会决定它在满足顾客需要方面的贡献程度,从而决定了企业的差别化。对竞争者的价值链进行比较,表明存在着决定竞争优势的各不相同的因素。未来的竞争不是企业与企业之间的竞争,而是企业价值链与企业价值链之间的竞争。只有对企业价值链的各个环节实行有效管理的企业才有可能真正获得市场上的竞争优势。

五、基于竞争战略的企业价值链管理模式

随着国际市场竞争的激烈和管理水平的不断提高,中国经济要在全球化和经济一体化的国际竞争中发展,一方面应在宏观上把握经济的运行规律,搞好宏观调控;另一方面,也是更为重要的方面,要在企业层面进行管理创新。随着国有企业初次创业制度安排的实现与完成,具有差别性的优惠政策的取消,改革的先发效应已变得不再明显。在现代企业制度相继建立后,对于在同一竞争平台上的企业而言,要在竞争中取胜必须实现管理科学化,彻底转变在计划经济体制下形成的行政型、经验型、粗放型的管理模式,将之向市场化、知识化、集约化的方向发展,实现经营管理的现代化。

基于竞争战略的企业价值链管理模式(图 12-3),就是从企业竞争战略出发,运用价值链管理理论和方法,对企业价值链系统的构成进行分析和研究,为了保证企业竞争战略的实现,需要对企业价值链系统进行优化,主要从三个方面进行:一是通过对价值链的构成基础作业链的优化实现的,作业链是由“作业”构成,通过对“作业”实行“作业成本”管理和“目标成本”管理,优化和控制“作业”活动,进而实现“作业链”的优化;二是通过实行适时制造制消除生产过程中不增加价值的存储等待等作业,使产品的生产周期等于对产品进行直接加工和处理的必要时间。适时制造制是一种拉动式的生产组织方式(Pull-through Production System),要求企业按客户订单需要由最后生产工序自后向前推进安排生产;三是通过开展全面质量管理来保证产品质量、节约资源消耗,实现价值链的优化。随着市场环境的变化,企业经营管理模式也随之发生了变化,由“纵向一体化”向“横向一体化”转变,要求实现企业价值链再造,其表现形式是价值链的分解与整合。通过价值链的分解,保留其

核心业务，将非核心的业务外包，从而保持和强化企业的核心竞争力；通过价值链的整合，在双赢和多赢的原则下，实现企业间的战略联盟，综合提升企业的竞争实力，形成企业的竞争优势。

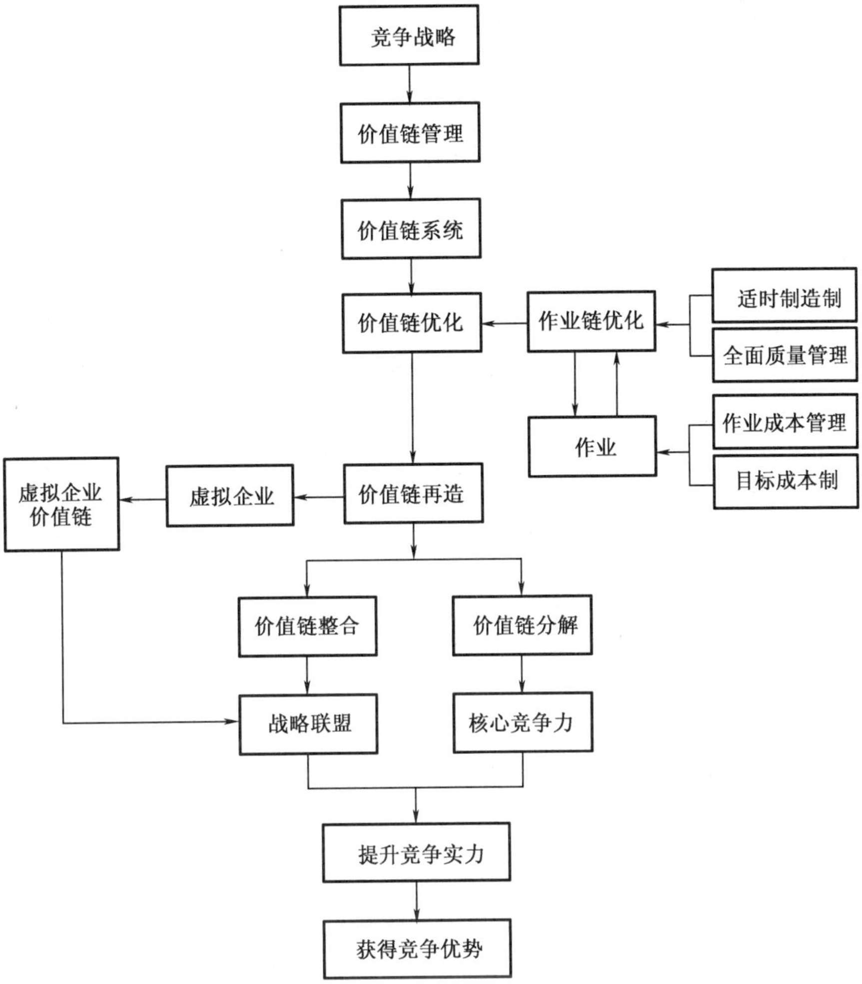

图 12-3 基于竞争战略的企业价值链管理模式流程图

在网络经济时代，随着 Internet 的迅速发展出现了虚拟企业的经营形式，虚拟企业通过构建虚拟企业价值链，在世界范围内选择合作伙伴，实现虚拟战略联盟，将增强企业的竞争实力，形成企业的竞争优势。基于竞争战略的企业价值链管理模式是以竞争战略为指南，以价值链分析为前提，以作业链优化为基础，以通过价值链分解和整合实现价值链再造为中心环节以提高企业竞争力获得企业竞争优势为目标的一系列管理现代化行为的组合模式。其目的就是为了提升企业在市场竞争的竞争实力，形成持久的不可模仿的竞争优势。

第三节　现代企业竞争战略与价值链分析

一、价值链管理分析的内容

企业要生存发展，必须为企业的股东、顾客、员工等利益集团创造价值，企业创造价值的过程可以分解为设计、生产、营销、交货以及对产品起辅助作用的一系列互不相同但又互相关联的经济活动，或称之为“增值作业”，其总和即构成企业的价值链，一个企业的价值链也可以说是这些活动的集合。价值链管理分析的内容包括以下几项。

(一)分析价值链每项活动的经营成本和资产

价值链上每项活动都有自身的经营成本和资产，因此每项活动的成本要受到所分配的资产数量和使用效率的影响。为了分别观察每种活动的成本效益状况，应将资产和成本分配到这些活动中去，并确定每项活动的成本驱动因素，将其影响予以数量化，以揭示各种成本驱动因素的相对重要程度。同时为了衡量企业的成本竞争地位，还应将上述分析方法运用到竞争对手的每项活动中。如果企业价值链上所有活动的累计总成本小于竞争对手的成本时，就具有了成本优势。而这种优势若能持久的得以保持，并且使得竞争对手无法轻易模仿，这种优势对于企业而言，就具有了战略上的意义。

(二)分析总价值、价值活动成本和差额

价值链理论的立足点是价值。价值是客户对企业提供给它们的产品或服务所愿意支付的价格。价值由企业的总收入来表示，总收入反映了企业产品所标定的价格和企业能够卖出该产品的数量。显然，企业所得大于投入的成本，就有了盈利。企业实施任何战略的目标都是为顾客创造出超出其成本的价值。用价值而不是成本这一概念，是因为有些企业常常运用成本以求通过树立别具一格的形象来获取溢价。

价值链把总价值分开，它由价值活动成本和差额组成。价值活动是一个企业所进行的在物质形态上和技术上都界限分明的活动，这些都是企业赖以创造出对顾客有价值的产品的基础。差额是总价值和进行价值活动的成本总和之间的差。

(三)分析企业内外部价值创造系统的组成

价值链的着眼点是企业内外组成的系统:在企业内部，是由纵横交错的基本活动和辅助活动组成的价值创造系统。而且每种活动都是相互联系的，如每一种价值活动都是使用外购投入、人力资源和某种形式的技术来发挥其功能，每种价值活动也都使用和创造信息。在企业外部，是由企业与供应厂商、销售渠道、买方组成的更大的系统。企业不仅是独立的在为客户创造价值，而是与上下游企业甚至包括客户在内共同创造价值。

(四)分析竞争优势和潜力

运用价值链理论和提供的分析方法，可以为企业分析自身的优势、挖掘自身的潜力，进而采取正确的策略奠定基础。企业要采取低成本策略，就要分析整个价值链中企业资产分配与利用效率的情况。如果是产品维修量增多加大了服务成本，企业就要通过提高产品质

量,以达到减少维修费用的目的。如果经营销售成本过高,就可以从广告、营销管理、促销等诸环节研究成本过高的原因,以便有针对性地采取措施。企业也可以通过重构价值链来适应自己实施的具体策略。如一家处于市中心的蔬菜零售商可以采取将蔬菜的生产、加工、包装等环节都放在远郊的产地完成,既节约了人工成本,又减少了运输量,以此来实现企业的低成本策略,从而会很容易的战胜对手。

(五)成本企业的竞争资源

从价值系统的观点分析企业的竞争资源,是从更大的范围和更宽的视野来分析和确立企业的竞争优势。这是因为供应商的价值链、销售渠道价值链、买方的价值链都对企业竞争优势的形成起着举足轻重的作用。如对机械行业来讲,原料的质量和价格对企业策略的影响重大,机械生产企业可以根据自身情况,或与上下游企业结成同盟,统一行动,利益共享,以从共同为客户创造的价值中取得更高的溢价。或以扩张的形式,实行多角化经营,保持和确立自己的优势。美国的莱维公司是一家生产牛仔裤的著名企业,每天晚上,它通过电子数据交换系统,收集到主要零售商西尔斯公司及其他主要零售点销售的牛仔裤尺寸和型号,然后,莱维公司通过电脑网络向纤维布供应商米利肯公司订购制造这些牛仔裤的纤维织布。接着,米利肯公司又向其纤维供应商杜邦公司订购一定数量的纤维。通过这种方法,价值链条中的所有参与者都运用先进的电脑网络得到销售信息,生产出时销对路的产品,而不是去盲目生产那种有可能与需求脱节的产品。

二、企业竞争优势战略及其与价值链分析的关联

(一)企业获取竞争优势的三种基本战略

价值链理论认为,一个企业主要可以有两方面的优势:低成本和歧异性或称差异化。与企业寻求获取竞争优势的产业活动范围相结合,可以引导出企业获得超出行业平均利润水平的超额利润的三种基本战略:成本领先(Overall Cost Leadership)、差异化(Differentiation)以及目标聚集(Focus)(表12-1)。

表12-1 三种基本的竞争优势战略

战略目标范围	竞争优势战略	
	比其他企业更低的成本	提供特别的功能
全局	1. 成本领先	2. 差异化
局部	3A. 成本聚集	3B. 差异性聚集

1. 成本领先战略

实行成本领先的企业目标十分明确,就是成为产业低成本的供应者。这种战略一般建立在规模效益的基础之上,通过降低产品成本取得高于同行业一般水平的收益,并能使商品以价廉为优势,迅速扩大市场份额。

2. 差异化战略

在差异化战略的指导下,企业力求就客户广泛重视的一些方面在产业内独树一帜。客

户在不同的时期所关注的内容也不是完全相同的,企业也相应提出自己与其他产业参与者相比的独特之处,如果企业的差异性为客户所认可,差异优势有助于企业以高出同行业平均水平的价格出售自己的产品。

同样,企业任何一种价值活动都是经营差异性的一个潜在来源。企业通过进行与其他企业不同的价值活动或是构造与其他企业不同的价值链来取得差异优势,在企业的价值活动中增进独特性同样要求企业能够控制各种独特性驱动因素。(时间性、政策选择、企业内部的价值链联系、学习和模仿、一体化程度、规模等)。当然,真正重要的是,创造的价值得到买方的认同是企业所有活动的最终判断标准,企业的经营差异战略必须为买方所认同。另外经营差异必须同时控制实现差异经营的成本,以便将经营差异转化为显著的效益。

3. 聚集战略

实行聚集战略的企业在经营目标上仅选择一种或一组细分市场,并制定出针对性较强地策略为其服务,通过目标市场进行战略优化,致力寻求其目标市场上成本聚集或差异性聚集的竞争优势。

(二)价值链分析与竞争优势战略的关联性

竞争战略的深层含义在于:竞争优势是任何竞争战略的核心所在,而要取得竞争优势,企业就必须在所有影响企业成本及差异性的方面做出选择,这种选择是在战略的层面上进行的。运用价值链分析方法有助于企业明确认识到企业所面临的竞争优势和自身劣势所在,从而做出正确的抉择。

在一个行业里,企业的价值链总是千差万别的,企业的价值链与竞争对手的价值链比较,揭示了决定竞争优势的差异所在。价值链分析方法将企业的经营过程分解为既分离又战略相关的许多活动,并在此基础上对这些活动及影响这些活动的动因进行深入的分析,并根据分析结果,从顾客价值出发考虑尽量消除不增值的作业,加强能够增强企业差异化的作业,从而达到降低成本,提高企业竞争力的目的。

进行行业价值链分析可使特定企业明确自身在行业价值链中的位置,寻求以整合(前向和后向整合)或称一体化(Integrate)方式降低成本的途径。可以利用行业价值链来消除不增值作业,寻求利用上下游价值链管理成本的可能性,探索利用行业价值链降低成本,增加企业的经营差异性,取得竞争优势的途径。

通过对竞争对手的价值链的模拟和分析,还可以测算出竞争对手的成本,企业以此为依据,客观评价自己在竞争中与竞争对手相比的优势与劣势,从而扬长避短,科学制定取得竞争优势的竞争战略。

第四节　现代企业价值链的确定

一、形成企业竞争战略的企业价值链分析方法

确定并运用价值链进行分析的方法,是一种有效的确定和建立竞争战略、制定企业经营领域竞争战略的方法。价值链分析法能使企业清楚知道哪些是自己的优势和劣势,其原因是什么。在战略期间,根据产业结构特点,企业应追求什么样的竞争战略以及怎样获取这些优势。因而它是连接企业战略思想和战略行动的有效纽带。价值链分析法主要通过

三个方面形成企业的竞争战略。

1. 确定价值链中各价值活动与顾客价值活动的联系

顾客是企业产品或服务价值的最终评判者，企业只有找出与顾客价值最有关的活动，才能更有效地利用自己的有限资源，去努力增加这些活动的顾客价值。企业本身价值活动与顾客价值活动的相关程度，就是反映了企业竞争能力强弱的程度，这些密切相关之处就是企业的优势所在。

2. 通过企业价值链中各价值活动的相互联系，形成企业的竞争战略

价值链系统是由价值活动有机联系而形成的通过价值链系统产生的竞争战略，表现在价值活动之间是否处于最佳的联系关系和各个价值活动是否协调这两个方面。例如，生产和销售竞争活动之间有多种联系方式，企业就应该发现究竟哪一种方式最能满足用户的需要。同样，企业价值链系统同外部其他利益集团的价值链系统也存在这样的问题。企业只有选择最优的价值活动之间的联系并充分协调各价值活动的作用，才能最大限度地获取竞争活动带来的综合优势。此外，企业能否采取这种优势，还取决于是否有较强的管理能力来实现价值链系统高质量、高效率的运行。

3. 比较企业与竞争对手的差别，找出强化企业竞争战略的方向

企业要重点分析价值活动的特征，从中找出企业竞争战略的方向。一件产品形成过程所经历的各价值链环节彼此可能有很大的差异。这些差异包括各环节对要素条件的要求差异、利润差异、战略重要性差异、进入障碍差异等。

(1)对要素条件的要求差异。同一件产品，在生产经营过程中不同阶段的价值链环节对投资、生产规模有着不同的要求。一般而言，在高科技产业产品的研制阶段对投资要求较高；在零部件生产阶段，需要大规模的投资、大规模的生产以降低生产成本和分摊 R&D 费用；而在组装阶段，对规模的要求则更具灵活性。

(2)利润水平差异。在市场经济体制下，由于顾客价值不同利益水平与增加值可能是不相等的。在企业生产经营活动的不同阶段一项活动的增加值可能很大，但从事该活动的企业的利润率可能很低。也可能增加值在整个产品的增值中占的比重很小，但从事该活动的企业却具有较高的利润率。因此，对企业而言，处在不同的生产过程阶段，企业的利润水平是不同的。

(3)战略重要性差异。一件产品的关键环节常常集中在该产品价值链上的一两个环节上，谁控制了这些环节，谁就能控制整个价值链这些战略环节，在不同的产品价值链中是不相同的。因此，企业识别这些战略环节是十分重要的。

(4)高利润的源泉。在企业价值链系统中，有些环节汇集着较多的利润，而有些环节几乎没有利润，因此，企业处在价值链不同环节上，其利润率是不同的。在一条价值链上，通常情况下，高利润在两个地方汇集：一是在方便竞争对手忽略的环节上汇集，二是在竞争障碍存在的环节上汇集。如果企业能够在复杂的市场环境中发现并拥有这些环节，这可能在一定时期内获得较高的利润。这是因为，竞争对手的忽略不可能长久。一个环节长期的利润高低取决于进入障碍的高低。从经济学理论上说，一个行业长期利润的高低直接与垄断优势相联系，然而，垄断优势所形成的进入障碍常常并不存在于整个产业之中，而仅存在于产业价值链上的某些环节。目前在 VCD 生产的产业链中，解码器的进入障碍就很高，我国没有一家公司能够制造，生产经营 VCD 的企业利润甚微，甚至出现亏损而出售解码器的美国 C-Cube 公司却连续多年成为 VCD 行业的赢利大户。由于影响价值链形成的因素很多，

竞争企业之间的价值链一般都是不同的。在产业竞争中，每个企业都在力图寻找适宜其自下而上的价值形成方式，这就是企业的特点或擅长形成的原因。与竞争对手的价值链相比较，能够发现自身价值活动的长处和不足，明确巩固、发展和改进的方向。

二、确定企业价值链的程序及构成机理

确定企业价值链应按科学的程序进行，一般可分为以下五个阶段，即确定企业每一种价值链的范围，企业竞争活动的分解与归类，明确价值活动的内外联系，确定每一活动的价值和方式，形成企业竞争战略（图 12-4）。各阶段都有其明确的使命，其构成机理如下。

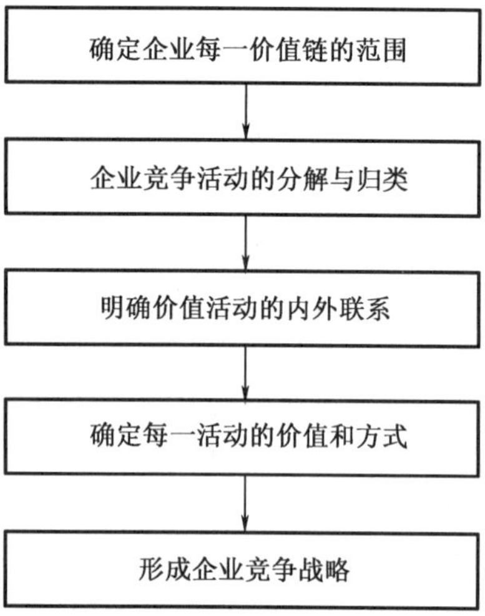

图 12-4　确定企业价值链的程序图

1. 确定企业每一价值链的范围

单一产品经营的企业，主要从生产经营流程和相关的辅助活动来确定其价值链的范围。多角化的企业，除了确定每一经营领域的价值链范围外，还应找出每一价值链中各种价值活动的协同关系。

无论是企业的价值链还是由企业的价值链构成的产业价值链都是由活动构成的。对企业活动划分的标准，因活动的经济、技术性质和分析的目的不同而不同，一般而言，划分的标准有两条是最重要的：一是该项活动在经济、技术上是否具有一定的独立性，可以单独存在；二是该项活动具有的战略重要性，因为该活动构成了在产业增值中相当大的比重。

2. 企业竞争活动的分解和归类

企业价值链中的各类经营活动都可以再分解为相互独立的种种活动，如图 12-5 所示。

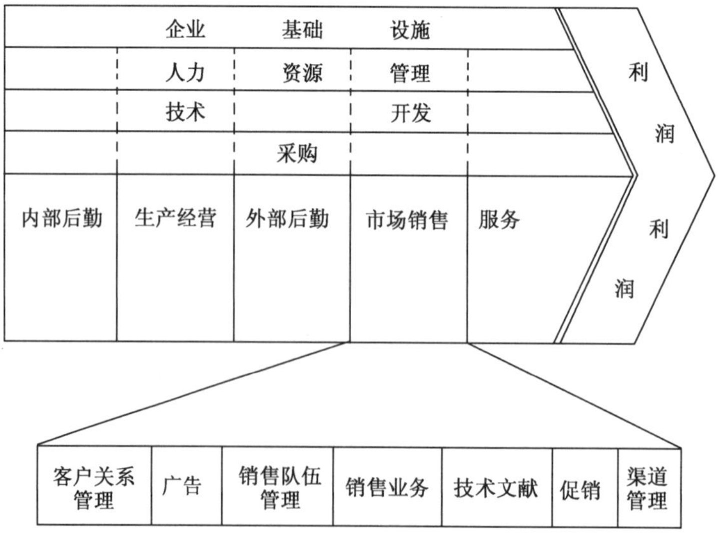

图 12-5　一条通用价值链的细分图

在价值活动细分中，其分解层次是否适当取决于活动的经济性和分析价值链的目的。一般的基本原则是：①具有不同的经济性；②对差异化能产生很大的潜在影响；③在成本中占有相当比例和该比例在不断上升等活动，都应该分列和区分开来。随着一些活动的细分，可以揭示出竞争战略的重大不同之处。

细分的战略意义还在于，某些活动因其对竞争战略无关或因其类似的经济性而被组合在一起。将一项活动恰如其分地选择归类，要根据企业的需要进行分析、判断，使它能够划归到最能代表它们对企业竞争战略的贡献的类别中去。在企业中，订单的处理既可以归为发运，也可以归为市场营销。但是，在强调企业和客户之间相互作用的重要性时，它就应该划归到市场营销当中。同样，进出厂的原材料搬运如果使用同一设备和人员，那么这两者一般地可以统一为同一价值活动之中，并划归到其功能对竞争影响最大的类别。企业在价值活动的分解和归类的基础上，常常重新确定其价值链。这对企业战略管理者更深刻地理解其价值活动和获取价值优势具有重要意义。当然，价值活动的顺序安排从总体上说，应该根据生产经营的流程进行。但在企业生产经营实际中，根据环境的变化对企业的某些活动在获取竞争战略时进行重新分类和整合，可以增强管理人员对价值链的直觉认识程度，这就需要考虑价值链的内在联系和外向联系。在一个多角化经营的企业里，各个经营领域的价值链相互之间的优化和协调产生了协同效应，如图 12-6 所示。图 12-6 中各经营领域价值活动之间的连线，表示相互间具有协同作用。

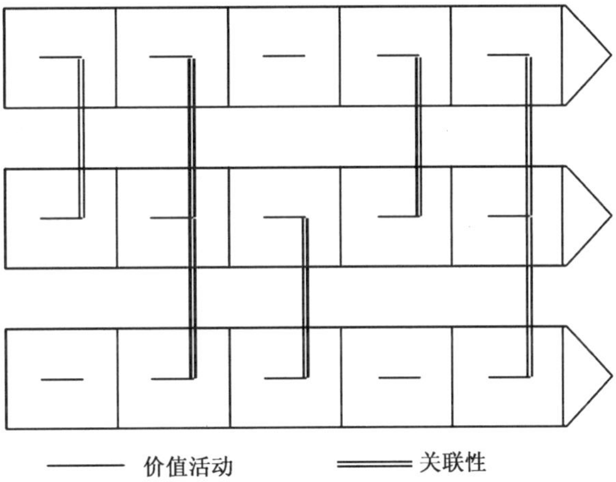

图 12-6　相关多角化企业价值链的关联性示意图

3. 明确价值活动的内、外联系

如前面所述，竞争战略一方面来源于价值活动本身，另一方面来源于价值活动的相互联系，即来源于这些联系的优化和协调。价值活动的联系可分为前后（专业化）的联系和平行（多角化）的联系。企业内部价值活动的联系可以从物质流、资金流、工艺流和信息流中来确定。通常各个价值活动之间的联系有多种方式可供选择，哪种联系方式产生的竞争战略最显著，企业全部的价值活动怎样协调产生的竞争战略最具有适应性。这是确定最优的价值活动之间的联系方式和整体优化价值活动的组合方式的关键。企业与产业价值链的联系的关键是找到恰当的接触点，来影响其他企业或调整自身的活动，其着眼点主要是谋求在与外部联系中产生的竞争战略。

4. 确定每一活动的价值和方式

根据价值链的概念,从用户角度确定价值链每一项活动的价值是形成成本优势的基本方法,即按照用户对产品价值的重要程度的理解,将价值链的总价值分配到每项价值活动中。如果企业价值链的独立中间部分也直接对外联系,如企业向外部市场提供中间产品或服务,则更容易确定这些活动的价值。由于在实际中直接理解用户对产品的价值观点是困难的,所以可以从成本角度来考虑。因为企业竞争战略最终表现为创造的价值大于成本代价,或一定的成本代价创造出尽可能大的价值。当产业中的用户可接受的价格和平均利用率可以估计时,用成本方法代替用户价值法对企业更为直观、可行。确定每一价值活动的方式既是影响成本又是形成差异化的差距。企业通过分析用户和竞争企业活动的方式,有针对性地调整自身的价值活动,有利于形成差异化的竞争优势。这种差异化优势还可以通过与供应商、销售渠道、用户甚至竞争企业的合作与协调来形成。

第五节　基于企业竞争战略的价值链系统分析

任何企业都是由各个阶段的价值创造活动构成的。企业的价值链活动包括进货后勤、生产作业、外部后勤、市场营销、销售服务。除了直接价值创造活动以外,企业价值链还包括辅助活动,如企业的技术开发、人力资源管理、企业基础设施等。企业的辅助性活动并不与特定基本活动相联系,但它支持整个价值链,其质量好坏直接影响基本活动的增值效果,因此同生产销售活动同样重要。企业利润的高低,竞争优势的大小取决于价值链两部分活动各环节运作的质量。

企业不可能独自从事其产品涉及的所有阶段的活动,它需要供应商为其提供原材料,需要中间商为其销售产品,广告商为其广告宣传。因此,在企业的运营系统中,存在着对企业生产经营活动产生直接影响的供应商、批发商、零售商和用户,它们之间存在着信息流、物流、资金流的运动和交换,从而构成了企业广义的价值链系统(图 12-7)。

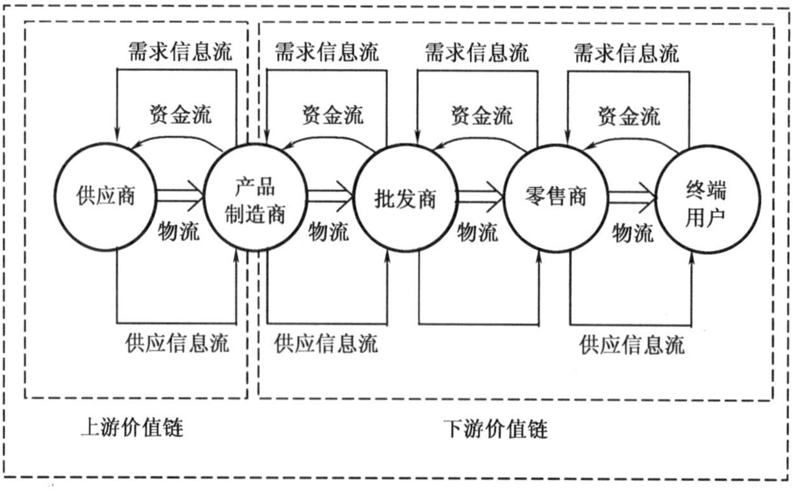

图 12-7　价值链系统流程图

供应信息流,沿着供应商→产品制造商→批发商→零售商→用户的方向运动,以满足用户的需求;需求信息流沿着相反的方向从下向上运动,向生产者传递信息,以实现按需定产,保证企业的产销平衡;物流沿着加工的工艺方向运动,使得生产在不同的工艺阶段顺利进行,以保证生产的交货期和提高企业的市场响应能力;资金流一方面伴随着物流从上向下运动,另一方面随着各个阶段销售的实现由下向上运动,从资金上保证企业再生产的顺利进行。

在企业的价值链系统中,有上游价值链和下游价值链,上游价值链的资金运动和下游价值链的资金运动情况都会影响企业的价值链系统。基于企业战略的企业价值链管理,就是在资金流的双向流动中,运用价值链的分析方法,分解和整合企业的价值链系统,以优化企业的价值链。

企业的价值链系统是指价值链的价值活动内在和外在的有机联系。运用价值链分析法进行企业管理,首先应该确定企业的价值链系统,而这一系统的确定是以对产业结构价值系统分析为前提的。

一、基于竞争战略的企业价值链的内在联系

企业价值链是由各项价值活动有机地联系起来的。这种联系主要表现在某一项活动的实施方法与另一项活动的成本或效益之间的关系。因此,企业竞争优势既来源于单项活动的本身,也来源于各项活动的有机联系,并且要求这种联系必须是优化的和协调的。企业价值链系统优化是指在取得同样的全面效益为目的的各种活动之间的权衡取舍。例如,在现代企业运作管理中,较高的产品设计、严格的原材料规格、科学的加工检验,都有可能降低企业的售后服务费用;在全面质量工作中,生产环节的高成本,可以导致服务环节的低成本,因此,这里就存在着生产成本与销售成本高低的取舍问题。企业为了取得竞争优势,必须使这些反映其战略活动的联系达到最优。协调的含义是活动与活动之间的保证和支持关系,以共同确保成本优势和形成企业的差异化战略,在现代企业管理中,按期交货需要企业的生产、发运和安装服务等活动的保证和支持;减少存货实现零库存,需要采购、供应、销售和发运的保证和支持;直接生产活动的进行需要辅助生产活动的保证和支持等。只有这样,才能使企业系统整体输出最优。

二、基于竞争战略的企业价值链的外在联系

按照迈克尔·波特的逻辑,每个企业都处在产业链中的某一环节,一个企业要赢得和维持竞争优势不仅取决于其内部价值链,而且还取决于在一个大的价值系统(即产业价值链)中一个企业的价值链同其供应商、销售商以及顾客价值链之间的连接。现代企业的产业价值链体系,既包括现代企业与其上下游客户的纵向价值链(产业价值链),又包括现代企业与其他现代企业的横向价值链。

(一)产业价值链的特征

在每一个产业内,都有许多企业在产品、信息、资金、技术等方面存在着密切的关联。各个企业在产业内的分工不同,分别处在产业链的不同环节,各自扮演着不同的角色。产业的上下游企业之间存在着产品、信息、资金等要素的传递过程,这个过程同时也是价值的增值过程,所以在每一个产业内都有一条价值链,可以称之为产业价值链。产业价值链的形成有效地实现整个产业链的价值,反映价值的转移和创造。

产业价值链形态并不是唯一的，针对具体的行业，由于产业的特性，其产业价值链构成往往存在差异性，而且处于动态变化之中。产业价值链的主要特征如下。

1. 系统性

产业价值链的各个组成部分相互依存、相互制约，共同构成一个有机的整体。不仅产业的上下游企业之间存在着产品、信息、资金等要素的传递过程，而且产业价值链之间也相互交织，呈现出多层次的网络结构特征。在新的竞争环境下，产业中的竞争不仅仅表现为单个企业之间的竞争，还表现为一条产业链同一条产业链的竞争，一个企业集群同一个企业集群之间的竞争，甚至是国与国企业之间的相互竞争。

2. 增值性

价值链同时也是增值链。增值性也是产业价值链的一个基本特征。产业内的各个企业分别处在产业链的不同环节，它们创造着价值，传递着价值。下游企业的价值增值环节是在上游企业价值创造的基础上，进一步面向新的客户进行的。整个产业价值链的增值性大小与产业中上下游企业的关联密不可分，也与产业链的末端企业与最终客户的关系紧密相连。整个产业链的增值性最终取决于价值链末端的客户价值能否真正实现。

3. 价值创造的差异性

根据价值链理论，在整个产业价值链上实际上只有某些特定的价值活动才能真正创造价值。这些真正创造价值的经营活动就是整个产业价值链上的"战略环节"。行业的垄断优势就来自于此，抓住了这些战略环节，也就抓住了整个价值链，控制了整个行业。例如，某产业价值链中包括研发、设计、制造、仓储、运输、销售、服务等环节，其中产品的研发、设计是价值链中的关键环节，也是整个产业链中增值最大的环节，而其他诸如制造、销售、服务等环节是非关键环节，在整个产业链中处于次要、从属地位，控制这些环节不能给企业带来较高利润，是非战略环节。

4. 循环性

产业链中价值的增值是一个不断循环反复的过程。如果一条产业价值链无法实现有效的循环，那么这条产业价值链会面临"死亡"的境地。

（二）产业价值链的效应

产业价值链的效应主要体现为纵向产业价值链的链式效应和横向产业价值链的集群效应。产业价值链的主要效应如下。

1. 产业价值链的链式效应

产业价值链的存在，是以产业内的分工和协作为前提的。专业化的分工可以大大提高效率，扩大价值增值流量；而协作是产业价值链中各个价值增值环节得以链接和连续的必要条件。通过专业化分工，能使价值链上不同环节的企业充分发挥出各自优势，以达到让最终用户享受尽可能多的价值增值的目的。任何一个企业都处于产业链的一个或几个环节，通过不断优化其内部价值链，可以使其获得专业化优势和核心竞争力；同时，在产业链中，一个企业价值链同上下游企业价值链紧密连接，企业间形成良好的协同、互动机制，可以建立一种远远大于单个企业点优势的竞争优势—链优势和群优势，从而使得整条产业价值链及其中各环节企业处于有利地位，真正实现多赢的局面。

2. 产业价值链的集群效应

在以一个主导产业为核心的领域中，由关联度较高的众多企业及其相关支撑机构在地理空间上就产生了企业在某一产业价值链上集聚的现象。这种产业价值链上企业的集聚向上延伸到原材料和零部件及配套服务的供应商,向下延伸到产品的营销网络和顾客,横向扩张到互补产品的生产商及通过技能、技术或由共同投入品联系起来的相关企业。产业内的企业集聚会产生规模效应。产业关联性越强,产业链条越紧密,资源的配置效率也越高。通过产业价值链的整合不但可以将具有不同优势环节的企业相联系,实现产业价值链上的各个环节都达到最优,进而实现企业产业价值链整体最优,而且基于产业价值链的资源整合通过诸如实施标准化生产、对内部管理费用进行严格控制等,可以有效降低产品在产业价值增值环节上的包装、流通、库存、销售与内部部门间协调等成本,获得成本领先优势。

(三)企业上下游纵向价值链关联

企业价值链的外在联系表现在企业与供应商、销售渠道、顾客和竞争对手价值链的相互关系上。企业与供应商、推销商、广告商、顾客的价值链组成的价值系统即产业价值链,系统中的各价值链互相联系、互相影响。企业要获得和保持竞争优势,不仅仅取决于对其自身价值的认识和组织,而且取决于对整个产业价值链的理解与适应。企业的这种关系所反映的产业结构的价值链体系,如图 12-8 所示。由于企业是在产业或经营领域中追求其竞争战略、确定竞争战略,因而这种竞争战略不仅与自身的价值链体系有关,而且与产业结构的价值链系统密切相关。首先,企业与其供应商、销售渠道和顾客形成了直接的价值链关系,这种关系是直接受益和制约的关系;其次,与竞争对手和其他企业形成间接的价值链关系,这种关系是间接受益和制约的关系。

供应商的价值链与企业的价值链在某些接触点影响企业。这些接触点可以是企业的采购和供应活动与供应商的订单登记系统,也可以是供应商的应用工程设计人员与企业的技术开发和生产活动相配合等。这些接触点,可以在很大程度上影响到企业的成本和差异化战略。

现代企业若同供应商建立稳定的合作关系,供应商能够保证及时的材料供应,就可以降低生产企业的库存,从而实现了 JIT(Just-In-Time)生产制度;如果供应商对产品具有严格的制度和进行科学的检验,就可以使生产企业进货检验这一环节省去,从而使生产企业的生产周期缩短,同时也降低了生产成本。供应商产品的特征和质量,对企业差异化形象具有不可忽视的作用。企业通过影响供应商价值链结构或使两者之间的价值链的相互协调、配合,能使结合起来的活动效益达到最优化,而对双方都有利。因此,企业与供应商在价值链之间的关系,并不是简单的一方所得与另一方所失,在经济一体化的环境下可以实现双方共赢。例如,同意将散装巧克力用罐装车运送到糖果生产公司,糖果生产企业就降低了进货搬运和融化成本。在企业和其供应商之间分配,由于协调和优化各种联系带来的收益取决于供应商砍价的能力并反映为供应商的利润,供应商的砍价能力部分是结构性的,部分决定于企业具体的购买方式。企业与销售渠道在价值链上的关系,与供应商类似。销售渠道的加价在最终价格中所占的比例是比较高的。销售渠道中进行着推销、广告和营业推广等可以代替或补充企业营销职能的活动。因此,企业和销售渠道在推销、订货和发运等活动的价值链之间有多个接触点。例如,销售队伍、订单处理和外部后勤与供应商的联系一样,协调和销售渠道的联系并使结合起来的活动效益达到最大化,也同样能降低成本和增强差异化的形象。

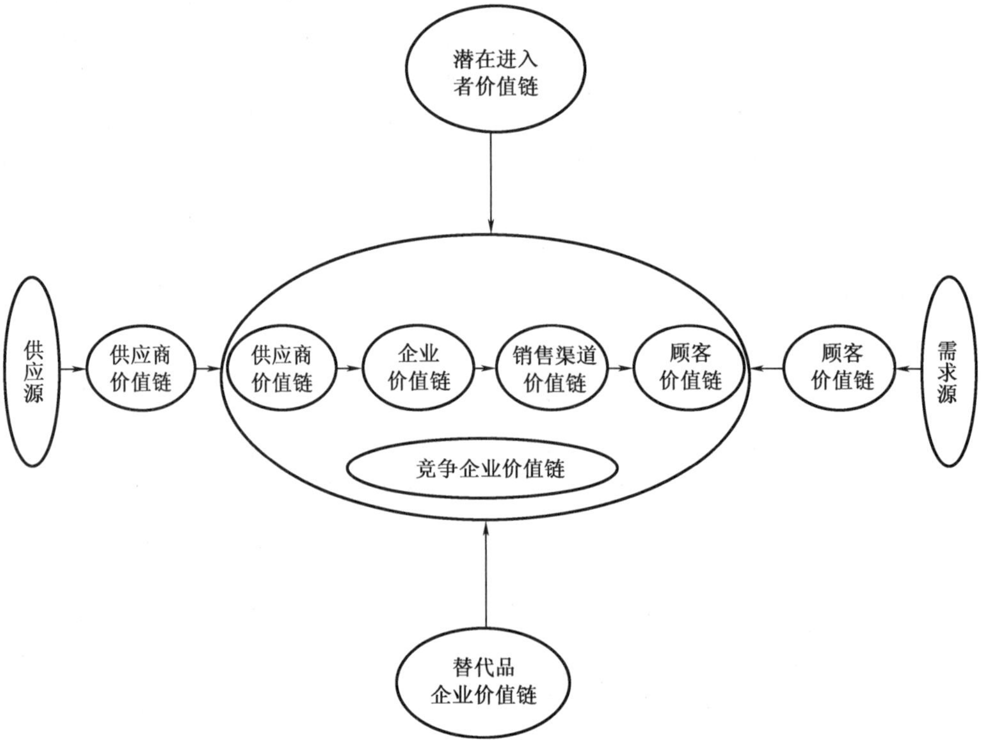

图 12-8　产业结构价值链体系图

企业同顾客在价值链上的联系与供应商同企业的联系类似。消费者的价值链虽然存在着差异性,但仍然是很重要的。企业的差异化战略归根到底,产生于企业在为顾客创造价值的过程中对买方价值链所产生的特殊的、积极的影响。竞争企业的价值链是企业了解成本优势和确定差异化方向的重要依据。同时,产业结构中其他企业对企业价值链的潜在影响也是无处不在的。例如,潜在的供应商、潜在的顾客等,其原理与类似企业相同,只不过他们是潜在的。

三、基于竞争战略的企业经营范围与价值链

企业的经营范围会对企业的价值链产生重大影响,因为经营范围形成了价值链结构并决定着企业的资源配置状态。企业的经营范围不同,将使企业面临不同的竞争对手,从而影响着企业的竞争战略,经营范围与价值链的关系主要有以下几种情况。

(一)细分市场的价值链系统

在不同细分市场经营的企业,其价值链往往有较大的区别,这种区别可以使企业形成不同的竞争战略。如果一个企业同时参与几个细分市场的竞争,企业的价值链环节中就可能形成既有适合于某一特定细分市场的价值活动,又有在几个细分市场可以互相参与共同的价值活动。这种相关性价值活动能够使企业的某些资源共享而产生协同效应。

(二)纵向联合的价值链系统

纵向联合程度规定了企业和其供应厂商、销售渠道以及客户之间的活动的分工,从而影响企业的价值链。例如,生产产品的某些非关键性部件由自制改为外购,或者把设备维修工作承包出去,会导致企业的维修部门精简,从而影响企业的价值链;在企业的运营中,销售渠道中的中间商也可以代替企业行使批发、售后服务、顾客信息反馈的市场营销的许多职能,企业也可以自己从事这些活动。企业经营活动业务的不同,形成了不同的价值链环节。因此,运用价值链的分析方法管理现代企业,涉及哪些价值活动由自己完成,形成企业的核心竞争力;哪些价值活动从外部购买,以提高企业的市场响应能力,形成独特的价值链系统,在这些方面企业有很多选择。

价值链突出了纵向联系中的作用,使得企业能更清楚地看到联合的潜在好处。纵向联系的利用并不一定需要纵向联合(纵向一体化),但纵向联合有时可以使纵向联系的好处更易得到。不过一切"好处"都是潜在的。联合(或解散联合)是否能降低成本或增强差异化取决于企业及其涉及的活动所形成的价值链系统是否是优化的。

四、基于竞争战略的跨地区经营的价值链系统

地理上的相互关系能够加强竞争战略,企业可以合用或协调用于为不同地理区域的价值活动,从而形成具有协同作用的价值系统。如果合用和协调价值活动降低了成本或增强了差异化的形象,佳能公司主要在日本研制和生产复印机,但却在许多国家分头销售和提供维修服务,通过合用技术开发和生产制造而不是在每个国家分头进行这些活动,佳能公司从中获得了成本优势。相互关系(或协同作用)在为一个国家的不同地区经营的、部分性质不同的价值链系统也很普遍。

五、基于竞争战略的跨产业经营的价值链系统

一个企业如果在一个以上的相关产业经营就存在着多个相互联系的经营单位,在有关产业中进行竞争所需要的价值链之间的潜在的相互关系是处处存在的,它可以包括任何价值活动:基本活动和辅助活动。经营单位之间的相互关系在概念上类似于价值链之间地理上的相互关系。同样,经营单位之间的相互关系通过降低成本,或通过增强差异化形象,对竞争战略会产生重大的影响。例如,一个合用的后勤系统可以使企业从规模经济中获益,而共同使用一支推销队伍来推销有关的产品,可以提高推销员和客户打交道的效益,从而增强差异化形象。

然而,以上各类价值系统中的协同效应都是潜在的,并非一切相互关系都能带来竞争战略,并非所有的活动都能从共用中获益。共用的活动的优点有时会被所付出的代价相抵消,因为不同的经营单位对于价值活动的需要往往是不同的。

复习思考题

1. 简述价值链系统的联系。
2. 简述价值链的特征。
3. 简述价值链管理分析的内容。

4. 简述企业获取竞争优势的三种基本战略。
5. 简述企业价值链的步骤。
6. 简述产业价值链的特征。
7. 简述产业价值链的效应。
8. 简述经营范围与价值链的关系。

第十三章　产权管理和竞争力理论

第一节　知识产权战略理论

一、知识产权理论

（一）知识产权的概念

知识产权也称为智慧财产权，是18世纪比利时著名的法学家皮卡弟首先提出来的，后来得到了许多国家和国际组织的承认。对我国来说，知识产权是个外来语，是对英文INTELLECTUAL PROPERTY的翻译。对知识产权这一概念的理解尚难以统一，从目前理论界的研究和法律文件的规定来看，对知识产权概念的界定基本上有三种意见。

1. 范围划分法

该方法主要为一些国际公约所采用，具有代表性的是《成立世界知识产权组织公约》（WIPO）和世界贸易组织（WTO）的《与贸易有关的知识产权协议》。

（1）WIPO划分的知识产权范围如下：

①关于文学、艺术和科学作品权利（即著作权）；

②关于表演艺术家的演出、录音和广播的权利（邻接权）；

③关于人类在一切活动领域内的发明权利（即专利法意义上的发明权）；

④关于科学发现的权利（即发现权）；

⑤关于工业品外观设计的权利（即外观设计专利权或工业版权）；

⑥关于商品商标、服务商标、厂商名称和标记的权利（即商标权、商号权和地理标记权）；

⑦关于制止不正当竞争的权利（即反不正当竞争权）以及在工业、科学、文学或艺术领域里一切其他来自知识活动的权利。

（2）TRIPS划分的知识产权范围如下：

①版权与有关权（邻接权）；

②商标权；

③地理标志权；

④工业品外观设计权；

⑤专利权；

⑥集成电路布图设计（拓扑图）权；

⑦未披露过的信息专有权。

2. 抽象定义法

该方法主要见于一些学者的论著或知识产权法教科书。例如，认为知识产权是“人们就其智力创造成果依法享有的专有权利”，或“人们基于自己的智力活动创造成果和经营管理活动中的经验、知识的结晶而依法享有的民事权利”。

3. 概括列举法

该方法认为“专利权、商标权与著作权等结合在一起称为知识产权”，或知识产权是“基于创造性智力成果和工商业标记依法产生的权利的统称。”

(二)知识产权的范围

知识产权的范围有广义和狭义之分，广义的知识产权包括著作权(含邻接权)、商标权、专利权、商业秘密权、地理标志权、商号权、集成电路布图设计(拓扑图)权、植物新品种权等。狭义的知识产权即传统意义上的知识产权包括著作权(含邻接权)、专利权和商标权，其中著作权属于文学产权的范畴，专利权和商标权属于工业产权的范畴，专利权又包括发明、实用新型和工业品外观设计。

本书所讨论的知识产权是企业在经营管理中涉及较多的知识产权，主要包括专利权及商标权。

(三)知识产权的特征

1. 无形性

知识产权作为智力劳动创造的成果，是一种精神财富，是无形的，它不占据一定空间，难以实际控制，容易脱离所有人的占有。

2. 可复制性

由于知识产权是一种无形的精神财富，需要借助于一定的载体才能体现出来，只要有合适的载体它就可以被不断地复制出来。

3. 创造性

只有创造性的智力劳动产生的成果才具有创造性、先进性和新颖性，其所有人的权利才能得到法律的确认和保护。

4. 专有性

知识产权具有排他性，一经法律确认就为权利人专有，其他人不经权利人同意均不能使用这种受法律保护的权利，否则就构成侵权。

5. 地域性

一国确认和保护的知识产权只在该国有效，在没有专门条约规定的情况下，对其他国家不产生法律效力，因而在外国得不到保护。

6. 时间性

知识产权仅在法定的期限内受到保护，超出这一期限权利便终止，其智力成果进入公有领域，任何人均可自由使用而不发生侵权问题。

二、知识产权战略理论

(一) 知识产权战略的概念

科学出版社 1999 年出版的陈昌柏的《知识产权战略》一书是国内较早的一本专门研究知识产权的著作，他在书中虽然没有明确知识产权战略的概念，但是体现了知识产权战略的一般思想。

山东人民出版社 2001 年出版的李立的《知识产权的保护与运作》认为:“企业知识产权战略是当事人(可以是企业,也可以是国家或自然人)基于对自身条件、竞争环境和发展趋势的分析而制定的综合运用知识产权的各种形式和保护手段,保证自身利益的总体方案和实施步骤”。

知识产权出版社 2001 年出版的冯晓青的《企业知识产权战略》则将知识产权战略定义为:“运用知识产权保护制度,为充分维护自己的合法权益,获得与保持竞争优势并遏制竞争对手,谋求最佳经济效益而进行的整体性筹划和采取的一系列的策略和手段”。

“国家知识产权战略专家论坛”将知识产权战略概括为:“通过加快建设和不断提高知识产权的创造、管理、实施和保护能力,加快建设和不断完善现代知识产权制度,造就宏大的高素质知识产权人才队伍,以促进经济社会发展目标实现的总体谋划。”

(二) 知识产权战略的类型

1. 从操作层面划分

知识产权战略从层次上看,可以分为国家层次、区域层次、产业层次或行业层次和企业层次,如图 13-1 所示。

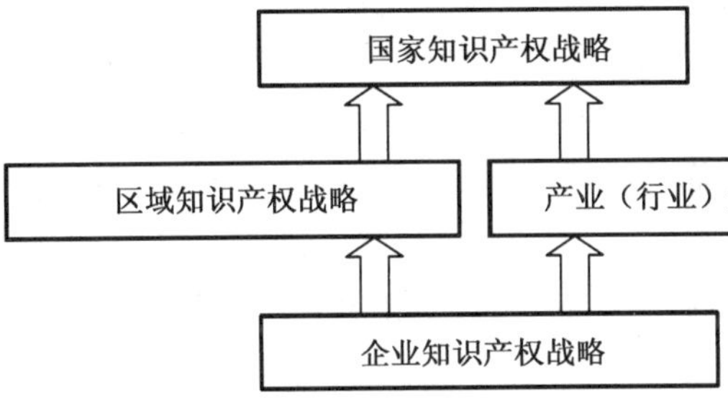

图 13-1　从操作层面划分知识产权战略示意图

在国家和区域层面上实施知识产权战略,以完善法律制度和市场环境、提高全社会知识产权创造、管理、实施和保护能力为核心,从改善、加强政府知识产权管理职能、提高公共服务水平入手,以解决全局性、体制性和政策性问题为重点,促进我国经济社会全面、协调、可持续发展。在行业层面上实施知识产权战略,以加快行业整体发展为目标,促进联合开发能支撑行业可持续发展的具有自主知识产权的核心技术与配套技术,努力形成自己的技术标准,有效防范和突破他人的技术壁垒,提高行业整体竞争力。在企业层面上实施知识产权战略,以提高企业核心竞争力为目标,通过不断提高运用知识产权制度的能力与水平,大幅度提升企业创造、管理、实施和保护知识产权的能力与水平,实现企业的可持续发展和利益最大化。在四个层次的知识产权战略中,国家知识产权战略处于最高层次,着重于理念性、宏观性和战略性,对其他层次的知识产权战略起着指导和约束作用;而企业层次的知识产权战略则处于最低层次,着重于操作性、技术性和战术性,是落实其他层次知识产权战略的基础。

本书正是从企业的层面上研究知识产权战略,因为企业是实施知识产权战略的主体,任何方式的知识产权战略最终都要由企业去实现。

2. 按照权利内容划分

从知识产权的权利内容来分,知识产权战略可以分为专利战略、商标战略、商业秘密战略、著作权战略等,如图 13-2 所示。

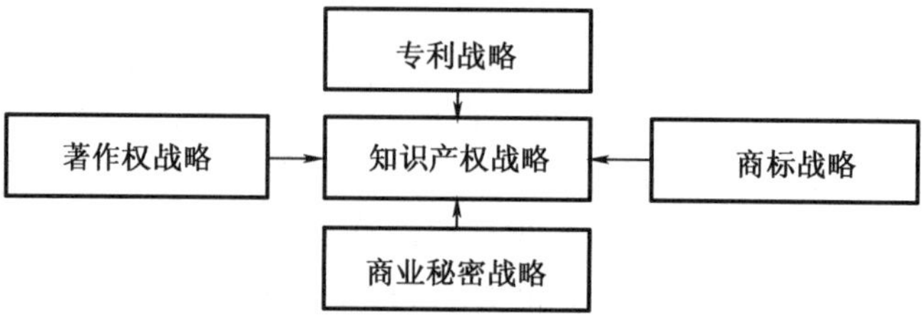

图 13-2　按权利内容划分知识产权战略示意图

在以上几种知识产权战略中,企业涉及最多的是专利战略和商标战略,因此,本书着重研究这两种类型的知识产权战略。

3. 按应用运作划分

从知识产权应用运作这一角度来分,知识产权战略可以分为知识产权创造战略、知识产权管理战略、知识产权实施战略、知识产权投资战略、知识产权保护战略等。

本书研究的重点是知识产权及知识产权战略。因此,知识产权的相关理论是本书研究的基础与依据。在充分理解以上理论的基础上,本书构建了企业国际化经营知识产权战略管理系统并设计了调查问卷,从而使该系统更具有可操作性,使对系统的评价更加客观。

第二节　系统理论

一、一般系统理论

一般系统论认为系统是一定边界范围内部相互作用的多个要素的整体。它包括边界性、组织性、动态性,即相对的边界、内部的多个动态变化着的要素、要素之间的相互作用,以及由这三者所构成的整体性。

1. 边界性

边界是相对稳定的系统在时空中延展范围的一定界限,它具有动态性和相对性的特点,企业系统具有更大的模糊性和开放性。边界将系统与环境区别开来。环境是指与系统相关的外部条件和联系的总和。一般系统论虽然认为系统的内部联系是决定事物性的根本原因,但是这种内部联系不是孤立的,而是与环境因素相联系的。

2. 组织性

组织是关于系统内部的各种联系性的概念,它概括了系统内部联系的方式、性质和作用,联系的整体性等。系统内部的联系有两种方式:单向作用和双向作用。前者使系统表现为简单性和机械性,后者使系现出有机性和复杂性。企业系统中不可避免地存在着由单向作用形成的"树"形结构组织,即所谓的"科层组织"或"官僚组织",总体上为机械组织。如果一个系统中所有子系统间存在着相互作用,则这个系统表现出一种"全息性",从而具有许多奇特的整体性,如从部分可以获得系统的全部状态信息,系统是完全协同的。结构是多个子系统联系的整体形式。任何系统在与环境相互作用时,总会出现固有的性质和作用,这就是功能。系统之所以具有这些特殊的功能取决于系统内部的结构,但是结构决定功能的基本原理在社会实践发展体过程中往往表现为功能引导结构的过程。在性质完全不同的系统中,结构可以带来相同的或相似的功能。

3. 动态性

系统论认为宇宙中的一切系统都在运动变化。系统的边界和系统内部是因为不断的运动才得以建立、存在和表现的。系统的运动具有开放性的特征。系统内部的发展总体来说表现为一个有序化过程。事物的初始状态是部分混杂在一起的不分化的混沌状态,当系统最初形成时,总是有某种子系统形成了对其他子系统的控制约束作用。而当这种约束作用在系统中显示出一定的优势时,这种控制作用就会扩大,以至整个系统成为一个中心化过程。这个过程中的内部联系呈现单向作用的"树"形结构。伴随着中心化过程,系统还有一个向着各个子系统共同起作用的机制化过程。这时系统中子系统之间的联系越来越丰富,有些形成了相互作用,有些形成了横系,有些形成了循环的相互作用。这时系统中核心子系统的控制调节作用降低,而向着由多个部分共同起作用的方面发展,系统在一定的条件下会依靠特定结构的相互作用来调整自身和适应环境,系统内部的联系表现为多种形式互交叉的网络。因此,系统的进化和发展是一个中心化和机制化两方面综合的结果。往往是中心化在前,机制化在后。没有中心化,系统的各个部分就不能实现最初的和最基本的联系,但仅仅完成了中心化的系统是简单的、保守的,很难适应环境的变化,所以系统必须进一步向着机制化的方向方展。

二、复杂系统理论

复杂系统中的复杂是指组成系统的子系统或元素部件间关联关系的复杂程度,并非指构成系统的子系统数量的多寡。还有一种说法是认为如果系统受行为变量影响很小,系统主要由状态变量描述,即可认为是简单系统,而复杂系统主要由行为变量来描述。

(一)复杂系统的特征

国外研究复杂系统的一些学者认为,如果一个系统具有显著的下列特征,就称之为复杂系统。

(1)基于智能体的(Agent-based):这是系统基本构成的特征和所研究环境下的系统行为的主体。

(2)异质的(Heterogeneous):这些智能体在重要的特征上存在差异。

(3)动态的(Dynamic):智能体的特征随着时间而发生变化,智能体适应它们所处的环境,从经验中学习,或者经历繁衍过程的自然选择。描述系统演化的动力学通常是非线性的,有时甚至是混沌的,系统很少长期处于平衡状态。

(4)反馈(Feedback):智能体接受它们活动的结果并导致新的变化结果。

(5)组织(Organization):智能体被组织成为群体或层次。这些组织常常是相当结构化的,结构影响着所在系统随时间演化的方式。

(6)突现(Emergence):作为系统的状态模式,它是系统的宏观层次状态,是在假定各个个体相互作用下产生的。

（二）复杂系统理论的主要内容

复杂系统理论包括耗散结构论、协同论、混沌理论、分形理论等。

1. 耗散结构论

由普利高津教授创立的耗散结构论（Dissipative Structures Theory）的研究对象是与外界既有能量交换又有物质交换的开放系统。耗散结构论研究一个开放系统由无序向有序转化的机理、条件和规律。耗散结构论认为：当外界条件或系统的某个参量变化到一定的临界值时，一个远离平衡态的开放系统通过涨落发生突变，即非平衡相变，就有可能从原来的混沌无序状态转变为一种时间、空间或功能有序的新状态。这种在远离平衡非线性区形成的宏观有序结构，需要不断与外界交换物质和能量才能形成（或维持）新的稳定结构，普利高津把这种需要耗散物质和能量的有序结构称为耗散结构。普利高津提出了耗散结构形成的条件：远离平衡态的开放系统、存在由稳定变为不稳定的临界点（阈值）、存在非线性相互作用产生的正反馈、涨落导致有序（涨落指系统中某个参数或行为相对于平均值的偏离）。耗散结构论研究耗散结构的性质、稳定和演变的规律，为研究复杂开放系统动态行为的复杂性提供了新的方法。

2. 协同学

协同学是德国物理学家哈肯于 1977 年提出的。协同学的研究对象是由大量子系统组成的复杂系统，依靠子系统间相互作用和协作，在宏观上自组织产生空间结构、时间结构或时间-空间结构，即达到了新的有序状态。协同学主要研究复杂系统宏观特性的质变问题。

3. 混沌与分形

法国数学家庞加莱和他的学生们早就认识到，在复杂系统各部分之间如果存在强烈的相互作用，那么系统就可能出现不可预测的行为，由此他们创立了混沌理论。混沌是指在确定性系统中出现的无规则性或随机性，混沌运动是确定性系统中局限于有限相空间的高度不稳定的运动。不能把混沌理解为简单的无序，它与平衡态的无序是有本质差别的，它是系统远高平衡的状态，在它的无序中还包含着有序。混沌具有以下基本特征：①混沌运动具有轨道不稳定性；②对初始条件的敏感依赖性，混沌系统长期演化行为是不可预测的；③混沌吸引子具有分形的性质。被誉为大自然的几何学的分形（Fractal）理论，由美籍法国数学家曼德尔布罗特（B. B. Mandelbrot）1975 年首先提出的，是现代数学的一个新分支，但其本质却是一种新的世界观和方法论。分形理论与混沌理论交叉结合、相辅相成。分形理论承认世界的局部可能在一定条件下，在某一方面（形态、结构、信息、功能、时间、能量等）表现出与整体的相似性。

三、自组织理论

自组织（Self-Organization）的本意是自我、本身自主地组织化、有机化，在系统科学里，“自”是指一般系统，包括无机系统、有机系统、社会系统和思维、文化系统，组织化是指系统从无到有，从简单到复杂，从无序到有序，从低级到高级的发展进化过程。系统的自组织理论是指：开放系统在系统内外两个方面因素的复杂非线性相互作用下，内部要素的某些偏离系统稳定状态的涨落可能性得以放大，从而在系统中产生更大范围的、更强烈的涨落过程，自发组织起来，使系统从无序到有序，从低级到高级有序。从一种组织状态自发地变成为另一组织状态，是系统的自组织。自组织和一般系统进化的机理有四个方面的基本作用。

1. 非平衡机理

非平衡机理认为开放系统是自组织进化的基础和起点，开放可以造成系统内的非平衡和宏观流动，而非平衡是有序之源。

2. 自稳定机理

自稳定机理是指系统在不断运动的情况下形成的某种定态，它是远离平衡的。虽然各个部分是不停变化的，但总体上则表现为某种静止，系统整体的熵的变化趋于零。自稳定的机理主要是负反馈和自复制。负反馈是指当系统的输出与输入形成某种负相关作用时，系统就能在一定范围内抵抗环境的随机干扰，抵抗系统内部熵的增加，使系统维持某种自稳定状态。自复制是系统较为高级的一种自稳定作用，它是指系统产生与自身结构、功能(包括复制功能)完全相同的系统的运动过程及其机制。任何一个系统总是内部增熵的，但是如果系统各局部能够不断地复制自身以取代被破坏的部分，它就能保持自身的稳定。因此自复制过程具有抵抗熵的增加，使系统的结构、信息保持不变的作用。

3. 突现机理

突现(Emergence)是指系统中一种从未有过的结构和功能的骤然出现，是自组织系统信息增加和组织水平提高的过程。系统的进化和发展在本质上是等级层次的提高、信息量增加的过程，所以突现作用是自组织和发展运动的核心环节。它具有突然性、间断性和难预测性的特点。突现和自稳定之间存在着相互矛盾、相互依存的辩证关系。如果没有突现，没有综合性的质变，系统就不会进化；没有相当程度的自稳定，系统无法抵抗环境的干扰，也无法抵抗内部的自然增熵，从而陷入混乱无序甚至灭亡。

4. 选择评价机理

选择评价机理是指环境对系统突现信息的进化价值的评估和生存价值的筛选作用。现代进化理论认为，进化价值是信息价值和生存价值的统一，可以表示为：进化价值=信息价值+生存价值。前者是指在统一的进化标准尺度上系统状态信息量的大小。一般一个系统越复杂，内部联系越丰富、稳定，信息量越大，这个系统进化程度就越高。生存价值是指系统在与环境相互作用时表现出的适应环境，维持自身存在，以致改变环境，发展自身的总体能力。两个方面因素的复杂非线性相互作用下，内部要素的某些偏离系统稳定状态的涨落可能性得以放大，从而在系统中产生更大范围的更强烈的涨落过程，自发组织起来，使系统从无序至有序，从低级到高级有序。从一种组织状态自发地变成为另一组织状态，是系统的自组织。

第三节 竞争力的基本理论

一、波特的竞争优势理论

哈佛大学教授迈克尔·波特在反对传统国际贸易理论的基础上，对全球竞争进行了全面研究和分析，创立了竞争优势的“波特四因素”模型，从而对企业竞争优势提供一个比较完整的解释，如图 13-3 所示。

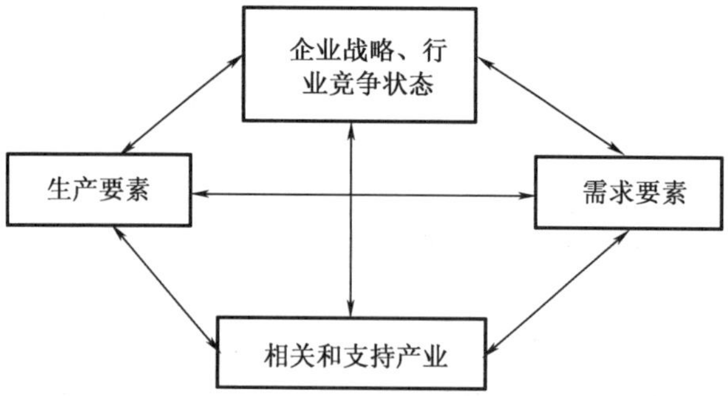

图 13-3　波特四因素模型图

波特理论详细分析了四因素对企业竞争优势的影响:第一个分析因素是生产要素,包括基本要素和高等要素两类。基本要素中的人口、国土、自然资源是"遗传"或天赋的,是既定的先天条件,而高等要素要通过长期投资和后天开发创造出来的。由于交通通信和贸易的迅速发展、可替代原料的增多等原因,基本生产要素对于发展的重要性正在下降,同时高等生产要素的重要性上升。高等要素的开发不但需要大量资金投入,而且需要相应的社会、经济、政法环境,需要相应的机构体系,以促进科研和产业等各部门及其人员的紧密配合。第二个分析因素是需求因素,本国的需求条件是一个企业、一个产品是否具有国际竞争力的另一个重要影响因素。一般企业的投资、生产和市场营销首先是从本国需求来考虑的,国内市场是企业"市场导向"的真正含义,企业从本国需求出发建立起来的生产方式、组织结构和营销管理是否有利于进行国际竞争,是企业是否具有国际竞争力的重要影响因素。第三个分析因素是相关和支持产业。一个国家企业的国际竞争力与该国家企业所处行业的上游产业及其相关产业的国际竞争力是分不开的,除了供货商的竞争力,其他相关行业的竞争力也很重要,因此一个国家的优势行业往往会表现为一个优势行业群。第四个分析因素是与企业相关联的,即企业是如何建立、组织和管理的以及该行业的竞争状态。在不同国家和不同行业中,企业的目标战略和组织方式有很大差别,国家竞争力来源于在特定行业中各种竞争优势能够恰当地匹配在企业中,而国内的市场竞争结构对培育企业的国际竞争力也有很大影响。这四个要素的相互作用构成了一个互相增强的系统,其中任何一个因素的效果都会影响到另一个的状态,而当企业获得体系中任何一个因素的优势时,也会帮助其创造或提升在其他因素上的优势。

二、普拉哈拉德和哈默的企业竞争力理论

普拉哈拉德(C. K. Prahalad,1990)和哈默(Gary Hamel,1990)在《哈佛商业评论》上发表了《公司的核心竞争力》一文,指出核心能力是组织中的积累性学识,特别是关于如何协调不同的生产技能和有机结合多种技术流派的学识。企业的核心竞争力是企业在经营过程中形成的独树一帜的、不易被竞争对手效仿和复制的、支持企业持续竞争优势的能力,它是企业有效整合资源、发展特色技术、开发特色产品、发明特色营销手段的能力。从结构角度上看,企业核心竞争力分为四个层次,如图 13-4 所示。

第一层为基础层,主要职能是为企业核心竞争力的形成提供深厚的基础和必要保障,

这一层面所包含的要素具体有企业文化、创新精神、环境条件和人力资本等；第二层为承载层，主要作用是为企业核心竞争力的形成发挥支撑作用，包括的要素具体有组织结构、运行机制、管理协调、规模实力、资源优势和品牌战略等；第三层是转换层，职能是把企业的核心竞争力转变成具有竞争优势的产品或服务；第四层是表现层，即把核心竞争力以最终产品的形式展现在广大消费者和用户面前，使他们获得更多的使用价值和满足。从一定意义上讲，核心竞争力是企业整合资源的一种能力，是应对环境变化的一种能力，也是捕捉发展机会的一种能力。推而广之，由于国际竞争的表现形式是在国际范围内对资源的争夺与整合，所以创办海外投资企业就成为整合全球资源、提高企业国际竞争力的一种具体手段。国际竞争力是企业整合全球资源的能力，因此，企业在国际范围内的核心竞争力体现为企业的国际竞争力。

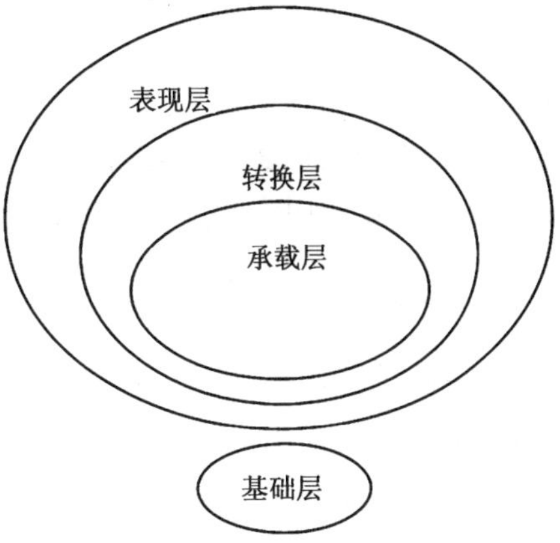

图 13-4 企业核心竞争力的层次图

国际竞争力是企业国际化经营取得竞争优势、实现可持续发展的必要条件，本书的写作就是为了推动我国企业利用知识产权提高国际竞争力。

第四节 核心能力理论

一、核心能力的概念

核心能力的概念最早是由哈默与普拉哈拉德于 1990 年在《哈佛商业评论》中提出的。以后不同研究者又从不同的观点研究核心能力，并提出了各自的论据论证及逻辑分析，他们的研究思想相互渗透，相互印证，为人们了解企业核心能力提供了一个有益的视角。总结这些年来，国外对核心能力的论述，主要是从六个角度来阐述核心能力的。

(一)基于技术与技术创新的核心能力

普拉哈拉德和哈默是从产品和技术创新角度研究核心能力的代表。他们在《企业核心能力》一文中从技术与产品创新的角度提出并研究了核心能力的思想，认为企业核心能力的积累过程伴随在企业的核心产品/核心技术的发展过程中。产品/技术平台是需要通过长期的学习和积累才能建立的，因而核心能力是企业以往的投资和学习行为所积累的具有企业特定性的专长。作为组织的群体性学习，其过程涉及：①企业中不同生产技巧的协调；②企业不同技术的整合；③组织中价值观的传递。通过学习和核心技术的积累，企业就可能尽早发现产品和市场机会。因而，企业的持续发展是与核心能力紧密联系的，企业必须不断提高其核心能力。对于什么是核心能力，普拉哈德拉提出了一个非常形象的“树型”理论。他认为，公司就像一棵大树，树干和主枝是核心产品，分枝是业务单元，树叶、花朵和果实是最终产品，提供养分、维系生命、稳固树身的根就是核心能力。除普拉哈拉德和哈默以外，为核心能力研究者所熟知的德国梅约和厄特巴克也是基于技术观和技术创新过程分析企业核心能力的典型代表。他们认为企业核心能力是指企业的研究开发能力、生产制造能力和市场营销能力,认为核心能力在更大的程度上就是在产品创新的基础上,把产品推向市场的能力。梅约和厄特巴克把企业核心能力分解为四个维度:产品技术能力、对用户需求理解能力、分销渠道能力、制造能力。他们还发现企业核心能力和市场绩效之间存在因果关系,并且企业所面临的市场竞争状况对其因果关系产生影响。

(二)基于知识观的核心能力

从知识观考察,研究者从知识能否为外部获得或模仿的角度来定义企业核心能力,认为企业核心能力是指具有企业特性的、不易外泄的企业专有知识和信息。该流派认为核心能力的基础是知识,学习是核心能力提高的重要途径,而学习能力是核心能力的核心。巴顿是该流派的代表,他认为核心能力是使企业独具特色并为企业带来竞争优势的知识体系。它包括四个维度:技巧和知识系统、技术系统、管理系统、价值观系统,这四个维度之间存在较强的相互作用。巴顿还认为,核心能力构成了企业的竞争优势,它随时间积累而不易为其他企业所模仿。因此,企业为实现持续自主创新,必须以核心能力的持续积累为条件。麦肯锡咨询公司的凯文·科因,斯蒂芬·霍尔和帕特里复·克里福德等也提出,核心能力是某一组织内部一系列互补的技能和知识的组合,它具有使一项或多项关键业务达到业界一流水平的能力。这一提法,强化了核心能力以知识的形式存在于企业各个方面的能力中。

(三)基于资源观的企业核心能力

资源观强调资源和能力对企业获取高额利润回报率和持续市场竞争优势的作用。基于这一观点,企业在获取和配置资源和能力的“异质性”决定了其获得高额经济回报率的可能性。这些长期的、能获取高于正常利润回报的特性是企业在“有缺陷的”和“不完全的”要素市场中获取并开发战略性资产的能力所决定的。因为企业在选择和积累资源上的决策是以在有限的信息、认知偏见、因果关系模糊等条件制约下最经济性地合理配置这些资源为特征的,所以,不同企业之间在获取这些战略性资源时在决策和过程上的“异质性”构成了企业的核心能力。基于这样的观点,资源成为保证企业持续获得超常规利润的最基本的条件。从资源的类型看,构成核心能力资源具有稀缺性、独一无二、持续性、专用性、不可模仿性、非交易性、无形性、非替代性等特征,企业只有拥有了这样的资源,才能在同行业中拥有独特的地位,这种地位就来自其在资源识别、积累、储存和激活过程中独特的能力。基于资源观点考察,可以认为核心能力是企业在获取并拥有这样特殊资源的独特的能力。

(四)基于组织与系统观的核心能力

组织与系统观认为,核心能力是提供企业在特定经营中的竞争能力和竞争优势基础的多方面技能、互补性资产和运行机制的有机融合,体现在这种组织中的核心内涵是企业所专有的知识体系,正是企业的专有知识使核心能力表现的独一无二、与众不同和难以模仿。核心能力建立于企业战略和结构之上,以具备特殊技能的人为载体,涉及众多层次的人员和组织的全部职能,因而,核心能力必须有沟通、参与和跨越组织边界的共同视野和认同。库姆斯认为企业核心能力包括企业的技术能力以及将技术能力予以有效结合的组织能力。因此,企业核心能力既具有技术特性,又具有组织特性,它包括企业的技术专长(包括产品和工艺在内)和有效配置这些专长的组织能力。与组织和系统观相接近的,拉法和佐罗认为企业核心能力不仅存在于企业的操作子系统中,而且存在于企业的文化子系统中,植根于复杂的人与人,以及人与环境的关系中。企业真正的核心能力是企业的技术核心能力、组织核心能力和文化核心能力的有机结合。核心能力的积累蕴藏在企业的文化中,渗透到整个组织中,而恰恰是组织共识为一个综合的、不可模仿的核心能力提供了基础。

(五)基于业务外包的核心能力

业务外包认为,公司应将一些重要的但非核心的业务交给外面专家做,而使本企业保持精干,保留核心业务,集中精力强化企业核心能力。它提出三条标准可以帮助判断核心能力:

(1)看是否具备用户可感知的价值;

(2)看是否具备专有性;

(3)看是否具备潜在的扩展性。

企业在实施业务外包时,应进行企业诊断,通过 EEF 和 IEF 分析,以及竞争态势分析,挖掘竞争对手难以获得并难以复制的资源和优势,将其演变为企业独有的核心能力。只有在清晰地明确了自己的核心能力,做到扬长避短,再实施业务外包,才一能使企业获得真正的效益。企业在考虑业务外包时,不仅要关注目前正在培育的企业已形成的核心能力,而且必须从战略高度审视外包业务,做出具有前瞻性的决策,这就要求企业及时调整外包业务的结构和额度,选择具有巨大发展前景,着力开发、培育、发展出独特的技能和知识。

(六)基于流程的核心能力

波士顿顾问咨询公司的斯托克(G. Stalk,1992)和舒尔曼(L. E. Shculman,1992)等人认为成功的企业极为注意行为方式,即生产能力的组织活动和业务流程,并把改善这些活动和流程作为首要的战略目标,企业成功的关键不仅仅在于核心能力。每个企业都必须管理一些基本业务流程,如新产品的实现,从原材料到最终产品,从营销、订货到实现产品价值。每个流程都在创造价值,每个流程也都要求部门间的协同配合。因此,尽管各个部门可能拥有自己的核心能力,但是关键在于管理这些流程,使之成为竞争能力。管理者应把自己的管理重点放在支持这些能力的基本设施以及员工的培训上。企业为培养这种能力,必须考虑以下四个原则:①公司战略的基础不是产品和服务,而是业务流程;②竞争的成功取决于将公司的关键流程转换为能为顾客提供较高价值的战略能力;③公司通过对支持基本设施做战略投资来获得这些能力,这些设施连接传统的战略经营单位和部门,并超越了这些单位和部门;④由企业最高管理者来协调部门。

二、核心能力的特征

(一)价值性

价值性是核心能力的最基本的特性,识别一种能力是否是核心能力,首先要判断其是否具有价值性,能否为消费者提供更大的好处。核心能力其价值性主要是通过市场检验实现的。企业所开发的资源要素,必须在各个方面,如时间、地点、价格、数量上满足市场所需,才具备了企业向顾客提供产品的基础,企业才能在满足顾客需求之中实现价值,才能为顾客带来长期的关键性的利益。提供超过其他企业的更多的使用价值,对企业赢利和保持竞争优势、提高企业效率具有特殊的贡献,能够使企业在创造价值和降低成本方面比竞争对手更优秀,实现企业的生存发展。符合市场需求程度越高,核心能力的价值越大,企业的竞争优势也就越显著。而那些不符合市场需求的能力要素,不仅无助于企业实现目标,相反还会成为一种阻力。

(二)稀缺性

对于企业来讲,如果满足市场需求的资源要素能够充分供给或可以很容易复制或模仿,那么企业之间的资源差异就不会长期存在,企业的竞争优势也不会长期保持。但由于现实中满足市场需求的资源要素的需求与供给之间的关系十分复杂,特别是一些与环境、人力资本有关的个人潜在意识、洞察力、组织等差异,以及在企业成长过程中形成独特的企业文化等,这些都极不易复制与模仿,因而存在着短缺圈。企业要得到这些要素不仅需要付出成本,甚至即使付出成本也无法得到。那些拥有了稀缺资源且极有价值要素的企业,就能够通过优于其他企业满足顾客需求而实现企业目标。

(三)难模仿性

核心能力是企业长期经营管理实践中逐渐积累的潜在的经验和智慧,是技术、组织和文化的整合,使得它具有独特性,不可能被竞争对手模仿或占有,是企业个性的产物。正是核心能力的这种个性才使得企业的竞争对手难以模仿,在竞争中获得别人不能获得的竞争优势而处于有利地位,即使是企业之间可以模仿核心能力,但模仿的结果也是不尽相同的,由此也就决定了不同企业之间的效率差异。

(四)系统性

企业本身就是一个大系统,企业的持续生存和发展,是企业以能力为核心的各类资源、环境要素共同作用以及要素间相互作用的结果,而不仅仅是某一方面的个别力量,离开其中任何一类要素,企业的生命运动都难以为继。而企业核心能力体系自身也是一个系统,企业目标的实现程度不仅决定于核心能力的强弱,与核心能力相配套的次能力体系完善与否也会影响企业的竞争位势。同时,企业自身的能力体系的优势、劣势对比及与竞争对手竞争位势差别都会在不同程度上影响企业优势的发挥。诸多方面优势显著的企业,仍然有可能因为能力体系某一方面的显著劣势而葬送了企业竞争的优势。

(五)延展性

核心能力一旦形成,企业可依靠自身的核心能力,将经营领域扩展到相关领域而衍生出众多的技术和产品,形成自己的系列产品族,能够为自身所复制和模仿,具有“弹性”效应。核心能力是一种通用的技能专长,而不是对应于某一两种产品本身。在企业能力体系中,企业核心能力有溢出效应,它可使企业在原有的竞争领域中保持持续的竞争优势,也可围绕核心能力进行相关市场的拓展,通过创新获取相关市场领域的持续竞争优势。

(六)动态性

核心能力是一种合力,是与企业所处的内部环境和外部环境密不可分的。随着外部环境、企业资源、行业动态、企业管理模式的不断变化和科学技术的进步，企业原有的核心能力很有可能变成一般能力或者不适应企业的发展，因此，企业只有对核心能力进行持续不断地创新、培育和发展，才能保持企业长久的竞争优势。

（七）风险性

技术创新是核心能力的本质体现，由于技术创新的长期性、市场未来的不确定性等特点，决定了技术创新面临的环境是变化的，从而容易失误，而企业核心能力的全局特点则会使失误损失放大，因此企业核心能力存在较大的风险性。

三、核心能力要素

企业核心能力不是单一的能力，因而能够反映核心能力要素运行的信息是由多种能力信息构成的复杂的系统。本书围绕企业战略管理能力、核心市场能力、创新管理能力、风险管理能力和组织整合能力等五个方面的能力来建立核心能力信息体系。

（一）企业战略管理能力

战略管理能力，就是企业根据环境制定企业发展目标，并依次协调和配置资源，在市场上创造价值的能力。企业战略管理能力是企业在战略制定及实施过程中，对企业资源的定位与配置能力。其作用主要表现在三个方面：以价值为核心，企业设立其努力的长远规划和目标；可以保持企业核心能力发展和积累；为适应新的竞争环境、技术环境和市场需求环境，适时地完成企业核心能力的跃迁。由上述三个方面，最终可形成企业的管理框架，并根据管理框架进行总体规划与控制。

（二）核心市场能力

核心市场能力使企业能够准确判断市场的吸引力和顾客的需要，以及理解企业的价值驱动因素。判断市场的吸引力就是判断该市场的成长前景和获利潜力；判断顾客的需要就是以顾客为导向生产。不仅如此，企业还需要发现有价值的机会，引导顾客的需求分析识别。在理解企业的价值驱动因素方面，核心市场能力不仅体现在进行财务指标的分析，更为重要的是管理者能对直接影响的经营因素进行分析，具体分析企业改进的行为，充分理解价值驱动因素，达到合理运用资源。

（三）创新管理能力

技术创新是企业可持续发展的基石，每个企业都必须把技术创新作为重要的发展策略。由于技术创新的不确定性、知识密集型、创新过程的争议性和跨边界性四个特征，因而创新并非只体现在新产品上，其载体也可以是系统、流程以及生产产品的机器设备。因此，创新不仅是技术方面的活动，它还涉及企业的方方面面，从鼓励创造性的想法到真正的实施再到最后的核查是否达到了预期效果，这些都需要必要的管理。企业创新管理是对企业的技术创新活动从整体上进行有效的管理，因此，创新管理能力也就相应包括了对创新活动各个阶段的管理能力，创新意愿的清晰化以及对设想的共识性，创新的支持与保证及创新成果评价等多方面的能力。创新管理能力的高低直接影响企业创新的速度、效率和效益，进而影响企业的生存和不断发展。

(四)风险管理能力

企业要创造价值,就必须冒险。风险越大,创造价值的潜力越大,当然毁灭价值的潜力也越大。2000 年春夏之际,美国股票市场中的互联网板块所遭受的自由落体式下跌,已经给投资者们一个深刻的教训。当企业确定存在创造价值的机会时,管理者不得不面对危险和不确定性,为降低不确定性,提高决策的准确率,需要企业对所面临的各种风险进行管理。信息使用者需要的不仅是企业罗列出来的所面临的风险问题和风险因素,他们更需要的是企业披露的风险管理信息,有了这些信息,信息使用者可以根据自身的风险偏好做出决策。风险管理作为实务所涉及的领域日益广泛,需要对市场风险、信用风险、经营风险和会计风险这些有可能是毁灭价值的因素,采用技术方法对风险予以定量化,设计应急计划,不断进行监督。无疑,风险管理能力的高低对于企业的稳定和持续发展起着不可替代的作用。

(五)组织整合能力

组织整合涉及两个方面,一是企业内部的组织协调,另一个是企业外部的组织关系管理。组织整合能力包括企业内部的组织协调能力和企业外部的组织关系管理能力。由于企业内部的组织协调涉及企业的组织结构、激励机制等管理能力的诸要素,所以,组织的协调渗透于各能力相互之间的合作,内部的组织协调能力有助于核心能力的整体性作用的发挥。另外,企业的角色既是客户又是供应商,客户与供应商之间的关系有五阶段模式,即传统关系模式、紧张关系模式、改善关系模式、伙伴关系模式和精益供应模式。供应商在客户中的地位和参与客户的程度在五个模式阶段中存在明显的递进关系。企业外部的组织关系管理能力决定了企业与其外部的相关者处于什么阶段。企业内部是否协调决定了管理模式是否可以顺利并有效的实施,并决定了企业的组织效率,企业外部组织关系管理会建立企业与外部的关系模型,建立相互信任的关系,减少企业发展的阻碍,资源得到更优的配置。核心能力信息体系中的各个能力相互作用,共同实现企业的价值,达到股东价值最大化的目标。企业战略管理能力起到对其总体长远规划,明确企业的目标以强化股东价值最大化的最终目标的作用,并将合理地进行企业的资源定位与配置。在日常管理活动中,组织整合能力、创新管理能力和风险管理能力支持企业价值的产生,也就是说间接创造价值。企业组织的内部协调促使企业内部组织结构的设计和文化深化价值创造的原则和观念;企业外部组织关系管理实现资源的互补,达到资源优化配置;创新管理激发企业人员的创造性,并提供良好的空间,将创意转化为现实;风险无时不在,企业在面临机会创造价值的同时也会存在风险而毁灭价值。核心市场能力是直接创造价值并实现企业价值的能力,在每一个能够创造价值的结点,企业都必须抓住并实现其价值。总之,这五种能力互相支持,是个统一的整体。直接创造价值的能力需要间接创造价值能力的辅助工作,使企业价值得以顺利实现。

复习思考题

1. 简述知识产权的概念与范围划分方法。
2. 简述系统理论的内容。

3. 简述波特的竞争优势理论。
4. 简述核心能力的概念。
5. 简述核心能力的特征。
6. 简述核心能力要素。

附录　考试大纲

第一部分　课程性质与设置目的

“企业管理概论”课程是管理学专业本科生开设的一门课程，是一门既有理论性又有实践性的学科。本课程的开设，旨在通过对企业管理概述理论及其实际应用的研究和学习，使学生系统掌握企业管理的基本理论、基本规律、基本原则，拓展学习管理专业学生的视野和知识面，提高管理素养，培养其运用企业管理理论及有关传统管理文化理论解决经济生活中的实际问题的能力。

“企业管理概论”是研究企业管理理论和管理方法的一部分，主要包括企业战略管理、市场调查与预测、质量管理概论、产品成本管理、新产品开发、市场营销、物流管理等基本原理的方法与核心内容。

学习“企业管理概论”课程的目的是使学生了解管理过程的决策、计划、组织、指挥及协调的理论、方法和手段，掌握管理理论主要思想方法和管理内容，掌握管理理论在企业各方面的具体应用方法，培养学生运用企业管理理论思维与方法的能力。通过本课程的学习，应使学生对企业管理的基本内容有系统的了解，同时具备运用管理理论与方法去分析、解决实际问题的能力。

“企业管理概论”课程为管理专业的专业课程，其以企业生产、经营、管理过程为对象的管理思想和技术，对于学习管理专业学生的思维模式的形成，对于企业整体管理控制观念的形成均具有重要的意义。读者必须具备一定的经济学与管理学的相关专业知识才能更好地学习、充分掌握“企业管理概论”的内容、思想与方法。

第二部分　课程内容与考核标准

第一章　企业经营管理总论

（一）学习目的和要求

通过本章的学习，要掌握企业经营管理的概念，了解经营思想与经营目标、经营方针和经营策略。

（二）课程内容

第一节　企业经营管理的概念与内容

本节首先阐述企业经营管理的产生与发展，主要阐述了企业经营管理的重要性。

第二节　企业经营思想与经营目标

本节介绍企业的经营思想、经营目标以及制定经营目标应遵循的基本原则。

第三节　企业经营方针与经营策略

本节讲述了企业的经营方针与经营策略，重点讲述了企业经营策略包括的主要内容。

第四节　企业经营环境

本节描述了企业的经营环境及特征,以及经营环境对企业系统有很大的影响作用,并对经营环境进行了详细分类。

(三)考核知识点

1. 简述企业经营环境的特征

2. 简述企业市场策略的类型

3. 简述企业总体经营目标的基本内容

4. 试述市场经济条件下研究经营环境的意义

5. 简述研究企业经营环境的信息资料的主要来源

6. 简述企业经营管理的内容

7. 简述企业制定经营目标所遵循的基本原则

(四)考核要求

1. 企业经营环境的特征

识记:经营环境所具有的特征、经营环境的分类。

2. 企业市场策略的类型

识记:市场策略种类、企业市场策略的四个类型。

3. 企业总体经营目标的基本内容

识记:企业总体经营目标是什么,如何体现。

4. 试述市场经济条件下研究经营环境的意义

识记:市场经济条件下研究经济环境的意义。

5. 研究企业经营环境的信息资料的主要来源

识记:企业经营环境的信息资料的主要来源。

6. 企业经营管理的内容

识记:企业经营管理的机能。

7. 企业制定经营目标所遵循的基本原则

识记:制定经营目标应遵循的基本原则。

第二章　企业战略管理

(一)学习目的和要求

通过本章的学习,要掌握企业战略管理的基本概念,了解企业总体战略和企业竞争战略。

(二)课程内容

第一节　战略管理概述

本节主要阐述了战略管理的性质,介绍了战略管理的概念和特点、企业战略管理的重要性。

第二节　战略环境分析

本节主要介绍了企业内部及外部环境分析、环境不确定性及如何处理环境不确定性。

第三节　企业总体战略

本节主要介绍了企业战略类型、企业战略目标及企业多角化总体战略。

第四节　企业竞争战略

本节主要介绍创新和企业竞争力的培育、企业竞争战略的选择、企业竞争优势与劣势分析。

(三)考核知识点

1. 简述企业战略管理的性质
2. 简述企业战略管理的特点
3. 简述企业战略管理的步骤
4. 简述企业战略选择过程有哪些
5. 简述企业三种基本竞争战略
6. 简述企业核心能力的特征
7. 简述企业战略选择方法

(四)考核要求

1. 简述企业战略管理的性质

识记:企业战略管理的性质。

2. 简述企业战略管理的特点

识记:企业战略管理的特点。

3. 简述企业战略管理的步骤

识记:企业战略管理的步骤。

4. 企业战略选择过程有哪些

识记:企业战略选择过程有哪些。

5. 简述企业三种基本竞争战略

识记:企业的三种基本竞争战略。

6. 简述企业核心能力的特征

识记:企业核心能力的特征、企业核心竞争力。

7. 简述企业战略选择方法

识记:企业战略选择方法。

第三章　市场调查与预测

(一)学习目的和要求

通过本章的学习,要掌握市场调查与预测的内容、市场调查与预测的方法以及如何撰写市场调查报告。

(二)课程内容

第一节　市场调查与预测概述

本节主要阐述了市场调查与预测的界定、市场调查与市场预测的关系和市场调查与市场预测的意义。

第二节　市场调查的内容

本节主要介绍市场调查的类型、市场调查的原则以及市场调查的步骤和基本要求。

第三节　市场调查的方法

本节主要讲述市场调查的方法及特点。

第四节　市场调查报告

本节主要介绍市场调查报告的写作方法及注意事项。

第五节　市场预测的内容

本节主要介绍了市场预测的概念、市场预测的类型、市场预测的内容。

第六节　市场预测的方法——定性预测法

本节主要阐述了定性预测法中几种常用的方法。

第七节　市场预测的方法——时间序列预测法

本节主要讨论介绍了确定型时间序列的预测方法和时间序列预测法的特点。

第八节　市场预测的方法——因果关系预测法

本节主要讲述了回归方程和相关性检验与计算相关系数以及预测及其置信区间。

(三)考核知识点

1. 简述市场调查与市场预测的关系
2. 简述市场调查与市场预测的意义
3. 市场调查的类型有哪些
4. 简述市场调查的原则
5. 市场调查的具体内容有哪些
6. 简述市场调查的步骤
7. 简述市场调查的基本要求
8. 简述市场调查的方法
9. 简述市场调查报告的结构
10. 简述市场预测的类型
11. 简述市场预测的步骤
12. 简述市场预测的内容
13. 简述定性市场预测法有哪些
14. 简述时间序列预测法的特点有哪些
15. 简述时间序列预测常用的方法
16. 简述移动平均预测法的基本原理
17. 简述指数平滑预测法的基本原理
18. 简述因果关系预测法的基本原理

(四)考核要求

1. 简述市场调查与市场预测的关系

识记：市场调查与市场预测的关系。

领会：市场调查、市场预测。

2. 简述市场调查与市场预测的意义

识记：市场调查与市场预测的意义。

3. 市场调查的类型有哪些

识记：市场调查的类型。

4. 简述市场调查的原则

识记：市场调查的原则。

5. 市场调查的具体内容有哪些

领会：市场调查的具体内容。

6. 简述市场调查的步骤

领会:市场调查的步骤。
7. 简述市场调查的基本要求
识记:市场调查的基本要求。
8. 简述市场调查的方法
识记:市场调查的方法。
领会:市场调查各种方法的特点、原则
9. 简述市场调查报告的结构
识记:市场调查报告的结构。
领会:市场调查报告的写作方法及注意事项
10. 简述市场预测的类型
领会:市场预测的类型
识记:市场预测的概念。
11. 简述市场预测的步骤
识记:市场预测的步骤。
12. 简述市场预测的内容
领会:市场预测的内容。
13. 定性市场预测法有哪些
领会:定性市场预测法有哪些。
14. 时间序列预测法的特点有哪些
领会:时间序列预测法的特点。
15. 简述时间序列预测常用的方法
识记:时间序列预测常用的方法。
16. 简述移动平均预测法的基本原理
识记:移动平均预测法的基本原理。
17. 简述指数平滑预测法的基本原理
识记:指数平滑预测法的基本原理。
18. 简述因果关系预测法的基本原理
识记:因果关系预测法的基本原理。

第四章 计 划 管 理

(一)学习目的和要求

通过本章的学习,要掌握计划的类型及制订计划的方法,掌握企业长期经营计划的必要性。

(二)课程内容

第一节 计划的类型及其制订

本节主要介绍了计划的含义、作用及特点,计划的类型以及计划的内容和制订。

第二节 计划的方法

本节主要阐述计划的几种方法的含义、适用范围及特点。

第三节 现代企业长期经营计划

本节主要介绍了企业长期经营计划的必要性、企业长期经营计划的主要内容,企业长期经营计划的编制和调整。

第四节 现代企业年度经营计划

本节主要介绍企业年度经营计划的内容、企业年度经营计划与企业生产财务计划的联系与区别。

第五节 现代企业年度经营计划的综合平衡

本节主要介绍了计划综合平衡的概念和必要性、主要内容、计划综合平衡法以及计划平衡工作中应注意的问题。

第六节 目标管理

本节主要阐述目标管理的含义、特征及优越性。

(三)考核知识点

1. 简述计划的含义及其作用
2. 简述企业计划的类型及其基本内容
3. 简述计划的层次体系及其基本内容
4. 简述计划的 5W1H 的基本内容
5. 简述计划编制的具体步骤
6. 简述滚动式计划法的含义与适用范围
7. 简述滚动式计划法的特点
8. 简述网络计划法的基本原理
9. 简述企业长期经营计划的必要性
10. 简述企业长期经营计划的主要内容
11. 简述企业长期经营计划编制的主要阶段
12. 简述企业年度经营计划的内容
13. 简述企业年度经营计划与生产财务计划的区别与联系
14. 简述企业年度经营计划指标的分类
15. 简述企业年度经营计划编制的程序
16. 简述企业年度经营计划综合平衡的内容

(四)考核要求

1. 简述计划的含义及其作用

领会:计划的作用。

识记:计划的含义。

2. 简述企业计划的类型及其基本内容

领会:企业计划的类型。

识记:企业计划的基本内容。

3. 简述计划的层次体系及其基本内容

领会:计划的层次体系。

识记:计划的基本内容。

4. 简述计划的 5W1H 的基本内容

领会:计划的 5W1H 的基本内容。

5. 简述计划编制的具体步骤

识记:计划编制的具体步骤。

6. 简述滚动式计划法的含义与适用范围
领会:滚动式计划法的适用范围。
7. 简述滚动式计划法的特点
领会:滚动式计划法的特点。
8. 简述网络计划法的基本原理
识记:网络计划法的基本原理。
9. 简述企业长期经营计划的必要性
领会:企业长期经营计划的必要性。
10. 简述企业长期经营计划的主要内容
领会:企业长期经营计划的主要内容。
11. 简述企业长期经营计划编制的主要阶段
识记:企业长期经营计划编制的主要阶段。
12. 简述企业年度经营计划的内容
领会:企业年度经营计划的内容。
13. 简述企业年度经营计划与生产财务计划的区别与联系
识记:企业年度经营计划与生产财务计划的区别与联系。
14. 简述企业年度经营计划指标的分类
领会:企业年度经营计划指标的分类。
15. 简述企业年度经营计划编制的程序
识记:企业年度经营计划编制的程序。
16. 简述企业年度经营计划综合平衡的内容
识记:企业年度经营计划综合平衡的内容。

第五章　企业管理决策

(一)学习目的和要求
通过本章的学习,要掌握决策的影响因素、类型和基本方法。
(二)课程内容
第一节　企业管理决策概论
本节主要介绍决策的定义、特征,决策在管理中的地位与作用。
第二节　企业管理决策的过程与影响因素
本节主要介绍决策的要素、决策过程以及决策的影响因素。
第三节　企业管理决策类型
本节主要阐述企业管理决策的多种类型。
(三)考核知识点
1. 简述决策的含义及特征
2. 简述决策在企业管理中的地位与作用
3. 简述古典决策理论的主要内容
4. 简述行为决策理论的主要内容
5. 简述决策的构成要素
6. 简述决策的程序

7. 简述影响决策的因素
8. 简述企业管理决策的类型
(四)考核要求
1. 简述决策的含义及特征
领会:决策的特征。
2. 简述决策在企业管理中的地位与作用
领会:决策在企业管理中的地位与作用。
3. 简述古典决策理论的主要内容
识记:古典决策理论的主要内容。
4. 简述行为决策理论的主要内容
识记:行为决策理论的主要内容。
5. 简述决策的构成要素
领会:决策的构成要素。
6. 简述决策的程序
识记:决策的程序。
7. 简述影响决策的因素
领会:决策的影响因素。
8. 简述企业管理决策的类型
领会:企业管理决策的类型。

第六章　质量管理概论

(一)学习目的和要求

通过本章的学习,要掌握质量的基本概念、质量管理的基本概念、ISO 9000 族以及全面质量管理。

(二)课程内容

第一节　质量基本概念

本节主要介绍质量的定义和质量的重要性。

第二节　质量管理的基本概念

本节主要介绍质量管理基本概念及企业的经营管理与治理。

第三节　质量认证及 ISO 9000 族

本节主要阐述质量认证的产生和发展及目前 ISO 9000 族构成、ISO 9000 族的原则。

第四节　全面质量管理

本节主要介绍全面质量管理的特点、全面质量管理的任务和目标、全面质量管理的基本特点和八项原则。

(三)考核知识点
1. 简述质量的重要性
2. 简述质量概念的演变
3. 简述质量管理的含义
4. 简述 ISO 9000 族标准的构成部分
5. 简述 ISO 9000 族标准的原则

6. 简述 ISO 9000 族的实施流程
7. 简述 ISO 9000 质量认证的作用
8. 简述全面质量管理的含义
9. 简述全面质量管理的特点
10. 简述全面质量管理的任务和目标
11. 简述实施全面质量管理的五步法
12. 简述全面质量管理的八项原则

(四)考核要求

1. 简述质量的重要性

领会:质量的重要性。

2. 简述质量概念的演变

识记:质量概念的演变。

3. 简述质量管理的含义

领会:质量管理的含义。

4. 简述 ISO 9000 族标准的构成部分

领会:ISO 9000 族标准的构成部分。

5. 简述 ISO 9000 族标准的原则

领会:ISO 9000 族标准的原则。

6. 简述 ISO 9000 族的实施流程

识记:ISO 9000 族的实施流程。

7. 简述 ISO 9000 质量认证的作用

领会:ISO 9000 质量认证的作用。

8. 简述全面质量管理的含义

领会:全面质量管理的含义。

9. 简述全面质量管理的特点

领会:全面质量管理的特点。

10. 简述全面质量管理的任务和目标

领会:全面质量管理的任务和目标。

11. 简述实施全面质量管理的五步法

领会:实施全面质量管理的五步法。

12. 简述全面质量管理的八项原则

领会:全面质量管理的八项原则。

第七章　产品成本管理

(一)学习目的和要求

通过本章的学习,要掌握成本预测、成本控制和成本分析。

(二)课程内容

第一节　产品成本概述

本节主要介绍工业产品成本的一些基本概念、成本计算方法以及降低成本的意义和途径。

第二节　成本预测

本节主要介绍目标成本法和数学计算法。

第三节　成本控制

本节主要介绍成本控制的程序、成本控制的内容。

第四节　成本分析

本节主要介绍成本分析的内容和种类,以及成本分析的技术方法。

(三)考核知识点

1. 简述产品成本计算方法

2. 简述降低成本的意义

3. 简述降低成本的途径

4. 分析成本预测方法有哪些

5. 分析成本控制的程序

6. 简述成本控制的内容

7. 简述成本分析的内容和种类

(四)考核要求

1. 简述产品成本计算方法

领会:产品成本计算方法。

2. 简述降低成本的意义

领会:降低成本的意义。

3. 简述降低成本的途径

领会:降低成本的途径。

4. 分析成本预测方法有哪些

识记:成本预测方法有哪些。

5. 分析成本控制的程序

识记:成本控制的程序。

6. 简述成本控制的内容

领会:成本控制的内容。

7. 简述成本分析的内容和种类

领会:成本分析的内容和种类。

第八章　新产品开发

(一)学习目的和要求

通过本章的学习,要掌握新产品开发的重要意义、新产品开发的原则与方式和产品的寿命周期。

(二)课程内容

第一节　新产品开发的重要意义

本节主要介绍新产品开发的重要性。

第二节　新产品开发的原则与方式

本节主要介绍新产品开发的原则与新产品开发的方式。

第三节　新产品开发的基本程序

本节主要介绍新产品开发的阶段。

第四节　产品的寿命周期

本节主要介绍产品寿命周期的概念、产品寿命周期与企业损益的关系。

第五节　新产品开发的管理

本节主要介绍了新产品开发的组织机构、产品设计方式、产品设计的组织形式以及产品开发的计划管理。

(三)考核知识点

1. 简述新产品的概念

2. 简述新产品开发对于现代企业的重要作用

3. 简述新产品开发的原则

4. 简述新产品开发的方式

5. 简述新产品开发的程序

6. 简述产品寿命周期的概念

7. 简述产品寿命周期与企业损益的关系

8. 简述延长和扩大产品寿命周期成熟期的措施

(四)考核要求

1. 简述新产品的概念

领会:新产品的概念。

2. 简述新产品开发对于现代企业的重要作用

领会:新产品开发对于现代企业的重要作用。

3. 简述新产品开发的原则

领会:新产品开发的原则。

4. 简述新产品开发的方式

领会:新产品开发的方式。

5. 简述新产品开发的程序

识记:新产品开发的程序。

6. 简述产品寿命周期的概念

识记:产品寿命周期的概念。

7. 简述产品寿命周期与企业损益的关系

领会:产品寿命周期与企业损益的关系。

8. 简述延长和扩大产品寿命周期成熟期的措施

领会:延长和扩大产品寿命周期成熟期的措施。

第九章　市 场 营 销

(一)学习目的和要求

通过本章的学习,要掌握市场营销环境分析的意义、市场营销的宏观和微观环境、市场细分的方法及目标市场的选择。

(二)课程内容

第一节　市场营销概述

本节主要介绍市场营销学的产生和发展、市场营销的定义及市场营销学研究的内容。

第二节 市场营销环境分析的意义

本节主要介绍市场营销环境的特征。

第三节 市场营销的宏观环境

本节主要介绍市场营销的宏观环境。

第四节 市场营销的微观环境

本节主要介绍市场营销的微观环境。

第五节 市场细分方法

本节主要介绍市场细分的含义、目的及原则。

第六节 目标市场的选择

本节主要介绍目标市场选择的原则与确定市场需求潜力、目标市场范围的选择及目标市场的营销战略。

第七节 市场营销组合

本节主要介绍市场营销组合的内容、特点与应注意的问题。

(三)考核知识点

1. 市场营销学在西方历经的发展阶段有哪些
2. 简述市场营销学研究的内容
3. 简述市场营销环境的特征
4. 分析市场营销的宏观环境有哪些
5. 分析市场营销的微观环境有哪些
6. 市场细分的目的有哪些
7. 市场细分的原则有哪些
8. 简述市场细分的步骤
9. 简述市场细分的主要变量
10. 简述目标市场的概念
11. 简述目标市场选择应遵循的原则
12. 简述目标市场的营销战略类型
13. 简述市场营销组合的特点
14. 简述确定市场营销组合的因素

(四)考核要求

1. 市场营销学在西方历经的发展阶段有哪些

识记:市场营销学在西方历经的发展阶段。

2. 简述市场营销学研究的内容

识记:市场营销学研究的内容。

3. 简述市场营销环境的特征

领会:市场营销环境的特征。

4. 分析市场营销的宏观环境有哪些

领会:市场营销的宏观环境。

5. 分析市场营销的微观环境有哪些

领会:市场营销的微观环境。

6. 市场细分的目的有哪些

领会:市场细分的目的。
7. 市场细分的原则有哪些
领会:市场细分的原则。
8. 简述市场细分的步骤
识记:市场细分的步骤。
9. 简述市场细分的主要变量
领会:市场细分的主要变量。
10. 简述目标市场的概念
领会:目标市场的概念。
11. 简述目标市场选择应遵循的原则
领会:目标市场选择应遵循的原则。
12. 简述目标市场的营销战略类型
领会:目标市场的营销战略类型。
13. 简述市场营销组合的特点
领会:市场营销组合的特点。
14. 简述确定市场营销组合的因素
领会:确定市场营销组合的因素。

第十章　物 流 管 理

(一)学习目的和要求

通过本章的学习,要掌握物流与物流系统、物流的构成要素及物流管理基本原理。

(二)课程内容

第一节　物流与物流系统

本节主要介绍物流的产生与沟通、物流企业管理发展的演变及物流合理化的基本原则。

第二节　物流构成要素

本节主要介绍物流活动的基本要素、功能要素、网络要素等。

第三节　物流战略管理

本节主要介绍物流企业管理的职能、物流企业管理的主要方法。

(三)考核知识点

1. 简述物资的分类
2. 简述物流的定义
3. 简述现代物流变化的趋势
4. 简述物流系统的概念
5. 简述物流系统工程的概念
6. 简述物流系统的特征
7. 简述物流合理化的基本原则
8. 简述物流构成的基础要素
9. 简述物流系统的结构
10. 简述物流系统的目标

11. 简述现代物流具有的特征
12. 简述物流战略的特征
13. 简述物流战略的重要性
14. 简述物流战略管理的过程
15. 简述物流企业管理的职能
16. 简述物流企业管理的主要方法

(四)考核要求

1. 简述物资的分类

领会:物资的分类。

2. 简述物流的定义

领会:物流的定义。

3. 简述现代物流变化的趋势

识记:现代物流变化的趋势。

4. 简述物流系统的概念

领会:物流系统的概念。

5. 简述物流系统工程的概念

识记:物流系统工程的概念。

6. 简述物流系统的特征

领会:物流系统的特征。

7. 简述物流合理化的基本原则

领会:物流合理化的基本原则。

8. 简述物流构成的基础要素

领会:物流构成的基础要素。

9. 简述物流系统的结构

领会:物流系统的结构。

10. 简述物流系统的目标

领会:物流系统的目标。

11. 简述现代物流具有的特征

识记:现代物流具有的特征。

12. 简述物流战略的特征

领会:物流战略的特征。

13. 简述物流战略的重要性

领会:物流战略的重要性。

14. 简述物流战略管理的过程

识记:物流战略管理的过程。

15. 简述物流企业管理的职能

领会:物流企业管理的职能。

16. 简述物流企业管理的主要方法

领会:物流企业管理的主要方法。

第十一章　企 业 文 化

(一)学习目的和要求

通过本章的学习,要掌握企业文化的特点、功能,企业文化的建设及企业形象战略。

(二)课程内容

第一节　企业文化的概念与特点

本节主要介绍企业文化的特点和企业文化的内涵、企业文化学的研究对象和特点。

第二节　企业文化的内容和功能

本节主要介绍企业文化管理战略工程之“三大战役”。

第三节　企业文化建设

本节主要介绍人本管理、使命文化、目标文化及团队建设文化。

第四节　企业竞争战略

本节主要介绍基本竞争战略。

(三)考核知识点

1. 简述企业的构成要素

2. 简述文化建设的目的

3. 简述人本管理的类型

4. 简述企业文化建设的原则

5. 简述企业文化建设的基本内容

6. 简述企业文化建设的目标

(四)考核要求

1. 简述企业的构成要素

领会:企业的构成要素。

2. 简述文化建设的目的

领会:文化建设的目的。

3. 简述人本管理的类型

领会:人本管理的类型。

4. 简述企业文化建设的原则

领会:企业文化建设的原则。

5. 简述企业文化建设的基本内容

领会:企业文化建设的基本内容。

6. 简述企业文化建设的目标

领会:企业文化建设的目标。

第十二章　企业价值链管理

(一)学习目的和要求

通过本章的学习,要掌握现代价值链管理模式构建、现代企业竞争战略与价值链分析内容。

(二)课程内容

第一节　价值链管理的基本理论

本节主要介绍价值链管理的基本内容、价值链系统的联系。

第二节　现代企业价值链管理模式构建

本节主要介绍价值链的内涵辨析、价值链的特征及价值链与作业链、基于竞争战略的企业价值链管理模式。

第三节　现代企业竞争战略与价值链分析

本节主要介绍价值链管理分析的内容、企业竞争优势战略及其与价值链分析的关联。

第四节　现代企业价值链的确定

本节主要介绍形成企业竞争战略的企业价值链分析方法，确定企业价值链的程序及构成机理。

第五节　基于企业竞争战略的价值链系统分析

本节主要介绍基于企业竞争战略的价值链的内在联系和外在联系，基于竞争战略的跨产业经营的价值链系统。

（三）考核知识点

1. 简述价值链系统的联系
2. 简述价值链的特征
3. 简述价值链管理分析的内容
4. 简述企业获取竞争优势的三种基本战略
5. 简述企业价值链的步骤
6. 简述产业价值链的特征
7. 简述产业价值链的效应
8. 简述经营范围与价值链的关系

（四）考核要求

1. 简述价值链系统的联系

领会：价值链系统的联系。

2. 简述价值链的特征

领会：价值链的特征。

3. 简述价值链管理分析的内容

领会：价值链管理分析的内容。

4. 简述企业获取竞争优势的三种基本战略

领会：企业获取竞争优势的三种基本战略。

5. 简述企业价值链的步骤

识记：企业价值链的步骤。

6. 简述产业价值链的特征

领会：产业价值链的特征。

7. 简述产业价值链的效应

识记：产业价值链的效应。

8. 简述经营范围与价值链的关系

领会：经营范围与价值链的关系。

第十三章　产权管理和竞争力理论

(一)学习目的和要求

通过本章的学习,要掌握知识产权战略理论及竞争力的基本理论。

(二)课程内容

第一节　知识产权战略理论

本节主要介绍知识产权的概念、范围、特征及知识产权战略理论。

第二节　系统理论

本节主要介绍一般系统理论、复杂系统理论和自组织理论。

第三节　竞争力的基本理论

本节主要介绍波特的竞争优势理论、普拉哈拉德和哈默的企业竞争力理论。

第四节　核心能力理论

本节主要讲述了核心能力的概念、特征和要素。

(三)考核知识点

1. 简述知识产权的概念与范围划分方法
2. 简述系统理论的内容
3. 简述波特的竞争优势理论
4. 简述核心能力的概念
5. 简述核心能力的特征
6. 简述核心能力要素

(四)考核要求

1. 简述知识产权的概念与范围划分方法

识记:知识产权的概念与范围划分方法。

2. 简述系统理论的内容

领会:系统理论的内容。

3. 简述波特的竞争优势理论

领会:波特的竞争优势理论。

4. 简述核心能力的概念

识记:核心能力的概念。

5. 简述核心能力的特征

领会:核心能力的特征。

6. 简述核心能力要素

领会:核心能力要素。

第三部分　有关说明与实施要求

为了使本大纲的规定在个人自学、社会助学和考试命题中得到贯彻与落实,现对有关问题作如下说明,进而提出具体的实施要求。

(一)关于"课程内容与考核目标"中有关提法的说明

为使考试内容具体化和考试要求标准化,本大纲在列出考核内容的基础上,对各章规定了考核目标,包括考核知识点和考核要求。明确考核目标,使自学应考者能够进一步明确考试内容和要求,更有目的地系统学习教材;使考试命题能够更加明确范围,更准确地安排试题的知识能力层次和难易程度。

本大纲在考核目标中,按照领会、识记、应用三个层次规定其应达到的能力层次要求。这三个层次是循序渐进的。各个能力层次的含义是:

领会:能知道有关的名词、概念、知识的含义,并能正确认识和表达。这是低层次的要求。

识记:在识记的基础上,能全面把握基本概念、基本原理、基本方法,能够掌握有关概念、原理、方法的区别与联系。这是较高层次的要求。

应用:在识记的基础上,能运用基本概念、基本原理、基本方法来分析和解决有关的理论与现实问题。这是最高层次的要求。

(二)关于学习教材

指定教材:《企业管理概论》,由李凤坤,杨迦主编,哈尔滨工程大学出版社 2022 年 6 月出版。

(三)自学方法指导

1. 在全面系统学习的基础上,掌握相关概念、基本理论、基本方法。本课程内容涉及范围广泛。自学应考者应首先全面系统地学习各章内容,记忆应当识记的基本概念和观点,深入理解基本理论,较为熟练地掌握管理控制的技术与方法及其应用。其次,弄清楚各章内容之间的内在联系和逻辑关系,注重融会贯通。再次,在全面系统学习的基础上,掌握重点,有目的地深入学习重点章节的内容。但切忌在没有全面学习教材的情况下孤立地去抓重点。

2. 重理论联系实际。控制理论课程既是方法性的课程,也是具有很强的实践性、应用性的技术性学科。本课程的学习要求学生结合企业内部控制的实践,学习、理解和运用管理控制的思想与技术。自学应考者在学习中应当结合企业内部控制的实际管理控制的知识、思想与方法,从而最终将其变为能力,形成企业管理控制的能力。

(四)对社会助学的要求

1. 社会助学者应根据本大纲规定的考试内容和考核目标,认真钻研指定的教材,明确本课程与其他课程不同的特点和学习要求,对自学应考者进行切实有效的辅导,引导他们防止自学中的各种偏向,把握社会助学的正确方向。

2. 正确处理基础知识与应用能力之间的关系,努力引导自学应考者将识记、识记同应用联系起来,将基础知识和理论转化为应用能力,在全面辅导的基础上,着重培养和提高自学应考者分析和解决问题的能力。

3. 要正确处理重点和一般的关系。课程内容有重点与一般之分,但考试内容是全面的,而且重点与一般是相互联系的,不是截然分开的。社会助学者应指导自学应考者全面系统地学习教材,掌握全部考试内容和考核知识点,在此基础上再突出重点。总之,要将重点学习与兼顾一般结合起来,切勿孤立地去抓重点,把自学应考者引向猜题押宝的歧途。

(五)关于考试命题的若干要求

1. 本课程的命题考试,应根据本大纲规定的考试内容来确定考试范围和考核要求,不要任意扩大或缩小考试范围,提高或降低考核要求。考试命题要覆盖到各章,并适当突出重点章节,体现本课程的内容重点。

2. 本课程在试题中对不同能力层次要求的分数比例，一般为：识记占 20%，识记占 30%，简单应用占 30%，综合应用占 20%。

3. 试题要合理安排难易结构，试题难易程度可分为易、较易、较难、难四个等级。每份试卷中，不同难易度试题的分数比例一般为：易占 20%；较易占 30%；较难占 30%；难占 20%。在不同能力层次中都会存在不同难度的问题，切勿混淆。

4. 本课程考试试卷采用的题型，一般有：名词解释型、单项选择型、多项选择型、简答题、计算分析题、案例分析题。各种题型的具体形式参见本大纲附录。

考试题型举例

一、单项选择题（在下列备选答案中只有一个是正确的，将其选出并把它的序号写在题干后面的括号内）

1. 关于企业文化的精神层、制度层和物质层的关系，正确的描述是（　　）

A. 物质层规范着和制约着精神层和制度层

B. 制度层是企业文化的外在表现

C. 精神层是物质层和制度层的思想内涵是企业文化的核心灵魂

二、多项选择题（在备选答案中有二至五个是正确的，将其全部选出并把它们的编号写在题干后面的括号内。错选或漏选均不给分）

1. 计划的特点（　　）

A. 目的性　　B. 首要性　　C. 普遍性　　D. 效率性　　E. 经济性　　F. 创新性

三、名词解释题

1. 企业文化

四、简答题

1. 价值链管理分析的内容

五、计算分析题

1. 某项调查工作，经任务分解和分析，得作业分析表如下：

附表　某项调查工作的作业分析表

作业	作业说明	先行作业	乐观时间 a	可能时间 m	悲观时间 b
A	提出问题	——	3	4	5
B	确定调查对象	A	5	6	13
C	拟订调查方案	A	8	10	12
D	收集资料，工作安排	B	5	7	5
E	挑选和训练调查人员	B、C	9	11	19
F	准备调查表格	C	5	7	9
G	实地调查	D、E、F	3	5	7
H	分析资料，作出报告	G	3	4	5

要求：

(1)利用三点估计法计算出作业所需时间，填在网络图上；

(2)用图上计算法计算网络计划时间参数和总工期，标注于网络图上；

(3)找出关键线路。

六、案例分析题

1. 长期以来，淘宝商城上假货泛滥，投诉不断。针对这一状况，2011 年 10 月 10 日，淘宝商城宣布将正式升级商家管理系统。在此次调整中，消费者一旦买到假货将获得“假一赔五”的赔偿，同时其他商家违规行为对消费者补偿幅度也将大大增加。而原有商家需缴纳的每年 6 000 元技术服务年费，提高至 3 万元和 6 万元两个档次。淘宝商城此次管理体系升级特别建立商家违约责任保证金制度，商家进驻淘宝商城将根据所经营或者代理的品牌缴纳违约保证金。商家一旦有达到一定程度的违约行为，将扣除至少 1 万元的保证金，保证金直接进入消费者保障基金，为消费者提供保障。由于此次商家管理系统升级，导致很多中小卖家可能由于商城费用的增加退出商城，部分卖家商品及服务跟不上淘宝商城的变革。因此，2011 年 10 月 11 日，近 5 万多名网友结集 YY 语音 34158 频道，有组织性地对部分淘宝商城大卖家，实施“拍商品、给差评、拒付款”的恶意操作行为。多家店铺多数商品均已被迫下架。请结合企业管理环境的相关理论对此事件的原因进行分析，并就企业如何适应环境的变化给出建议。

参 考 文 献

[1] 彭扬,吴成建,彭建良. 现代物流学概论[M]. 北京:中国物资出版社,2009.
[2] 聂永有. 物流管理学[M]. 成都:四川人民出版社,2011.
[3] 王槐林,刘明菲. 物流管理学[M]. 3 版. 武汉:武汉大学出版社,2010.
[4] 方虹. 物流企业管理(2005 年版)[M]. 北京:高等教育出版社,2005.
[5] 王正. 物流系统规划与设计[M]. 成都:四川人民出版社,2009.
[6] 王之泰,沈慧民,王伟. 物流基础[M]. 北京:高等教育出版社,2005.
[7] 王之泰. 现代物流学[M]. 北京:中国物资出版社,1997.
[8] 曾剑. 物流基础[M]. 北京:机械工业出版社,2003.
[9] 王自勤. 现代物流管理[M]. 北京:电子工业出版社,2002.
[10] 陈子侠. 现代物流学理论与实践[M]. 杭州:浙江大学出版社,2003.
[11] 崔介何. 企业物流[M]. 北京:中国物资出版社,2002.
[12] 王利,许国银,黄颖. 现代物流管理[M]. 北京:中国物资出版社,2006.
[13] 韦恒,熊健. 物流学[M]. 北京:清华大学出版社,2007.
[14] 霍红. 物流管理学[M]. 北京:科学出版社,2009.
[15] 张云初,王清,陈静. 让企业文化起来:企业文化塑造实物[M]. 深圳:海天出版社,2003.
[16] 陈亭楠. 企业文化实务手册[K]. 北京:中国致公出版社,2007.
[17] 刘光明. 企业文化教程[M]. 北京:经济管理出版社,2008.
[18] 宋跃三. 企业文化自主建设操作指南[M]. 北京:红旗出版社,2007.
[19] 丁远峙. 管理方与圆:企业文化[M]. 深圳:海天出版社,2008.
[20] 陈亭南. 现代企业文化[M]. 北京:企业管理出版社,2004.
[21] 吴必达. 成功企业如何管人[M]. 北京:企业管理出版社,2000.
[22] 刘光明. 企业文化[M]. 北京:经济管理出版社,2006.
[23] 王超逸,李庆善. 企业文化教程[M]. 北京:中国时代经济出版社,2006.
[24] 谷迎春. 企业文化[M]. 杭州:浙江大学出版社,1989.
[25] 陈春花. 企业文化管理[M]. 广州:华南理工大学出版社,2002.
[26] 杨锡怀,王江. 企业战略管理——理论与案例[M]. 3 版. 北京:高等教育出版社,2010.
[27] 徐盛华,陈子慧. 现代企业管理学[M]. 北京:清华大学出版社,2004.
[28] 宝利嘉. 中国企业最常用的组织战略管理工具:管理人员便携式充电手册[M]. 北京:北京邮电大学出版社,2007.
[29] 毕秀玲. 企业管理咨询[M]. 济南:黄河出版社,2003.
[30] 邬适融. 现代企业管理:理念、方法、技术[M]. 北京:清华大学出版社,2005.
[31] 金占明. 企业管理学[M]. 北京:清华大学出版社,2002.

[32] 陈伟,于丽.企业国际化经营知识产权战略管理系统[M].哈尔滨:哈尔滨工业大学出版社,2014.

[33] 陈伟.企业价值链管理[M].哈尔滨:哈尔滨工业大学出版社,2014.

[34] 陈伟,徐长冬.现代市场营销学[M].北京:清华大学出版社,2012.